Herold / Weiß, Neue Imkerschule

# Inhalt

## III. Vom Leben der Biene

## IV. Grundsätzliches zur Bienenhaltung



## V. Die Führung des Volkes durch das Bienenjahr

## VI. Königinnenzucht

## VII. Ernte und Pflege des Honigs



## VIII. Umgang mit Waben und Wachs

## IX. Krankheiten, Schädlinge und Vergiftungen



## X. Die wichtigsten Trachtpflanzen

## XI. Aus der Geschichte der Bienenzucht im europäischen Blickfeld

## Vorwort zur ersten Auflage

Imkerschule nennt sich dieses Buch. Es ist ein Buch und keine Bibliothek. Und als Buch will es sich in solchen Grenzen halten, daß man vor Preis und Umfang nicht zu erschrecken braucht. Es muß also Maß halten in der Ausführlichkeit. Und doch muß es als Schule von allem reden, was zur Imkerei gehört. Es will nicht nur flüchtig die nötigsten Handgriffe lehren. Wer sich seinen Inhalt angeeignet hat, soll sich nicht mehr als ungelernter Arbeiter fühlen, sondern als wirklicher Imker. Er braucht kein Professor zu werden, aber er soll an Theorie und Praxis so viel in sich haben, daß er sein eigenes Geschäft versteht und auch anderswo mitreden kann. Das Buch will dem Anfänger dienen. Aber auch wer über den Anfang hinaus ist, wird allerlei darin finden, was ihm nutzen kann. Ausgelernt hat noch keiner bei den Bienen. Auch nicht der, der dieses Buch geschrieben hat. Vielleicht ist die Imkerei gerade deshalb so reizvoll, weil man immer wieder Neues dazulernen kann. Wir sind immer unterwegs: die Wissenschaft in der Erforschung des Bienenlebens und die Praxis in der Erprobung neuer Wege zu besserem Erfolg. Wer lernt, bleibt jung — und wenn er auch schon 90 wäre.

Im Jahre 1965 *Edmund Herold*

## Vorwort zur siebten Auflage

Die »Neue Imkerschule« hat mit den Jahren nichts von ihrer Beliebtheit eingebüßt. Sowohl der Anfänger als auch mancher Fortgeschrittene in unserer edlen Zunft begrüßen es, in einem einzigen handlichen Lehrbuch alle imkerlichen Bereiche so praxisnah wie möglich dargeboten zu bekommen. Natürlich bedeutet die anspruchsvolle Bezeichnung »Neu« im Titel des Buches eine Verpflichtung, der eine Neuauflage Rechnung zu tragen hat. Mit Ausnahme des einführenden allgemeinen Teils und der Bienengeschichte sind denn auch alle Kapitel des Buches einer gründlichen Überarbeitung unterzogen worden. Biologie und Betriebstechnik sind ebenso unter die Lupe genommen worden wie die Zucht. Besonders habe ich die vorher mehr im Vorübergehen behandelte Körung den praktischen Erfordernissen angepaßt, und völlig umgestaltet und aktualisiert wurden die Bienenkrankheiten. Damit hat das Buch leider etwas an Umfang zugenommen. Ich hoffe trotzdem und wünsche es mir, daß es seine vom verehrten Erstautor mitgegebene unbefangene und direkte Art der Verständigung mit dem Leser nicht verloren hat.

Erlangen im Sommer 1985 *Dr. Karl Weiß*

# Vorwort zur neunten Auflage

Wie in allen vorangegangenen habe ich auch in dieser neuen Auflage nicht versäumt, Text und Inhalt auf den zeitgemäßen Stand zu bringen. Diesmal ging es aber nicht ohne einschneidende inhaltliche und darstellerische Eingriffe ab. Der einleitende Abschnitt über die blütenbiologische Bedeutung der Biene, einschließlich ihres Wertes für den Frucht- und Samenbau und die Erhaltung einer gesunden, lebenswerten Umwelt, war neu zu fassen. Die für ein imkerliches Lehrbuch ungewöhnlich vorangestellte Abhandlung über Herkunft, Beschaffenheit und Wirkung des Honigs wurde durch die Aufnahme der nicht minder wichtigen Bienenprodukte Pollen, Königinnenfuttersaft und Kittharz erweitert, und auch das Bienengift erhielt den ihm gebührenden Platz. Die Betrachtungen über die Ethik der Bienenzucht, die nicht entfallen sollten, erfuhren eine Straffung, ohne inhaltliche Abstriche hinnehmen zu müssen.
Das vormalige Kapitel »Vom Leben der Biene« wurde völlig neu geschrieben — vor allem wurde aus der stark erweiterten Darstellung das Teilstück »Entwicklung und Körperbau« herausgelöst und mit zahlreichen Abbildungen versehen. Vorlagen zu den in Anordnung und Darstellung neuen Zeichnungen lieferten u. a. SNODGRASS, ZANDER, SCHÖNFELD, DADE und DEISSENBERGER. Während an den Kapiteln über imkerliche Ausrüstung und Bienenbehandlung wenig zu ändern war, gab es Ausweitungen in den Abschnitten »Königinnenzucht« und »Ernte und Pflege des Honigs«. Außerdem bedurften die »Bienenkrankheiten« einer neuerlichen gründlichen und kritischen Durchsicht, wie auch die »Trachtpflanzen« einer reinigenden Durchforstung nicht entgingen. Das Kapitel zur Bienengeschichte erhielt einen neuen, hauptsächlich auf Imkerpersönlichkeiten abgestimmten, einleitenden Teil und gewährt damit die gewünschte historische Gesamtübersicht.
Getreu der Konzeption, die dem Buch von Anfang an zugrunde lag, verfolgt die neue Auflage nur noch stärker sein hochgestecktes Anliegen, dem Leser universelle Kenntnisse im Gesamtbereich der Biene zu übermitteln. Ein mäßiges Anwachsen des Umfangs ließ sich unter diesem Gesichtspunkt nicht vermeiden. — Unverändert bleiben indessen der Wunsch und die Hoffnung des Bearbeiters, daß alle, die das Buch in die Hand nehmen, Freude und Nutzen daraus ziehen und das kleine, liebenswerte Lebewesen Biene immer mehr in ihr Herz schließen mögen.

Erlangen im Frühjahr 1995 *Dr. Karl Weiß*

*Abb. 1: Huldigung an die Biene.*
*Ein besonders schönes Bienendenkmal wurde am 23. November 1960 in Gifu (Mitteljapan) eingeweiht (oben). Es zeugt davon, wie hoch die Japaner den Wert der Biene für Gesundheit und Volkswirtschaft schätzen. Wer die Augen aufmacht, kann auch in Deutschland da und dort an öffentlichen Bauwerken eine kunstbeflissene Wertschätzung der Biene entdecken. Ein Beispiel dafür ist der »Bienenbrunnen« in Schwaig bei Nürnberg (unten).*

# I. Warum Bienen?

Wenn man diese Frage überraschend jemandem stellen würde, käme sicherlich die prompte Antwort: »Wegen des Honigs!« Wenn man weiterfragen würde: »Warum Bienen heute und bei uns?«, wäre es schon schwieriger, schnell darauf zu antworten. Man mag an manche verlassene Bienenstände auf den Dörfern denken, an das Durchschnittsalter der Imker, die selten zu den Jüngsten zählen, und an die Honigregale in den Lebensmittelhäusern, die übervoll sind — trotz der offenbar im Schwinden begriffenen Zahl der »Bienenväter«. Meist ist es Honig, der von irgendwo in der Welt seinen Weg dorthin gefunden hat. Brauchen wir denn überhaupt noch Imker in unserem Land? Ist die Bienenzucht bei uns nicht zum Absterben verurteilt, und wird man eines Tages nicht vielleicht davon erzählen wie von einem Märchen aus alter Zeit? Es war einmal...?

Nein, so wird es nicht kommen!

Der Umgang des Menschen mit den Bienen ist wahrscheinlich so alt wie das Menschengeschlecht selbst. Die Biene war ja schon Millionen Jahre vor ihm da. Wie wir aus der Geschichte am Ende dieses Buches erfahren werden, künden Höhlenzeichnungen aus der mittleren Steinzeit vor mehr als 8 000 Jahren von der Nutzung der Biene durch den Menschen, und über seine ungeschriebene und geschriebene Geschichte bis auf den heutigen Tag besteht eine nie abreißende Bindung zwischen ihm und diesem Insekt, das er immer mehr in sein Leben einbezog. Freilich ist nicht zu leugnen, daß diese Beziehung hauptsächlich auf der Eigenschaft der Biene als Honigspenderin gründet — und daß bis in die Gegenwart der Honig als größter Anreiz für den Umgang des Menschen mit der Biene gelten darf.

Auch heute noch erbringen Berufsimker den Beweis, daß man eine Familie mit der Bienenzucht ernähren kann. Zugegeben, es sind nicht mehr viele, und sie müssen ihr Geschäft schon sehr gut verstehen (und möglichst auch noch kaufmännisch begabt sein), um gut über die Runden zu kommen. Leichter ist es, die Bienenzucht neben einem gesicherten Hauptberuf zu betreiben und auf diese Weise eine zusätzliche Einnahmequelle zu erschließen. Nicht jedes Jahr lohnt sich die Arbeit mit den Bienen (die Bienenzucht ist wetterabhängig), und man kann auch nicht überall mit gleichen Erfolgsaussichten imkern. Ohne die notwendige »Bienenweide« ist alle Kunst vergeblich.

Auch wenn dann der Honig fließt, gibt es wieder ein Problem, das heute schwerer wiegt als in früheren Jahren: das ist der Honigpreis. Die Überschwemmung unseres Marktes mit Auslandshonig trifft den Nerv der

heimischen Bienenzucht. Während wir in Deutschland im langjährigen Durchschnitt von einem Bienenvolk im Jahr nur 15 kg Honig ernten, erreichen die Erträge in den klimagünstigeren, weniger industrialisierten (Honig-)ländern mit denkbar besseren Haltebedingungen für die Bienen ein Mehrfaches. Dazu kommen die dort billigeren Produktionsbedingungen. Das alles ist nicht förderlich für den Handel mit heimischem Honig. Massive Absatzschwierigkeiten können heute Erwerbsimker zur Aufgabe und Nebenerwerbsimker zur Verkleinerung ihrer Betriebe veranlassen.
Kleinere Imker, die nicht auf den Fremdverkauf angewiesen sind und nur die Familie und den Verwandten- und Bekanntenkreis mit Honig versorgen, sind von diesen Sorgen weniger betroffen. Sie, die sich zweifellos in der Mehrzahl befinden, sind immer da, denn Bienen halten und Bienen züchten geschieht nicht immer nur aus Rentierlichkeit. Es gibt eine besondere Liebe zu den Bienen, wenn nicht sogar eine Art Leidenschaft. Nur wer einmal angefangen hat, sich mit den Bienen zu beschäftigen, kann das ermessen. Er erlebt, wie dieses kleine Tier sein Denken und Fühlen immer mehr beeinflußt und sein Leben bereichert. Wer einmal die Bienen unter seine Fittiche genommen hat, kommt von ihnen nicht mehr los. Und da sind wir schon bei einem anderen Aspekt der Frage: warum Bienen? Es wird sich lohnen, diesen ideellen Gesichtspunkt, ebenso wie den ma-

*Abb. 2a, b: a) Die Obstblüte liefert der Biene Nektar und Pollen. Gerade im Frühjahr zur Zeit des täglich wachsenden Brutnestes wirft sich das Volk mit aller Energie auf diese zeitige Tracht und sichert damit die Bestäubung.*

teriellen, die Produkte aus dem Bienenvolk betreffenden, etwas genauer zu behandeln.
Der dritte Aspekt für die Beantwortung unserer provokativen Frage ist der am wenigsten persönliche für den Imker, aber dafür der bedeutendste für die Natur, für die Erhaltung einer lebenswerten Umwelt und das Funktionieren einer gedeihlichen Landwirtschaft. Mit diesem letzten Punkt wollen wir beginnen.

## 1. Natur und Biene

### a) Die Biene als Bestäuberin

Als der Engländer ARTHUR DOBBS um 1750 den Zusammenhang zwischen Biene und Blüte entdeckte, hat man das kaum zur Kenntnis genommen. Als der Deutsche K. CHR. SPRENGEL 1793 die Nützlichkeit der Insekten und die Notwendigkeit der Bienen für den Erhalt der blühenden Pflanzenwelt bewies, wurde er fast für einen Narren gehalten. Heute lacht niemand mehr über ihn. Seine Erkenntnis über die Beteiligung der Insekten, insbesondere der Bienen, an einem nutzbringenden Frucht- und Samenbau gehören zum Allgemeinwissen jedes gebildeten Menschen. Aber bis es

*b) Das Ergebnis der Bestäubungsarbeit sind reichlich tragende Obstbäume mit wohlgeformten Früchten.*

soweit war, mußte manches Lehrgeld gezahlt werden. Dafür nur dieses Beispiel:
Als man in der zweiten Hälfte des vorigen Jahrhunderts in Kalifornien große Obstbaumplantagen anzulegen begann, schafften unternehmungslustige Imker unter unsäglichen Mühen und Kosten quer durch ganz Amerika Bienenvölker dorthin. Einer der bedeutendsten Imkerpioniere war W. C. HARBISON. Er brachte es auf 3750 Völker. Einmal wurden ihm 300 Völker durch Obstbauern aus Ärger über Stiche und aus Neid auf seine Honigernte verbrannt. Man wußte damals noch nicht, was man an den Bienen hatte. Heute leiht man sich die Bienenvölker für die Baumblüte und zahlt dem Imker noch Geld dafür. Vor etlichen Jahren hat man dort sogar ein Denkmal für das erste Bienenvolk gesetzt, das 100 Jahre zuvor in Kalifornien seinen Einzug hielt. Jeder Obstbauer weiß, daß er seinen Erfolg neben seiner eigenen Arbeit in erster Linie den Bienen zu verdanken hat (Abb. 2 a, b).
Erinnern wir uns an das in der Schule Gelernte: Um Samen und Frucht zu tragen, benötigt die Mehrzahl der Blütenpflanzen den Beflug geeigneter Insekten. Diese haben die Aufgabe, die (männlichen) Pollenkörner aus den Staubbeuteln der Blüte auf die Narbe des (weiblichen) Fruchtknotens mit der Samenanlage zu übertragen. Wenn sich die männlichen und weiblichen Geschlechtsorgane nicht in derselben Blüte befinden, wie bei den *einhäusigen* Pflanzen (z.B. bei Gurke und Kürbis), oder auf zwei getrennten Pflanzenstöcken derselben Art beheimatet sind, wie bei *zweihäusigen* Pflanzen (z.B. Weiden), ist das leicht verständlich. Aber auch dann, wenn beide Geschlechtsorgane in derselben Blüte vereint sind — das gilt für die Mehrzahl der Blütenpflanzen, die man auch als *zweigeschlechtlich* bezeichnet —, wirkt der Pollen in der Blüte, in der er heranwuchs, meist nicht befruchtend — auch nicht in verschiedenen Blüten derselben Pflanze und oft nicht einmal in Blüten derselben Pflanzensorte. Bei solchen *selbstunfruchtbaren* Pflanzen ist eine Fremdübertragung des Pollens unerläßlich. Wenn diese nicht der Wind oder das Wasser besorgt, obliegt sie in erster Linie den Insekten. Diesen Vorgang nennt man **Bestäubung.** Das übertragene Pollenkorn bildet einen Keimschlauch aus, der durch den Griffel hindurchwächst und mit der Samenanlage im Fruchtknoten in Verbindung tritt. Erst wenn das geschehen ist, spricht man von **Befruchtung,** ohne die sich in der Regel kein keimfähiger Same bilden kann (Abb. 3).
Unsere Honigbiene ist zur Bestäubung von Obst- und Beerengehölzen, Gewürz- und Gemüsepflanzen und vielen landwirtschaftlichen Futter- und Nutzpflanzen, aber auch für die mannigfachen Wildpflanzen in Wald und Flur unentbehrlich. Es gibt zwar außer ihr noch andere Insekten: Käfer, Schmetterlinge, Fliegen und vor allem Wildbienen und Hummeln, die

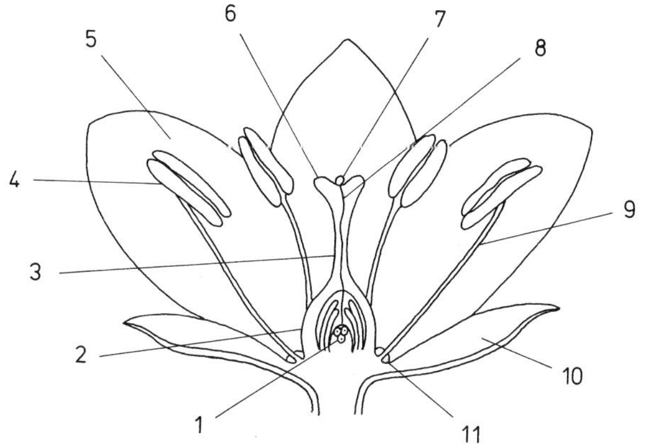


*Abb. 3: Schema einer zweigeschlechtlichen Blüte.*
*1 Samenanlage, 2 Fruchtknoten, 3 Griffel, 4 Staubbeutel, 5 Kronenblatt, 6 Narbe, 7 Pollenkorn, 8 Pollenschlauch, 9 Staubfaden, 10 Kelchblatt.*

bei der Bestäubung mithelfen, aber an dem geballten Einsatz der Biene bei der Ausübung dieses Geschäfts kommt kein anderes Insekt heran. Das hat natürlich seine Gründe:
Da sind zuerst die **Bienenmasse,** über die ein Bienenvolk verfügt, und die von den Bienen betriebene ausgeprägte **Vorratswirtschaft.** Bei einer (bescheidenen) sommerlichen Volksstärke von 30 000 Bienen (es können bis das Doppelte sein!) widmet sich ein Drittel, das sind 10 000 Tiere, dem Honig- und Pollensammeln. Wenn eine einzelne Feldbiene am Tag nur 10 mal ausfliegt (sie tut es öfter!) und bei jedem Sammelflug nur 20 Blüten besucht (meist sind es mehr!), ergibt das, wie man leicht nachrechnen kann, die gewaltige Zahl von 2 Millionen Blütenbesuchen.
Dabei ist die Biene das einzige Insekt, das im Frühjahr, wenn die Natur in üppiger Blüte steht, in bereits großen Individuenzahlen auftritt, denn **sie geht als Volk über den Winter.** Ihre schärfsten blütenbestäubenden Konkurrenten überwintern dagegen als Einzeltiere. Die »Einsiedlerbienen« bleiben auch den ganzen Sommer über allein oder finden sich höchstens in losen Verbänden zusammen. Sie erzeugen nur eine kleine Zahl an Nachkommen, von denen nur wenige den Winter überstehen. Die bedeutsameren *Hummeln* bilden zwar kleine Staaten aus, aber auch bei ihnen überwintert nur das begattete Hummelweibchen als Einzelwesen unter Moos, in Mäuselöchern oder sonstigen trockenen Schlupfwinkeln. Im Frühjahr legt es ein kleines Nest aus tönnchenförmigen Zellen an und fliegt selbst aus, um seine erste Nachkommenschaft mit Nektar und Pol-

len zu versorgen. Erst wenn der erste Brutsatz erwachsen ist, kann die Nestmutter daheimbleiben und sich aufs Eierlegen beschränken. Die Feldarbeit besorgen dann die Töchter. Aber bis die Familie auf einige hundert Tiere angewachsen ist, sind die Obstbäume längst verblüht. Nur für die Befruchtung des Rotklees ist die Hummel dank ihres langen Rüssels von beachtlicher Bedeutung.

Was die Honigbiene für die Bestäubung noch besonders geeignet macht, ist ihre **Blütenstetigkeit.** Die Biene wechselt bei ihren Blütenbesuchen nicht von einer Blütenart zur anderen, wie es etwa Schmetterlinge und zahlreiche andere Blütenbesucher tun, sondern bleibt, solange es sich lohnt, immer der gleichen Blütenart treu. Sie befliegt entweder nur Apfel- oder nur Birnen- oder nur Löwenzahnblüten und bringt nur so auch wirklich einen Befruchtungserfolg bei den bestäubten Blüten zustande.

Zuletzt sollte man auch noch daran denken, daß die Bienen **unter der Betreuung des Imkers** stehen. Seiner Fürsorge verdanken sie es, daß sie auch in schlechten Honigjahren überleben und während des Winters genügend Futter haben, um nicht zu verhungern. Außerdem wacht er darüber, daß bei Schädlingsbekämpfungsmaßnahmen, die gelegentlich im Pflanzenschutz notwendig werden, seinen Bienen nichts geschieht. Es gibt eine eigene **Bienenschutzverordnung,** die sich zwar bemüht, auch auf andere Bestäuber unter den Insekten Rücksicht zu nehmen, aber sie ist doch in erster Linie auf die Honigbiene abgestellt und schützt erst diese und dann alles andere.

### b) Vom indirekten Nutzen der Bienen

Durch oft wiederholte Zählungen wurde festgestellt, daß *75–85 % aller Blütenbesucher* Bienen sind. Eigentlich dürfte es gar nicht mehr nötig sein, die tausendfach bewiesene Bedeutung der Biene für die Landwirtschaft aufzuzeigen, und deshalb sollen hier auch nur ein paar Beispiele stehen.

Am eindringlichsten sind immer eigene Erfahrungen: So konnte der Erstautor dieses Buches selbst erleben, was die Bienen für den Obstbau leisten. Beim Bau des Bahnhofs Untereisenheim (Unterfranken) im Jahre 1909 hat man eine Reihe von Apfelbäumen daneben gepflanzt. Sie wuchsen zwar schön, aber sie trugen nichts. Als der Pfarrer nach dem Zweiten Weltkrieg seine Bienen in der Nähe aufstellte, sind die Bäume sofort fruchtbar geworden. Das war so auffällig, daß in der Folgezeit die Bauern ein Obst- und Beerenfeld um das andere in der Nähe seines Bienenstandes am »Weißen Haus« anlegten, und das, obwohl das Gelände zwei bis drei Kilometer von allen umliegenden Ortschaften entfernt war.

Ein paar weitere Beispiele aus der Erstauflage dieses Buches sind zwar alt, aber nicht veraltet, so daß sie immer noch zu Recht hier stehen dürfen. Denn alles, was in jüngeren Jahren in aller Welt an den verschiedensten Frucht- und Samenpflanzen hinsichtlich deren Abhängigkeit vom Bienenbeflug untersucht und veröffentlicht worden ist, stellt nichts als eine Bestätigung der alten Befunde dar.

Dem Sachverhalt in Untereisenheim sehr ähnlich ist die Beobachtung in der Gemeinde Mondschütz, wonach der Ertrag einer Goldparmänenallee gleichmäßig sank, je weiter die Bäume vom Bienenstand entfernt standen. Unmittelbar am Stand brachte ein Baum 1200 Früchte, im Abstand von 300 m 800, bei 600 m 600, bei 700 m 250, und bei 900 m waren es nur noch 20 Früchte.

Eine gute Bestäubung ist nicht nur wichtig für die Zahl der Früchte, sondern auch für ihre Qualität. So kann nach Prof. EWERT mangelhafte Bestäubung zu verkrüppelten oder einseitigen Äpfeln führen. Nur Vollbestäubung, wie sie durch die intensive Bearbeitung der Blüte durch die Biene Regel ist, ergibt auch voll ausgebildete, marktfähige Ware (Abb. 4 oben).

1959 prüften die Russen MARKOV und ROMANCHUK die Wirkung der Bestäubung auf den Ertrag von *Gurken.* Gleich große Kästen lieferten mit Gaze abgedeckt 0,7 kg Gurken, künstlich mit Hand bestäubt 7,3 kg, durch Bienen bestäubt 11,8 kg. Ähnliche Versuche mit Verhinderung des Bienenbeflugs durch Gaze oder Drahtgitter führten zu gleichen Ergebnissen, gleich ob es sich um *Obstbäume, Beerensträucher* (Prof. SCHANDERL, Geisenheim) oder um sonst welche anderen insektenblütigen Pflanzen handelte.

Ein frühes Beispiel für die Ertragssteigerung durch Bienenbeflug beim Feldanbau von Samenpflanzen geben die Versuche von LONGRIDGE in Kerang, Australien. Danach lieferten gleich große Flächen mit Bienen 1957 434 % und 583 % mehr *Luzernensamen* als ohne Bienen. 1958 waren es 611%, 1959 sogar 729 % mehr. Dabei wurden 5–6 Völker je Hektar aufgestellt. Obgleich *Rotklee* wegen seiner tiefen Blütenröhren eine »Hummelpflanze« ist, spielen die Bienen bei der Bestäubung doch eine wesentliche Rolle. Russische Versuche ergaben bei einer Entfernung vom Bienenstand von 1500 m fast keinen Samen, bei 800 m 92 kg je ha, bei 400 m 271 kg, unmittelbar am Stand 319 kg. Ebenfalls in Rußland zeigten Versuche mit *Sonnenblumen* deutliche Unterschiede bei a) Selbstbefruchtung, b) einmaliger Handbestäubung, c) täglicher Handbestäubung und d) Beflug durch Bienen:

| | | | | |
|---|---|---|---|---|
| Samengewicht (g) Blüte | a) 45,0 | b) 66,0 | c) 110,0 | d) 112,0 |
| Gewicht (g) von 100 Samen | 3,0 | 4,9 | 7,8 | 9,3 |
| Gewicht (g) von 100 Kernen | 0,5 | 2,2 | 4,8 | 5,7 |

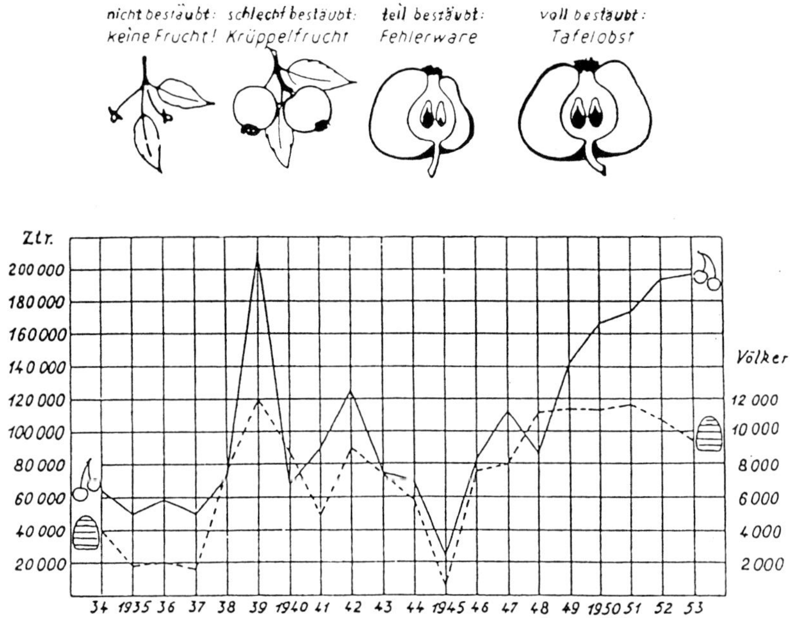


*Abb. 4: Die Biene ist ein entscheidender Faktor für den Obst- und Samenbau. Oben: Bei manchen Apfelsorten liefert unvollkommene Bestäubung unvollkommene Früchte. Unten: Die Kirschenernte im Alten Land war in den dreißiger Jahren, als infolge der aufkommenden chemischen Schädlingsbekämpfung keine Bienen einwandern durften, äußerst gering, stieg aber nach der bienenfreundlichen Regelung der Spritzpläne und dem Rückruf der Bienenvölker gleich wieder erheblich an. Als im Jahr 1945 wegen der von der Besatzungsmacht angeordneten Ausgangssperre keine Bienen ins Alte Land gebracht werden konnten, blieb die Kirschenernte völlig aus.*

Sogar bei *selbstfruchtbaren* Pflanzen und Bäumen liefert die Bienenbestäubung einen höheren Ertrag. *Raps* zum Beispiel gibt mit Bienen um 20–30 % mehr Samen als ohne Bienen.

Und abschließend noch ein anschauliches Beispiel aus Norddeutschland, das deutlich an das eingangs geschilderte Begebnis in Kalifornien erinnert und dessen Auswirkung der Zweitautor des Buches in seiner Zeit als Bienenmeister an der Obstbauversuchsanstalt in Jork im »Alten Land« bei Hamburg selbst feststellen konnte. In diesem großen, geschlossenen Obstanbaugebiet zwischen Hamburg und Stade sind die Obstbauern aus mißlichen Umständen und bitteren Erfahrungen heraus zu einer großen Hochschätzung der Biene bekehrt worden. Und das kam so: In den dreißiger Jahren, als man mit der chemischen Schädlingsbekämpfung erst so richtig begonnen hat, gab es schwere Giftschäden bei den seit jeher in die-

ses Gebiet zu Tausenden einwandernden Bienenvölkern. Infolgedessen blieben die Imker weg. Die Bauern machten sich zuerst nicht viel daraus, aber als sie einen starken Rückgang ihrer Kirschernten feststellen mußten, merkten sie, was ihnen die Bienen wert waren. Sie versprachen den Imkern, alle Schädlingsbekämpfungsmaßnahmen während der Anwesenheit der Bienen vollständig auszusetzen, und so kamen die Bienenzüchter wieder — und mit ihnen die guten Obsterträge! 1945 war wegen der durch die Besatzungsmacht erlassenen nächtlichen Ausgangssperre die Einwanderung der Bienen ins Alte Land nicht möglich, und sogleich fiel die Ernte nahezu auf den Nullpunkt. Im folgenden Jahr, mit Rückkunft der Wandervölker, ging es auch sofort wieder mit dem Kirschenertrag nach oben (Abb. 4 unten). Heute ist die Einwanderung der Bienen mit Hilfe der Obstbauversuchsanstalt nach Zeit, Völkerzahl und Aufstellungsplätzen genau geregelt. Dadurch werden Bienenschäden vermieden, und — vor allem — die Obstbauern zahlen den Imkern für das Aufstellen ihrer Bienenvölker auch noch eine erkleckliche Volksprämie.
Halten wir fest: *Die Biene ist im Obst- und Samenbau weder durch Wind noch durch andere Insekten, noch durch Menschenarbeit zu ersetzen.* Frucht- und Samenanbau sind auf die Biene angewiesen. Man hat errechnet, daß der *indirekte Nutzen,* den die Bienen durch ihre Bestäubungstätigkeit für die Landwirtschaft und damit für die menschliche Ernährung leisten, um wenigstens das 10fache höher liegt als der *direkte,* den sie dem Imker durch die Honigernte bescheren. Man braucht sich nicht zu wundern, wenn das Landwirtschaftsministerium in den USA die Biene einmal als Grundlage für den Wohlstand der Bürger ihres Landes bezeichnete.

## 2. Gesundheit aus dem Bienenvolk

### a) Honig, edle Gottesgabe

Es muß doch etwas Besonderes sein um diesen Stoff, der schon in den ältesten historischen Schriftwerken, in altindischen Mythen, ägyptischen Papyri, im Talmud, in der Bibel und im Koran genannt wird. In der Bibel ist über 40 mal von ihm die Rede. So sehr man ihn seit jeher schätzte, gab es doch in früheren Zeiten recht abenteuerliche Ansichten über seine Herkunft. Noch Aristoteles (um 350 v. Chr.), der sonst so gewissenhafte Naturbeobachter, dessen Mitteilungen über die Bienen und ihr Leben teilweise bis heute Gültigkeit haben, meinte: »Der Honig fällt aus der Luft meist bei den Aufgängen der Gestirne und bei Regenbogen.« Da liest sich die Definition in der deutschen Honigverordnung von 1976 schon etwas nüchterner. Danach ist Honig ein »flüssiges, dickflüssiges oder kristallines Lebensmittel, das von Bienen erzeugt wird, indem sie Blütennektar, andere Sekrete von lebenden Pflanzenteilen oder auf lebenden Pflanzen befindliche Sekrete von Insekten aufnehmen, durch körpereigene Sekrete bereichern und verändern, in Waben speichern und reifen lassen«. Diese komplizierte Begriffsbestimmung besagt kurz und bündig, daß Honig ein Erzeugnis der Bienen ist, und daß er seinen Ursprung in der lebenden Pflanzenwelt hat.

### *Von der Herkunft des Honigs*

Es ist uns ein vertrautes und anheimelndes Bild, wenn am sonnenüberfluteten Wiesenrain, am Waldrand oder im Rapsfeld die Bienen von Blüte zu Blüte fliegen und sich an deren Grunde zu schaffen machen.

> »Ein Blumenglöckchen vom Boden hervor
> War fröhlich gesprosset im lieblichen Flor;
> Da kam ein Bienchen und naschte fein, —
> Die müssen wohl füreinander sein.« (Goethe)

Wenn die Bienen bei ihren unermüdlichen Blütenbesuchen die Bestäubung der Pflanzen verrichten, tun sie es »ungewollt« und zwangsläufig. Die insektenblütigen Pflanzen setzen unter Einsatz ihres lockenden Duftes und ihrer verführerischen Farben alles daran, um die Bienen in ihren Dienst zu nehmen. Am Grunde ihrer Blüten besitzen sie drüsige Gebilde, die durch spaltartige Poren oder durch Ausschwitzung über die Oberhaut jenen süßen Saft ausscheiden, den wir **Nektar** nennen, und auf den die Bienen so begierig sind. Die Drüsen selbst heißen *Nektarien* (Abb. 5). Außer den Nektardrüsen am Blütenboden, die von verschiedener Form, oft unscheinbar, oft auffällig markiert sein können, gibt es ausnahmsweise auch noch solche an anderen Pflanzenteilen, z. B. an den Stielen der Blätter bei der Süßkirsche. Was diese »extrafloralen Nektarien« sollen, weiß man nicht.

Auch für die andere große Rohstoffquelle des Honigs, den auf Nadeln und Blättern vieler Pflanzenarten auftretenden **Honigtau,** läßt sich für die spendenden Pflanzen kein biologischer Nutzeffekt erkennen. Früher glaubte man, die süßen Tröpfchen auf dem Blatt- und Nadelwerk seien Ausscheidungen der Pflanzen selbst. Heute wissen wir, daß daran stets tierische Lebewesen, *Pflanzensauger* (Blatt- und Rindenläuse, Schildläuse, gelegentlich auch Blattflöhe und Zikaden) beteiligt sind. Sie stechen in das Pflanzengewebe und entnehmen meist aus den Siebröhren den Pflanzensaft (Abb.6). Da sie für ihre enorme Vermehrung, die bei den *Blattläusen* mehrere Generationen im Jahr umfaßt, viel Eiweiß brauchen, der Pflanzensaft aber nur relativ wenig davon enthält, müssen sie große Mengen

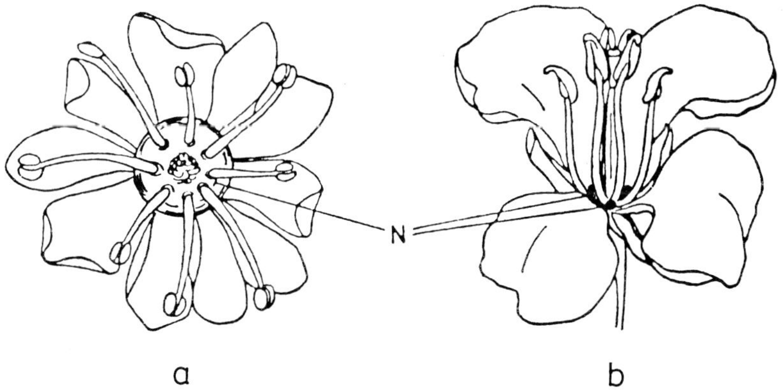


*Abb. 5: Zwei Beispiele von Nektardrüsen am Blütengrund.*
*a) scheibenförmige Nektarien bei der Ahornblüte, b) papillenförmige Nektarien bei der Rapsblüte. N Nektardrüsen.*

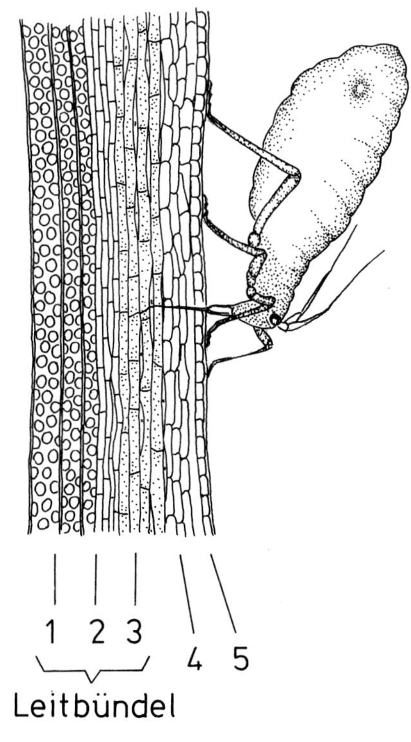


*Abb. 6: Rindenlaus beim Saugen von Siebröhrensaft.*
*1 Holzteil (Xylem): von unten nach oben wasserführende, verholzte, tote Zellen, hier als Tüpfelgefäße; 2 Bildungsgewebe (Kambium): lebende Zellen, die sich zu Teilen des Xylems oder Phloems ausdifferenzieren; 3 Siebteil (Phloem): lebende Zellen, die organische Stoffe — Zucker, Eiweiß — aus den Blättern zu den Bedarfsstellen, z.B. Wachstumszonen, Speicherorgane, leiten; 4 Rindenschicht aus lebenden Zellen und Speicherzellen; 5 Hautgewebe (Epidermis): einschichtige Zellage mit verdickter Außenwand = Cuticula.*

des Saftes aufnehmen, um auf ihre Kosten zu kommen. Die abgefilterten zuckerhaltigen Restmengen scheiden sie unverdaut aus — und den Nutzen davon haben die Bienen. Nicht alle Pflanzensauger und nicht alle ihre Wirtspflanzen liefern für die Bienen rentable Honigmengen. Hauptsächlich sind es die baumartigen Pflanzen des Waldes (s. S. 318). Nach seiner Herkunft benützt man für den *Honigtauhonig* deshalb auch meist die geläufigere Bezeichnung »Waldhonig«. Nicht jedes Jahr honigt der Wald, oder zumindest nicht immer gleich gut.

### *Wie die Bienen Honig machen*

Nektar und Honigtau sind noch kein Honig. Erst durch die Verarbeitung durch die Biene entsteht dieses kostbare Produkt. Es beginnt schon während des Sammelns: der süße Saft gelangt über Mund und Speiseröhre in die *Honigblase* (s. S. 68). Hier verhindert der *Ventiltrichter* den unkontrollierten Übertritt in den Darm, wie umgekehrt auch nichts aus dem Darm in die Honigblase zurückfließen kann. Die Biene trägt den Honigblaseninhalt nach Hause und liefert ihn an wartende Stockbienen ab. Diese geben das Empfangene weiter an andere Bienen, was sich noch mehrmals wiederholen kann. Dabei wird das Produkt eingedickt und mit Drüsenstoffen der Bienen angereichert. Nach dem Einlagern in die Zellen geht die Wandlung des Sammelgutes durch die Wirkung der beigegebenen Drüsenfermente und durch Verdunstung von Wasser weiter. Der Prozeß kann durch wiederholtes Umtragen noch beschleunigt werden. Wenn die Bienen sehr dünnen Nektar eintragen, kann man sie beobachten, wie sie vor dem Einlagern den Honigblaseninhalt in Form kleiner Tröpfchen aus dem Mund austreten lassen und durch Vorklappen des Rüssels zu einer feinen Haut ausspannen und wieder einziehen. Dadurch wird das überschüssige Wasser besondes wirksam verdunstet.

### *Honig ist nicht gleich Honig*

Allein schon die Herkunft aus Blüten oder von Nadeln und Blättern unter Vermittlung der Pflanzensauger macht das verständlich. Aber da sind auch noch die verschiedenen Pflanzen, gleich ob Nektar- oder Honigtaulieferanten, die die Eigenheiten des Honigs bestimmen. Es gibt ganz helle und sehr dunkle Honige. Im allgemeinen sind Blütenhonige heller als Waldhonige. *Akazienhonig* ist fast weiß, *Obsthonig* ist gelbbraun. Aber es gibt auch Ausnahmen wie den ungewöhnlich dunklen *Buchweizenhonig*. Ebenso gibt es Ausnahmen bei den Honigtauhonigen, wie z.B. den ungewöhnlich hellen *Latschenhonig*. Die Masse der Waldhonige ist jedoch dunkelbraun, der *Tannenhonig* fast schwarz mit einem grünen Schimmer.

Frisch geschleuderter Honig kann sehr verschiedene Konsistenz aufweisen. Blütenhonige sind in der Regel leicht flüssig, mit Ausnahme des *Heidehonigs,* der eine gelatineartige Beschaffenheit besitzt. Waldhonige sind zäher.

Fast jeder Honig wird von Natur aus nach einiger Zeit fest — er kristallisiert. Unterschiedlich sind dabei Geschwindigkeit und Körnungsgrad. Beim *Rapshonig* geht es sehr schnell, und er kristallisiert sehr fein. *Lärchenhonig,* ein Honigtauhonig, wird sogar schon in der Wabe fest, und man hat Mühe, ihn beim Schleudern herauszubekommen (s. S. 251). Ansonsten geht es bei Waldhonigen meist viel langsamer als bei Blütenhonigen, und sie kristallisieren auch verhältnismäßig grob. Lange flüssig bleiben aber *Kleehonige,* und der Blütenhonig aus der *Akazie* wird, als Ausnahme, so gut wie gar nicht fest.

Es kann nicht verwundern, daß es auch in Duft und Geschmack der Honige Unterschiede gibt. Der Kenner vermag daran sogar die Herkuft des Honigs herauszufinden. Es gibt liebliche (meist Nektarhonige) und mehr herbe Honige (Wald). Es gibt Honige mit leicht säuerlichem Geschmack *(Gamander)* und leicht bittere *(Edelkastanie). Heidehonig* beißt auf der Zunge.

Das alles hat mit den **Inhaltsstoffen** im Honig zu tun. Sie sind zwar in den Grundzügen gleich, aber es bestehen Unterschiede in der quantitativen Zusammensetzung, am meisten, was das Zuckerspektrum und den Wassergehalt anlangt. Dazu kommen feinste Unterschiede in den zahlreichen Beistoffen, die in jedem Honig enthalten sind und das Produkt als Nahrungsmittel hoch über den Zucker hinausheben. Da sind eiweißartige Bestandteile und deren Bausteine *(Aminosäuren),* sowie Honigfermente *(Diastase, Invertase, Glucosidase),* die für die Zuckeraufbereitung und -umwandlung wichtig sind. *Cholin* und *Azetylcholin* regulieren die Zuckerspeicherung in den Organen. Relativ reich ist der Honig an *organischen Säuren* (Ameisen-, Apfel-, Milch-, Wein-, Zitrone-, Oxalsäure) und *Mineralien* (Kalium, Kalzium, Chlor, Phosphor, Eisen, Mangan und viele andere), letztere besonders im Waldhonig. Und dann sind da noch *Aromastoffe* und, in Spuren, Vitamine und Hormone.

Nicht eigentlich Honigbestandteile, aber Inhaltsstoffe, die beim Sammeln hineinkommen, sind Pollenkörner und Hefen — Bestandteile, die bei der *Herkunftsbestimmung* des Honigs von Bedeutung sind.

Auch in ihren **physikalischen Eigenschaften** gibt es geringe Unterschiede bei den Honigen, z.B. im spezifischen Gewicht, das wenig über 1 liegt, in der Viskosität, im Verhalten im polarisierten und ultravioletten Licht- in der Oberflächenspannung, im PH-Wert und in der elektrischen Leitfähigkeit, die man gerne, aber nicht unbedingt verläßlich, zur Kennzeichnung des Waldhonigs bemüht.

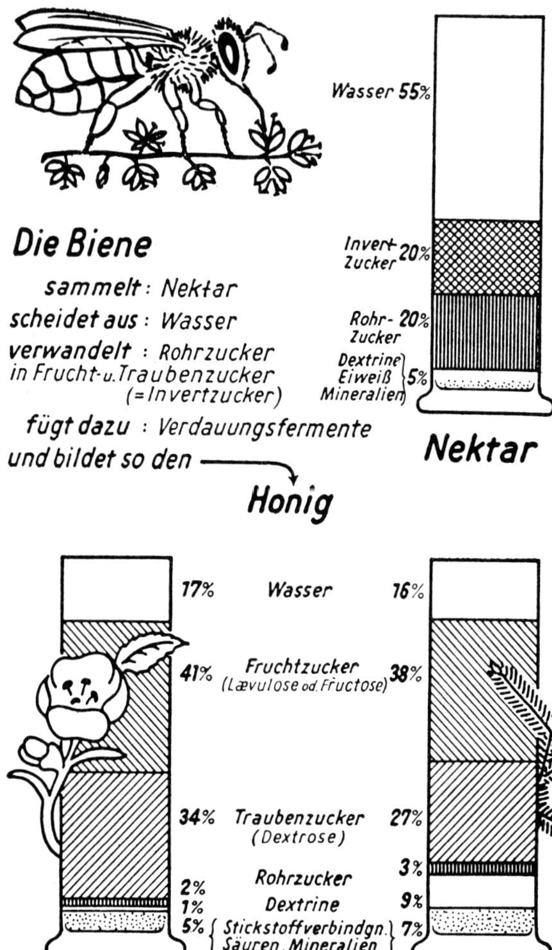


*Abb. 7: Aus Nektar und Honigtau bereitet die Biene den Honig. Die hier angegebenen Prozentwerte sind Ungefährwerte und können in Grenzen schwanken. Auch wenn die Unterschiede in der Zusammensetzung der beiden Honigarten klein erscheinen, kann der Geschmack recht verschieden sein. Gesund sind alle beide.*

Bei aller Komplexität der Honige halten sich die Unterschiede doch in einem verhältnismäßig engen Rahmen. Nur Blüten- und Blatthonige lassen sich, nicht nur geschmacklich, sondern auch was ihre Inhaltsstoffe an-

betrifft, in der Regel gut auseinanderhalten. Kein Wunder, da sie ja aus verschiedenen Rohstoffquellen stammen!
Zur Veranschaulichung diene Abb. 7. Aus einem Nektar mit zusammen 5 % Mineralien, Eiweiß und Dextrinen, 20 % Rohrzucker, 20 % Invertzucker und 55 % Wasser scheidet die Biene Wasser aus, verwandelt Rohrzucker zu Invertzucker und gibt Fermente und sonstige Wirkstoffe hinzu. Und so entsteht in diesem Beispiel ein Honig mit zusammen 5 % Mineralien, Säuren und Eiweiß, 1 % Dextrinen, 2 % Rohrzucker und 75 % Invertzucker. Davon 34 % Traubenzucker und 41 % Fruchtzucker. 17 % Wasser sind übriggeblieben. Beim Blatthonig liegen die Werte für Rohrzucker in der Regel höher. Auffallend ist besonders der hohe Dextrinwert von 9 %. Er dürfte schuld sein an der weichsämigen Beschaffenheit des Waldhonigs, auch an seinem langsamen Kristallisieren. Auch ist der Waldhonig meist reicher an Mineralien.
Für das Lebensmittel Honig gibt es eine Verordnung (Honigverordnung vom 13. Dezember 1976) in der eine Reihe von Vorschriften, wie Honig beschaffen sein muß, festgelegt sind. Danach darf z.B. der Wassergehalt des Honigs im allgemeinen nicht über 21% und bei Heide- und Kleehonig höchstens bei 23 % liegen (gemessen nach der DIN / AOAC-Methode). Der *Deutsche Imkerbund* hat in seiner Warenzeichensatzung für die Vermarktung des Honigs in dem von ihm empfohlenen und betreuten Imker-Honigglas die Werte auf 18 % und 21,4 % verschärft, wie er im übrigen auch bei anderen vorgeschriebenen Richtwerten, etwa bei der Fermentbeschaffenheit, einen strengeren Maßstab als die Honigverordnung anlegt (zum Imker-Honigglas s. S. 256).

## *Was vermag der Honig?*

Lassen wir zu Anfang wieder den Erstautor des Buches sprechen, der die segensreiche Wirkung des Honigs an sich selbst erlebt hat und nicht zuletzt aus diesem Erlebnis zum Imker geworden ist. »Nach mehrjähriger schwerer Erkrankung an Herzschwäche und chronischer Magen-Darm-Entzündung trat ich eine Kaplanstelle an. Ich hätte noch ein halbes Jahr Erholung nötig gehabt. Das amtsärztliche Zeugnis lautete: ›Nur für eine ganz leichte Stelle zu brauchen.‹ Die Stelle wäre leicht gewesen, wenn der Pfarrer gesund gewesen wäre. Aber er lag, als ich ankam, zu Bett und blieb im Bett, solange ich dort war. Es waren drei Orte zu versehen, drei Kilometer zu gehen — für mich damals eine Gewaltleistung. Eine Stunde Unterricht bedeutete größte Anstrengung. In W. hatte ich zwei Stunden nacheinander. Danach war ich erledigt für den ganzen Tag, kaum mehr fähig zu essen. Da bekam ich bei den Schwestern eines Tages Honig zu meiner Frühstücksmilch. Na schön, ist süß und soll gut gegen Husten sein. Weiter dachte ich nichts. Aber nach den zwei Stunden Unterricht war ich noch so frisch, daß ich Lust hatte, mich zu unterhalten statt wie sonst fluchtartig das Lokal zu verlasssen, heimzufahren und mich hinzulegen. Aha, jetzt geht's aufwärts. Jetzt ist die Krankheit überwunden. Aber am nächsten Tag in N. nach Kaffee war's die alte Leier. Am Freitag in W. nach Milch mit Honig war's wieder gut. Und so immer in W. — Eines Tages war der Honig zu Ende. Da war's in W. auch schlecht. Dann kam wieder Honig, und es war gut. — Da ist bei mir der Groschen gefallen: Das macht der Honig! Und ich beschloß: Sobald ich die Füße unter den eigenen Tisch stelle, kommen Bienen her! Das habe ich gehalten und habe inzwischen immer neu die gute Wirkung des Honigs feststellen können, bei mir und anderen.«

Was der Honig dem Menschen bedeutet, behandelt ein eigener Band aus der Reihe der Imkerbücher im Ehrenwirth Verlag, München: »Heilwerte aus dem Bienenvolk« von E. Herold/G. Leibold. An dieser Stelle sei nur das Nötigste gesagt. Vor allem dies, daß wir den Honig als eines der gesündesten Nahrungsmittel ansehen können, die wir kennen (Abb. 8).

Die wohltuende Wirkung des Honigs auf den menschlichen Organismus ist sicherlich mit dem Zusammenwirken seiner vielfältigen Inhaltsstoffe verknüpft, wobei der aufgeschlossenen Form seines Hauptbestandteiles Zucker eine besondere Rolle zukommt.

Wohlbekannt ist die Wirkung des Honigs als Kräftigungsmittel. Der Honig richtet den Menschen nach ermüdender langer Arbeit und nach kraftverzehrenden Krankheiten wieder auf. Während der Traubenzucker sofort ins Blut übergeht und auf den Kreislauf und die Muskeltätigkeit günstig einwirkt, wird der Fruchtzucker zuerst als Reserve in der Leber in Form der Leberstärke gespeichert. So hat Honig einen nachhaltigen stärkenden Einfluß auf alle Lebensfunktionen. Besonders Leistungssportler wissen das zu schätzen. Der von Prof. KOCH gefundene Glykotilfaktor (Acetylcholin) scheint zusammen mit einem die Durchlässigkeit der Zellwände erhöhenden Stoff eine optimale Verarbeitung des Zuckers durch den Organismus zu gewährleisten.

Honig wirkt insbesondere unter dem Einfluß des Acetylcholins anregend und regulierend auf die Herztätigkeit. Er bewirkt eine bessere Durchblutung der Herzgefäße und führt zu einer nachhaltigen Stärkung der Herzarbeit.

Die Leber hat stoffwechselaufbauende und -abbauende Funktionen. Wenn sie durch Krankheit geschädigt ist, fällt ihr Glykogengehalt. Honig hilft, ihn in schonender Weise wieder zurückzugewinnen.

Da die Leber auch fremde und eigene Giftstoffe im Körper zu beseitigen hat, dürfte die ideale Lebernahrung Honig auch bei dieser Funktion eine günstige Wirkung entfalten.

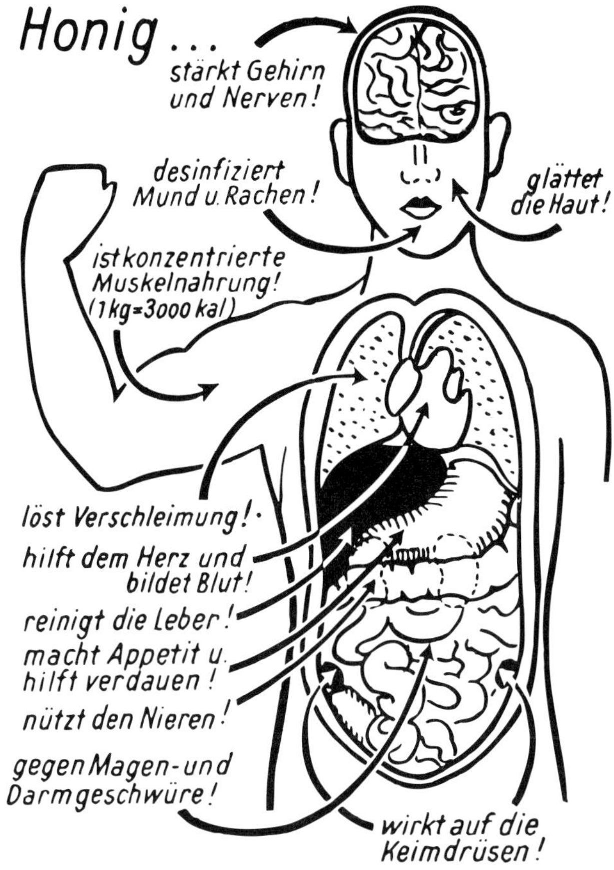


*Abb. 8: Honig ist ein außergewöhnliches Nahrungsmittel mit vielen wohltuenden Wirkungen auf die menschliche Gesundheit.*

Man sagt dem Honig auch eine blutbildende Wirkung nach, woran sein Gehalt an Mineralien beteiligt ist.

Honig hat bei vielen Menschen eine günstige Wirkung auf die Verdauung. Er regt die Darmbewegung an und wirkt leicht abführend. Auch für Kleinkinder ist er sehr bekömmlich. Allerdings können sich verschiedene Honige etwas unterschiedlich verhalten.

Seit alters her ist der Honig als Wundheilmittel bekannt. Er hemmt das Wachstum der Bakterien. Diese Eigenschaft besitzt er besonders wegen seines Gehaltes an Glukoseoxidase, welche die Biene ihm beimengt. Dieses Ferment bildet Glukonsäure, wobei auch Wasserstoffperoxid entsteht.

Beides ist für die bakteriostatische Wirkung des Honigs bedeutsam. Die hohe Zuckerkonzentration des Honigs tut das ihre dazu.
Die gleiche Eigenschaft des Honigs erklärt auch seinen günstigen Einfluß bei Schleimhautentzündungen, insbesondere katarrhalischen Krankheiten. Honig und Milch ist ein altes wirksames Hausmittel gegen plagenden Husten.
Ich könnte das Hohelied des Honigs noch viel weiter ausdehnen, und ich könnte auf vielfältige wissenschaftliche Untersuchungen hinweisen, die sich mit der medizinischen Seite des Honigs beschäftigen. Wer mehr darüber lesen will, nehme das obengenannte Buch zur Hand. Darin werden neben dem Honig auch noch andere Bienenprodukte in ihrer Wirkung auf den Menschen untersucht und behandelt. Man wird erkennen, welch hohes Gut wir durch die Bienenzucht uns und unseren Mitmenschen verschaffen. Es wäre ein kaum zu verantwortender Schaden für die Volksgesundheit, wenn die Begeisterung für die Bienenzucht erlahmen würde. Wer Honig erzeugt, erzeugt Gesundheit, und das ist der Mühe der Besten wert.

### b) Andere wertvolle Produkte aus dem Bienenvolk

Bei uns hält sich ihre Wertschätzung noch in Grenzen, aber in den östlichen und fernöstlichen Ländern sind sie aus der Volksmedizin nicht mehr wegzudenken: gemeint sind *Pollen, Königinnenfuttersaft* und *Kittharz.* Dazu kommt noch das *Bienengift,* das aber auch wir schon immer als hervorragendes Pharmazeutikum kennen.

#### *Pollen*

Blütenstaub oder *Pollen* ist wie der Honig ein Sammelprodukt der Bienen. Er dient zur Ernährung ihrer Brut und wird von ihnen in Form kleiner Klümpchen, den sogenannten »Höschen«, an den Hinterbeinen nach Hause getragen (s. S. 63). Wenn man ein geeignetes Gitter vor das Flugloch spannt, zwingt man die Pollensammlerinnen dazu, einen Teil dieser Paketchen abzustreifen. Sie fallen in einen untergeschobenen Behälter und häufen sich dort an. Es gibt im Fachhandel verschiedene Arten solcher »Pollenfallen«.
Der Blütenstaub ist reich an Eiweiß und Fetten, enthält auch Kohlenhydrate, aber vor allem große Mengen an Vitaminen, besonders der B-Gruppe, und Mineralien. Ein solcher vielseitiger Stoff kann wohl auch für den Menschen, der etwas davon zu sich nimmt, nicht ohne Wirkung sein.

Von den Bienen eingesammelter Blütenpollen wird als Mittel gegen Abgespanntheit, Frühjahrsmüdigkeit, Schwächezustände und Alterserscheinungen allgemeiner Art empfohlen. Er behebt Appetitlosigkeit und stärkt den geschwächten Organismus kranker Menschen. In besonderen Fällen hilft er auch gegen Heuschnupfen, und man sagt ihm einen lindernden Einfluß bei Prostataleiden nach. Obgleich für spezifische Wirkungen des Pollens keine exakten medizinischen Beweise vorliegen, gibt es doch immer mehr pharmazeutische Präparate, in denen er verarbeitet wird, und die in der Apotheke angeboten werden. Und wenn er auch sonst nichts weiter bewirken sollte — ein natürliches, hochwertiges *Polyvitaminpräparat* ist er auf alle Fälle.
Wenn der Imker Pollen erntet, muß er darauf achten, daß das Sammelgut nicht feucht wird, weil sich dann giftige Pilze in ihm entwickeln könnten. Falls man ihn nicht gleich in der Tiefkühltruhe aufbewahren kann, muß man ihn in dünnen Lagen ausbreiten und an der Luft gut trocknen, ehe er in geschlossenen Behältern (Honiggläsern) unterzubringen ist. Natürlich sollte der Pollen von jedweden Fremdkörpern und Verschmutzungen befreit werden, was mit einer Pinzette von Hand oder unter Zuhilfenahme eines vom Handel angebotenen Reinigungsgerätes geschehen kann.
Zur eigenen Anwendung kann man den Pollen teelöffelweise in beliebiger Flüssigkeit zu sich nehmen, oder man mischt ihn (in getrocknetem Zustand und womöglich vorher gemörsert) mit einer Rührspirale in unkristallisierten Honig ein. Wieviel? Die Zähigkeit der entstehenden Masse setzt der zu verarbeitenden Pollenmenge von selbst eine Grenze.

### *Königinnenfuttersaft*

Für eine Art »Wundermittel« halten manche den Königinnenfuttersaft oder *Gelée Royale,* wie er unter seinem französischen Namen besser bekannt ist. Es handelt sich um das spezifische Futter für die im Bienenvolk heranwachsenden Königinnenmaden. Die Bienen lagern es im Gegensatz zum Arbeiterinnenfuttersaft so reichlich ab, daß man es leicht mit einem Spatel aus den Königinnenzellen herauskratzen oder (gewerblich) durch Zentrifugieren der Zellen gewinnen kann. Für den Aufbau dieses körpereigenen Produktes dient den Bienen im wesentlichen Pollen, weshalb man den Königinnenfuttersaft auch als eine Art Pollenkonzentrat ansehen könnte. Er enthält aber noch eine Reihe zusätzlicher Inhaltsstoffe, worüber man auf Seite 97 nachlesen kann.
Obgleich die Natur den Futtersaft nicht für den Menschen bestimmt hat, kann die Krone der Schöpfung doch offenbar nicht umhin, ihn an sich auszuprobieren. Zumindest darf man von dem Stoff erwarten, daß er, ähn-

lich wie der Pollen, einen aufbauenden und vitalisierenden Einfluß auf den Organismus ausübt. Natürlich werden ihm, der ja nur in sehr geringen Erntemengen anfällt, eine entsprechend stärkere Wirkung und noch andere Eigenschaften nachgesagt, was indessen alles erst noch des exakten Nachweises bedarf. Aus dem Umstand, daß das königliche Futter der Stockmutter zu einem ungleich längeren Leben verhilft, als die Arbeiterinnen alt zu werden vermögen (s. S. 97), sollte man, auf das Menschliche übertragen, natürlich keine gleichgerichteten Hoffnungen hegen.
Naturbelassen ist der Königinnenfuttersaft, der sich ohne Schaden lange Zeit in gut verschließbaren Gläschen im Kühlschrank aufbewahren läßt, wegen seines »muffigen« Geschmackes nur schwer zu genießen. Die Pharmazie verarbeitet ihn zu Kapseln, Pillen oder Trinkampullen, zum Teil kombiniert mit Weizenkeimöl, Weißdornextrakt, Vitamin E, Ginseng und anderen potentiellen Wirkstoffen.
Der Imker kann ihn für den Selbstbedarf in Honig einmischen und dessen unbestritten gesundheitsfördernde Wirkung damit zu verstärken versuchen. Ein Mengenrezept gibt es nicht, aber wie die Gewinnung dürfte auch die Verarbeitung von Sparsamkeit geprägt sein.

### *Kittharz*

Der dritte heilsame Stoff aus der Apotheke Bienenvolk ist das *Kittharz*, auch *Propolis* geheißen. Es ist wie der Honig und der Pollen ein echtes Sammelprodukt der Bienen und im wesentlichen nicht viel anderes als Baumharz. Bestimmte Bäume scheiden häufig Harz aus, zum Teil an den Knospen, zum Teil an verschiedenen anderen, beschädigten oder unbeschädigten, Pflanzenteilen. Bei Pappeln, Kastanien und besonders bei Nadelbäumen wird ein jeder schon einmal mit Baumharz in Berührung gekommen sein. Die Bienen bringen es fertig, diesen klebrigen Stoff, ähnlich wie den Pollen, an ihren Hinterbeinen zu befestigen und in Form großer »erstarrter Tropfen« nach Hause zu tragen. Hier benützen sie es zum Abdichten von Ritzen und Fugen in ihrer Wohnung, zum Verkleistern von Gitterteilen und zum Ankitten von Rähmchen, Kastendeckeln u. dgl. Nichts darf lose sein in ihrer Behausung. Wenn einmal größere Tiere in den Stock eindringen, ein Totenkopfschwärmer oder eine Spitzmaus, und keinen Ausweg mehr finden, wird der Eindringling mit Hilfe des Kittharzes, vermengt mit Wachs, regelrecht einbalsamiert. Im Winter verengen die Bienen damit auch oft ein zu weites Flugloch. (griechisch pro = vor, polis = Burg, also Vorburg!)
Der Imker kann Kittharz, das ihm an den Fingern und am Handschuh kleben bleibt, nicht leiden und kratzt es, wo immer er seiner habhaft wird, eifrig — aber auf Dauer erfolglos — von den Ablagestellen herunter. In

der Wärme des Volkes ist das Kittharz zäh und klebrig. Außerhalb und besonders in der kalten Jahreszeit wird es spröde und fest. Bei Frost springt es richtig von der Unterlage ab. Wenn man es gezielt gewinnen will, muß man diesen Umstand nutzen. Und tatsächlich ist Kittharz in den letzten Jahren bei vielen Imkern ein echtes Ernteprodukt geworden.
Technisch wird Kittharz, gelöst in Alkohol, schon seit alter Zeit als Anstrichmittel zum Präparieren von Holzgegenständen verwendet, und besonders sein Einsatz im Geigenbau ist schon »uralt«. Man weiß auch, daß die alten Ägypter Propolis zum Einbalsamieren ihrer Toten benützt haben, und in der Heilkunde kennt man seine Wirksamkeit bei der Behandlung von Wunden und Geschwüren schon seit dem Mittelalter. Aber erst in jüngerer Zeit hat man sich, zuerst in östlichen Ländern und dann auch bei uns, wieder stärker auf das Naturmittel Propolis besonnen. Seine antibiotische Wirkung steht außer Frage und erklärt zur Genüge die unbestreitbaren Erfolge bei der Wundbehandlung. Das Kauen von Kittharz wird nicht nur zur Desinfektion der Mundhöhle empfohlen, es soll auch die Atemwege erweitern helfen. Tinkturen und Kaupräparate aus Kittharz, die der pharmazeutische Handel anbietet, werden gegen Parodontose und als anästhesierende Mittel bei der Zahnbehandlung eingesetzt. Nachgewiesenermaßen ist Kittharz, zumindest im Labor, gegen bestimmte Viren wirksam, die sich bisher jeder Behandlung entzogen haben. Ohne daß die Befunde schon völlig abgeklärt wären, will man Kittharz erfolgreich gegen Virusgrippe, Magen- und Darminfektionen und gegen Juckreiz eingesetzt haben. Auch wird es als Pflastergrundlage bei Hühneraugen und Furunkeln verwendet.
Man kann sich eine Kittharzsalbe leicht selbst machen, indem man Kittharz mit 96%igem Alkohol übergießt und durch ausdauerndes Schütteln eine gesättigte Lösung damit herstellt. Diese wird dann tropfenweise in eine Salbengrundlage (Vaseline oder Lygal) eingemischt. Die Salbe bindet besonders schön ab, wenn man die Salbengrundlage vorher im Wasserbad mit etwas Bienenwachs zusammenschmilzt.

### c) Das Bienengift

Dieses ureigenste Produkt der Bienen kann der Imker zwar in Form von Stichen »nach Herzenslust« genießen, aber nicht als Rohstoff selbst gewinnen. Das besorgen Firmen mit Spezialeinrichtungen, die den Bienen ihr Gift abmelken, ohne den Tieren dabei Schaden zuzufügen. In den Anfangszeiten der Bienengiftgewinnung war das noch anders, als man die Giftproduzentinnen am Flugloch mit der Pinzette abfing und zum Stechen in eine Unterlage zwang, in der sie außer dem Gift auch noch ihren

Stachel zurückließen. Heute regt man die giftreichen Sammelbienen mit gelinden Stromstößen zum Stechen an, um danach das Gift aus dem stachelschonenden Substrat zu extrahieren und industriell weiter zu verarbeiten.
Bienengift ist ein Eiweißgift, dessen Trockenmasse zu etwa 75 % aus Polypeptiden, den Grundbausteinen des Eiweißes, allen voran dem Hauptwirkstoff Melittin, besteht. Daneben sind noch an die 50 weitere chemische Komponenten, darunter Amine (Histamin) und Enzyme analysierbar, ohne daß man den Naturstoff selbst in seiner Gesamtzusammensetzung exakt nachahmen könnte. In der Humanmedizin hat Bienengift einen festen Platz. Es hilft bei rheumatischen Muskel-, Nerven- und Gelenkerkrankungen. Die Pharmazie hält eine Vielzahl von Präparaten bereit, Salben, Tinkturen, Injektionslösungen, die in den kranken Körperteilen eine durchblutungsfördernde und vermutlich eine zusätzliche antirheumatische Wirkung entfalten. Bienengiftpräparate in Puderform sollen auch bei der Behandlung von Gürtelrose, bei gewissen Flechten und Ausschlägen wirksam einzusetzen sein.
Eine gewisse Warnung ist jedoch am Platz. Es gibt Menschen, die reagieren allergisch auf Bienengift. Bei ihnen geht es nach einem Stich nicht mit einer lokalen Schwellung und den üblichen ungefährlichen Folgeerscheinungen wie Hautjucken und Erwärmung der Stichstelle ab, sondern im extremen (seltenen) Fall kann schon ein einziger Stich durch unverhältnismäßig starke Schwellung der Schleimhäute und Blockierung der Atemwege tödlich enden. Der Imker, dem bei seiner Arbeit Neugierige über die Schulter schauen, muß das wissen. Wie man sich gegen die bedrohliche Auswirkung von Bienenstichen vorsieht, ist auf Seite 131 nachzulesen.

## 3. Mensch und Biene
(Ethische Werte der Bienenzucht)

Ehe wir von der Biene und dem Umgang mit ihr reden, sollten wir die Beschäftigung des Imkers mit diesem liebenswerten kleinen Insekt erst noch von einer anderen Seite aus betrachten, nämlich von der ideellen, die der wirtschaftlichen an Bedeutung wenig nachsteht. Nehmen wir uns etwas Zeit für ein paar Überlegungen dazu:

1. Der Mensch von heute wird durch die Anforderungen seines Berufes, durch berufliche Einseitigkeit, Überanstrengung und Ärger, nicht selten von Mutlosigkeit befallen, fühlt sich überfordert und unterliegt nervösen Störungen bis hin zu daraus resultierenden körperlichen Leiden. Als

Folge nimmt er oft den Weg zum Psychiater. Ob er statt dessen nicht auch zu den Bienen gehen könnte? Bei und mit den Bienen gelangt er unvermittelt in eine andere Welt. Er erreicht eine andere geistig-seelische Landschaft. Dort herrschen Ruhe und Besinnung. Das Laute, Drängende bleibt draußen, Geist und Körper entspannen, und dennoch ist man nicht ohne Bewegung. Der Nebenerwerbsimker findet in der Arbeit mit den Bienen so etwas wie einen *Ausgleichssport,* etwas, das ihn nicht streßt, sondern entspannt und innerlich zur Ruhe bringt.

2. Die Technisierung hat unser aller Leben erfaßt und uns zwangsläufig mehr oder weniger der Natur entfremdet. Wir merken immer mehr, daß uns diese fehlt und suchen nach Möglichkeiten, sie zurückzugewinnen. Man stürmt auf Berge, sucht Erholung an Seen, durchstreift Wald und Felder — und nicht selten findet man das ersehnte Rückzugsgebiet bereits besetzt durch allzuviele andere, die schon wieder Unruhe, Unrat und Lärm mitgebracht haben. Die Biene ist dagegen ein Stück *unverdorbene* Natur. Wer mit ihr umgeht, kann Natur in reinster Form erleben - als einen Gesundbrunnen, in den er hineintauchen kann, so oft es ihm beliebt.

3. Wer Bienen hält, darf sich als Naturschützer erster Güte bezeichnen. Längst hat man erkannt, daß ohne Naturschutz viele Pflanzen und Tiere in Gefahr gerieten auszusterben. Selbst die Biene träfe dieses Los, denn in unserer Kulturlandschaft fände sie keine Möglichkeiten, artgerecht zu nisten, und zeitweise gäbe es für sie lebensbedrohliche Versorgungsengpässe. Der Imker hilft ihr aus diesen Verlegenheiten. Die Sorge für ihr Überleben ist streng genommen wichtiger als alle Anstrengung, die man für den Erhalt der inzwischen immer zahlreicher werdenden geschützten Pflanzen und Tiere unternehmen kann. Mit der Biene würden automatisch alle geschützten Pflanzen, und nicht nur diese, sondern alle Blütenpflanzen verschwinden, da deren wichtigste Bestäuber fehlen würden. Die weißen, gelben, roten, violetten Tupfer und Flächen in der Landschaft, die unser Auge so sehr erfreuen, sind ja in erster Linie für die Insekten da, um sie zur Erfüllung ihrer Bestäubungsaufgabe anzulocken. Und noch einen Schritt weiter: wo wären die Tiere in Wald und Feld und in der Luft, die sich von den Blütenpflanzen oder von deren Früchten ernähren?
Man kann es für an den Haaren herbeigezogen halten, wenn man noch weiter geht und behauptet, daß die Biene auch *zur Verbesserung des Bodens* ihren Beitrag leistet. Die meisten Blütenpflanzen liefern über abgestorbene Blätter oder beim Zerfall als krautige Pflanzen rasch verrottendes Material zum Aufbau von nahrhaftem Humus. Dagegen hinterlassen viele Windblütler, etwa Getreidearten oder die Nadelbäume des Waldes, mit ihren natürlichen Rückständen einen nährstoffarmen, wenig frucht-

baren Rohhumus, der eine lange Aufbereitungszeit benötigt, bis er sich zu wertvollem Nährhumus wandelt. Nur dieser liefert den Pflanzen all die Nahrung, die sie zu ihrem optimalen Gedeihen brauchen, und nur dieser besitzt auch genügend wasserbindende Kraft und Zusammenhalt, um nicht durch Stürme oder Wassereinbrüche fortgetragen zu werden. Man denke an die Versteppung fortwährend mit Getreideanbau genutzter Kulturböden. Wenn nun aber die Blütenpflanzen in ihrer Existenz auf Insekten, vor allem auf die Bienen, angewiesen sind, darf man dann nicht unterstellen, daß die Biene auch bei der Bodenverbesserung eine hilfreiche Rolle spielt — und damit natürlich auch ihr Herr und Meister, der Imker?

4. Daß der Imker mit seinem Honig, den er den Bienenvölkern in schonender Weise und, ohne sie auszuplündern, entnimmt, zur *Ernährung seiner Mitmenschen* einen Beitrag leistet, ist für ihn, genau so wie für jeden Landwirt, der durch seine Arbeit zur menschlichen Nahrungsversorgung beiträgt, eine Selbstverständlichkeit. Honig ist aber, wie wir gesehen haben, mehr als nur ein gewöhnliches Nahrungsmittel. Wenn dieses hochwertige, reine Naturprodukt aus den Händen des Imkers zu jungen Menschen im Aufbaualter, zu stark geforderten Berufstätigen, zu Kranken und Alten seinen Weg findet und seine unleugbare gesundheitliche Wirkung entfaltet, darf das den Betreuer der Bienen zu Recht auch stolz machen.

5. Ohne überheblich zu sein (Menschen, die mit Bienen arbeiten, sind es selten), darf man sagen, daß sich der Imker als *etwas Besonderes* fühlen kann. Der moderne Mensch läuft Gefahr, zur Masse zu werden. Gleich, welchen Beruf er ausübt, ob als Bauer, Arbeiter oder Beamter, er muß seine Aufgaben erledigen, wie jeder andere. Auch bezieht er seine Ansichten aus mehr oder weniger den gleichen Quellen wie alle anderen, von Zeitung, Rundfunk, Fernsehen und Illustrierten. Damit wird er einer von vielen gleichartig Abgestempelten, fast könnte man sagen, Fabrikware oder Mensch von der Stange. Hat er aber neben seinem Beruf noch Bienen, dann hat er etwas, das die anderen nicht haben. Er weiß Dinge, die andere nicht wissen, er kann etwas, was andere nicht können. Das hebt ihn aus der Masse heraus, stärkt sein Selbstgefühl. Es gibt ihm Mut, er selbst zu sein, ein Eigener, eine Persönlichkeit mit eigenem Kopf und eigenem Denken und Handeln.

6. Der Imker wird auch von seinen Bienen »erzogen«. Sie reagieren auf nervöse Heftigkeit bekanntlich mit dem Stachel. Deshalb muß er lernen, mit seinen Immen ruhig und bedachtsam umzugehen. Er muß sich vor je-

dem Eingriff in ein Bienenvolk überlegen, was er will, was er an Geräten dazu braucht, und wie er alles auszuführen gedenkt. Wenn er trotzdem den einen oder anderen Stich erhält, lernt er ihn ertragen. Die Bienen vertreiben Angst und Wehleidigkeit, fordern eine gewisse Tapferkeit und Überwindung des Schmerzes. Verhalten sich die Bienen einmal etwas angriffslustig gegen ihn, wird er seine niederen Gefühle, ihnen das vergelten zu wollen, unterdrücken. (Er würde sie ohnehin nur noch giftiger machen.) Vielmehr ist er dazu da, seine Schützlinge zu pflegen und für sie zu sorgen, wie sie für ihn sorgen. Er wird sich daran erinnern, daß man ihn »Bienenvater« nennt — ein Ehrenname, den nur tragen sollte, wer ihn auch verdient.

7. Natürlich ist es richtig, daß die Biene — als vornehmlich instinktgelenktes Wesen — in ihrem Verhalten nicht mit dem Menschen vergleichbar ist. Wo die Biene Zwängen unterworfen ist, besteht beim Menschen der »Freie Wille«. Dennoch dürfen ihm die Bienen in ihrem sozialen Verhalten *ein Vorbild sein*: Da ist ihr *Sinn für Ordnung,* den sie beispielsweise in der gesetzmäßigen Anlage des Brutnestes und in der zweckdienlichen Stapelung ihrer Vorräte bekunden, da ist ihr Sinn für *Sauberkeit,* der sich unter anderem im regen Putzen der Zellen und in der Versiegelung der Beutenwände mit Kittharz äußert, man denke auch an ihre *Ausdauer,* mit der sie alle die vielseitigen Aufgaben im Stock und außerhalb verrichten. Besonders augenfällig ist ihre Beharrlichkeit bei den nimmermüden Trachtflügen, bei denen sie — blüten- und ortsstet — immer dieselbe Trachtquelle bis zu deren Versiegen aufsuchen. Da ist die *Treue* zu ihrem Volk, von dem sie ein Leben lang nicht ablassen. Wenn nötig, verteidigen sie es mit *Todesmut* bis zur Aufgabe ihrer selbst.
Jede Biene »dient von der Pike auf«. Die *Arbeitsteilung* unter den Stockgenossen richtet sich nicht nach Ständen, sondern nach dem Alter (s. S. 91). Jedes Tier durchläuft alle vorgegebenen Aufgabenbereiche, und keines erhebt sich über das andere. Dessen ungeachtet herrschen unter den Bienen des Volkes *Hilfsbereitschaft* und Aufmerksamkeit gegeneinander, indem jede Biene die ihr gerade obliegende Arbeit bereitwillig verläßt, wenn andere Aufgaben inner- oder außerhalb des Stockes dringlicher erscheinen. *Uneigennützig* verbreiten Sammlerinnen mit ihrer Tanzsprache die Kunde von neuen Trachtquellen im Volk, und unter dem Einsatz ihrer Duftdrüsen helfen sie anderen die nahrhafte Nektarquelle zu finden. Die *Sparsamkeit* der Biene ist sprichwörtlich. Milligramm für Milligramm wird der Honig eingetragen und in Anbetracht möglicher Notzeiten in großen Vorräten, die weit über den üblichen Bedarf hinausgehen, eingelagert. Wenn dennoch einmal eine Hungerzeit für das Bienenvolk ausbrechen sollte, behält keine Biene den Inhalt ihres Honigkropfes

für sich, sondern gibt davon *selbstlos* ihren Schwestern ab, solange sie noch etwas hat. Der Austausch der letzten Nahrungsreserven geht so weit, daß das notleidende Volk am Ende schlagartig verhungert. Bis zuletzt aber sorgt es für die Königin; sie ist nicht selten die letzte, die noch Lebenszeichen von sich gibt, wenn alles schon am Boden liegt.
So ist das Leben der Biene ein Leben in der Gemeinschaft und für die Gemeinschaft. Jedes Glied dieser verschworenen Gesellschaft tut alles für alle. — Auch der Mensch lebt in der Gemeinschaft. Sein Zusammenleben ist aber ein Mit- und Füreinander selbständig denkender Individuen, und darum eine *Gemeinschaft höherer Ordnung*. Der Mensch kann sich niemals so weit aufgeben wie ein sozial lebendes Tier. Dennoch muß auch er sich des Gemeinwesens, in dem er lebt, bewußt sein. Die Menschheit wächst, der Raum wird enger, man rückt sich näher auf den Leib als früher und muß sich immer mehr an die Nähe anderer gewöhnen. Tun wir das nicht und gelingt es uns nicht, eine frei gewollte, auf gegenseitiger Achtung, Liebe und Hilfsbereitschaft gegründete Gemeinschaft aufzubauen und zu erhalten, muß aus einem anderen Geist eine Zwangsgemeinschaft entstehen, in der schließlich einer die Hölle des anderen sein wird.

8. Nachdem wir es nicht für abwegig hielten, im Zusammenhang mit den Bienen über »Wesensdinge« des Lebens nachzudenken, soll auch noch eine letzte Binsenweisheit nicht unausgesprochen bleiben: *Die Biene kann uns den Weg zu Gott weisen.* Über Gott erfahren wir nicht nur etwas aus der Bibel, sondern auch aus dem Buch der Natur. Wo etwas sinnvoll, planmäßig, zielstrebig angelegt ist, muß ein Geist dahinterstehen. Ein Computer entsteht nicht durch 100 000 Zufälle, auch nicht in vielen Jahrmillionen. Im kleinsten Lebewesen ist aber mehr sinnvolles Zusammenspiel aufeinander abgestimmter Teile als im kompliziertesten technischen Apparat. Da wir schwerlich annehmen können, daß die Materie Verstand besitzt, muß irgendwo eine letzte denkende Ursache planend und schöpferisch hinter aller sinnvollen Gestaltung stehen: ein geistiges Wesen, das wir Gott nennen. Die Biene ist ein hervorragendes Beispiel für das Wunder des Lebens und seine sinnvolle Organisation. Wenn wir die Kapitel über Körperbau und Leben der Biene lesen, werden wir daran erinnert: In minimus Deus maximus (im Kleinen ist Gott am größten). Die kleine Biene kann einen Gläubigen in seinem Glauben bestärken, und einem Zweifelnden helfen, den Weg zur schöpferischen Allmacht wiederzufinden. — Auch das könnte ein Grund sein, der kleinen Biene mit großer Hochschätzung zu begegnen und sich mit ihr auch als Imker zu befassen.

# II. Entwicklung und Körperbau der Biene

## 1. Die Biene — ein Insekt

Über eine Million verschiedener Arten von Tieren bevölkern die Erde. Wenigstens dreiviertel davon sind Insekten. Im Vergleich dazu haben die Wirbeltiere nur etwa 65000 Arten aufzuweisen. Und darunter die Säugetiere wiederum nur ca. 5000.

Unter den Insekten gibt es 65000 Arten, die man Hautflügler (Hymenopteren) nennt. 12000 von diesen Hautflüglern zählt man zur Familie der Bienen *(Apoidea)*. Man kennt sie alle an bestimmten Merkmalen des Körpers: vor allem am Giftstachel der Weibchen und an einer Vorrichtung am Hinterleib oder an den Hinterbeinen, um Blütenstaub zu sammeln für die Ernährung der Brut. Die meisten Bienenarten leben einsam. Nur einige bilden vorübergehend oder dauernd eine Gemeinschaft. Zu den Arten, die nur im Sommer gesellig hausen, gehören die Hummeln *(Bombinae)*, zu denen, die dauernd als Volk zusammen sind, die sozialen Bienen *(Apinae)*, und von diesen befassen wir uns in der Imkerschule hauptsächlich mit der berühmtesten Art, mit unserer Honigbiene *(Apis mellifera)*.

Als Insekt ist die Biene in gewissem Sinn umgekehrt konstruiert wie ein Wirbeltier. Dieses besitzt ein inneres Stützgerüst. Um das Knochenskelett herum sind alle Muskeln und Organe aufgehängt und außen von einer relativ verletzbaren Haut umgeben. Die Biene hat ihr Skelett, das aus hartem Chitin besteht, außen. Alle Organe sind von ihm umhüllt. Für ein kleines Lebewesen mit einem so »strapaziösen Beruf« ist der Außenpanzer eine besonders praktische Einrichtung. Er erfüllt gleichzeitig zwei Aufgaben: er gibt dem Körper *Halt* und verleiht ihm *Schutz*. Der Beweglichkeit dient die Dreiteilung in Kopf, Brust und Hinterleib. Diese Körperabschnitte sind deutlich voneinander abgesetzt, und davon haben die Insekten auch ihren Namen, denn das lateinische Wort »insectum« heißt »eingeschnitten«. Man muß einer Biene nur zusehen, wie sie auf einer Blüte umherturnt oder sich durch das dichte Gedränge des Volkes schlängelt, wie sie mit einer räuberischen Wespe kämpft oder dem Unvorsichtigen im Nu einen Stich verpaßt. Das Gliedersystem macht sie flink und gelenkig.

Eines kann die Biene wegen ihres Panzers allerdings nicht: sie kann als fertiges Insekt nicht wachsen. Das muß sie schon vorher als Larve oder Made tun. (*Made* steht in der Sprache der Wissenschaft für eine »beinlose« Larve, was für das Jugendstadium der Biene zutrifft.) Dabei ist die Made gezwungen, mehrmals wie eine Schlange aus der Haut zu fahren, sobald sie zu eng geworden ist. Auch die Puppe tut das noch, wovon nach dem Schlüpfen der Biene die kleinen weißen Fetzchen am Grunde der Zelle Zeugnis geben. Insgesamt macht die heranwachsende Biene sechs Häutungen durch. Aber gehen wir der Reihe nach vor:

## 2. Entwicklung

### a) Das Ei

Jedes mehrzellige Lebewesen geht aus einem Ei hervor — auch die Biene. Das Bienenei entstammt dem paarigen Eierstock *(Ovar)* der Königin, dessen Bau und Lage zusammen mit dem übrigen Geschlechtsapparat auf Seite 87 eingehend behandelt wird. Die Eier entstehen in den Eischläuchen, den *Ovariolen*, von denen 140 bis 180 in jeder der beiden Eierstockhälften enthalten sind. Jedes Eischläuchlein (Abb. 9) beginnt als haarfeines Fädchen, das sich ausweitet und im folgenden Abschnitt lebhafte Zellteilungsvorgänge erkennen läßt. Bald heben sich einzelne Zellen durch stärkeres Wachstum hervor, sie werden von kleinen Nährzellen umge-

*Abb. 9: Entwicklung der Eier im Eischlauch (links) und fertiges Ei (unten), rechts daneben Samenfaden.*

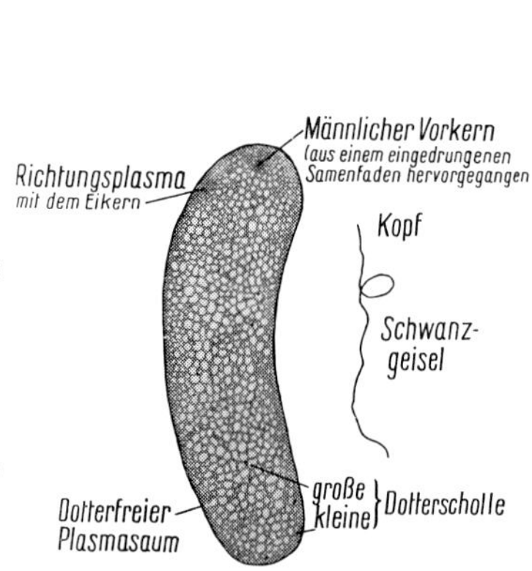

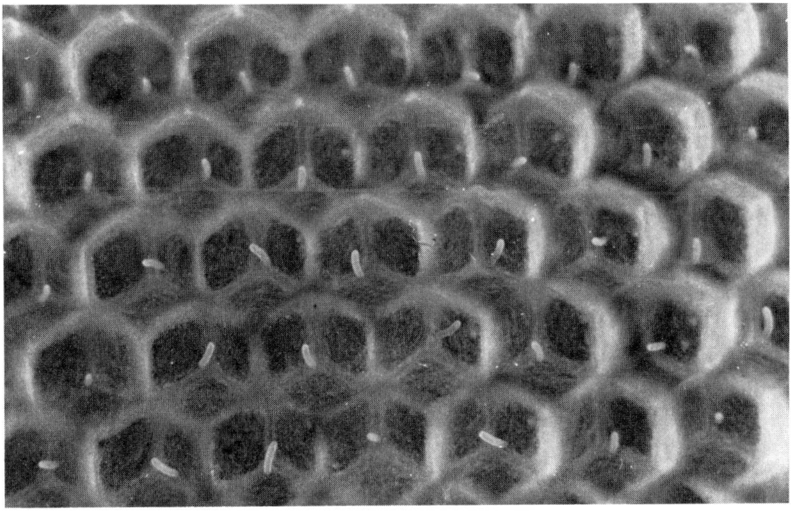

*Abb. 10: Frisch abgelegte Eier in einer erstmals bebrüteten Wabe.*

ben, die den werdenden Eizellen, Nahrung (Fett, Eiweiß und Kohlenhydrate) zuführen. Die Eizellen werden um so größer, je weiter sie im Eischlauch voranrücken. Zuletzt füllt eine Eizelle das Ende des Schlauches ganz aus. In diesem letzten Stadium umgibt sie sich mit einer festen, zähen, rauh erscheinenden Membran, der *Eihaut*. Nur an einem Ende bleibt ein winziges Pförtchen offen, durch das im Vorbeigleiten am Samenbehälter der Königin ein oder mehrere Samenfäden eindringen können. Sie wandern zum Eikern und einer verschmilzt mit ihm. Der Kern beginnt sich zu teilen. Die Nahrung dafür bezieht er aus der im Vergleich zu seiner Größe riesigen Dottermasse des Eis. Unterdessen aber ist das Ei aus dem Leib der Königin herausgeglitten und steht, mit der Spitze angeklebt, am Boden der Wabenzelle. Es ist ein stiftchenförmiges Gebilde, 1,3 bis 1,8 mm lang, und wiegt ca 0,3 mg (Abb. 10). Drei Tage steht das Ei so da und legt sich allmählich um. Außen sieht man ihm nichts an. Aber innen hat sich etwas Wundervolles abgespielt. Die Schar der neuen Kerne, die durch Teilung des ersten Kerns entstanden sind, schwärmt aus und legt sich an die Innenwand der Eihaut. Dort umgeben sie sich mit Plasma und werden so zu einzelnen Zellen, die eine zusammenhängende Haut bilden. Dieses Säcklein beginnt sich nach bestimmter Ordnung einzufalten. Und nach den drei Tagen ist unter der Eihaut verborgen ein kleines Würmlein geworden, eine Larve mit Mund und Darm, mit Herz und Nieren, mit Atemröhren, Drüsen und Nerven (Abb. 11)

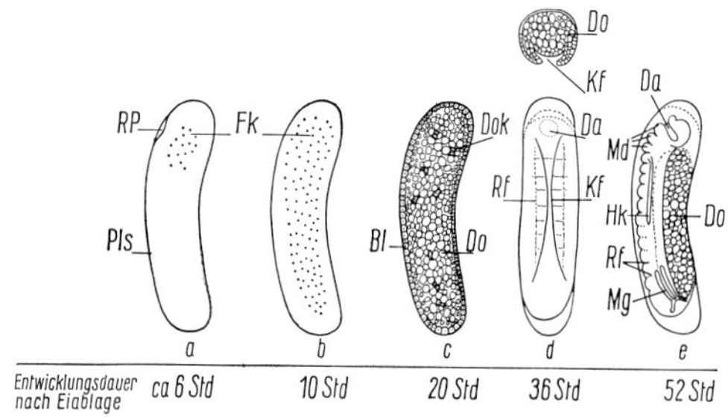


*Abb. 11: Entstehung der Larve im Ei. a) erste Kernteilungen. PR = Richtungsplasma, Pls = Plasmasaum, Fk = Furchungskerne; b) Kerne vermehrt; c) Kerne an die Wand gerückt und zu Zellen geworden, Bl = Blastoderm (erste Haut), Do = Dotter, Dok = Dotterkerne; d) beginnende Einfaltung (Bauchseite), oben im Querschnitt, Rf = Ringfurchen, Kf = Keimfurche, Da = Darmanlage; e) beinahe fertige Larve vor dem Schlüpfen, Md = künftiger Mund, Hk = Hinterkieferdrüse, Rf = Ringfurchen, Mg = Harnkanälchen, Do = Dotterrest, der von der Larve umwachsen wird.*

### b) **Die Rundmade** (Abb. 12a)

Nun öffnet sich die Haut und die winzige Made wird frei; sie liegt leicht gekrümmt am Zellboden. Unverzüglich spucken die Ammenbienen eine Art Milch neben das neugeborene kleine Ding, so daß es in Seitenlage darauf schwimmt. Es frißt und frißt wie Hans im Schlaraffenland und wächst unglaublich. Am zweiten Tag wiegt es schon elfmal soviel wie bei der Geburt (3,4 mg), am dritten hundertelfmal soviel (33,3 mg), am vierten dreihundertdreiunddreißigmal soviel (100,1 mg), am fünften vierhundertachtundvierzigmal soviel (134,5 mg), am sechsten fünfhundertsiebzehnmal soviel (155,2 mg). Ein menschlicher Säugling mit 7 Pfund müßte dementsprechend am zweiten Tag schon 77 Pfund wiegen und am sechsten Tag 36 Zentner.

### c) **Streckmade, Vorpuppe und Puppe** (Abb. 12b–d)

Aber auch bei der Bienenmade geht die Schlemmerei nicht ewig so weiter. Nach 5 ½ bis 6 Tagen ist die Made so feist geworden, daß sie nicht länger wie ein rundes Leberwürstlein in der Zelle liegen kann. Sie streckt sich, so daß der Mund zur Zellöffnung zu liegen kommt. Aus der Rundmade wird eine Streckmade. Aber in dieser Lage bekommt sie der Imker normalerweise nicht zu sehen. Denn vorher hören die Bienen auf zu füttern und deckeln die Zelle. Der Deckel darf nicht luftdicht sein, weil die Larve

*Abb. 12a–d: Brutentwicklung.*

*a) Bei ständiger intensiver Fütterung wachsen die Rundmaden heran.*

*b) Während die Zellen gedeckelt werden, strecken sich die Maden.*

*c) Die Streckmaden kommen als Vorpuppen zur Ruhe und*

*d) wandeln sich zu Puppen.*

atmen muß. Trotzdem ist er so fest, daß sich das junge Leben darunter ungestört weiterentwickeln kann.
Als erstes holt die Made ein Versäumnis nach. Solange sie in ihrem eigenen Futter lag, durfte sie dieses nicht mit ihrem Kot verunreinigen. Dank der Vorsorge der Natur konnte sie es gar nicht. Der Durchgang vom Darm zum Enddarm war verschlossen. Nun öffnet sich dieses Pförtlein. Der Kot gleitet hindurch in den Enddarm und wird von diesem auf den Zellboden ausgeschieden. Er enthält auch Reste von Pollen, der dem Futter vom vierten Tag an beigemischt wurde. Die Streckmade spinnt nun einen Kokon um sich herum und deckt damit zugleich ihre Ausscheidungen hygienisch ab. Gut für sie und gut auch für den Honig, der später in der Zelle abgelagert wird.
Innerhalb des Kokons vollzieht sich im Lauf der nächsten Tage ein neues Schöpfungswunder. Aus dem wurmähnlichen Gebilde wird etwas ganz Neues und Andersartiges, das fertige Insekt, die Biene. Vom 15. Tag nach der Ablage des Eies an ist die Biene in Form der Puppe schon zu erkennen. Anfangs ganz zart und weiß, wird der Chitinpanzer immer dunkler und fester. Am 21. Tag nagt die Biene den Kokon-Wachsdeckel über sich durch und schlüpft heraus. Sie ist zum zweitenmal geboren.
Den wunderbaren Vorgang der Umwandlung von einer wurmförmigen, bein- und flügellosen Made über das Puppenstadium zu einem gelenkigen »Kerbtier« nennt man in der Wissenschaft »vollkommene Verwandlung« oder *Holometabolie.* Alle drei Bienenwesen — Arbeiterinnen, Drohnen und Königin — gehen diesen Weg, aber die Entwicklungszeiten sind verschieden. Die Drohnen, das sind die Männchen im Bienenstaat, brauchen bis zum Schlüpfen aus den etwas größeren Drohnenzellen 24 Tage; bei der Königin dauert es dagegen nur 16 Tage. Sie entwickelt sich auch

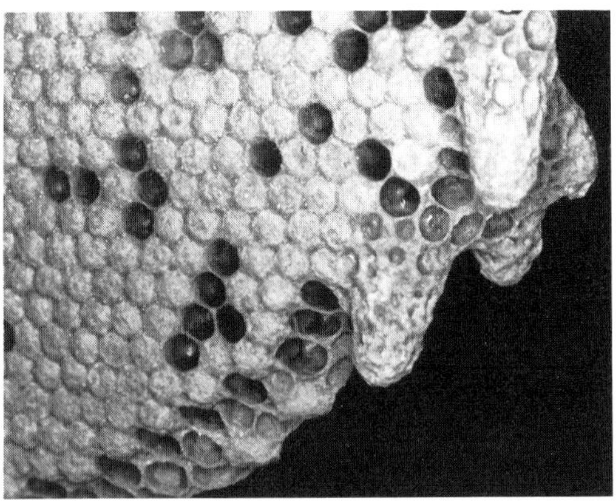

*Abb. 13: Die »Wiegen« der Königinnen muten fast wie Fremdkörper im regelmäßigen Zellgefüge der Wabe an. Vielleicht muß man sie als Relikt aus sehr früher Zeit der Stammesgeschichte ansehen.*

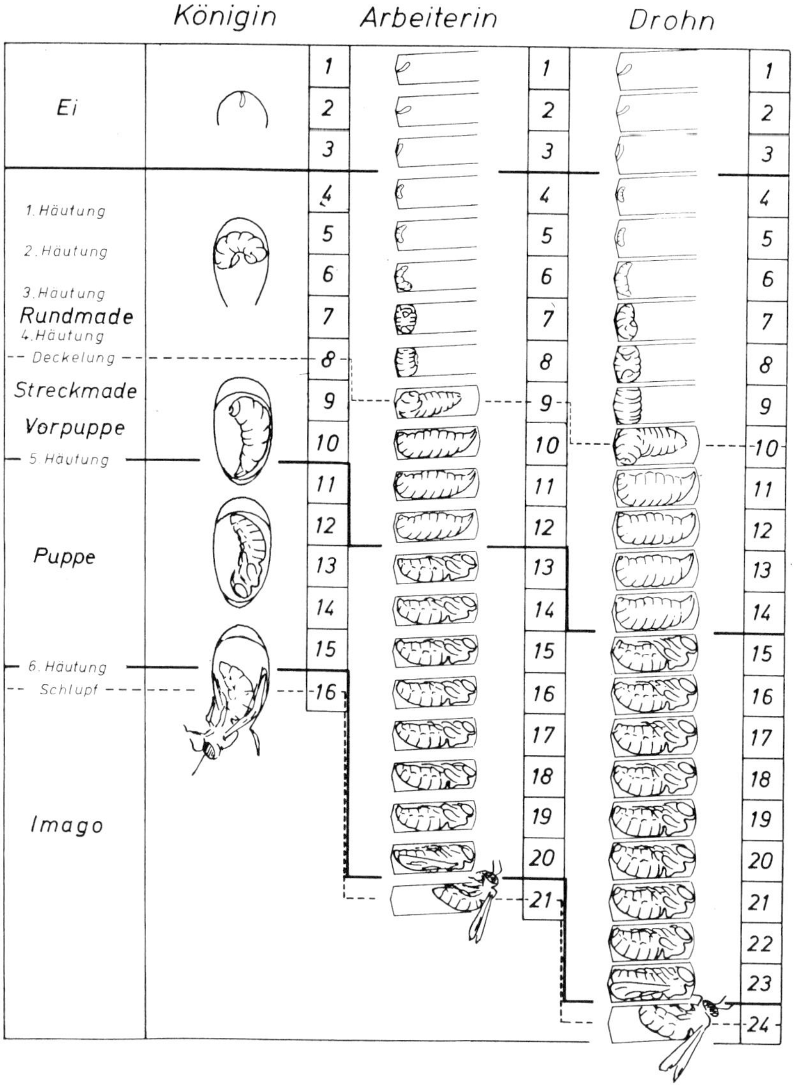


*Abb. 14: Entwicklungsschritte und zeitlicher Entwicklungsablauf von Königin, Arbeiterin und Drohn.*

nicht in den üblichen sechseckigen Wabenzellen, sondern in einem eichelförmigen, nach unten hängenden Behälter (Abb. 13). Den zeitlichen Entwicklungsablauf aller drei Bienenwesen veranschaulicht das Schema in Abb. 14.

### d) Die fertige Biene

Wenn auch durch die Wandlung von der Made zur erwachsenen Biene scheinbar etwas völlig Neues geworden ist, so kann die fertige Biene ihre Herkunft im Inneren wie im Äußeren doch nicht ganz verleugnen. Wie die Made aus einzelnen Ringen bzw. *Segmenten* besteht — es sind 13 Segmente nebst Kopfkapsel —, sind diese Bauelemente auch bei der

*Abb. 15a, b: Gliederung des Bienenkörpers. a) Made, b) erwachsene Arbeiterin. I–XIII Körpersegmente, 1 Beinanlagen, 2 Flügelanlagen, 3 Rückenschuppen (Tergite), 4 Bauchschuppen (Sternite), 5 Kopfschild, 6 Oberlippe, 7 Oberkiefer, 8 Zunge, 9 Ansatzstellen der Flügel, 10 Brustschild, 11 Bügel, 12 Beinansätze, A After (bei der fertigen Biene aus weichhäutig in den Hinterleib eingezogenem XIII. Körpersegment gebildet), K Kopf, S1–S10 Atemöffnungen (Stigmen), S1 Stigma des II. Körpersegments (versteckt unter einem Chitinlappen des I. Segments), S9 Stigma des X. Körpersegments der Arbeiterin, S10 Stigma des XI. Körperrings der Larve (dieses ist bei Arbeitsbiene und Königin, nicht beim Drohn, in den Hinterleib eingezogen; nicht sichtbar sind das XI. und XII. Segment, die zum Aufbau des Stachelapparates genützt werden).*

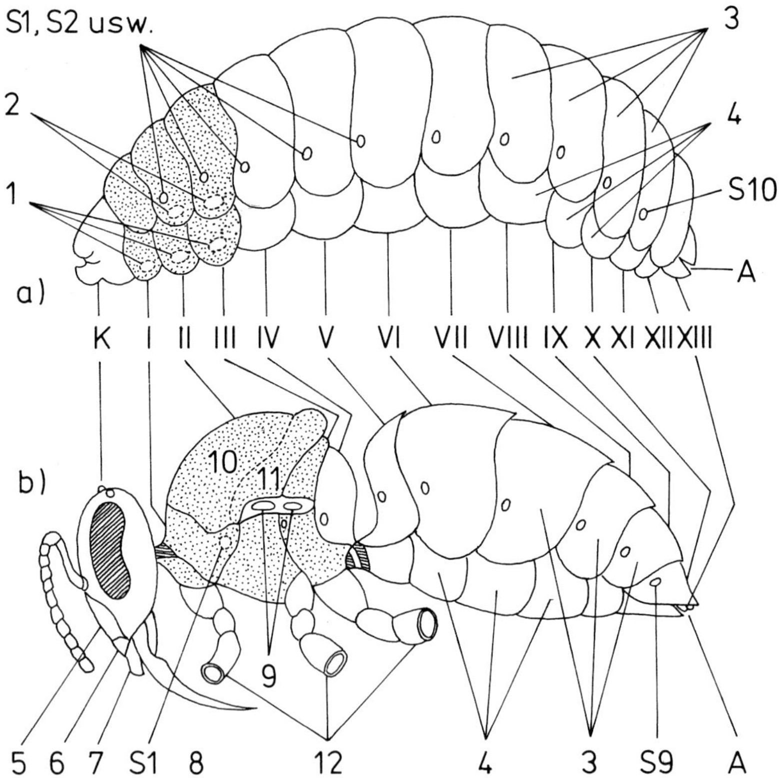

*Abb. 16a–c: Körperhaare der Biene. a) Stichelhaare, b) Fiederhaare, c) Unterhaare.*

Biene noch nachzuweisen, wenn auch nicht mehr in voller Zahl. Dabei wird die Zweiteilung der Körperringe in eine Rückenschuppe (Tergum) und eine Bauchschuppe (Sternum) am Hinterleib der Biene besonders deutlich. Die offenbar von dem erwachsenen Tier neu erworbenen Flügel- und Beinanhänge sind bei der Made zwar nicht sichtbar, aber bereits als Zellgruppen angelegt, die erst bei der Umformung zur Puppe Gestalt annehmen. Wie die einzelnen Körpersegmente der Streckmade in den Körper der Arbeitsbiene eingebaut werden, kann man aus Abb. 15 ersehen. Die Brust der Biene wird hauptsächlich aus den drei ersten Segmenten gebildet. Im Unterschied zu den meisten Insekten nimmt auch noch das IV. Segment als abschließende Rückenschale daran teil. Die Reduzierung der Segmentzahl der Biene gegenüber der Made erklärt sich dadurch, daß der XI. und XII. Ring zum Aufbau des Stachels in den Körper eingezogen sind.

Die zarte, durchsichtige Chitinhaut der Made hat sich bei der fertigen Biene in den widerstandsfähigen, mit Farbstoff eingelagerten Hautpanzer verwandelt. Seine Oberfläche ist mit einem mehr oder weniger dichten Wald von *Haare*n besetzt, deren Wurzeln häufig von kleinen Chitinwällen umgeben sind. Die Haare sind verschieden geformt (Abb. 16 a-c). Da gibt es »Stichelhaare« ohne Verzweigung, die längeren am Ende sägeförmig gezahnt (a), lange »Fiederhaare« mit ein- oder zweiseitiger Fiederung (b), und kurze Unterhaare, die dem Körper filzartig anliegen. Sie sind ebenfalls, aber gröber gefiedert, und oft sind die Enden aufgefranst (c).

*Abb. 17: Zum Schlüpfen braucht die junge Biene ihre ganze Kraft.*

Gleich nach dem Schlüpfen erscheint das Haarkleid angedrückt und gar nicht ordentlich. Die Neugeborene sieht aus wie eine gebadete Maus (Abb. 17). Aber nicht lange, und sie putzt und bürstet die Haare mit ihren Beinen, und dann stehen sie wie Samt. Das Haarkleid ist ein Staubfänger, der die Ablagerung von Schmutz auf dem Panzer verhindert. Wir begreifen aber auch, daß es mithilft, die Biene als Einzeltier und in der Traube durch die darin festgehaltene Luft warmzuhalten. Auch der Duft der besuchten Blüten kann sich darin festsetzen und zu Hause Kunde geben, was die Sammlerin draußen gefunden hat.

Wenn wir bei unseren Betrachtungen bisher vielfach nur von *der* Biene gesprochen haben, und es auch künftig häufig tun, so geschieht das teils aus Bequemlichkeit, teils weil wir von den *drei* Erscheinungsformen der Biene im Bienenvolk auch nur die eine, die am zahlreichsten und immer anwesende Arbeitsbiene meinen. Ebenfalls immer im Volk, aber in der Regel nur in Einzahl, ist die Königin, während die Drohnen im Sommer nur eine Gastrolle geben.

Die drei Bienenwesen zeigen schon rein äußerlich auffällige Unterschiede (Abb. 18). Königin und Drohn sind etwa $\frac{1}{2}$mal größer und um das Doppelte schwerer als die Arbeiterin. Die Königin hat einen verhältnismäßig langen Hinterleib, der weit über die Flügel hinausragt, lange, besonders schlanke Beine und einen etwas runderen Kopf als die Arbeitsbiene. Sie sieht dieser dennoch im großen und ganzen recht ähnlich. Anders die Drohnen! Man erkennt sie am ersten durch ihren plumpen, stumpf endenden und hinten meist stark behaarten Hinterleib. Plump, wie das ganze Tier, ist auch der runde Kopf mit den besonders großen Mosaikaugen. Der Drohn besitzt keinen Stachel.

Zu den Drohnen ist noch etwas Eigenartiges anzumerken: Sie gehen im Unterschied zu den Arbeitsbienen und der Königin normalerweise aus

*Abb. 18: Königin, Drohn, Arbeiterin.*

Eiern hervor, die nicht befruchtet sind. Wenn die Königin Drohneneier ablegt, versteht sie es zu verhindern, daß Samen aus ihrem Vorrat in der Samenblase hinzutritt (s. S. 88). Man nennt diese in der Biologie verhältnismäßig seltene Erscheinung Jungfernzeugung oder *Parthenogenese.* Die Drohnen tragen in sich also nur mütterliches Erbgut. In ihren Körperzellen befindet sich nur die Hälfte der Chromosomen, nämlich 16, gegenüber 32 bei den Arbeitsbienen und der Königin. Man spricht auch von einem *haploiden* gegenüber dem *diploiden* Chromosomensatz bei Arbeitsbiene und Königin. Das muß man später bei der Zuchtauslese wissen und berücksichtigen.

## 3. Die äußeren Körperabschnitte mit ihren Anhängen

Der Körper der erwachsenen Biene ist in drei deutlich voneinander abgesetzte Teile, Kopf, Brust und Hinterleib, gegliedert. Während der Kopf eine starre Kapsel bildet und die Brust mit ihren Flügel- und Beinansätzen ebenfalls noch relativ fest gefügt ist, können sich die Segmente des Hinterleibs durch weiche Verbindungshäute leicht gegen- und ineinander verschieben, was für die darin enthaltenen Eingeweide wichtig ist. Sehen wir uns die einzelnen Teile etwas näher an:

### a) Der Kopf

Die Kopfkapsel birgt das Befehlszentrum des Gehirns, wichtige Drüsen und Muskeln für die am Kopf eingelenkten Fühler und Mundwerkzeuge. Außerdem ist sie Träger der Augen. Die starke Wölbung des Kopfes im

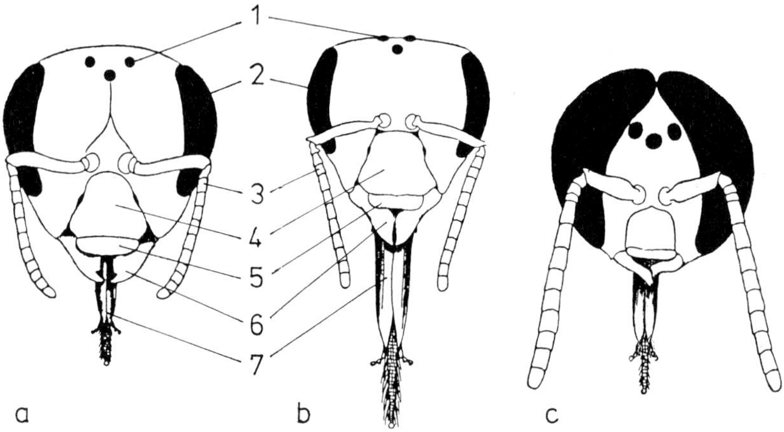


*Abb. 19a–c: Vorderansicht der Köpfe von a) Königin, b) Arbeiterin und c) Drohn. 1 Punktaugen, 2 Facettenaugen, 3 Fühler, 4 Kopfschild, 5 Oberlippe, 6 Oberkiefer, 7 Rüssel (s. hierzu Abb. 20, 22 u. 23).*

Stirn- und Seitenbereich erfährt zusätzliche Festigung durch Chitinverstrebungen im Inneren, die auch Ansatzflächen für die Muskulatur der Mundwerkzeuge bilden. Im Frontbereich fällt das durch eine Nahtstelle abgegrenzte Kopfschild *(Clypeus)* auf. Von vorne gesehen gibt es in der Kopfform und in der Augenstellung Unterschiede bei den drei Bienenwesen (Abb. 19).

### *Die Augen* (Abb. 20a-e)

Die Biene verfügt über zwei Arten von Augen: verhältnismäßig einfach gebaute *Punktaugen* und um so komplizierter gestaltete *Facetten-* oder *Komplexaugen*. Beginnen wir mit den letzteren, die bei den Insekten allgemein gebräuchlich sind:

Die Facettenaugen bilden seitlich am Bienenkopf je einen länglich herunterlaufenden Wulst. Mit der Lupe erkennen wir auf ihrer Oberfläche ein wabenähnliches Sechseckmuster (Abb. 20a), dessentwegen man auch oft von *Netzaugen* spricht. Würden wir die einzelnen Zellen zählen, kämen wir bei jedem Auge bei der Arbeiterin auf mehr als sechs- und beim Drohn sogar auf mehr als achttausend. Das Bienenauge ist somit völlig anders gebaut als unseres. Unser Auge ist ein *Kameraauge* (Abb. 20d). Es bildet einen Hohlkörper mit einem vorderen Loch, das mit einer Linse verschlossen ist. Durch diese Linse dringen die Lichtstrahlen und entwerfen auf der rückwärtigen Innenseite der Hohlkugel ein auf dem Kopf stehen-

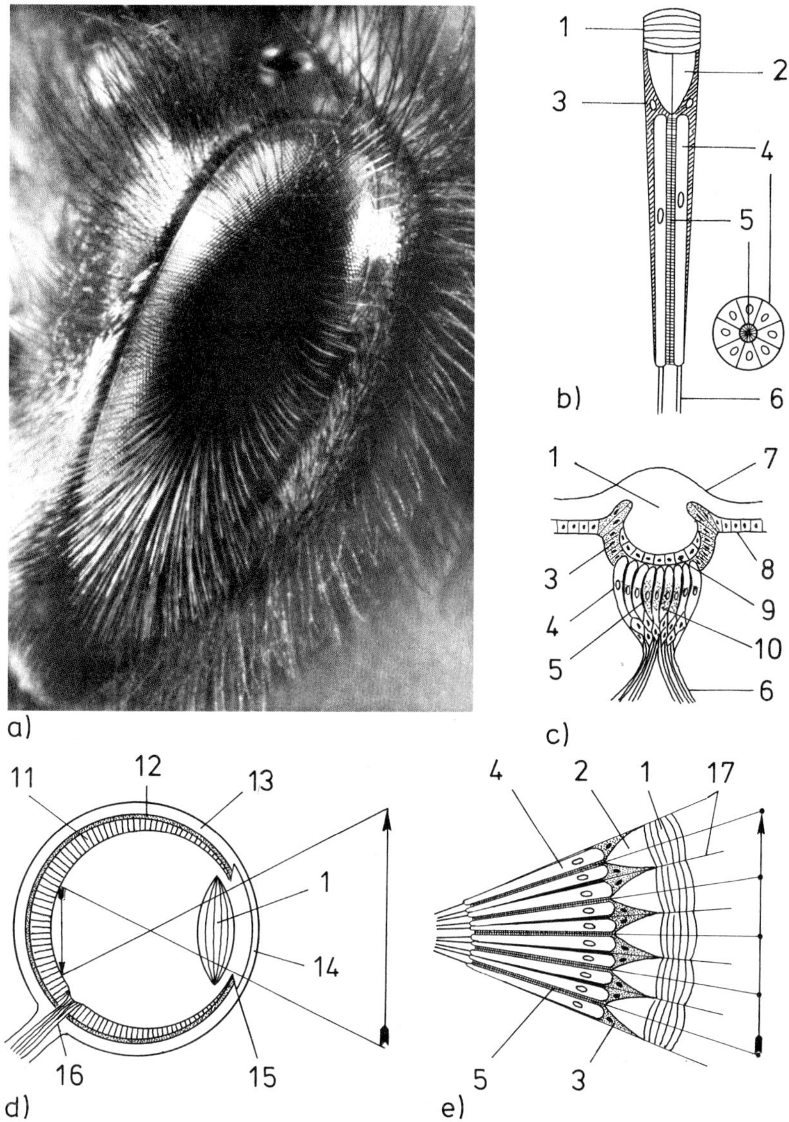


*Abb. 20a–e: Augen von Biene und Mensch.*
*a) Facetten- oder Komplexauge von der Seite, b) einzelnes Facettenglied (Ommatidium), c) Punktauge (Ocellus), d) Wirkungsweise des menschlichen Auges und e) des Facettenauges. 1 Linse, 2 Kristallkegel, 3 Pigmentzelle, 4 Sehzelle, 5 Achsenstab, 6 Nervenfortsatz, 7 Chitin, 8 Oberhaut (Epidermis), 9 Linsenzellen, 10 Pigmenteinlagerung, 11 Netzhaut, 12 Pigmentzellenschicht, 13 Bindegewebshülle, 14 Hornhaut, 15 Iris, 16 Nervenstrang, 17 Chitinborsten.*

des Bild. Die hier zur *Netzhaut* (Retina) verknüpften Sehzellen geben die empfangenen Reize über leitende Nerven zum Gehirn weiter, wo das vom Auge empfangene Bild umgedreht wird, so daß wir die Welt nicht auf dem Kopf stehend erleben müssen. Das Auge der Biene besteht dagegen aus so vielen Einzelaugen, wie auf der Oberfläche Sechsecke zu zählen sind. Jedes dieser Einzelaugen, die man auch *Sehkeile* oder *Ommatidien* nennt, wird aus einem Kreis von acht bis neun langgestreckten Sehzellen gebildet, die nach innen zu je einen feinen Stäbchensaum tragen (Abb. 20b). Die Stäbchensäume vereinigen sich zu einem glasartigen *Achsenstab (Rhabdom)*, in welchem die über den *Kristallkegel* und die chitinöse *Linse* am Eingang des Sehkeils eindringenden Lichtreize rezeptorisch verarbeitet werden. Seitlich ist jeder Sehkeil vom anderen durch Pigmentzellen abgeschirmt. Dadurch kann jedes Einzelauge nur Strahlen, die parallel oder nahezu parallel zum Sehkeil einfallen, registrieren, und beim Zusammenwirken aller Sehkeile entsteht kein verkehrtes, sondern ein aufrechtes Bild von dem wahrgenommenen Gegenstand (Abb.20e). Das Bild, das die Biene durch diese Tausende von aneinandergefügten Sehstäbchen sieht, ist viel undeutlicher als das von uns wahrgenommene (Abb. 21). Es ist wie durch einen Raster in Einzelpunkte aufgeteilt. Diese Einrichtung eignet sich weniger zum Betrachten eines ruhenden, als eines bewegten Gegenstandes. Dabei werden die Sehstäbchen nacheinander von den Lichtstrahlen des Gegenstandes gereizt, und ein Reiz vertieft den anderen. Auf diese Weise sind die Augen besonders für das Sehen im Flug geeignet (s. S. 104).

Außer den Facettenaugen besitzt die Biene noch drei kleine *Punktaugen (Ocellen)*. Sie sind bei der Königin und den Arbeitsbienen etwas versteckt auf dem Scheitel, beim Drohn, dessen Facettenaugen hier zusammenstoßen, deutlich sichtbar zur Vorderseite hin gelegen. Die Punktaugen sind wie Linsenaugen gebaut, aber so einfach und kunstlos, daß sie sich nicht zum Bildsehen eignen (Abb. 20c). Sie dienen nur zur Unterscheidung von hell und dunkel.

*Abb. 21: Bild einer Dorfstraße, wie wir sie sehen (links) und wie sie die Biene sehen könnte (rechts).*

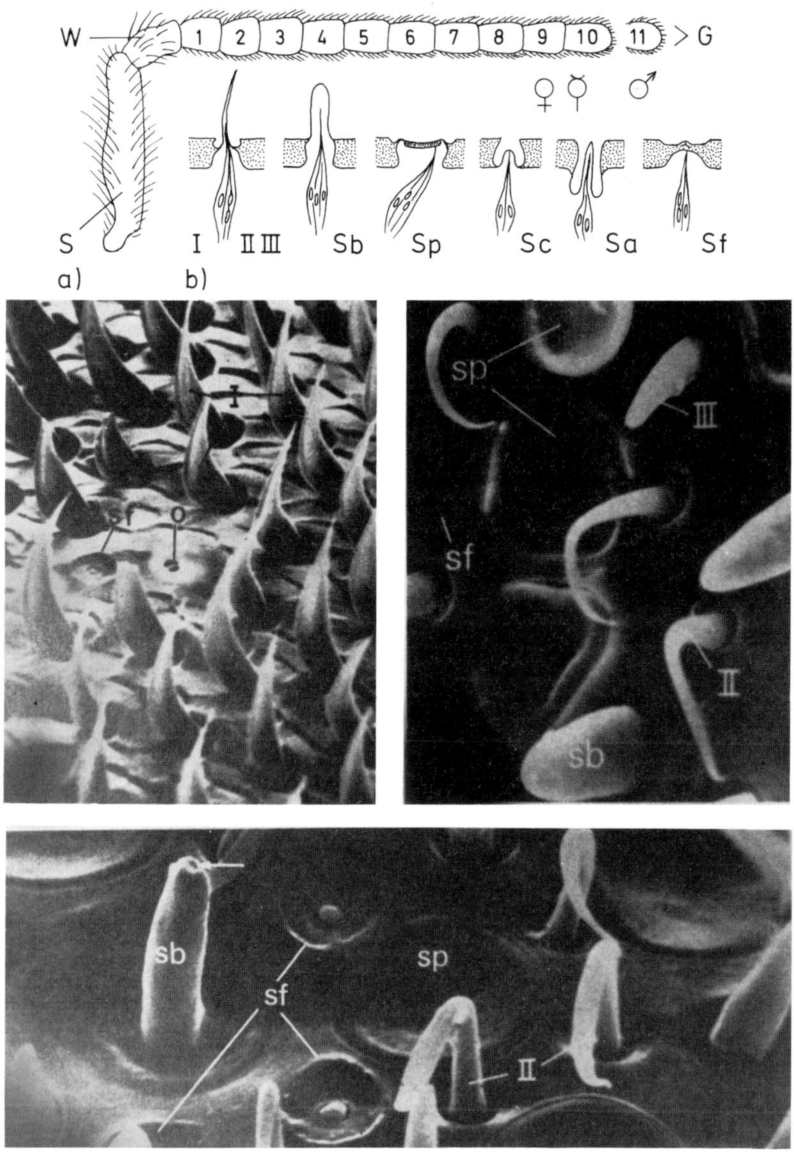


*Abb. 22a–c: Bienenfühler mit verschiedenen Typen von Sinnesorganen. a) Fühler Gesamtansicht, b) Sinnesorgane im Schnitt, c) Fühleroberfläche mit sinnesempfindlichen Strukturen unter dem Scaningsmikroskop. 1–11 Geißelglieder, I, II, III Sensilla trichodea (Haarsensillen), G Geißel, S Schaft, Sa Sensillum ampullaceum (Grubenflasche), Sb Sensillum basiconicum (Riechkegel), Sc (O) Sensillum coelonicum (Grubenkegel), Sf Sensillum campaniformium (Glockenorgan), Sp Sensillum placodeum (Porenplatte).*

### *Die Fühler* (Abb. 22a–c)

Neben den Augen fallen am Kopf der Biene die Fühler auf. Man nennt sie besser und universeller auch *Antennen*, weil sie nicht nur die Sinnesorgane für den Tastsinn, sondern auch die für den Geruch und die Wahrnehmung von Wärme und Luftfeuchtigkeit beherbergen; auch dürften sie der Sitz der sehr begrenzten Hörfähigkeit der Biene sein (s. Abschnitt über Sinnesfähigkeiten).
Der Bienenfühler gleicht einer kleinen Peitsche mit kurzem, festem Stiel und einem doppelt so langen beweglichen Anhang, der Geißel, die bei Königin und Arbeitsbiene aus 11, beim Drohn aus 12 Einzelgliedern besteht (Abb. 22a). Zwischen Schaft und Geißel befindet sich das kurze Wendeglied, in dem das sogenannte *Johnstonsche* Organ als Registrator der Luftschwingungen untergebracht ist. Bei Betrachtung unter einem speziellen Mikroskop, mit dem man elektronisch die Oberfläche abtasten kann, erkennen wir an den Fühlergliedern Tausende von winzigen Sinnesorganen *(Sensillen)*, die zur Fühlerspitze zu immer dichter stehen (Abb. 22c). Es sind feine Härchen, kegelförmige Gebilde, flache Platten und eingesenkte Zapfen. Die häufigsten sind in Abb. 22b im Schnitt dargestellt. An jedes dieser in die Chitindecke eingefügten Organe schließen im Inneren empfangende Sinneszellen mit zum Gehirn führenden Nerven an. Man weiß heute auch schon das Wichtigste über die Aufteilung der Sinnesfunktionen auf die einzelnen Empfangsorgane. So darf man die verschiedenen Typen der Haarsensillen (Sensilla trichodea) dem Tastsinn zuordnen. Das fingerförmige Kegelorgan (Sensillum basiconicum) trägt wahrscheinlich zur Geruchswahrnehmung bei. Die Porenplatten (S. placodea), die nachgewiesenermaßen dem Geruch dienen, sind beim Drohn mit 15000 um ein vielfaches zahlreicher als bei der Arbeitsbiene (3000). Die Drohnen bedürfen eines besonders guten Geruchssinns, um beim Hochzeitsflug die Königin auszumachen. Die Grubenorgane (S. coelonica und S. ampullacea) dienen u. a. der Feuchtewahrnehmung. Die Funktion der Glockenorgane (S. campaniformia) ist noch nicht bekannt.

### *Die Mundwerkzeuge* (Abb. 23a–k)

Manchmal setzt sich beim Arbeiten am Bienenvolk eine Biene auf die Hand des Imkers. Sie sticht nicht, und doch fühlt man einen leichten Schmerz. Das kommt davon, daß sie mit ihren zangenförmigen *Ober- (= Vorder-)kiefern*, auch *Mandibeln* genannt, an einem Hauthaar zupft. Die Mandibeln sind gleichsam die Hand der Biene, die sie zu vielem gebrauchen kann: zum Öffnen ihres Zelldeckels beim Schlüpfen, zum Fressen des Pollens, zum Füttern der Larven, zum Bearbeiten und Verarbeiten von Wachs und Kittharz, zum Zwicken und Festhalten feindlicher Bienen oder

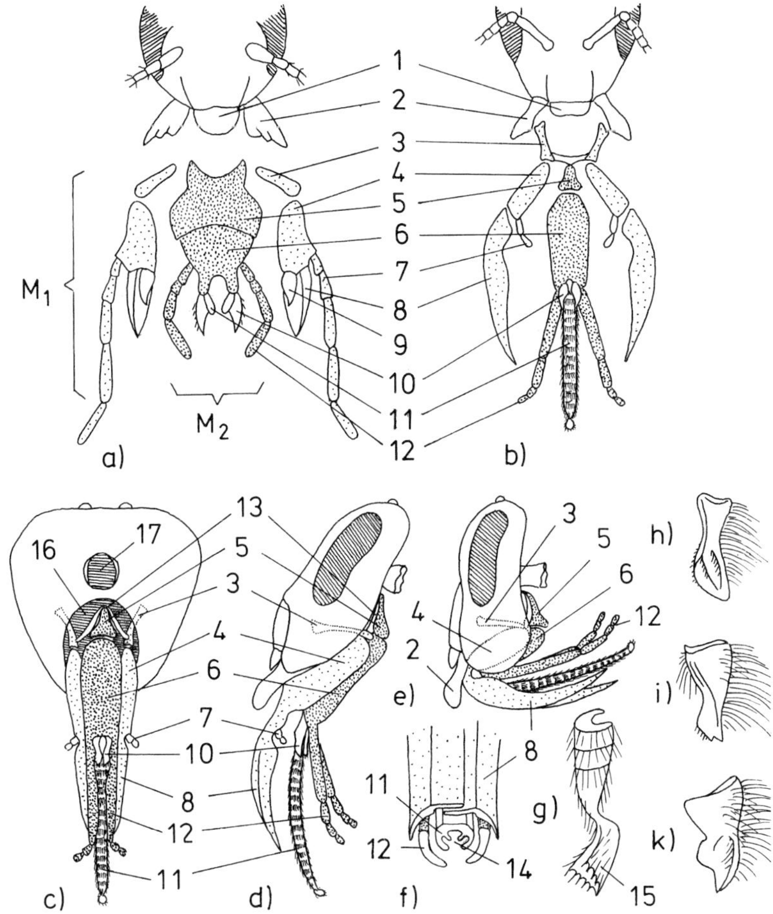


*Abb. 23a–k: Mundwerkzeuge der Küchenschabe (a) und der Honigbiene (b–k). a) kauende Mundteile der Schabe, b) leckend-saugende Mundteile der Honigbiene, freipräpariert und von vorne gesehen, c) Mundwerkzeuge von hinten, d) von der Seite, e) in Ruhestellung, f) quer angeschnittener Rüssel in der unteren Rüsselhälfte, g) Löffelchen, h–k, Vorderkiefer von Arbeitsbiene (h), Drohn (i) und Königin (k). $M_1$ 1. Maxille (= Mittelkiefer), $M_2$ 2. Maxille (= Hinterkiefer, = Labium), 1 Oberlippe (Labrum), 2 Oberkiefer (Mandibel), 3 Mittelkieferangel (Cardo), 4 Mittelkieferstamm (Stipes), 5 Hinterkieferwurzel (Submentum), 6 Hinterkieferstamm (Kinn, Mentum), 7 Mittelkiefertaster (Maxillarpalpus), 8 Mittelkieferaußenlade (Galea), 9 Mittelkieferinnenlade (Lacina), 10 Hinterkieferaußenlade (Nebenzunge, Paraglossa), 11 Hinterkieferinnenlade (Zunge, Glossa), 12 Hinterkiefertaster (Lippentaster, Labialpalpus), 13 Zügel (Lorum), 14 Speichelkanal, 15 Löffelchen (Labellum), 16 Rüsselbucht am Hinterhaupt, 17 Hinterhauptsloch.*

sonstiger Eindringlinge, zum Abschroten der Honigdeckel, zum Abschleppen von Unrat und toten Kameraden. Mit den Mandibeln zernagt sie auch das Zeitungspapier, das wir zur Vereinigung zweier Völker benützen, oder auch Beutenmaterial, das zum Knabbern verführt, wie etwa Weichfaserplatten oder Schaumkunststoff. Eines tut sie nicht, was man ihr manchmal nachsagt: Sie beschädigt keine Äpfel und Birnen. Sie geht nur an Früchte, deren Schale vorher von Wespen aufgenagt wurde. Denn die Mandibeln der Arbeitsbiene haben nicht die messerscharfen Schneiden und den spitzen Zahn der Mandibeln der Königin, die damit den harten Kokon ihrer Weiselzelle aufschneiden muß. Auch der Drohn öffnet beim Schlüpfen seinen Zelldeckel selbst, weshalb auch er einen (allerdings nur sehr kleinen) Kieferzahn besitzt (Abb. 23h, i, k).

Nicht minder wichtig als die Oberkiefer ist der *Rüssel* der Biene, welcher in erster Linie zum Saugen eingerichtet ist. Um seinen Bau zu verstehen, muß man eine Anleihe bei der *Küchenschabe* machen, die mit ihren kauenden Mundwerkzeugen über den Urtyp dieser Einrichtung bei den Insekten verfügt (Abb. 23a). Unter der sie überdachenden Oberlippe finden sich drei Paar Mundgliedmaßen: die schon behandelten beißzangenartigen *Vorderkiefer* und dahinter die *Mittel-* und *Hinterkiefer*, die auch als das *1. und 2. Maxillenpaar* angesprochen werden. Die Maxillen bestehen ursprünglich aus jeweils zwei Grundgliedern und drei Ästen, von denen der jeweils äußere als *Taster (Palpus)*, die beiden inneren als *Laden (Lobi)* bezeichnet werden. Die beiden Grundgliederpaare der Hinterkiefer (den man in der Fachsprache häufig auch *Labium = Unterlippe* nennt) sind bereits bei der Schabe, und so auch bei der Biene, zu unpaaren Stücken verwachsen, dem *Unterkinn (Submentum)* und dem *Kinn (Mentum)*. Von den Laden des Hinterkiefers wird die innere als *Zunge (Glossa)* und die äußere als *Nebenzunge (Paraglossa)* bezeichnet. Bei der Biene (Abb. 23b) ist auch das Zungenpaar noch verwachsen zu einer einheitlichen, mit einer Längsrinne versehenen, ringsum stark behaarten Zunge. Die Taster der Hinterkiefer *(Labialpalpen)* sind gut entwickelt und bilden zusammen mit den Außenladen der Mittelkiefer *(Galea)* eine ringförmige Scheide, die die Zunge in Form einer dicht schließbaren Rüsselröhre umhüllt (Abb. 23f). Die Taster der Mittelkiefer *(Maxillarpalpen)* sind zu einem unbedeutenden Anhängsel reduziert, und die Innenladen fehlen ganz. In der Rüsselröhre bewegt sich die Zunge beim Aufsaugen von Flüssigkeit auf und nieder. An ihrer Spitze trägt sie ein feines *Löffelchen (Labellum)* (Abb. 23g), womit sie die kleinsten, vom Saugröhrchen nicht erreichbaren Nektarmengen zusammenpinseln kann. Diese gelangen durch Zurückziehen der Zunge in den Wirkbereich der Röhre und werden von da durch einen Pumpmechanismus in der Mundhöhle aufgezogen und durch den Schlund an die Speiseröhre und den Kropf weitergegeben.

Um Trockenzucker, Zuckerteig oder Honig aufnehmen zu können, muß die Biene das Konzentrat erst verdünnen. Sie macht das mit Speichel, der nicht durch die Saugröhre des Rüssels, sondern durch einen Kanal in der Zunge zur Zungenspitze fließt.
Der Rüssel der Biene ist nur in Tätigkeit ausgefahren. Wenn er nichts zu tun hat, ist er wie ein Taschenmesser nach hinten eingeschlagen, und wir sehen ihn gar nicht (Abb. 23e). Aber eine Besonderheit ist in diesem Zustand erwähnenswert: An der Zungenwurzel befindet sich eine offene Rinne, die während des Saugens bei ausgestreckter Zunge geschlossen ist. Bei zurückgeschlagenem Rüssel öffnet sie sich, und in dieser Stellung kann Futter an andere Bienen weitergegeben werden (siehe soziale Fütterung S. 101).

### b) Die Brust

An der Brust setzen die *Bewegungsorgane*, die Beine und die Flügel, an. Die Brustkapsel ist fast kugelförmig und doch elastisch in sich zusammengefügt. An ihr ist die Rückenschuppe des II. Körpersegments besonders umfangreich ausgebildet und in ein schildförmiges Vorderteil *(Scutum)* und einen am hinteren Rand hufeisenförmig verlaufenden Wulst, den Bügel *(Scutellum)*, unterteilt. Fest muß die Kapsel sein als Träger der kräftigen Flugmuskeln, elastisch, weil sie federnd an der Bewegung der Flügel beteiligt ist. Für Kopf und Hinterleib ist sie gleichsam der solide Ruhepunkt, an dem diese Körperteile beweglich angeheftet sind. Während die Brust bei den meisten Insekten aus drei Chitinsegmenten besteht, ist bei der Biene noch ein viertes Segment, das streng genommen zum Hinterleib gehört, mit einbezogen. Infolge der Ansatzstellen der Flügel und Beine zeigen die weitgehend miteinander verschmolzenen Rücken- und Bauchschuppen noch weitere Unterteilungen bzw. Nahtstellen, auf die in Abb. 15b (die man sich hier noch einmal ansehen sollte) nicht im einzelnen Rücksicht genommen ist. Das vorderste Segment bildet zum Kopf hin einen schmalen Kragen. Sein Rückenteil besitzt auf jeder Seite einen Lappen, den man mit einer Achselklappe vergleichen kann, und unter dem je eine der beiden ersten (und größten) Atemöffnungen oder *Stigmen* (des zweiten Brustsegments) liegt. Hier ist die reusenbestandene Eintrittsstelle für die Tracheenmilbe (s. Acarapiose S. 271 ff.). Das zweite Stigmenpaar (im III. Segment) ist winzig und liegt kaum sichtbar zwischen den Flügelansätzen, das dritte, im IV. Segment gelegene, gleicht den Stigmen im Hinterleib (s. S. 74).

*Die Flügel* (Abb. 24a, b, 25)

Die häutigen Flügel mit ihren aderförmigen Chitinversteifungen sind geteilt in Vorder- und Hinterflügel (Abb. 24a). Die Vorderflügel entspringen am mittleren Brustsegment, das wegen der darin verankerten Flugmuskulatur so mächtig ausgebildet ist. Die Hinterflügel, am reduzierten dritten Segment, besitzen keine eigene Muskulatur. In Ruhestellung liegen die Flügel auf dem Bienenrücken übereinander in der Weise, daß die großen vorderen Flügel die kleineren hinteren abdecken. Im Flug wirken Vorder- und Hinterflügel als Einheit. Zu diesem Zweck besitzen die Vorderflügel am Hinterrand eine dachrinnenartige Falte, die Hinterflügel am Vorderrand eine Reihe von etwa zwei Dutzend nach außen gekrümmten Häkchen (Abb. 24b). Sobald sich die Flügel ausbreiten, verhängen sie sich ineinander zu einer einheitlichen Tragfläche.

Bei einem ganzen Flügelschlag beschreibt die Flügelspitze eine achtförmige Schleife. Im Flug vorwärts wird daraus eine Wellenlinie, ähnlich einer im Wind flatternden Fahne, wobei der verstärkte Vorderrand des Vorderflügels gleichsam als Fahnenstange die Führung übernimmt. Es ist im Grunde die peitschenförmige Bewegung, die wir auch an Bakterien und Geißeltierchen im Wasser beobachten können. Dabei wird immer etwas von dem umgebenden Schwebemittel — dort Wasser, hier Luft — nach rückwärts gedrängt und dadurch der Körper vorwärts gestoßen.

*Abb. 24a, b: Die häutigen Flügel der Biene (oben Vorder-, unten Hinterflügel) sind mit einem Adernnetz verstärkt und besitzen eine Vorrichtung zur gegenseitigen Verhängung, b) Schnitt durch die Verbindungsstelle. 1 Haftfalte, 2 Häkchenreihe, 3 angeschnittene Flügelader.*

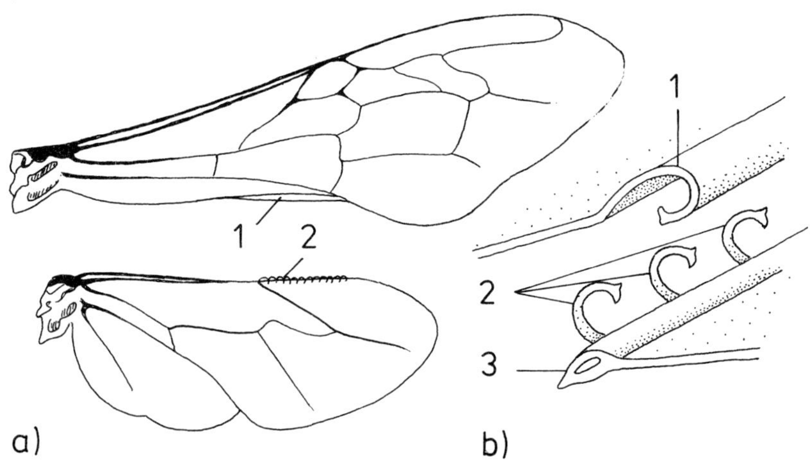

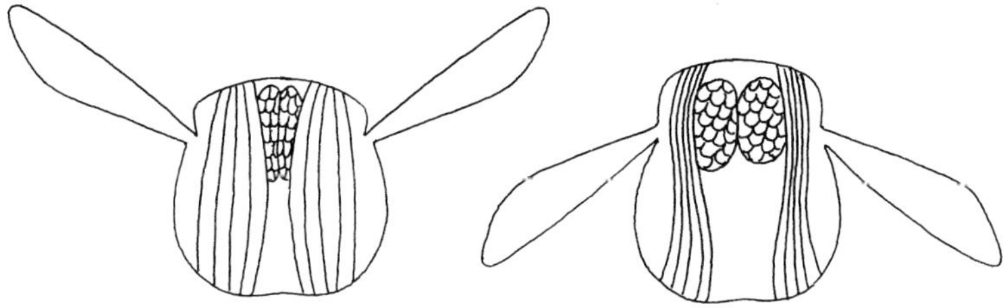

*Abb. 25: Schema der Arbeitsweise des Flügelapparats. Die Hauptflugmuskeln greifen nicht unmittelbar an den Flügelwurzeln an, sondern bewegen die Flügel, indem sie gegeneinanderarbeitend die Chitinschale des Bruststücks zusammenziehen und wieder lockern. Bei Kontraktion der vom Rücken zum Bauch verlaufenden Quermuskeln senkt sich die Rückenschuppe und die Flügel heben sich (links). Bei Zusammenziehen der Längsmuskeln senken sich die Flügel durch Hebung der Rückenschuppe (rechts).*

Mechanisch gesehen, funktioniert das so: Die Flügelwurzeln sind zwischen oberer und unterer Brustschuppe gelenkig eingefügt. Dabei greifen die Hauptflugmuskeln nicht an den Flügelwurzeln selbst an, sondern an den inneren Kapselteilen der Brust. Die Längs- und Quermuskeln arbeiten abwechselnd gegeneinander und pressen einmal die Chitinschale des Brustkorbs zusammen, dann lockern sie sie wieder. Auf diese Weise heben und senken sich die Flügel (Abb. 25). Das ergibt die Grundbewegung. Kleinere, direkt an den Flügelwurzeln befestigte Muskeln sorgen für die Feinsteuerung.

Der Bienenflügel macht in der Sekunde 200 bis 250 volle Schläge. (Eine Stubenfliege bringt es auf 330, eine Mücke auf 1000.) Die Biene legt dabei in der Sekunde 2 bis 14 m zurück, das sind in der Stunde 7 bis 50 km. Der Durchschnitt liegt bei 6-8 m in der Sekunde, 20—30 km in der Stunde, das heißt, daß sich die Biene in der Regel so schnell wie ein forscher Radfahrer fortbewegt.

### *Die Beine* (Abb. 26a–c, 27)

Ebenfalls an der Brust eingelenkt sind die drei Beinpaare, und zwar entspringt je ein Beinpaar am Hinterrand der Bauchschuppe eines jeden der drei Brustringe (s. Abb. 15b). Außer zum Gehen und Festhalten haben Vorder-, Mittel- und Hinterbeine noch spezifische Aufgaben, und dementsprechend sind sie auch ausgebildet.

Am wenigsten spezialisiert ist das *Mittelbein*. Es kann dazu dienen, den allgemeinen Bau eines Bienenbeins, welches man gleichzeitig auch als typisches Insektenbein ansehen kann, kennenzulernen (Abb. 26a). Es besteht aus Hüftglied *(Coxa)*, Schenkelring *(Trochanter)*, Oberschenkel *(Fe-*

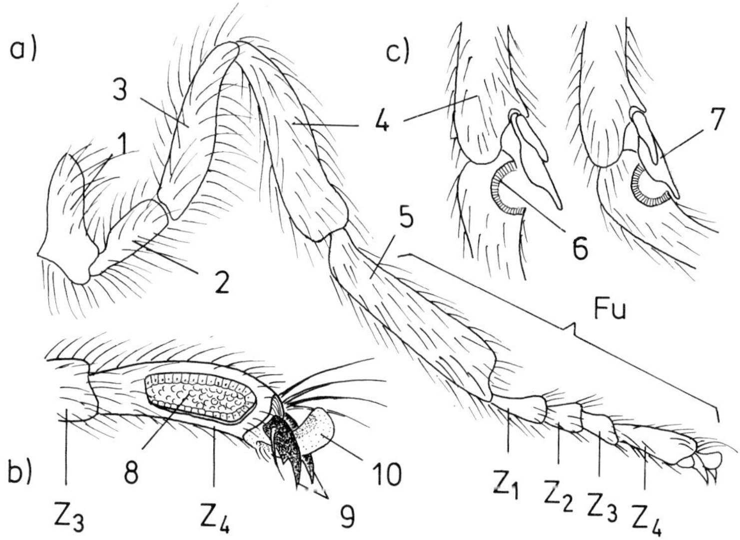


*Abb. 26a–c: a) Mittelbein der Biene als Grundtypus eines unspezialisierten Insektenbeins, b) Krallenglied, c) Putzvorrichtung an Schiene und Ferse des Vorderbeins. Fu Fuß (Tarsus), $Z_1$–$Z_3$ Zehenglieder (Metatarsus), $Z_4$ Krallenglied (Praetarsus), 1 Hüftglied (Coxa), 2 Schenkelkopf (Trochanter), 3 Oberschenkel (Femur), 4 Schiene (Tibia), 5 Ferse (Basitarsus), 6 Putzscharte, 7 Putzsporn, 8 Arnhartsche Drüse, 9 Krallen, 10 Haftlappen.*

*mur)*, Schiene *(Tibia)* und Fuß *(Tarsus)*. Der Fuß ist noch einmal untergliedert in die relativ große Ferse *(Basitarsus)* und die kleineren vier Zehenglieder. Das letzte Zehen- oder Krallenglied *(Praetarsus)* ist länger und trägt an seinem Ende zwei seitliche Krallen und ein mittleres Haftläppchen (Abb. 26b). Die Krallen sind für rauhen Untergrund, das Haftläppchen für glatten. Dennoch kann die Biene nicht mühelos an Glasflächen emporlaufen wie die Fliege. Offenbar ist der vom Haftläppchen abgesonderte Klebstoff (aus der *Arnhartschen Drüse*) nicht ausreichend. Die Biene muß dann mit den Flügeln nachhelfen. Daß die Bienen bei ihrer Arbeit auch schmutzige Füße bekommen könnnen, sieht man am geschwärzten Flugbrett.

### *Die Vorderbeine*

haben als Besonderheit an ihrem oberen Fersenteil eine halbmondförmige Auskerbung, die durch ein kleines lappenartiges Gebilde an der Schiene geschlossen werden kann, sobald sich die Glieder gegeneinander bewegen (Abb.26c). Vor jedem Abflug zieht die Biene ihre Fühler durch diese

*Putzscharte.* Besonders intensiv tun es die Drohnen, deren Geruchssinn bei der Werbung um die Königin ja stets in bester Form sein muß.
Die Vorderbeine können stark nach innen eingebogen werden, wie es zum Zusammenscharren des Pollens in den Blüten oder auch zum Hinausschleppen von Abfall und toten Bienen aus dem Stock zweckmäßig ist. Sie vertreten bis zu einem gewissen Grad die Hände, wie das bei vielen Tieren (Eichhörnchen, Mäusen usw.) der Fall ist. Auch beim Bauen und Kitten wirken sie so.

*Die Mittelbeine*

sind, wie schon gesagt, ohne auffällige Sonderausstattung, aber sie haben neben ihrer Hauptfunktion beim Gehen doch noch eine kleine und gar nicht so unbedeutende Nebenaufgabe. Sie helfen mit beim Abbürsten und Weiterreichen des am Körper haftenden Pollens und patschen die Pollen- und Kittharzhöschen seitlich an den Hinterbeinen fest.

*Die Hinterbeine*

sind hochspezialisierte Organe von einer geradezu verblüffenden technischen Zweckmäßigkeit. Sie tragen die Apparatur zum Sammeln des Pol-

*Abb. 27a–d: Pollensammelapparat an den Hinterbeinen der Arbeitsbiene.*
*a) Ansicht von innen, b) von außen, c) von hinten, d) Schnitt durch Ferse und Tibia, um die Wirkungsweise von Bürste, Pollenkamm und -schieber zu demonstrieren. 1 Schiene mit Körbchen, 2 Einzelhaar, 3 Pollenkamm, 4 Pollenschieber, 5 Ferse mit Pollenbürste. Der Pollenkamm des einen Beins kehrt den Pollen aus der Bürste des anderen Beins. Der sich unter dem Kamm ansammelnde Pollen wird vom Pollenschieber nach oben ins Körbchen gedrückt.*

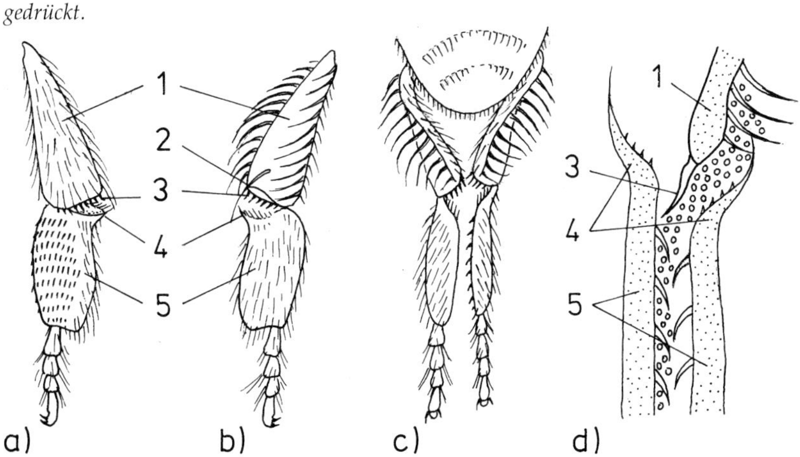

lens. Aber nur bei der Arbeitsbiene. Bei Drohn und Königin fehlt sie. Sie besteht aus Bürste, Kamm, Schieber und Körbchen (Abb. 27a–d).
Die *Bürste* sitzt an der verbreiterten Ferse und besteht aus etwa 10 Reihen steifer, schräg nach rückwärts gestellter Borsten. In dieser Bürste landet der Pollen, den das Hinterbein selbst vom Hinterleib abfegt, und auch der, den die Vorder- und Mittelbeine von Kopf und Brust abbürsten.
Hebt sich eine pollensammelnde Biene von der Blüte ab, dann sieht man, wie die beiden Hinterbeine sich aneinander reiben. Dabei fährt der am Hinterrand der Schiene des linken Beins sitzende kräftige *Kamm* nach unten durch die Bürste des rechten Beins und umgekehrt. Der ausgekämmte Pollen sitzt jetzt vor dem Kamm. Ihm gegenüber befindet sich an der Ferse ein nach oben abgeflachter Vorsprung, der *Pollenschieber.* Wenn sich Ferse und Schiene im Gelenk gegeneinander bewegen, preßt der Pollenschieber den Pollen vom Kamm weg schräg nach oben auf die Außenseite der Schiene. Damit er dort nicht abrutscht, bilden lange gebogene Borsten eine Art *Körbchen*, das das wachsende *Höschen* umschließt. Das alles geht so schnell, daß es schwer ist, die Einzelphasen der Bewegungen zu beobachten. Wenn man so zusieht, mutet es an wie der Trick eines Taschenspielers.

### c) Der Hinterleib

Der Hinterleib oder das *Abdomen* der Biene besteht aus neun Ringen, von denen allerdings bei der Arbeiterin nur sechs, beim Drohn sieben nach außen hervortreten. Entwicklungsgeschichtlich gehörte zwar noch ein weiteres der im Madenkörper angelegten Segmente in den Hinterleib der Biene, aber es hat sich, wie wir schon gehört haben, entschlossen, den hinteren Abschluß der Brust zu bilden, bzw. sich mit seinem winzigen Bauchteil in die stielförmige Verbindung zwischen Brust und Hinterleib einzugliedern (Abb. 15b). Die Zweiteilung der Ringe in Rücken- und Bauchteil (*Tergum* und *Sternum*) ist am Hinterleib besonders deutlich zu sehen. Alle diese schuppenförmigen Teile greifen sowohl nach unten wie nach rückwärts dachziegelförmig übereinander. Gegeneinander arbeitende Muskeln erlauben ein Zusammenziehen, Erweitern und Krümmen des Leibes, wie es zum Atmen, Putzen, Sterzeln, Stechen und als Anpassung an den verschiedenen Füllungsgrad der Eingeweide, die hauptsächlich im Hinterleib liegen, nötig ist. Äußerlich erkennt man am Abdomen zu beiden Seiten jeder Rückenschuppe eine Atemöffnung.
Der Hinterleib ist ohne Anhänge, wenn man den Stachelapparat der weiblichen Bienen nicht als solchen bezeichnen will.

*Der Stachel* (Abb. 28a–c)

Der Stachelapparat der Biene ist aus der Legeröhre ihrer naturgeschichtlichen Ahnen hervorgegangen, und zwar teilweise durch Umbildung des XI. und XII. Körpersegments. Er dient aber heute sowohl bei der Königin als auch bei der Arbeiterin nur noch zum Stechen. Das »starke Geschlecht« ist bei den Bienen waffenlos. Man versteht, daß ein so verlockender Schatz wie der Honig gegen die Versuchungen naschhafter Wesen verteidigt werden muß. Die Königin gebraucht den Stachel allerdings nur im »eifersüchtigen« Kampf gegen eine Nebenbuhlerin. Ganz selten und wohl mehr aus Versehen bekommt auch ein Imker einmal einen Stich von einer Königin. Man kann sie unbesorgt, etwa beim Zeichnen, mit den Fingern festhalten. Sie macht nicht einmal den Versuch, den Stachel zu zücken.

Der Stachel ist ein äußerst sinnvoll aus etwa 20 Teilen zusammengesetzter Mechanismus. Sein schmerzreicher Endteil besteht aus den beiden *Stechborsten* und der *Stachelrinne*, chitinöse Teile, welche von der weichen

*Abb. 28a–c: Der Bienenstachel. a) Gesamtansicht von unten, b) Stechapparat von der Seite, c) Schnitt durch Stechborsten und Stachelrinne. 1 Giftblase mit Giftdrüse, 2 Alkalische Drüse, 3 Gabelbein, 4 Stechborstenbogen, 5 Winkelstück, 6 Quadratische Platte, 7 Oblonge Platte, 8 Stechborsten, 9 Stachelrinne, 10 Stachelscheide, 11 Koschevnikovsche Drüse, 12 Stachelrinnenwulst, 13 Stachelrinnenkolben, 14 Giftkanal.*

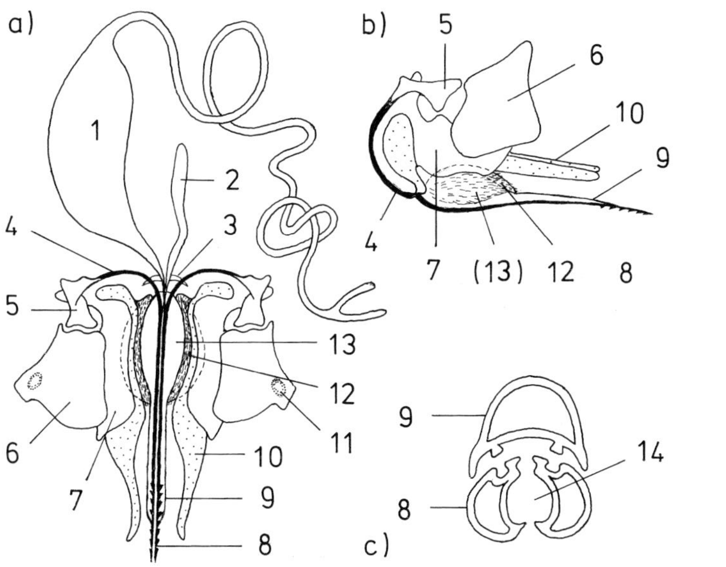

*Stachelscheide* begleitet werden. Die nebeneinander liegenden Stechborsten bekommen ihren Halt durch die Stachelrinne, mit der sie in einer Art Nut und Feder gleitend verbunden sind (Abb. 28c). Zwischen sich bilden sie den *Stachelkanal* aus. Durch das hebelartige Ineinandergreifen der nach innen zu gelegenen, von kräftigen Muskeln bewegten Bauelemente — genannt seien nur die *oblongen* und *quadratischen Platten,* die *Winkelstücke* und das *Gabelbein* — werden die Stechborsten in Gang gesetzt. Zuerst dringt die eine in die Körperoberfläche des Opfers ein und bleibt — wenn es sich um ein Wirbeltier oder den Menschen handelt — mit ihren Widerhaken darin haften. Dann wird die zweite Borste nach- und noch weiter in die Tiefe geschoben. Dann folgt wieder die erste, dann die zweite usw. Die Biene versucht loszukommen, kann aber nicht. So reißt der ganze Stechapparat samt Giftblase, Muskeln und Nerven an vorbestimmter Stelle ab. Die Stoßbewegungen der Stechborsten gehen weiter. Man kann beobachten, wie der Stachel ruckweise immer tiefer einsinkt, bis er durch seine dickere Wurzel, den *Stachelscheidenkolben,* nicht mehr weiter kann. Im Stachelscheidenkolben ist der Stachelkanal ausgeweitet. Hier hinein ragt je ein kleiner knorriger Fortsatz mit ansitzendem zarten, halbmondförmigen Häutchen der beiden Stechborsten (in Abb. 28 nicht gezeichnet). Indem sich diese »Hemmplättchen« zusammen mit den aktivierten Stechborsten gegeneinander bewegen, befördern sie das Bienengift durch den Stachelkanal nach unten in die Stichwunde. Gleichzeitig entsteht im Stachelrinnenkolben Platz für weiteren Zufluß von Bienengift aus der Giftblase, die an seiner Basis einmündet.
Der Stachelapparat ist durch häutige Chitinteile der reduzierten beiden vorletzten larvalen Körpersegmente im Bienenkörper verankert. Erwähnenswert sind in diesem Zusammenhang die über den *quadratischen Platten* liegenden (in Abb. 28 nicht berücksichtigten) *Stigmenplatten.* Aus dem XI. Körpersegment gebildet, haben sie die auf diesem gelegenen (10.) Atemöffnungen mit nach innen gezogen (s. Abb.15). Von dem XIII. Körpersegment ist übrigens bei beiden Bienengeschlechtern nur eine feine Chitinmembran übriggeblieben, die die Afteröffnung umgibt.
Nur wenn eine Biene eine andere sticht, gelingt es ihr, ihren Stachel wieder zurückzuziehen. Das Loch im Chitin schließt sich nicht, während die elastische Haut von Mensch, Hund, Pferd usw. die Widerhaken nicht mehr losläßt. Eine Biene, die auf diese Weise ihren Stachel eingebüßt hat, muß schon nach kurzer Zeit sterben. Sie opfert ihr Leben für das Wohl des Volkes.
Über die mit dem Stachel verbundenen Drüsen lese man auf S. 84 nach.

## 4. Die Verdauungsorgane

Die Nahrung der Brut, insbesondere der älteren Entwicklungsstadien, besteht in der Hauptsache aus Blütenstaub, der das nötige Eiweiß und Fett für den Aufbau des Körpers liefert. Die erwachsenen Bienen benötigen im Ammenalter ebenfalls Pollen, um den Futtersaft für die jüngsten Larven daraus zu bereiten. Im Sammelalter kommen sie mit Kohlenhydratnahrung, also mit Nektar oder Honigtau, und Wasser aus. Das Umwandlungsprodukt Honig dient der Produktion von Bewegungsenergie und Wärme.

*Abb. 29: Verdauungskanal der Arbeitermade (oben) und der Arbeitsbiene (unten) nebst Kreislauf- und Nervensystem. 1 Vorderdarm, 2 Mitteldarm, 3 Hinterdarm, 4 Herzschlauch, 5 Nierenkanälchen, 6 After, 7 Bauchmark, 8 Spinndrüse, 9 Unterschlundganglion, 10 Mundöffnung, 11 Oberschlundganglion, 12 Schlagader, 13 Speiseröhre, 14 Honigblase, 15 Ventiltrichter, 16 oberes Zwerchfell, 17 Dünndarm, 18 Rektalpapillen, 19 Kotblase, 20 Stachel, 21 unteres Zwerchfell, 22 Schlund.*

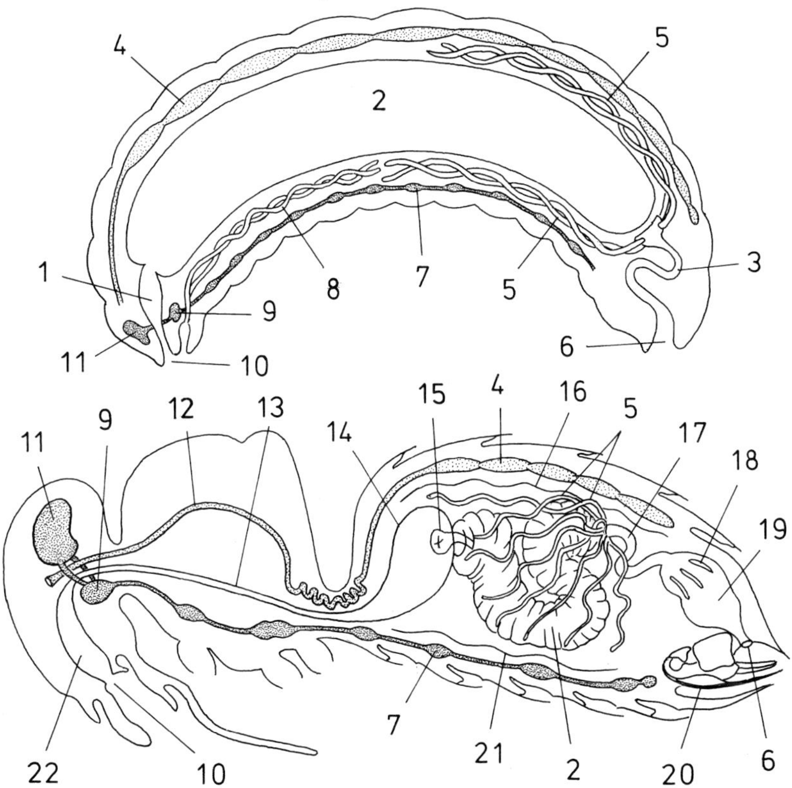

Die Nahrung wird im Verdauungsapparat aufgeschlossen, von wo aus die resorbierbaren Bestandteile ins Blut gelangen, während der unbrauchbare Anteil ausgeschieden wird. Der Verdauungstrakt besteht aus *Vorder-, Mittel-* und *Hinterdarm.* Man kann diese Einteilung auch schon bei der Made unterscheiden. Das Besondere bei ihr ist, daß der übermächtig entfaltete Mitteldarm und der kurze Hinterdarm zuerst nicht miteinander verbunden sind und der Durchbruch erst am Ende der Madenzeit, kurz vor der Verdeckelung erfolgt. Dann werden alle während der Madenentwicklung im Mitteldarm angesammelten Verdauungsrückstände auf einmal abgesetzt. Bei der fertigen Biene ist der Verdauungsschlauch im Unterschied zur Made erheblich länger als ihr Körper und deutlicher gegliedert (Abb. 29).

### a) Der Vorderdarm

Er beginnt mit der Mundöffnung, die über den Unterschlund mit muskelverstärkter Bodenplatte *(Hypopharynx)* in den weiten, als muskulöse Saugpumpe ausgebildeten Schlundkopf *(Pharynx)* führt. Die anschließende Speiseröhre durchzieht als langer enger Kanal den Hals und die Brust, um im vorderen Teil des Hinterleibs in die *Honigblase* einzumünden. Alle aufgenommene Nahrung landet zunächst in diesem für die Biene charakteristischen Behälter.

#### *Die Honigblase*

Man nennt sie auch Honigkropf, denn sie ist kein »Magen«, sondern nur eine Transporttasche, in der keine Verdauung stattfindet. Sie ist ein durchsichtiges zähes Hautsäckchen, das prall gefüllt etwa 80 µl Inhalt faßt. Jedoch begnügt sich die Biene beim Einsammeln der flüssigen Nahrung in der Regel mit weniger, so daß eine Füllung meist nur zwischen 20 und 40 mg wiegt. Ob die Biene mehr oder weniger schwer geladen hat, erkennt der Imker schon am Anflug vor dem Stock an dem gesenkten Hinterleib. Die Honigblase ist umgeben von Muskelfasern, die sich unter Faltenbildung zusammenziehen, aber sicher helfen auch noch andere Muskeln im Hinterleib mit, wenn die Honigblasenfüllung wieder hervorgewürgt werden soll. Will man sich vergewissern, ob eine heimkehrende Biene Nektar oder Wasser bringt, legt man sie auf einen Fingernagel, drückt sie leicht auf den Hinterleib und leckt an dem aus dem Mund hervortretenden Tropfen (Nagelprobe).

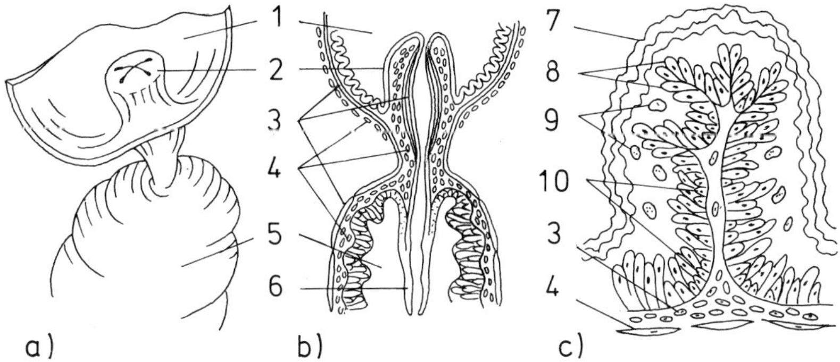


*Abb. 30a–c: a) Ventiltrichter in aufgeschnittene Honigblase hineinragend, b) im Längsschnitt, c) Darmfalte im längsgeschnittenen Mitteldarm. 1 Honigblase, 2 Ventiltrichterkopf, 3 Längsmuskelfasern, 4 Ringmuskelanschnitte, 5 Mitteldarm, 6 Ventilschlauch, 7 peritrophische Membran, 8 Mitteldarmzellen (Darmepithel), 9 abgestoßene Darmzellen, 10 Regenerationszellen.*

### *Der Ventiltrichter*

Es wäre schlimm, wenn die Biene beim Entleeren ihres Kropfes in die Zellen auch Darminhalt mit hineinbrächte. Aber das geschieht nicht. Dafür sorgt der eigenartig gebaute Ventiltrichter, der den Übergang von der Honigblase zum Magen oder Verdauungsdarm bildet. In den Kropf ragt er hinein als kopfartiger Doppelschnabel, in den Magen mit einem sehr dünnen Schläuchlein (Abb. 30a, b). Die vier Klappen des Doppelschnabels machen schnappende Bewegungen und fischen gleich den Enten im Teich die festen Brocken, das heißt den Pollen, aus der Flüssigkeit im Kropf und schaffen ihn in Form kleiner Ballen durch das Ventilschläuchlein in den Magen. Auf dem gleichen Weg gelangt auch der Eigenbedarf an Honig in den Magen. Vom Magen zurück kann nichts, weil das Ventilschläuchlein beim geringsten Rückdruck zusammengepreßt wird. Man könnte bei einem Versuch mit Gewalt eher den Magen zerreißen, als auch nur das geringste vom Magen zum Kropf zurückbefördern. Eine sinnreiche Einrichtung, um den Honig von jeder Spur von Verdauungsrückständen freizuhalten.

## b) Der Mitteldarm

Der Mitteldarm ist der Magen der Biene, mehr schlauch- als sackförmig. Er besitzt eine regelmäßige Ringelung, und seine Muskulatur sorgt für fortlaufende zusammenziehende und erweiternde Bewegungen (Peri-

staltik). Dadurch wird der Speisebrei durchgemischt und gegen den Magenausgang gedrängt. Die Verdauungsfermente treten hauptsächlich im vorderen Mitteldarmabschnitt hinzu. Die innere drüsige Zellage *(Darmepithel)* der mehrschichtigen Darmwand besitzt einen besonderen Schutz in Gestalt der *peritrophischen Membran* (Abb. 30c). Das ist eine aus mehreren zellfreien Lamellen bestehende Schleimschicht, die sich stets neu bildet und Lamelle für Lamelle die vorbeigleitende Nahrung umhüllt und mit ihr nach hinten wandert. Aus der Membranumwandung, die sich allmählich auflöst, gehen die Verdauungssäfte in die Nahrung über.
Auf die lebenswichtige Innenhaut des Magens hat es der Nosemaparasit abgesehen. Er dringt in die Zellen ein, vermehrt sich rasch ins Ungezählte, verbraucht dabei den lebendigen Inhalt der Zelle und macht sie krank. Eine solche Biene muß mehr zehren als eine gesunde, leistet trotzdem weniger und stirbt endlich an Entkräftung (s. Nosema S. 289 ff.).

### c) Der Hinterdarm

Er besteht am Eingang aus einer muskulösen Epithelfalte, die *Pylorus* genannt wird und zum kurzen *Dünndarm* gehört. Dahinter folgt, als Endabschnitt des Darms, die *Kotblase.*

#### *Dünndarm*

Am Pylorus, der den Austritt des Mitteldarminhaltes in den Dünndarm regelt, mündet ein Kranz von ca. 100 langen, dünnen Schläuchlein. Das sind die **Nierenschläuche** oder nach ihrem Entdecker auch *Malpighische Gefäße* genannt. Sie sammeln gleich unseren Nieren die Abbauprodukte des Stoffwechsels aus dem Blut und lassen sie in den Dünndarm abfließen. Auch für die Nierenschläuche interessiert sich ein Schädling, ein Einzeller, die Amöbe *Malpighamoeba mellificae.* Sie ist nicht so häufig wie der Nosemaparasit, wirkt aber in Verbindung mit diesem oft gefährlich. Der Dünndarm hat in erster Linie die Aufgabe, aus dem im Mitteldarm mit Fermenten aufgeschlossenen Speisebrei die gebrauchsfertigen Nährstoffe herauszufiltern und ins Blut abzuliefern, welches sie an Muskeln, Drüsen, den Fetteiweißkörper und die sonstigen Gewebe weitergibt. So klein und unscheinbar der Dünndarm aussieht, so wichtig ist er in Wirklichkeit. Er ist der Zapfhahn für den Bau- und Energiebedarf des Körpers.

*Enddarm*

Das letzte Darmstück des Hinterdarms, anschaulicher auch einfach »Kotblase« genannt, kann sich noch stärker ausdehnen als der Kropf und ist in der Lage, eine enorme Menge Verdauungsrückstände, vor allem Pollenschalen, aufzunehmen. Das ist besonders wichtig im Winter, aber auch in fluglosen Zeiten im Sommer. Normalerweise wird der angesammelte Kot bei den *Reinigungsausflügen* im Freien entleert. Zuweilen füllt die Kotblase fast den ganzen Hinterleib aus, so daß alle anderen Organe auf einen kleinen Raum zusammengedrängt sind. Wenn die Belastung unter ungünstigen Umständen zu groß wird, kann es vorkommen, daß die Bienen in höchster Not im Stock abkoten und unangenehme *Ruhrerscheinungen* auftreten, oder umgekehrt kann eine zu starke Füllung zu einer Verstopfung, der *Maikrankheit,* führen (s. S. 297).

Im vorderen Abschnitt der Kotblase liegen, gleichmäßig rundherum verteilt, sechs *Rektalpapillen,* das sind längliche, wulstförmige Hautpolster, die den Wasser- und Mineralstoffwechsel im Körper der Biene regulieren helfen. Sie werden auch Rektal*drüsen* genannt, weil sie offenbar auch ein Ferment abgeben, das dem Fäulnisprozeß in der Kotblase entgegenwirkt.

## 5. Herz und Blutkreislauf

Unser **menschliches Herz** besteht aus vier kleeblattartig zusammengefügten Herzkammern und ist mit einem *geschlossenen* Blutgefäßsystem gekoppelt. Das heißt, das Blut fließt ausschließlich in Adern, die sich im Körper überallhin verzweigen und die Organe mit der notwendigen Nahrung versorgen. Es transportiert auch den Sauerstoff, der zur Verbrennung der Nahrungsstoffe und zur Energieversorgung nötig ist (s. Atmungssystem S. 73ff). Die **Biene** besitzt einen *offenen* Blutkreislauf, bei dem Muskeln und alle inneren Organe vom offen fließenden Blut umspült werden. Aber damit das Blut in Bewegung gesetzt wird, ist natürlich ebenfalls eine Pumpe, ein *Herz,* vonnöten. Das hat die Form eines Schlauches, befindet sich im Rückenteil des Hinterleibs und besteht aus fünf hintereinandergeschalteten Kammern, deren letzte blind geschlossen ist (Abb. 29, 31). Die Herzkammern saugen die Blutflüssigkeit durch schlitzartige Eintrittsöffnungen (Klappenventile) aus der Umgebung an und pumpen sie in raschen, pulsierenden Schlägen durch eine dünne, teilweise in Schlingen verlaufende Ader nach vorne in die Kopfkapsel. Hier endet die (Schlag-)Ader *(Aorta),* das Blut tritt frei heraus und strömt langsam wieder zurück in den Hinterleib (Abb. 31). Um ein krauses Durcheinanderwirbeln zu vermeiden und die Zirkulation in gelenkte Bahnen zu leiten,

*Abb. 31: Das Blut fließt durch den gesamten Herzschlauch und die daran anschließende Schlagader aus dem Hinterleib zum Kopf. Von dort strömt es frei durch die Körperhöhlen zurück in den Hinterleib. Ein oberes und ein unteres Zwerchfell dienen der Regulierung des Blutstroms (links). Zum Ansaugen des Blutes öffnen sich zwischen den Herzkammern Klappenventile (rechts oben), um sich im Druckstadium wieder zu schließen (rechts unten).*

ist über der Bauchdecke und unter der Rückendecke (unter dem Herzen) je eine dünne häutige Scheidewand ausgespannt. Diese als *Diaphragmen* (Zwerchfell) bezeichneten Häute sind zipfelartig an den Bauch- und Rückenschuppen befestigt. Sie pulsieren durch Muskelbewegung und befördern das Blut in Wellen im unteren Diaphragmaraum nach hinten und im oberen nach vorne. Das frei fließende Blut reichert sich beim Umspülen des Verdauungstrakts mit Bau- und Kraftstoffen an und führt sie den Organen direkt zu. Die dafür empfangenen Abbaustoffe gibt es an die Harngefäße ab.
Das Blut der Biene, die *Haemolymphe*, ist farblos, besitzt also keine roten Blutkörperchen wie bei den Wirbeltieren, aber doch verschiedene andere Blutzellen *(Haemozyten)* mit spezifischen, besonders der Krankheitsabwehr dienenden Aufgaben.

## 6. Das Speichergewebe

Die Biene benötigt nur einen Teil der im Blut zirkulierenden Nährstoffe für die Versorgung ihrer Organe, ein übriger Teil wird im Speichergewebe, das man auch als *Fett-Eiweiß-Körper* bezeichnet, in körpereigene Reservestoffe umgewandelt und abgespeichert. Die gespeicherten Stoffe sind *Glykogen* (Reservezucker), Fett- und Eiweißverbindungen. Sie dienen zum Aufbau und zur Deckung des Fett- und Eiweißbedarfs der Biene.
Der Fett-Eiweiß-Körper umhüllt die inneren Organe des Hinterleibs, wo er im Rücken und Bauchteil besonders üppig entfaltet ist. Er besteht aus einem lappigen Maschenwerk von Zellen, das von einer dünnen, bindegewebigen Membran umhüllt und durchsetzt ist, was dem durchströ-

menden Blut einen raschen Nahrungsaustausch erlaubt. Viele Insekten haben eine solche Einrichtung. Sie brauchen sie, um die nahrungslose Zeit des Winters und des zeitigen Frühjahrs zu überstehen. Für die Biene, die ohne eigentliche Winterstarre auf ihrem Honigvorrat in Gemeinschaft ihres Volkes überwintert, hat dieses Speichergewebe noch eine besondere Bedeutung: Der Honig verdirbt nicht, aber der Fett und Eiweiß liefernde Pollen kann leicht verschimmeln. Wenn das Bienenvolk im Frühjahr rechtzeitig erstarken soll, muß es schon sehr früh mit der neuen Brut beginnen. Da die Bienen im Februar von außen aber noch nicht genügend Pollen einholen können, mästen sie sich schon im Herbst mit ihrem Speichergewebe einen inneren Fett-Eiweiß-Mantel an. Aus diesem werden die Futtersaftdrüsen gespeist, die für die erste Brut die Nahrung liefern.
Gleichzeitig sind die starke Pollenzehrung und der Aufbau des Fett-Eiweiß-Gewebes im Herbst auch für die Biene selbst von Bedeutung. Sie wird dadurch langlebig. Die Winterbiene hat eine Lebenserwartung von etwa 6 Monaten, indes die Sommerbiene nur etwa 6 Wochen alt wird. Nur so ist es möglich, daß das Bienenvolk den Winter überhaupt überlebt.
Außer den feisten Zellen mit den Reservestoffen finden sich im Fettkörper noch eigenartige kleinere blaßgelbliche Zellen, die man *Oenozyten* nennt. Sie können sich aus dem Verband lösen und ins Blut übertreten, wo sie wahrscheinlich regulatorische Aufgaben im Stoffwechsel erfüllen.

## 7. Das Atmungssystem

Bei **Mensch** und Wirbeltier hat ein kompaktes Organ, die Lunge, die Aufgabe, Sauerstoff aus der Luft aufzunehmen und an das Blut, das die Lunge in einem feinen Adernwerk durchfließt, abzugeben. Über ein feinstverzweigtes Adernsystem wird der Blutsauerstoff an sämtliche Organe herangeführt, wo er für die Verbrennung der gleichzeitig mitgeführten Nährstoffe sorgt. Das Blut nimmt die bei der Verbrennung entstehende Kohlensäure auf und scheidet sie über die Lunge wieder aus. Als Träger fungieren die roten Blutkörperchen.
Die **Biene** besitzt weder Lunge noch rote Blutkörperchen. Bei ihr und anderen Insekten verzweigt sich das Atmungssystem selber in alle Organe und versorgt diese unmittelbar mit dem Sauerstoff. Von großen *Luftsäcken* in Kopf, Brust und besonders im Hinterleib gehen Röhren aus, die ringförmig mit Chitin verstärkt sind. Das sind die *Tracheen,* die sich vielfältig verzweigen und ein immer feiner werdendes Netzwerk bilden, das alle Organe durchdringt und umspinnt (Abb. 32a–c). Die Luftsäcke erlauben die Aufnahme eines gewissen Luftvorrats, der nicht zuletzt auch für den Flug von einiger Bedeutung ist. Man sieht die Bienen vor dem Abflug auf

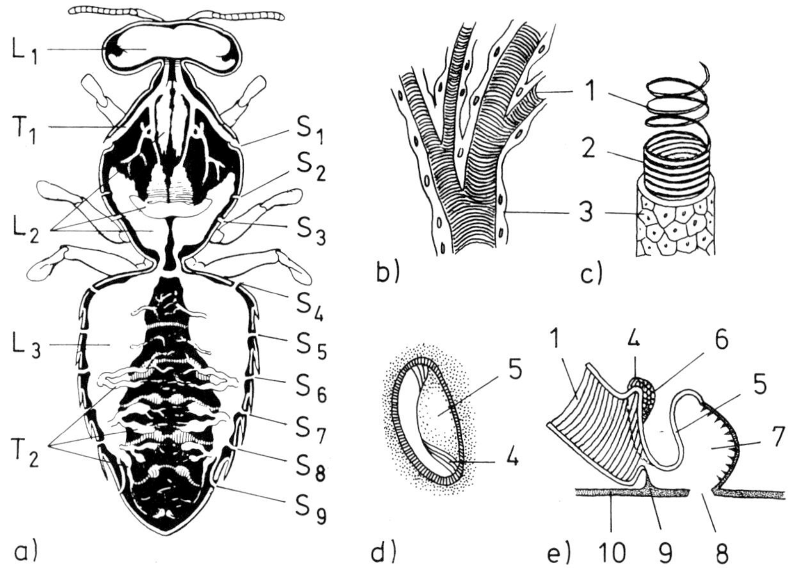


*Abb. 32a–e: Atmungssystem der Biene. a) Gesamtansicht mit Luftsäcken und Haupttracheenstämmen, b) Tracheenverzweigung, c) Feinbau einer Trachee, d) Außenansicht einer Atemöffnung (Stigma) im Hinterleib, e) Schnitt durch ein Hinterleibsstigma. $L_1$–$L_3$ Luftsäcke in Kopf, Brust und Hinterleib, $T_1$, $T_2$ Tracheenstämme in Brust und Hinterleib, $S_1$–$S_9$ Atemöffnungen, 1 Chitinspirale, 2 Innenhaut, 3 Zellmantel, 4 Verschlußbügel, 5 Verschlußklappe, 6 Schließmuskel, 7 Vorhof, 8 Atemöffnung, 9 Stigmenkamm, 10 Chitinpanzer.*

dem Flugbrett oft wie Maikäfer »pumpen«. Ihr Hinterleib erweitert und verengt sich dabei rhythmisch in Länge und Breite. Sie tanken Luft.
Der Luftaustausch zwischen dem Bienenkörper und der Außenwelt erfolgt über die Atemöffnungen oder *Stigmen*, die zu beiden Seiten des Panzerkörpers gelegen sind. Drei Paar sind im Brustbereich am zweiten, dritten und vierten Körpersegment plaziert, die übrigen befinden sich an den seitlichen Rückenschuppen der sechs (beim Drohn sieben) sichtbaren Hinterleibssegmente. Das erste, von einer Überlappung des vorderen Brustrings überdeckte, besonders große Stigmenpaar ist von einfacher Bauart. Es ist mit einer Verschußklappe versehen und besitzt eine Reuse aus steifen Haaren gegen das Eindringen von Fremdkörpern. Bei jugendlichen Bienen dringt hier die Tracheenmilbe *(Acarapis woodi)* ein, betätigt sich in dem dahinterliegenden großen Brusttracheenstamm als Blutsauger und vermehrt sich, bis die Luftröhre verstopft ist und die Biene an Entkräftung stirbt (s. S. 271 ff.). Das mittlere Bruststigmenpaar ist degeneriert und unterhalb der Hinterflügel nur mit Mühe aufzufinden. Das

dritte gleicht den Stigmen des Hinterleibs, wozu es entwicklungsgeschichtlich auch gehört. Diese Stigmen sind alle nach demselben System gebaut (Abb. 32 d, e). Sie besitzen eine schlitzförmige Öffnung, die in einen feinbehaarten Vorhof führt. Dahinein ragt eine Verschlußklappe, die durch einen sinnvollen Spangen- und Muskelmechanismus den Eingang zur anschließenden Tracheenröhre verschließt oder öffnet.
Bei der Atmung tritt die Luft durch 3 Stigmenpaare in der Brust und 7 Paare am Hinterteil in den Körper ein. Beim Zusammenziehen des Hinterleibs schließen sich zunächst alle Stigmen, so daß eine gewisse Spannung entsteht, durch die die Luft in die feinsten Verzweigungen gepreßt wird. Dann öffnen sich die Bruststigmen, indes die des Hinterleibs noch geschlossen bleiben. Auf diese Weise wird durch die Bruststigmen ein- und ausgeatmet, durch die Hinterleibsstigmen nur eingeatmet. Dank seiner Einteilung in bewegliche Ringe kann der Hinterleib aktiv als Luftpumpe wirken, was den mehr starren Kapseln von Kopf und Brust nicht möglich ist.

## 8. Das Nervensystem

Nicht anders als bei allen anderen tierischen Lebewesen werden alle Teile des Bienenkörpers, die in irgend einer Weise aktive Funktionen erfüllen, von Nerven versorgt. Sie dienen einesteils zur Weiterleitung von Reizen, welche die Biene mit ihren Sinnesorganen von außen oder auch von Organen im Inneren empfängt, zu zentralen Verknüpfungsstellen, anderenteils zur Übermittlung von Befehlsimpulsen aus diesen Stellen an die verschiedenen Körperorgane. Die Schaltstellen, welche man zusammenfassend auch als das *Zentralnervensystem* bezeichnet, bestehen aus einzelnen miteinander verschmolzenen Paaren von Nervenknoten, sogenannten Ganglien, die durch paarige Längsnervenstränge miteinander verbunden sind (Abb. 33 a, b).
War die Nervenmasse in der Embryonalzeit der Biene noch ziemlich gleichmäßig auf 19 bis 20 Knotenpaare verteilt, kam es mit fortschreitender Entwicklung im Madenalter zu einer Zusammenlegung, wobei sich die sechs vorderen Knotenpaare zu zwei großen Massen, dem Oberschlundganglion (oberhalb) und dem Unterschlundganglion (unterhalb der Schlundröhre) zusammenschlossen und auch die drei letzten Paare miteinander verschmolzen. Damit besteht das Zentralnervensystem der Bienenmade letztendlich aus den beiden Schlundganglien, die man beide (oder oft auch nur das Oberschlundganglion) als Gehirn bezeichnet, und 11 über die 13 Körpersegmente verteilte Nervenknoten (Abb. 33 a). Unter diesen kommt es bei der erwachsenen Biene zu einem weiteren Gan-

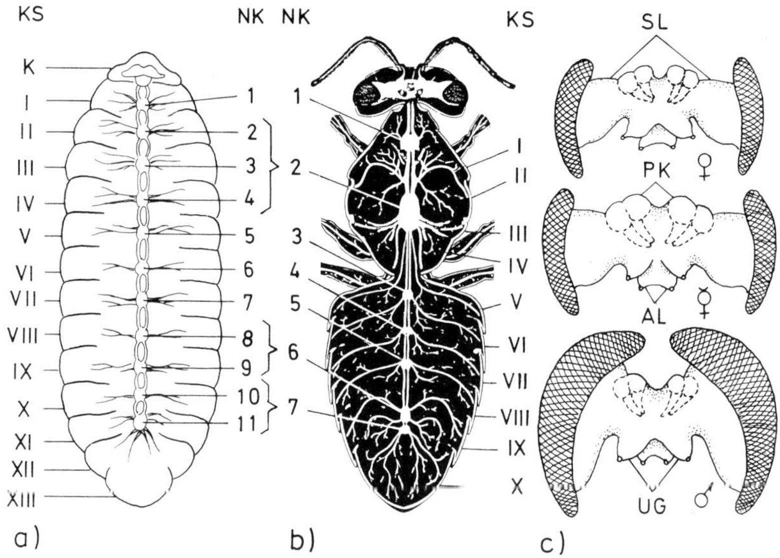


*Abb. 33a–c: Nervensystem der Bienenmade (a) und der erwachsenen Biene (b). c) Gehirne von Königin, Arbeiterin und Drohn. AL Antennenlappen, KS Körpersegmente I–XIII (X), NK Nervenknoten 1–11 (7), PK Pilzkörper, SL Sehlappen, UG Unterschlundganglion.*

glienzusammenschluß, und es bleiben nur zwei Ganglienknoten in der Brust und bei der Arbeiterin fünf, bei Königin und Drohn nur vier im Abdomen übrig (Abb. 33b). Durch die Verknüpfung der Nervenknoten durch die paarigen Nervenstränge entsteht der Eindruck einer Strickleiter, weshalb man auch von einem »Strickleiternervensystem« spricht, und weil das Ganze in der Bauchregion liegt, hat sich vielfach der Ausdruck »Bauchmark« eingebürgert.

Am Gehirn (Abb. 33c) fallen äußerlich besonders die großen Sehlappen, die Antennenlappen und zwei mittelständige, deutlich voneinander abgesetzte und mit je einer mittleren Einkerbung versehene Höcker auf. Sie heißen (nach ihrer inneren Beschaffenheit) *pilzförmige Körper* und stellen das Assoziationszentrum dar, in dem sich viele der empfangenen Reize verknüpfen und wesentliche Schaltungen zu motorischen Ausführungsorganen stattfinden. In ihnen sind die Orientierungsleistung und das Gedächtnis der Bienen lokalisiert. Sie sind sozusagen das »Intelligenzzentrum« der Biene, und so nimmt es nicht wunder, daß sie bei der in dieser Hinsicht am meisten geforderten Arbeitsbiene am besten ausgebildet sind. Beim Drohn ist nur das Gesamtausmaß des Gehirns (entsprechend seiner Körpergröße) auffällig, wobei die Sehlappen eine ihrer Aufgabe

zum Auffinden der Königin beim Hochzeitsflug gemäße besondere Ausbildung erfahren haben. Das Unterschlundganglion zeigt bei den drei Bienenwesen keine wesentlichen Unterschiede. Die von ihm ausgehenden Nerven versorgen die Mundwerkzeuge und die Speicheldrüsen.
Von den Nervenknoten des Bauchmarks gehen reichverzweigte Nervenbahnen zu den Bewegungs-, Verdauungs-, Zirkulations-, Geschlechtsorganen und den Drüsen. Manche Schaltungen, z.B. im Bewegungssystem und zwischen inneren Organen dürften sich gleich hier vollziehen, ohne daß eine Kunde davon das Gehirn erreicht, aber die Wahrnehmungen beim Sehen, Riechen, Schmecken und Fühlen werden dort verarbeitet.

## 9. Die Drüsen der Honigbiene

Drüsen spielen bei allen Tieren für die Ernährung, die Fortpflanzung, für Wachstum und Entwicklung und nicht zuletzt auch für soziale Funktionen eine ausschlaggebende Rolle. Es gibt einzellige Drüsen, die meist in Begrenzungsschichten von äußeren oder inneren Köperoberflächen

*Abb. 34: Verteilungsschema der Drüsen im weiblichen Bienenkörper. 1 Unterschlunddrüse (= Hypopharynx-, = Futtersaftdrüse) 2 Kopfteil der Hinterkieferdrüse (= Labial-, = Speicheldrüse), 3 Wangendrüse, 4 Rückenschuppendrüsen, 5 Duftdrüse (= Nassanoffdrüse), 6 Rektaldrüsen, 7 Drüsen des Stachelapparats, 8 Wachsdrüsen, 9 Brustteil der Hinterkieferdrüse, 10 Speichelgrube, 11 Hypopharynx mit Mundöffnung, 12 Vorderkieferdrüse (= Mandibeldrüse).*

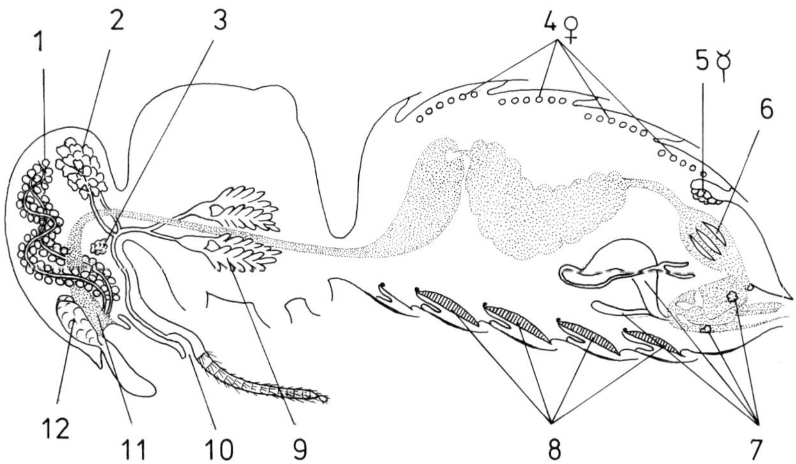

*(Epithelien)* liegen oder solche ausbilden, und Drüsen aus Zellverbänden, die einen oder mehrere gemeinsame Ausgänge besitzen. Bei den zusammengesetzten Drüsen befinden sich mehrere bis zahlreiche Einzeldrüsen an gemeinsamen Strängen. Die Drüsen können mehr länglich (tubulös) oder rundlich (acinös) ausgebildet sein. Sie produzieren Stoffe, die man Sekrete nennt. Einen Überblick über die Lage der wichtigsten Drüsen im Bienenkörper (ohne die Geschlechtsdrüsen) gibt Abb. 34. Neben den typischen Sekretdrüsen gibt es noch die sogenannten *endokrinen Drüsen,* die ihre Sekrete (Hormone) ohne Ausführungsgang direkt ins Blut absondern.

### a) Drüsen im Kopf- und Brustteil

Besonders der Kopf der Biene ist vollgestopft mit Drüsen, deren Funktionen sich bei Arbeitsbiene, Königin und Drohn zum Teil grundlegend unterscheiden. Allen drei Bienenwesen eigen ist die

*Speicheldrüse* (Abb. 35a)

Sie besteht aus zwei Drüsenpaaren: das eine befindet sich im Kopf hinter dem Gehirn, das andere — noch einmal paarig aufgespalten — im vorderen Brustabschnitt unter der Speiseröhre. Der gemeinsame Ausführungsgang aller dieser Drüsenteile mündet in eine Grube am oberen Ende der Zunge, von wo der Speichel durch den Zungenkanal abwärts zum Löffelchen fließt. Nach ihrer Mündungsstelle wird die Drüse auch als *Hinterkieferdrüse* oder *Labialdrüse* (s. S. 58: *Labium*) bezeichnet.
Die birnenförmigen Drüsensäckchen des Kopfteils ($S_1$) der Drüse scheiden ein öliges Sekret ab, das beim Verbauen der Wachsplättchen eine Rolle spielt. Mit dem wässerigen Sekret der aus länglichen Drüsenröhrchen bestehenden Brustspeicheldrüsen ($S_2$) lösen die Arbeitsbienen kandierten Honig (und Zucker), und es dient ihnen zur Bespeichelung der Zellen, ehe diese mit Brut belegt werden. Der Einsatzbereich der Drüse bei Königin und Drohn erscheint eingeschränkt.
Bemerkenswert ist, daß die Speicheldrüse bei der Made eine ganz andere Aufgabe hat als bei der erwachsenen Biene: sie funktioniert als *Spinndrüse,* die der Streckmade das Material zum Auskleiden ihrer Zelle liefert. In der Entwicklungsgeschichte der Lebewesen stoßen wir immer wieder auf solche Fälle, bei denen Organe in verschiedenem Altersstadium einen Funktionswechsel durchmachen. Das gilt auch für die

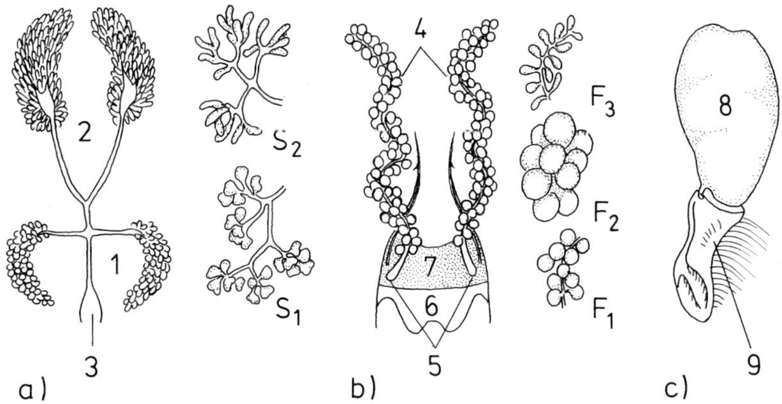


*Abb. 35a–c: Drüsen aus Kopf und Vorderbrust der Arbeitsbiene.*
*a) Speicheldrüsen, b) Futtersaftdrüsen, c) Vorderkieferdrüsen. $F_1$ Drüsenbläschen der Futtersaftdrüse bei der schlüpfenden Arbeiterin, $F_2$ höchste Ausbildung der Drüsen während der Brutpflege, $F_3$ rückgebildete, fermentausscheidende Drüsen bei der Sammelbiene, $S_1$ birnenförmige Drüsenelemente der Kopf-Speicheldrüse, $S_2$ schlauchförmige Elemente der Brust-Speicheldrüse. 1 Speicheldrüse Kopfteil, 2 Speicheldrüse Brustteil, 3 Ausscheidungsgrube (an der Zungenwurzel), 4 Äste der Futtersaftdrüse, 5 Mündung der Futtersaftdrüse über einem lippenförmigen Fortsatz an der Rückwand des Unterschlunds (6) im Bereich einer chitinverstärkten Mundplatte mit Stützspangen (7), 8 Drüsensack der Vorderkieferdrüse, 9 Vorderkiefer der Arbeiterin.*

*Futtersaftdrüse* (Abb. 35b)

Diese paarige Drüse wird aus vielen hundert rundlichen Drüsenknollen gebildet, die an je einem langen Schlauch wie Zwiebeln an einer Schnur aufgereiht sind. Die Ausführungsgänge der beiden Schläuche münden über einem kleinen, zweizipfeligen inneren Lippenfortsatz rechts und links einer Verstärkungsplatte in den hinteren unteren Schlundbereich *(Hypopharynx)*, weshalb die Drüse auch als »Unterschlund«- oder *Hypopharynxdrüse* bezeichnet wird. Auf ihrer höchsten Entwicklung, etwa vom 6. bis 12. Lebenstag der Biene, füllt die Drüse in zahlreichen Windungen den größten Teil des Kopfes zwischen Gehirn und vorderer Kopfwand (Abb. 36 li). Solange die Jungbiene, auch die Winterbiene, noch keine Brut gepflegt hat, sind die Drüsenbläschen voll und kräftig entwickelt (Abb.35 $F_1$ u. $F_2$); sobald der Brutpflegedienst beendet ist, bilden sie sich zurück und werden dünn und unscheinbar ($F_3$). Bei der Königin ist diese Drüse nur spurenhaft vorhanden, beim Drohn fehlt sie ganz.
Die Schlunddrüsen erzeugen den Hauptteil des Futtersaftes, womit die Ammenbienen die junge Brut und die Königin füttern. Bei älteren Bienen

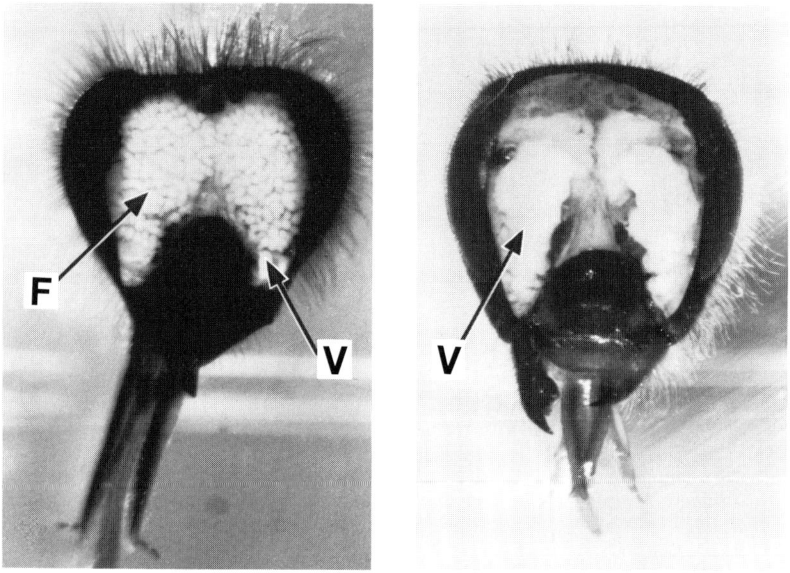


*Abb. 36a, b: Kopfdrüsensystem bei der Arbeiterin (a) und der Königin (b). Im aufgeschnittenen Arbeiterinnenkopf nimmt die aus vielen Drüsenbläschen bestehende paarige Futtersaftdrüse (F) den größten Raum ein. Rechts und links des Kopfschildes liegen die an den Mandibelwurzeln mündenden sackartigen Vorderkieferdrüsen (V). Sie sind bei der Arbeiterin klein, bei der Königin dagegen um so mächtiger entwickelt. Die Königin besitzt dafür so gut wie keine Schlunddrüsen.*

liefern sie Fermente, die der Umwandlung der aufgenommenen Nahrung in verdauliche Stoffe dienen — insbesondere das kohlenhydratspaltende Enzym *Invertase,* welches Rohrzucker in Traubenzucker und Fruchtzucker zerlegt. Es beginnt schon bei der Aufnahme des Zuckers in der Honigblase zu wirken, und wirkt nach der Speicherung des Honigs in der Wabe weiter. Interessanterweise können rückgebildete, nur noch der Fermentproduktion dienende Drüsen sich bei Bedarf regenerieren und wieder zur Futtersaftausscheidung übergehen.

### *Vorder(Ober-)kieferdrüse* (Abb. 35c)

Diese Drüse, häufig auch *Mandibeldrüse* genannt, liegt in Form einfacher paariger Säcke, deren Wandung aus den Drüsenzellen besteht, über dem Wurzelbereich der Oberkiefer, wo sie auch ausmündet. Bei den Arbeiterinnen sind die Oberkieferdrüsen an der Erzeugung des Futtersafts beteiligt. Wahrscheinlich helfen sie auch bei der Bearbeitung des Wachses und der Propolis mit. Der schlüpfenden Biene scheint das Sekret zum Auf-

lösen des Deckelwachses zu dienen. Die Drüsen sind beim Drohn nur angedeutet, während sie bei der Königin um so mächtiger entwickelt sind (Abb. 36 re.). Hier erfüllen sie eine ganz andere Aufgabe als bei den Arbeiterinnen, wovon auf Seite 99 noch die Rede sein wird.
Hinter den Oberkiefern hat man bei der Arbeitsbiene noch ein paar sehr kleine Drüsen gefunden, die man als *Wangendrüsen* bezeichnen könnte. Sie sind hinsichtlich ihrer Ausmündung und Funktion aber noch ziemlich rätselhaft.

### *Fußdrüsen*

Sie sollen praktischerweise gleich hier bei den Kopf- und Brustdrüsen mit Erwähnung finden, da die Beine ja als Anhänge der Brust áufzufassen sind. Die Fußdrüsen, in der Literatur auch als *Arnhartsche Drüsen* bezeichnet, sind in Form kleiner Drüsenzellenhaufen im jeweils letzten Fußglied der drei Beinpaare gelegen (s. Abb. 26b). Sie scheiden über die Oberfläche des Haftlappens zwischen den beiden Fußkrallen ein wachsartiges Sekret aus. Offensichtlich hat es mit der Haftfähigkeit bei der Bodenberührung der Bienen zu tun und dürfte auch als *Fußabdruck Pheromon* bei der Duftmarkierung der Unterlage bei allen drei Bienenwesen eine Rolle spielen (zu Pheromonen siehe S. 100).

## b) Drüsen des Hinterleibs

Im Hinterleib ist eine ganze Reihe von Drüsen angesiedelt, die samt und sonders für das Gemeinschaftsleben im Bienenvolk besonders wichtig sind.

### *Die Duftdrüse* (Abb. 37a, b)

In bestimmten Lebenssituationen setzt die Arbeitsbiene eine nahe ihrem Hinterleibsende gelegene Drüse in Funktion, die häufig (nach ihrem Entdecker) auch als *Nassanoffsche Drüse* bezeichnet wird. Man kann dann am vorderen Rand der letzten Rückenschuppe einen querliegenden, glänzend weißen Streifen erkennen, in dessen Bereich das Chitin sehr dünn, unbehaart und farblos ist. Darunter liegen 500–600 einzellige Drüsen, deren feine Ausführungsgänge durch Poren in der Chitinwand nach außen münden. Normalerweise ist das Drüsenfeld, das im vorderen Teil eine taschenartige Ausbuchtung zur Sammlung des Drüsensekrets besitzt, von der vorausgehenden Schuppe überdeckt (Abb. 37a). Bei Bedarf biegt die Biene die letzte Rückenschuppe nach abwärts und gibt das Drüsenfeld

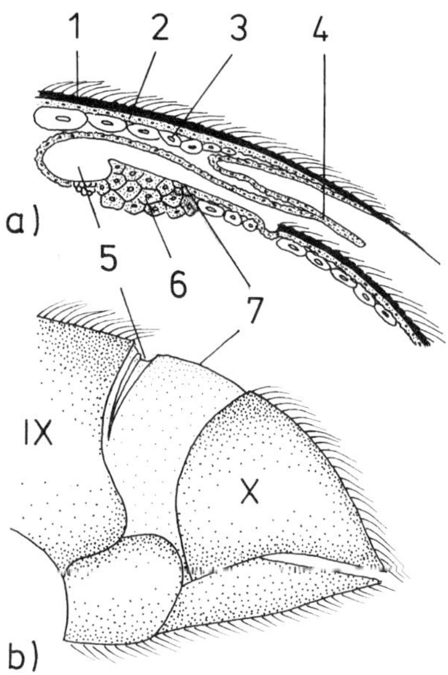


*Abb. 37a, b: Duftdrüse der Arbeitsbiene. a) Längsschnitt durch die IX. und X. Rückenschuppe mit eingezogener Drüse, b) Hinterleibsspitze mit ausgestülpter Drüse. 1 Chitinschicht, 2 Epidermis, 3 Fettzellen, 4 Zwischenschuppenmembran, 5 Sekretsammelstelle, 6 Drüsenzellen, 7 Duftfeld.*

frei (Abb. 37b). Bei hochgehobenem Hinterleib verströmt die stehende oder langsam voranschreitende Biene unter Flügelschwirren ihren Duft (Abb. 38a). »Sterzeln« nennt man diese rituelle Handlung, und man darf sie nicht mit dem »Fächeln« verwechseln, wobei die Bienen am Stockeingang verbrauchte Luft aus ihrer Wohnung leiten. Beim Fächeln halten sie

*Abb. 38a, b: Sterzeln und Fächeln. a) Mit Hilfe der ausgestülpten Duftdrüse lockt die Arbeitsbiene unter Aufheben des Hinterleibs und heftigem Flügelschwirren Artgenossen an. Sie sterzelt. b) Beim Fächeln wird der Hinterleib ohne Ausstülpen der Duftdrüse gesenkt gehalten. Es dient der Temperaturregelung im Stock.*

a)

b)

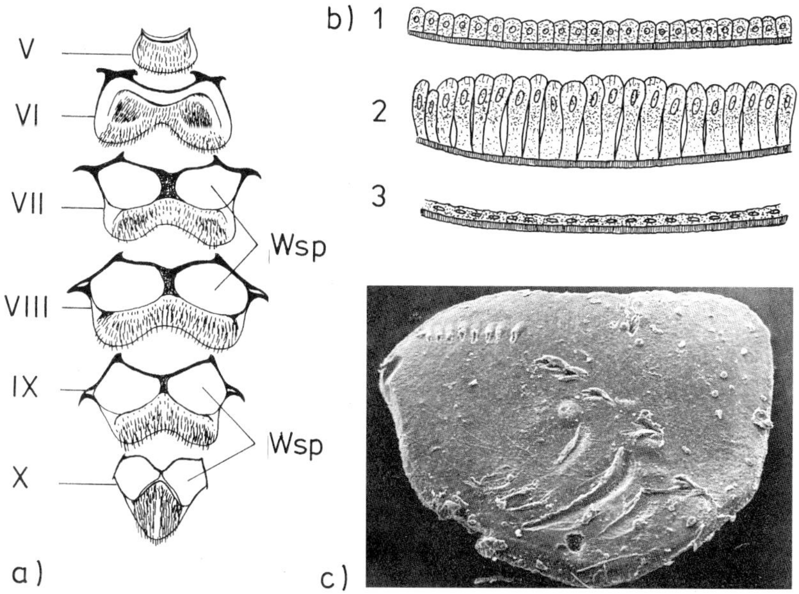


*Abb. 39a–c: Zur Wachsausscheidung der Arbeitsbiene: a) auf den Bauchschuppen des VII. bis X. Körpersegments (hier auseinandergelegt gezeichnet) befinden sich die paarigen Wachsspiegel (Wsp), b) die Drüsenzellen hinter den Spiegeln sind bei der eben geschlüpften Biene noch niedrig (1), bei der bauendenBiene im Alter von 12 bis 18 Tagen wachsen sie auf die drei- bis vierfache Höhe an (2), um sich bei der Sammelbiene auf eine flache Zellschicht zurückzubilden (3), c) das Wachsplättchen zeigt Eindrücke vom Kamm des Hinterbeins, das es von der Bauchschuppe abgenommen hat.*

den Hinterleib nach unten, und die Duftdrüse bleibt verborgen (Abb. 38b). Die Bienen können ihre Duftdrüse auch während des Fliegens ausstülpen. Königin und Drohnen haben keine vergleichbare Drüse.
Der Nassanoffduft gehört zu der biologischen Stoffgruppe der Pheromone. Über die Chemie und vielseitige Aufgabe und Wirkung dieses sozialen Stoffes im Bienenleben lese man auf Seite 106 nach.

### *Die Wachsdrüsen* (Abb. 39a-c)

Wespen müssen das Baumaterial für ihre papierenen Waben draußen sammeln, die Bienen erzeugen es dagegen in ihrem Körper selbst. Die Wachsdrüsen befinden sich hinter den vier mittleren Bauchschuppen (s. Abb. 34). Jede dieser Bauchschuppen trägt ein Paar *Wachsspiegel.* Das sind mehr oder weniger oval gestaltete Zonen des Chitinpanzers, sehr dünn, spiegelglatt und von lichtgelber Farbe (Abb. 39a). Gewöhnlich sieht man nichts von ihnen, weil die Bauchschuppen mittels Gelenkhäuten ineinandergeschoben sind, so daß die Spiegel jeweils vom behaarten Teil der vorhergehenden Schuppe verdeckt werden. Unter der dünnen Chitinschicht der Spiegel, die von feinfasriger Struktur ist, befindet sich eine einschichtige Lage von spezialisierten Hautzellen. Diese Wachsdrüsenzellen sind vor und nach ihrer aktiven Phase bei den Jung- und Altbienen flach und niedrig (Abb. 39 b, 1 u. 3), in der zwischen dem 12. und 18. Lebenstag der Biene gelegenen Bauphase nehmen sie eine hohe, zylindrische Form an (bis 100 µm), und es entstehen nicht selten Hohlräume zwischen den »aufgeschossenen« Zellen (2). Sobald feine, in Längsrichtung angeordnete Körnchen in den Zellen erscheinen, wird Wachs ausgeschieden. Durch die Wachsspiegel hindurch gelangt das flüssige Wachs in die Taschen zwischen den sich überdeckenden Bauchschuppen und erstarrt zu Plättchen (Abb. 39c). Die *Wachsplättchen* lösen sich durch die Bewegung des Hinterleibs ab und treten zwischen den Ringen hervor. Hier erfaßt sie die Biene mit dem Hinterbein (Bürste oder Pollenschieber) und reicht sie nach vorne zu den Oberkiefern weiter. Mit ihrer Hilfe verknetet die Biene die Plättchen zu Klümpchen, die geeignet sind, dem entstehenden Wabenbau eingefügt zu werden.

Das Wachs ist zunächst weiß, und erst bei längerer Benutzung im Bienenvolk wird es gelb. Sein Geruch wechselt mit der Herkunft des von den Bienen eingetragenen Honigs und Pollens. Es schmilzt bei 62–64 °C und verdampft bei 350 °C. Es ist leichter als Wasser und steigt deshalb beim Schmelzen im Wasser nach oben. Chemisch ist es ein vielschichtiges Gemisch aus Estern hochmolekularer Säuren, Alkoholen, Kohlenwasserstoffen und zahlreichen weiteren Substanzen. Hauptbestandteile sind *Myricin, Cerin* und *Kohlenwasserstoffe.* Wachs löst sich in Alkohol, Äther, heißen Fetten, ätherischen Ölen, Benzin, Chloroform, Schwefelkohlenstoff und Terpentinöl. Durch den menschlichen Körper geht es unverdaut. Aber die Larven der Wachsmotten verdauen es.

### *Drüsen des Stachelapparates* (Abb.28 u. 34)

Mit dem Stachelapparat der Arbeitsbiene und der Königin sind vier Drüsensysteme verbunden, die *saure* und die *alkalische Drüse,* die *Stachelkammer-* und die *Stachelscheidendrüsen.* Die *saure Drüse (Giftdrüse)* ist die größte. Sie besteht aus einem endständig gegabelten, langen, dünnen Schlauch, der in einen erweiterten Drüsenabschnitt, die *Giftblase,* einmündet. Sie liefert das bekannte Bienengift (s. S. 35). Die *alkalische Drüse,* nach ihrem Entdecker auch *Dufour-Drüse* genannt, ist nur ein einfacher Schlauch mit einer außerhalb des Giftkanals am Stachelschaft gelegenen Mündung. Über ihre Aufgabe bestehen Meinungsverschiedenheiten, besonders nachdem man an ihrer möglichen Funktion als Schmiermittel beim Stechakt zu zweifeln begonnen hat. Desgleichen rätselt man, wofür bei den Arbeitsbienen die kleinen, dichten Drüsenhaufen taugen, die unter den weichen Verbindungshäuten zwischen Stigmenplatten und quadratischen Platten, ziemlich am hinteren Ende der letzteren, gelegen sind (s. Abb. 28) und als *Stachelkammerdrüsen* oder — nach ihrem Entdecker — *Koschevnikov-Drüsen* bezeichnet werden. Was die Königin betrifft, scheint der Duft der Stachelkammerdrüsen zusammen mit dem Geruch der Oberkieferdrüsen zur Anlockung der Arbeitsbienen während des Schwärmens zu dienen, und denselben Zweck erfüllt er wohl auch gegenüber den Drohnen während der Begattungsflüge. Es muß im Stachelrinnen- und -scheidenbereich aber noch weitere Drüsen geben (wir nennen sie einfach Stachelscheidendrüsen), weil sich hier eine Reihe von Substanzen nachweisen lassen, die bei der Volksverteidigung eine Rolle spielen (s. S. 106).

### *Abdominale Drüsen bei Königin und Drohnen*

Unter den Rückenschuppen der vier mittleren Hinterleibssegmente der Königin findet man beiderseits einer mittleren freien Zone Verbände einzelliger Drüsen, die als *Tergittaschen-* oder *Rückenschuppen-Drüsen* bezeichnet werden (Abb. 34). Sie erzeugen einen Duft, der bei der Begattung der Königin zur Erregung der Drohnen von Bedeutung sein dürfte. Außerdem steht er (wie der Geruch des Stachelkammerdrüsensekrets) der Wirkung der Königinnensubstanz zur Seite (s. S. 99).
Man hat sie noch nicht mit Sicherheit gefunden, aber sicher gibt es sie: nämlich Duftdrüsen der Drohnen, und zwar in der Nähe ihrer Geschlechtsöffnung. Möglicherweise gibt es auch so etwas wie eine *Drohnensubstanz,* die bei den Hochzeitsflügen eine Rolle spielen und sowohl auf die fliegenden Königinnen als auch auf die Drohnen selbst wirken könnte. Man weiß, daß die Drohnen bei der Paarung bestimmte Areale von wenigen bis einigen hundert Metern Durchmesser aufsuchen, wo sie im Luftraum auf die Königinnen warten (s. S. 125).

## b) Endokrine Drüsen

Hauptsächlich im Kopf der Biene finden sich auch wichtige Repräsentanten der anderen Art von Drüsen, die sehr klein sind und wegen der fehlenden Ausführungsgänge auch »innersekretorische Drüsen« genannt werden. Sie stammen von Nervenzellen ab, gleichen auch solchen, haben aber alle mit der Produktion bestimmter Sekrete zu tun, die man präziser

**Inkrete** nennt. Inkrete sind Hormone, die direkt ins Blut abgegeben werden und im Bienenkörper so wichtige Aufgaben wie die Steuerung der Larven- und Puppenhäutung, die Koordinierung von Stoffwechselvorgängen und überhaupt wichtige Aufgaben des inneren Informationsaustausches erfüllen. Sie greifen außerdem steuernd in das soziale Verhalten der Stock- und Sammelbienen ein.

Um nur ein paar Beispiele zu nennen, so regelt die hormonale Ausscheidung der sogenannten *Corpora allata,* eines kleinen paarigen (dem Vorderdarm als kugelige Körperchen anliegenden) Hirnanhangs, den Wasserhaushalt der Biene, indem ihre Aktivität einmal den Darm für den Übertritt des Wassers durchlässig, einmal undurchlässig macht. Bei der Bienenlarve erzeugen dieselben Drüsen das *Juvenilhormon,* welches zusammen mit dem *Ecdyson,* einem Hormon aus den neben dem Verdauungskanal im Bereich des ersten Brustganglions gelegenen *Prothoraxdrüsen,* Wachstum und Entwicklung der Biene bestimmt. Während der Larvenentwicklung überwiegt das Juvenilhormon. Geringe Ecdysonschübe genügen, um die Larvenhäutungen auszulösen. Gegen Ende der Larvenzeit fällt der Juvenilhormonspiegel stark ab, während das Ecdyson (Häutungshormon!) erheblich zunimmt. Das bewirkt die Metamorphose zur Puppe und schließlich die Häutung zum fertigen Insekt. Bei den komplizierten Vorgängen der Jugendentwicklung der Biene sind übergeordnet noch andere Hormone beteiligt, die in drüsigen Zellelementen im Gehirn, den sogenannten *Neurosekretorischen Zellen,* gebildet und in den nahegelegenen teils selbst drüsigen *Corpora cardiaca* zwischengespeichert und für die Ausschüttung dosiert werden. Von hier wirkt eine *allotrope* Hormonkomponente anstoßend auf die Corpora allata und eine *prothoracotrope* stimulierend auf die Prothoraxdrüsen. Eine schematisch vereinfachte Darstellung dieser Vorgänge zeigt Abb. 40.

Auch die wahlweise Entstehung von Königin und Arbeiterin wird durch innere Sekretion gesteuert. In Gang gesetzt wird sie primär durch die unterschiedliche Fütterung der jungen Bienenmaden (s. S. 97), aber dann treten Hormonvorgänge in Aktion, wobei die Menge des bei der Larvenentwicklung eingesetzten Juvenilhormons eine entscheidende Rolle spielt. Ein Mehr dieses Larvenhäutungshormons bedeutet: Königin.

Inkretorische Drüsenorgane finden sich u.a. an den Nervenknoten des Bauchmarks und um den voreren Teil des Herzschlauchs. Letztere, als *Pericardialdrüsen* bezeichnete Elemente, aktivieren die Muskelkontraktionen des Herzschlauchs und der Malpighischen Gefäße.

Was das Eingreifen der Inkrete in das Verhalten der Bienen betrifft, wissen wir, daß sie den geordneten Ablauf bei der Arbeitsteilung im Bienenvolk steuern, insbesondere die spezifischen Tätigkeiten der Brutpflege und des Sammelverhaltens. Sie haben auch mit den Geschlechts-

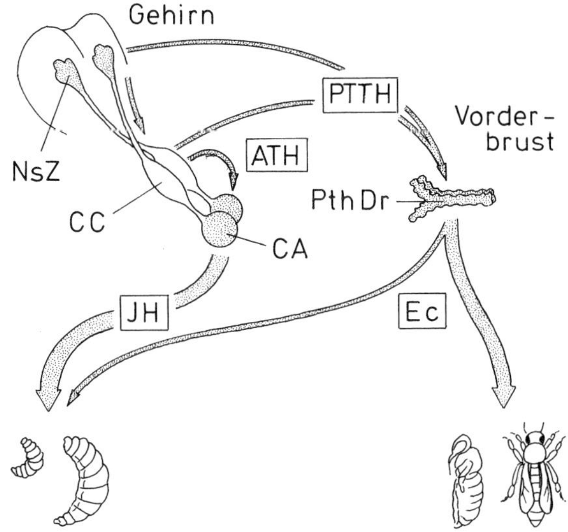


*Abb. 40: Schema der hormongesteuerten Jugendentwicklung der Biene. ATH allotropes Hormon, CA Corpora allata, CC Corpora cardiaca, Ec Ecdyson, JH Juvenilhormon, NsZ Neurosekretorische Zellen, PthDr Prothoraxdrüse, PTTH prothoracotropes Hormon. Über die in den Neurosekretorischen Zellen erzeugten und in den Corpora cardiaca gespeicherten allotropen und prothoracotropen Anstoßhormone werden einerseits die Corpora allata zur Produktion von Juvenilhormon und andererseits die Prothoraxdrüsen zur Erzeugung von Ecdyson angeregt. Diese beiden Hormone regeln durch unterschiedliche Mengenausschüttungen die Larven- und Puppenentwicklung der Biene.*

funktionen der drei Bienenwesen zu tun und sind außerdem für das Zeitgedächtnis der Bienen verantwortlich.

## 10. Organe der Fortpflanzung

Die Aufgabe der Fortpflanzung im Bienenvolk fällt der Königin und den Drohnen zu. Die Arbeitsbienen sind als geschlechtlich verkümmerte Weibchen daran nicht beteiligt. Nur in bestimmten Ausnahmefällen, z.B. bei unwiederbringlichem Verlust der Königin, sind sie in der Lage, unbefruchtete Drohneneier zu legen.

### a) Die weiblichen Geschlechtsorgane (Abb. 41a)

Hauptbestandteil sind die beiden riesigen Eierstöcke *(Ovarien),* die von einem üppigen Fettkörper und einem dichten Luftröhrengeäst umgeben

sind. Über die Entstehung der Eier in den etwa 150 Eischläuchen in jeder der beiden Ovarhälften wurde schon auf Seite 42 berichtet. Eine Legeleistung der Königin an einem Tag von 1500–2000 Eiern ist in den frühsommerlichen Spitzenzeiten nichts Ungewöhnliches.
Das den Eischlauch verlassende Ei gelangt über einen der paarigen Eileiter *(Ovidukte)* in ein kurzes, gemeinsames Endstück und weiter in die Scheide *(Vagina)*. Letztere gliedert sich in die hintere enge Scheidenkammer, von deren Boden ein zungenartiger Wulst, die Scheidenklappe *(Valvula vaginalis)*, nach oben ragt. Gegenüber der Scheidenklappe mündet der Ausführungsgang der Samenblase *(Spermatheka, Receptaculum seminis)*, durch den die Samenfäden zum vorbeigleitenden Ei hinzutreten. Die Samenblase, die als Reservoir für die bei der Paarung empfangenen Samenfäden dient, ist eine kugelförmige Chitinblase von etwa 1 ml Inhalt. Sie ist von einem dichten Netz von Luftröhren umhüllt und von der zweiarmigen Samenblasendrüse *(Glandula appendicularis)* umschlungen. In der Samenblase haben fünf bis sieben Millionen Samenfäden Platz.
An die enge Scheidenkammer schließt sich der geräumige, erweiterungsfähige Scheidenvorhof *(Bursa copulatrix)* an, der mit zwei mächtigen seitlichen Aussackungen ausgestattet ist. Der Vorhof mündet unterhalb des Stachelapparats und der Öffnung des Enddarms in einen gemeinsamen, in der Hinterleibsspitze gelegenen Kloakenraum.

### b) Die männlichen Geschlechtsorgane (Abb.41b)

Sie beginnen mit den paarigen Hoden (in deren zahlreichen gewundenen Samenschläuchen die Samenzellen (Spermien) gebildet werden. Aus den Hoden *(Testes)* gelangen die Samenfäden bald nach dem Ausschlüpfen des Drohns in die zuerst in engen Schlingen liegenden Samenleiter *(Vasa deferentia)*, die sich zu je einem langgestreckten, muskulösen Samenbehälter *(Vesicula seminalis)* ausweiten. Hier lagern die Samenfäden abwartend, bis sie bei der Paarung gebraucht werden. Mit ihren sich wieder verjüngenden (und nach vorne umbiegenden) Enden münden die Samenleiter in die mächtige, zweiarmige Schleimdrüse *(Glandula mucosa)*, von deren U-förmiger Verbindungsstelle der lange muskulöse Spritzkanal *(Ductus ejaculatorius)* abgeht. Dieser geht in den Begattungsschlauch über, der mit dem Enddarm in einen gemeinsamen Kloakenraum am Ende des Hinterleibs führt.
Der kompliziert gebaute Begattungsschlauch *(Penis)* besteht aus drei Hauptteilen, dem Zwiebelstück *(Bulbus)* mit einer paarigen Chitinspange, dem Halsteil *(Cervix)* mit Federfortsatz, Spiralfeld und dreieckigem Haarfeld und dem Vorhof *(Vestibulum)* mit Hörnchen und haarigem Rauten-

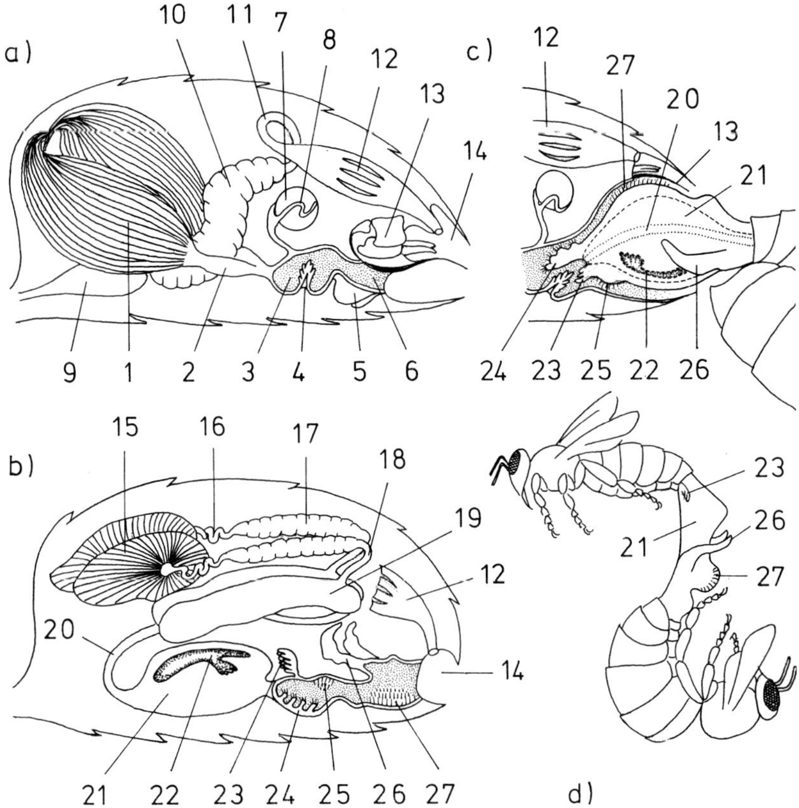


*Abb. 41a–d: Geschlechtsorgane a) der Königin und b) des Drohns, c) in die Scheide der Königin eingeführter Drohnenpenis, d) nach der Verpaarung fällt der Drohn mit den überflüssigen Teilen des Begattungsschlauchs von der Königin ab. 1 Eierstock, 2 Eileiter, 3 hintere Scheidenkammer, 4 Scheidenklappe, 5 Scheidentasche, 6 Scheidenvorhof (3–6 Teile der Scheide), 7 Samenblase (Receptaculum seminis, Spermatheka), 8 Samenblasendrüse, 9 Honigblase, 10 Mitteldarm, 11 Dünndarm, 12 Enddarm (Kotblase), 13 Stachelapparat, 14 Kloake, 15 Hoden, 16 Samenleiter, 17 Samenblasen (Vesiculae seminales), 18 Samenkanäle, 19 Schleimdrüsen, 20 Spritzkanal (Ductus ejaculatorius), 21 Zwiebelstück (Bulbus), 22 Chitinspange, 23 Federanhang, 24 Spiralstreif, 25 haariges Dreiecksfeld, 26 Hörnchen, 27 haariges Rautenfeld, (20–27 Begattungsschlauch, 23–25 zum Halsteil (Cervix) gehörige, 26, 27 zum Vorhof (Vestibulum) gehörige Teile des Begattungsschlauchs).*

feld. Welche Aufgaben diesen einzelnen Strukturen bei der Paarung zukommen, ist nicht leicht zu sagen, auch wenn man den Ablauf des Geschehens in den Grundzügen kennt.

### c) Die Paarung

Bei der Paarung steigt der Drohn auf den Rücken der Königin, umgreift sie mit seinen Beinen und führt sein Begattungsorgan in die geöffnete Stachelkammer der Königin ein. Der Begattungsschlauch wird dabei wie ein Handschuhfinger umgestülpt, so daß alle Innenteile nach außen gekehrt werden. Zuerst tritt das Vestibulum in die Stachelkammer ein und weitet diese stark aus. Durch den Vorhof hindurch wird der Halsteil mit dem nachfolgenden Zwiebelstück und dem Spritzkanal nach vorne gepreßt, und die Cervix mit dem Spiralfeld überwindet die Valvula in der Vagina der Königin (Abb. 41 c). Gleichzeitig haben sich die Samenbehälter und Schleimdrüsen entleert, und das gelbliche Sperma und der weiße Schleim treten in die hintere Scheidenkammer ein. Das Sperma dringt in die Eileiter der Königin vor.

Der Drohn wird durch den Preßvorgang, der mit dem Eindringen des Penis in die Stachelkammer verbunden ist, gelähmt. Er löst seine Umklammerung und fällt nach hinten. Die Chitinplatten lösen sich vom Zwiebelstück und bleiben samt Schleim als **Begattungszeichen** in der Geschlechtsöffnung der Königin stecken. Die übrigen Teile des Begattungsschlauchs, das Vestibulum mit den inzwischen voll ausgestülpten, mit einem orangen, klebrigen Überzug versehenen Hörnchen (wozu dienen sie?), Cervix und Bulbus, kommen in ganzer Länge wieder zum Vorschein, reißen ab und fallen mit dem daranhängenden Drohn zu Boden (Abb. 41 d).

Der nächste Partner der Königin entfernt beim Begattungsakt das alte Begattungszeichen, um sein eigenes zu hinterlassen. Das letzte Begattungszeichen wird von den Arbeitsbienen nach der Rückkehr der Königin vom Hochzeitsflug entfernt. Die Königin kann ein und mehrere Male zum Hochzeitsflug ausfliegen. Sie wird dabei von 10 und mehr Drohnen begattet.

Die von der Königin empfangene Samenmasse ist so groß, daß sie auch die lateralen (seitlichen) Eileiter füllt. Rückströmend gelangt ein angemessener Teil von 5 bis 7 Millionen Spermien durch den Samenblasengang in die Spermatheka. Eigentlich würde schon der Samen von einem einzigen Drohn für die Füllung der Samenblase ausreichen — ein Drohn erzeugt über 11 Millionen Samenfäden —, aber die Königin stößt einen großen Teil der empfangenen Samenmenge in Form von vertrockneten, weißen Stiftchen aus der Stachelkammer wieder aus. So sorgt die Natur dafür, daß durch die **Mehrfachpaarung** der Königin das Erbgut nicht verarmt.

# III. Vom Leben der Biene

Nachdem wir uns die Entwicklung und den Körperbau der Biene einschließlich der Leistung ihrer inneren Organe vor Augen geführt haben, gilt es, ihren Lebenslauf kennenzulernen, etwas über ihre sozialen Leistungen, über ihre Sinne und ihr erstaunliches Orientierungsvermögen und Verständigungswesen zu erfahren, sowie den Entwicklungszyklus des Volkes im Jahresablauf einschließlich Nestgründung und sexueller Vorgänge zu verfolgen.

## 1. Lebenslauf und Arbeitsteilung

Eine neugeborene Biene hat zwei große Lebensabschnitte vor sich: drei Wochen Innendienst und den Rest ihres Lebens Außenaufgaben. Über die Stockarbeiten gibt Abb. 42 anschauliche Auskunft.
In den ersten Tagen putzt sie zuerst sich selbst, dann reinigt sie die Zellenwiegen und poliert sie mit ihrer Zunge, bis sie glänzen und für die Ablage neuer Eier bereit stehen. Im übrigen sitzt sie auf der Brut und hält sie warm. Vom dritten bis fünften Tag füttert sie ältere Larven mit Pollen und Honig (Abb. 43). Dabei zehrt sie selber viel Pollen. Durch diese Eiweißnahrung entwickeln sich ihre Futtersaftdrüsen. Nun kann sie mit deren Sekret, dem Futtersaft, die jüngsten Larven füttern. Etwa vom achten Tag an nimmt sie von den Trachtbienen Nektar entgegen und lagert ihn in den Zellen ab. Die von den Sammlerinnen nur lose in die Zellen abgestreiften Pollenhöschen stampft sie mit ihrem Kopf fest. Auch der Hofstaat der Königin besteht aus Ammenbienen. Die Sauberhaltung der Wohnung obliegt ebenfalls dieser Altersgruppe. Allmählich läßt die Erzeugung von Futtersaft wieder nach. Dafür entwickeln sich die Wachsdrüsen zu voller Höhe. Die Biene wird vom 12.–18. Tag Baubiene. In den nächsten Tagen zeigt die nun bald »volljährige« Biene eine besondere Bereitschaft zur Verteidigung des Volkes. Sie übernimmt die Fluglochwache und hält sich auch sonst gern am Rand des Wabenbaues auf, wo der Kontakt mit der Außenwelt und ihren Gefahren am nächsten liegt (Abb. 44). Mit 21 Tagen wird sie zur Sammelbiene. Sie hat aber schon vorher einige Male den Stock verlassen, ihren Darm dabei entleert und sich, mit dem Kopf zum Stock, ihre Heimat und deren nähere Umgebung angesehen und eingeprägt. Der Imker kennt diese ersten Ausflüge der Jungbienen als das »Vorspiel«. Es vollzieht sich gern in den ersten Nachmittagsstunden. Dabei geht es so laut und lebhaft vor dem Stand zu, daß man meinen könnte, es zöge ein

*Abb. 42: Die Biene hat im Laufe ihres Lebens eine Reihe unterschiedlicher Tätigkeiten zu verrichten. Welcher Aufgabe sie gerade nachkommt, hängt in erster Linie von ihrem Lebensalter, an zweiter Stelle von den Bedürfnissen des Volkes ab. Man spricht hier auch von der Arbeitsteilung im Bienenstaat.*

Schwarm aus. Besonders nach einer längeren Regenperiode ist das Getümmel groß, weil dann viele zurückgehaltene Jungbienen auf einmal herauskommen.

Allmählich hat man erkannt, daß das in den zwanziger Jahren von dem Berliner Bienenwissenschaftler G. A. Rösch aufgestellte Schema der Arbeitsteilung nicht so scharf ist, wie man zuerst meinte. Maßgebend ist

*Abb. 43: Nach dem Zellenputzen widmen sich die jungen Stockbienen der Brutpflege.*

nicht nur das Alter der Biene, sondern noch mehr das Bedürfnis des Volkes. Wenn es nötig oder nützlich erscheint, fliegen auch schon jüngere Bienen auf Tracht, und ältere kehren zum Ammen- und Baudienst zurück. Ihre Drüsen werden wieder funktionsfähig. Eine starre Bindung an die Altersgruppen wäre oft ein Schaden, ja manchmal der Ruin des Volkes. Es wäre auch nicht gut, wenn etwa alle Bienen im Soldatenalter von 18–21 Tagen bei jeder Kleinigkeit losgingen wie Blücher. Das Schema gilt also nur ungefähr. Immerhin ist es für den Imker gut, sich darauf einzustellen, daß die Biene 6 Wochen nach der Ablage des Eies als Sammlerin in Frage kommt.

*Abb. 44: Ehe die Bienen den Stock als Sammlerinnen verlassen, versehen einige von ihnen im Alter von 18 bis 21 Tagen den Wächterdienst.*

*Abb. 45: Bienen in der Bautraube.*

## 2. Nestbau und Wabenwerk

Der Wabenbau ist mehr als nur die Wohnungsausstattung des Bienenvolkes. Er ist die Lebensgrundlage der Bienen und notwendig für die Brutaufzucht und die Stapelung des Futtervorrats. Normalerweise errichten die Bienen ihre Waben nicht im Freien, sondern suchen sich dazu eine schützende Höhle. Wie wir oben erfahren haben, sind es gewöhnlich die älteren Stockbienen, die sich dem Baugeschäft widmen, doch richtet sich die Bautätigkeit in erster Linie nach dem Bedürfnis des Volkes, wobei auch das Trachtangebot eine wesentliche Rolle spielt. Besonders eifrig bauen Schwärme. Das ist auch verständlich. Sie müssen sich ja erst eine neue Wohnung schaffen. Im Schwarm beteiligen sich Bienen aller Altersstufen an der Wachserzeugung und dem Wabenbau. Dabei werden die bereits rückgebildeten Wachsdrüsen alter Bienen wieder aktiv. Umgekehrt können auch die Drüsen von Jungbienen vorzeitig in Tätigkeit treten. Bauen ist Gemeinschaftsarbeit. Bauende Bienen bilden eine Bautraube, in deren Mitte die Waben von oben nach unten wachsen (Abb. 45).

Die Wabe besteht aus zahlreichen sechseckigen Zellen, die von einer senkrechten Mittelwand ausgehen und leicht schräg nach oben gerichtet sind

a) b)

*Abb. 46a, b: Aufbau der Bienenwabe. a) Die Zellen der Bienenwabe sind auf beiden Seiten der Mittelwand leicht schräg nach oben gerichtet, was im Längsschnitt gut erkennbar ist. b) Wenn man die Zellen einer Jungfernwabe — das ist eine ohne Vorgabe einer künstlichen Wachsmittelwand gebaute Wabe — etwas einkürzt, sieht man, daß die feinen Zellwände eine deutliche Randverdickung aufweisen. Infolge der starken Durchsichtigkeit des Objektes stellt sich das Rhombenmuster der Zellböden leicht verschoben dar.*

(Abb. 46a). Die Zellwände haben nur eine Stärke von $^1/_{10}$ mm, am Rand sind sie aber stark verdickt (Abb. 46b). Auf einen Zellboden stoßen immer drei Zellen von der Wabengegenseite, so daß der Boden in drei rhombenartige Bodenflächen aufgeteilt wird. Der Zelldurchmesser beträgt von Wand zu Wand bei Arbeiterinnenbau 5,37 mm, bei Drohnenbau 6,91 mm. Auf 1 $dm^2$ Arbeiterwabe gehen beiderseits je 400, zusammen also 800 Zellen, auf Drohnenbau etwa 550. Eine Brutwabe im *Normalmaß* liefert also im äußersten Fall, wenn sie, was selten vorkommt, von oben bis unten für Brut ausgenützt ist, $7 \times 800 = 5600$ Bienen, eine *Zanderwabe* 6400 (s. S. 137).
Die sechseckigen Zellen sind in der Regel so angeordnet, daß ein Eck nach unten zeigt, ausnahmsweise können aber auch einmal Seitenflächen des Sechseckes waagerecht verlaufen, ohne daß ein Nachteil für die Brut zu bemerken wäre. Die Stellung der Waben zum Flugloch ist ohne Eingriff des Imkers nicht starr festgelegt. Sie kann in Richtung zum Flugloch sein, »Kaltbau«, quer dazu, »Warmbau«, oder in allen möglichen Richtungen, »Wirrbau«. Verhältnismäßig häufig ziehen sie schräg zum Flugloch, also ein Mittelding zwischen Warm- und Kaltbau.
Im Mai gehört Bauen zum normalen Leben des Volkes. Mangel an Baugelegenheit soll die Schwarmlust fördern. Zum Zwecke der fortgesetzten

Erneuerung des Wabenbaus wird man der Biene durch Einhängen von Mittelwänden (d. s. künstliche Bauanfänge) Gelegenheit zum Bauen geben. Doch wäre es unwirtschaftlich, bei dem Verhältnis zwischen Wachspreis und Honigpreis, die Bienen eigens zum Bauen zu treiben, um Wachs zu gewinnen. Es bedarf 5mal soviel Zucker, um 1 kg Wachs zu erzeugen.

Schon viele haben sich ihre Gedanken darüber gemacht, weshalb die Biene ihre Wabe in Sechsecken baut und dazu zweiseitig mit gemeinsamer Mittelwand. Sechseckig baut auch die Wespe, aber ihre waagerechte Wabe hat nur auf der Unterseite Zellen. Tatsache ist, daß das Sechseck die Form ist, die gestattet, auf kleinster Fläche mit dem geringsten Materialaufwand die größte Zahl von Bienenwiegen unterzubringen. Und durch die Zweiseitigkeit ist nur halb soviel Material für die Zellböden nötig wie bei einer einseitigen Wabe. Auch die Winkel der Bodenflächen und die Art, wie sie gegeneinander versetzt sind, entsprechen dem Gesetz äußerster Sparsamkeit. Dabei zeigt die Wabe eine erstaunliche Festigkeit. Das so zart erscheinende Wachsgebilde faßt auf 3 $dm^2$ 1 kg Honig. Eine Normalmaßwabe mit 7 $dm^2$ Fläche hat also ein Gewicht von über 2 kg zu tragen. Es gibt aber in der Natur wie in der praktischen Imkerei Waben, die bei größerer Zelltiefe noch mehr Honig fassen. Man hat berechnet, daß die oberen Heftzellen eine Last von mehr als dem 1300fachen ihres eigenen Gewichtes tragen.

Alle bisherigen Versuche, für die Bauweise der Bienen eine mechanische Erklärung zu finden, können nicht befriedigen. Wollte man als Maßstab für die Zellgröße den Körperumfang der bauenden Biene annehmen, würde das schon beim Drohnenbau und erst recht beim Bau der ganz aus dem Rahmen fallenden eichelförmigen Weiselzelle versagen.

Wir können nur bewundernd und nicht erklärend feststellen, daß die Biene ihre Meß- und Konstruktionshilfen in ihrem Inneren trägt und einfach weiß, wann und wie sie sie einzusetzen hat.

Weniger Kunstfertigkeit ist beim Umgang mit dem anderen Baumaterial, das ihr noch zu Gebote steht, verlangt. Sie erzeugt es nicht selbst, sondern trägt es von außen in ihre Behausung ein. Es ist das Harz bestimmter Bäume, das sie wie Pollen an den Hinterbeinen befördert. Was die Bienen damit machen, und wie der Mensch dieses Produkt aus dem Bienenstock in seiner Hausapotheke einsetzen kann, lese man auf Seite 34 nach.

## 3. Über die Kastenentstehung

Mit der Bezeichnung »Kasten« ist hier nicht etwa der Bienenkasten gemeint, sondern als Kasten bezeichnet man bei den sozialen Insekten verschiedene Ausprägungen von Volksgliedern desselben Geschlechts. Im Bienenvolk sind das die beiden Erscheinungsformen der weiblichen Biene: Arbeiterin und Königin. Das dritte Bienenwesen, der nur saisonal auftretende Drohn, wird nicht als eigene Bienenkaste angesehen, denn er setzt als Vertreter des männlichen Geschlechts ohnehin einen anderen Körperbau und andere Verhaltensmuster voraus.

Abgesehen von den grundlegenden funktionellen Verschiedenheiten und der unterschiedlichen Alterserwartung – die Königin lebt bis zu fünf Jahre, die Arbeitsbienen nur einige Wochen bzw. Monate (s. S. 73) – ist die Zweigestaltigkeit (Dimorphismus) der beiden Kasten nicht zu übersehen. Nicht nur daß die Königin doppelt so groß und schwer wird wie eine Arbeitsbiene, gibt es noch eine Reihe weiterer gravierender Unterschiede. Die Königin hat einen mehr runden, die Arbeiterin einen eher dreieckigen Kopf, sie verfügt über keine Pollensammelvorrichtung an den Hinterbeinen, ihr größerer und stärker gebogener Stachel besitzt nur drei Widerhaken gegenüber acht bis zehn bei den Arbeitsbienen. Die Königin besitzt weder Wachsdrüsen noch eine Sterzeldrüse und so gut wie keine Schlunddrüse, welche letztere bei der Arbeiterin umso mächtiger entwickelt ist. Umgekehrt füllt die Mandibeldrüse der Königin fast die ganze Kopfkapsel aus, während sie bei der Arbeitsbiene nur sehr klein ist.

Was ist nun die Ursache, die zu diesen unterschiedlichen Entwicklungsformen der beiden Bienenkasten führt? Es sei gleich klargestellt, daß nicht etwa die unterschiedliche Form der Larvenwiege (kleine Sechseckzelle für die Arbeiterin — großer zapfenförmiger Behälter für die Königin) etwas damit zu tun hat. Aber wie steht es mit dem Futter, das die Larven während ihres Heranwachsens erhalten? Die Maden aller drei Bienenwesen werden in den ersten drei Tagen mit Futtersaft versorgt. Danach bekommen die Arbeiterinnen- und Drohnenmaden Mischfutter aus Honig und Pollen. Nur die Königinnenmade wird bis zum Deckeln mit Futtersaft weitergefüttert. Das könnte nun schon des Rätsels Lösung sein; ist es aber noch nicht ganz. Weder die Futtermenge noch der Futterwechsel hat sich als entscheidend erwiesen. Es muß noch etwas anderes beteiligt sein, das im Futtersaft selbst zu suchen ist.

Arbeiterinnen- und Königinnenfuttersaft sind nicht genau dasselbe. Über den Futtersaft für Weiselmaden (Gelée Royale) wurde in den letzten Jahren viel geforscht. Man weiß inzwischen das Wesentliche über seine Zusammensetzung. Der Weiselfuttersaft ist reich an Eiweiß, Fetten und fettartigen Stoffen. Die 10-Hydroxy-$\Delta^2$-decensäure ist für den starken Säuregrad des Futtersaftes maßgebend und dürfte ihn in der Zelle vor dem Verderb schützen. Besonders reich ist der Futtersaft an Vitaminen, insbesondere der B-Reihe. Neben einem erheblichen Zuckergehalt hat man noch eine Menge nur in Spuren vorkommende Verbindungen wie Purine, Pyrimidine, Pteridine nachweisen können.

Nun scheint es, daß im Königinnenfuttersaft nichts vorkommt, was nicht auch im Arbeiterinnenfuttersaft zu finden wäre. Unterschiedlich ist offenbar nur die Mengenzusammensetzung der Inhaltsstoffe. Nach langem wissenschaftlichem Streit konnte der Betreuer dieses Buches erstmals klären, daß es nicht auf einen geheimnisvollen (nie gefundenen) Wunderstoff im Futtersaft ankommt, ob eine Königin oder eine Arbeitsbiene entsteht, sondern daß einfach diese Mengenkombination besonderer Richtstoffe entscheidend ist. Dabei scheint — sehr ernüchternd — in der Hauptsache der Zuckerkomponente die Schlüsselfunktion zuzukommen. Königinnenfuttersaft ist deutlich zuckerreicher als Arbeiterinnenfuttersaft. Wenn man diesen mit Zucker anreichert, kann man bei künstlicher Fütterung im Labor Königinnen erzeugen.

Wie wir schon auf Seite 86 erfahren haben, sind die Fütterungsunterschiede aber nur der äußere Anlaß zur zweigleisigen Entwicklung der beiden Bienenkasten. Sie stoßen unterschiedliche hormonale Vorgänge im Larvenkörper an, die dann das Werk zur Vollendung führen.

Der Imker sollte wissen, daß keine Arbeit soviel Lebenskraft der Biene verbraucht wie die Brutpflege. Ammendienst verkürzt das Leben der Biene weit mehr als Sammeldienst. Weisellose Bienen können fast so alt werden wie die Winterbienen, die ja auch keine Brut zu pflegen haben. Es hat wenig Sinn, alte Bienen, die schon Brut gepflegt haben, in den Winter zu bringen. Nur Bienen, die im Herbst ihre Futtersaftdrüsen noch nicht verbraucht haben, sind im Frühjahr fähig, die neue Brut zu pflegen.

## 4. Was das Bienenvolk zusammenhält

Das Bienenvolk mit seinen zahlreichen Einzeltieren von verschiedener Körperbeschaffenheit und mit verschiedenen biologischen Funktionen reagiert dennoch ähnlich wie ein einheitlicher Organismus. Man könnte dafür den etwas veralteten, aber immer noch zutreffenden Ausdruck »Superorganismus« gebrauchen. Das Bienenvolk grenzt sich von anderen artgleichen Staaten ab wie ein Organismus von anderen Organismen. Es ist aufgebaut aus Einzelgliedern wie ein Organismus aus einzelnen (Körper-)Zellen. Es reagiert als Einheit wie ein Organismus, wenn es um die Geburt von Jungvölkern geht, und es zeigt hohe Anpassungsfähigkeit an

die Umwelt in Hinblick auf sein Wachstum und sein Sexualverhalten (s. Abschnitt: Volk im Jahresablauf, S. 118 ff). Außerdem ist die Biene als Einzeltier nicht lebensfähig.
Das Bienenvolk ist indessen nichts ohne seine Königin. Sie ist die Zentralfigur. Ohne sie werden die Bienen schnell unruhig – mit anderen Worten: die »Weiselruhe« geht verloren. Ohne Königin gibt es keine Bienenvermehrung. Stattdessen fangen die Arbeitsbienen an, Drohneneier zu legen, sobald keine Jungmaden mehr zur »Nachschaffung« vorhanden sind. Ohne die Königin schwindet die Arbeits- und Baulust der Bienen, und es lockert sich der Zusammenhalt bis zur Auflösung des Volkes. Die Königin ist der Regulationsmechanismus des Staatsgefüges, und die Frage drängt sich auf: Wie bewerkstelligt sie das?
Man hat früher viel gerätselt, wozu die Königin die bei ihr so stark entwickelten Oberkieferdrüsen braucht, bis Ende der 30er Jahre vor allem durch die Entdeckung des Engländers C. G. BUTLER zu dieser Frage wissenschaftlich phantastische Tore aufgestoßen wurden. Er hat gezeigt, daß die Mandibeldrüsen der Königin eine Substanz von ganz außerordentlicher sozialer Wirkung erzeugen, und hat sie **Königinnensubstanz** genannt. Die Königin streicht diese Drüsenausscheidung über ihren Körper, und die Bienen lecken sie begierig ab. Solange sie genug von diesem Stoff bekommen, sind sie mit ihrer Königin und mit dem ganzen Volkszustand zufrieden (Abb. 47). Wird er knapp, bauen die Bienen Schwarm- oder Umweiselungszellen, und ihre eigenen kleinen Eierstöcke beginnen zu wachsen und Eier zu bilden. Die Verknappung kann von einem alters- oder krankheitsbedingten Nachlassen der Königin kommen, was häufig zur »stillen Umweiselung« führt (s. S. 127). Oder es sind auf der Höhe der Volksentwicklung im Frühjahr einfach zu viele Bienen im Stock, die sich in die begrenzte Menge des Königinnenstoffes teilen müssen. Das kann Vorbereitungen zum Schwärmen auslösen (S. 119). Nicht die Königin als Person, sondern die Königinnensubstanz ist der Regulator für die Volksstimmung. Zufriedenheit, Hochspannung, Revolution — alles hängt vom Funktionieren der königlichen Vorderkieferdrüsen ab.
Die Königinnensubstanz ist mit ihrer Duftkomponente auch ein Anlockstoff für die Drohnen bei der Paarung (Sexualstoff). Sie wirkt in dieser Weise aber nur in größeren Höhen. Weiter zum Boden zu hat sie eine anlockende Wirkung auf heimatlose Bienen. Insbesondere hält sie mit anderen Düften, die die Bienen aus ihrer Sterzeldrüse ausscheiden, den ausgezogenen Schwarm als Schwarmwolke in der Luft und, nachdem er sich abgesetzt hat, als Schwarmtraube am Sammelplatz zusammen.
Zwei wichtige Stoffe der Königinnensubstanz sind neben anderen die 9-Oxodecensäure und die 9-Hydroxydecensäure, auf welche ein Großteil der Wirksamkeit der Königinnensubstanz zurückgeht. Wenn man auch

*Abb. 47: Bei der Bildung des Hofstaates wechseln sich die Ammenbienen ab. Sie putzen und füttern die Königin. Dabei nehmen sie die »Königinnensubstanz« auf und verteilen sie im ganzen Volk.*

herausfand, daß offenbar noch andere Drüsen an der phänomenalen Wirkung der Königin auf ihr Volk beteiligt sind, z.B. die *Tergittaschendrüsen* unter der Chitinhaut des Hinterleibs (s. S. 85), so spielen die Kieferdrüsen der Königin doch zweifellos die Hauptrolle.

Der Weiselstoff gehört zu einer Art biologischer Substanzen, die als **»Pheromone«** bezeichnet werden. Im Unterschied zu den *Hormonen*, die im Körper selbst regulatorisch wirken, lösen Pheromone, die, nach außen abgesondert, von Individuen der gleichen Art wahrgenommen werden, bei diesen spezifische Reaktionen in ihren Körpervorgängen und ihrem Verhalten aus. Solche Stoffe sind als *soziale Stoffe* für das Funktionieren des Bienenstaates von entscheidender Bedeutung. Alle Drüsensekrete, die eine Duftkomponente besitzen, gleich ob sie Königin, Arbeiterinnen oder Drohnen ausscheiden, gehören hierher. Das Wirkungsprinzip dieser Stoffe im Bienenvolk bezeichnet man auch oft als »chemische Verständigung«, der man die »physikalische« in Form der »Tanzsprache« entgegensetzt (s. S. 113).

Wie der Weiselstoff im Volk von Biene zu Biene weitergegeben wird, ist noch nicht ganz klar. Auf alle Fälle ist die sinnliche Wahrnehmung des Stoffes entscheidend, und nicht etwa die Aufnahme in den Darmkanal, wie man annehmen könnte, wenn man weiß, wie intensiv sich die Volksglieder zu jeder Zeit gegenseitig füttern. Dennoch wird man auch dieser auffälligen Erscheinung des **Futteraustauschs** (wissenschaftlich: *Trophalaxis)* eine Bedeutung im Zusammenhalt des Volkes nicht abstreiten dürfen. Er vollzieht sich zwischen den erwachsenen Tieren und ist ohne Un-

*Abb. 48: Beim Futteraustausch läßt die gebende Biene bei geöffneten Oberkiefern und eingeklapptem Rüssel einen Tropfen Nahrungsflüssigkeit aus der Zungenwurzel hervortreten. Die Empfängerin nimmt ihn mit ausgestrecktem Rüssel auf. Dabei betasten sich Fütternde und Gefütterte ständig mit den Antennen.*

terlaß im Gange. Sammlerinnen, die nach Hause kommen, reichen das Flüssigfutter weiter an die Innentiere, und diese verteilen es untereinander und geben auch wieder etwas zurück an die Sammlerinnen. Bei der Futterübergabe nimmt die Empfangende Fühlerkontakt mit der Spendenden auf, streckt die Zunge zwischen deren Mundteile und streicht ihr mit den Antennen über die Wangen. Die Gebende öffnet die Kiefer etwas, lockert die Zunge und läßt einen Tropfen hervortreten (Abb.48). Die biologische Bedeutung dieses gegenseitigen Fütterns ist sicher nicht die Stillung von Hunger (jedes Tier kann sich aus den Zellen selbst bedienen), vielmehr ist es eine Form der chemischen Verständigung, bei der neben Auskünften über die Menge und Beschaffenheit des im Volk kreisenden Futters vielleicht auch noch andere Informationen über lebenswichtige Vorgänge und Situationen weitergegeben werden.

## 5. Die Sinnesleistungen der Biene

Durch ihre Sinnesorgane, die wir schon bei der Beschreibung der äußeren Körpermerkmale unter die Lupe genommen haben, ist die Biene mit ihrer Umwelt verbunden. Sie sieht, riecht, schmeckt, ertastet sie. Ihre Sinneswahrnehmungen sind zusammen mit ihrer Lernfähigkeit die Grundlage für ihre Verhaltensvielfalt und ihr beeindruckendes Orientierungsvermögen.

### a) Gesichtssinn

Mit den höchst einfach gebauten drei kleinen Punktaugen auf ihrem Scheitel vermögen die Bienen nur Hell und Dunkel wahrzunehmen und auf diese Weise die richtige Zeit für den morgendlichen Ausflug und die Einstellung der Flüge am Abend zu bestimmen. Dagegen sind ihre Facettenaugen Sinnesorgane von erstaunlicher Leistungsfähigkeit. Was bei dem engen Verhältnis der Biene zur bunten Blumenwelt nicht Wunder nimmt: sie kann Farben sehen!

Eigentlich weiß kein Mensch gewiß, ob ein anderer wirklich das gleiche meint, wenn er sagt: »Der Himmel ist blau«, oder «Der Klatschmohn ist rot«. Von einem Teil der Menschen wissen wir bestimmt, daß sie die Farben anders sehen als die meisten andern. So sind z. B. 4 % aller Männer und 0,4 % aller Frauen rotgrünblind. Wesentlich weniger Menschen sind gelbblaublind. Andere sehen überhaupt keine Farben, sondern alles nur heller oder dunkler, wie auf einem Schwarzweißfoto. Wie steht es bei den

Bienen? Man hielt auch sie eine Zeit für farbenblind, aber der bekannte Bienenwissenschaftler KARL VON FRISCH konnte nicht glauben, daß die Farbe der Blumen sinnlos in der Welt der Bienen wäre. Er ging der Sache nach und fand: Die Bienen sehen Farben. Aber sie sehen sie anders als wir. Wenn man einen weißen Lichtstrahl durch ein Prisma in verschiedene Wellenlängen zerlegt, dann sehen wir die Wellen zwischen 7000 Angström und 4000 Angström als Farben, und zwar als die Regenbogenfarben von Rot über Orange, Gelb, Grün, Blaugrün, Blau zu Violett (1 Angström = ein zehnmillionstel Millimeter). Es sind auch noch Wellen über 7000 da, Ultrarot, und unter 4000, Ultraviolett. Aber die wirken auf unser Auge nicht mehr als Farbe. Bei den Bienen ist der Sehbereich ungefähr ebenso groß wie beim Menschen. Aber die Farbreihe ist vom roten Ende herein und über das violette Ende hinaus verschoben. Rot sehen sie nicht, dafür aber Ultraviolett. Außerdem unterscheiden sie nicht alle Farben innerhalb des Regenbogens so scharf wie wir. Der Wellenbereich zwischen 6500 und 5100, in dem für uns noch Rot, Orange, Gelb und Grün liegen, ist für die Bienen ein nicht weiter unterschiedenes »Bienengelb«. Zwischen 5000 und 4800 kommt für sie — wie für uns — Blaugrün. Von 4800 bis 4000, wo wir Blau und Violett sehen, sehen sie ein »Bienenblau« in verschiedenen Abstufungen. Von 4000 bis 3000 sehen sie Ultraviolett, das wir uns nicht vorstellen können (Abb. 49).

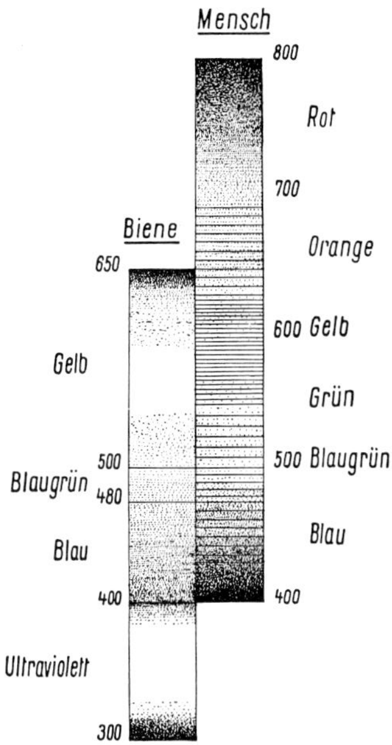


*Abb. 49: Der Sichtbereich der Farbreihe ist für die Biene im Vergleich zum Menschen nach der Seite der kürzeren Wellen hin verschoben. Wellenlänge in millionstel Millimeter.*

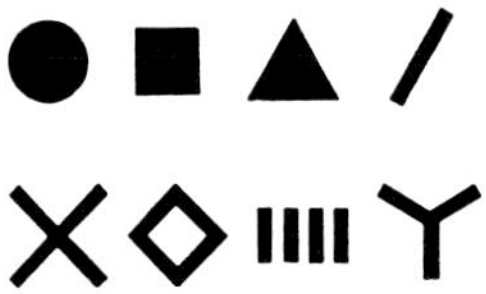

*Abb. 50: Das Bienenauge verwechselt die nebeneinander stehenden Formen der oberen Reihe wie der unteren Reihe unter sich. Es kann aber die oberen Figuren von den unteren unterscheiden. Stark gegliederte Formen (Blumen!) sind für die Biene besonders attraktiv.*

Den Bienen mit ihrer Fähigkeit, Ultraviolett zu sehen, müssen also Blumen, die diese Wellenlänge ausstrahlen, ganz anders als uns erscheinen. Zum Beispiel ist der rote Mohn, der für die rotblinde Biene sonst schwarz wäre, ultraviolett. Manche weiße Blüten erscheinen ihr durch die Beimischung von Ultraviolett blaugrün. Und so sind auch andere Farben durch einen für uns unsichtbaren Anteil von Ultraviolett für die Bienen verändert. Praktisch kann der Imker allerlei Farben für seine Kästen verwenden, weil durch die verschiedene Rückstrahlung doch wahrscheinlich noch Unterschiede herauskommen. Wer seine Kästen anstreicht, kann die zum Zeichnen der Königinnen verwendeten fünf Farben benützen: Weiß, Rot, Gelb, Grün, Blau. Rot ist für die Bienen schwarz, für unser Auge aber angenehmer als ein schwarzer Anstrich. Grün und Gelb wird für die Bienen ähnlich sein. Sie kommen aber nicht nebeneinander. Bei Weiß kann man abwechseln durch Verwendung von zweierlei Weiß. Bleiweiß wirft Ultraviolett zurück, Zinkweiß verschluckt es. Also sehen die Bienen beide Weiß verschieden.

Auch Formen sehen die Bienen anders als wir. Für uns leicht zu unterscheidende Figuren wie Dreieck, Kreis, Rechteck können sie nicht auseinanderhalten; aber sie erkennen stark gegliederte gegenüber schwach gegliederten Strukturen (Abb. 50). Das rasterartige Gesichtsfeld, das die Facettenaugen vermitteln, ist für die Wahrnehmung figürlicher Einzelheiten nicht geeignet (S. 54). Dagegen ist das große Auflösungsvermögen des Bienenauges für *Flimmerlicht,* welches bei 250 Lichtreizen/sec liegt (Mensch: 40 Lichtreize/sec), erstaunlich. Das alles ist für ein ruhig sitzendes Tier wenig vorteilhaft und nur zweckdienlich, wenn es mit einem bewegten Gegenstand konfrontiert wird. Für ein rasch dahinfliegendes Tier ist diese Art des Sehens aber äußerst sinnvoll. Wenn man so will, könnte man sagen, die Bienen ersetzen das räumliche Auflösungsvermögen durch ein zeitliches — das »Raumsehen« durch ein »Zeitsehen«.

Schließlich hat das Bienenauge auch noch die Fähigkeit, *polarisiertes Licht,* das heißt Licht, dessen Schwingungen in einer Ebene liegen, zu erkennen. Polarisiertes Licht ist im reflektierten Sonnenlicht enthalten. Beispielsweise ist das Licht des blauen Himmels polarisiert, d. h., es schwingt nicht in allen Richtungen durcheinander, sondern ist an jeder Stelle des Himmels in eine bestimmte Schwingungsebene gedreht. Die Fähigkeit der Biene, das zu erkennen, spielt auch bei ihrer Orientierung in der Landschaft eine Rolle (s. S. 112).

### b) Tast- und Geruchssinn

Mit den Augen findet sich die Biene im Licht der Außenwelt zurecht. Sie lebt aber die meiste Zeit im Dunkel des Stockes. Da nützen ihr die Augen kaum etwas, außer daß sie sieht, wo das Flugloch den Weg ins Licht bietet. Alles andere müssen die Antennen schaffen. Durch »Riechtasten« wird sie Eier, jüngste, ältere und deckelreife Maden unterscheiden müssen, Pollen, unreifen und reifen Honig, Wachs und Kittharz, Arbeiter-, Drohnen- und Weiselzellen, die Abstände zwischen Waben und Beute, zugige Stellen, die abgedichtet werden müssen, Wachsmotten und sonstige Feinde, Abfall, der hinausgeschafft werden muß, und wer weiß, was sonst noch alles. Für das ganze »Innenleben« des Stockes sind die Antennen das unerläßliche Werkzeug.
Aber auch für den Außendienst spielt namentlich der Geruch eine große Rolle. Schon beim Verlassen des Stockes nimmt die Biene die Erinnerung an einen bestimmten Heimatgeruch mit. Jedes Bienenvolk hat seinen besonderen *Stockgeruch.* Er ist zusammengesetzt aus vielen Düften von Holz verschiedener Herkunft und verschiedenen Alters, von jüngeren und älteren Waben, der Pollen- und Honigvorräte, aus Art und Menge des verwendeten Kittharzes, lebenden und eventuell toten und verwesenden Bienen, aus der Menge offener und gedeckelter Brut, der Anzahl der Drohnen, dem Alter der Königin, der mehr oder weniger dichten Besetzung des verfügbaren Raumes usw. usw. Diesen Stockgeruch trägt die Biene an sich und wird daran an einem fremden Flugloch als Eindringling erkannt. Sie trägt ihn auch in ihrem Gedächtnis und erkennt bei der Rückkehr ihre Heimat an diesem Geruch wieder.
Draußen in der Welt der Blüten ist die Fähigkeit der Biene, Düfte zu erkennen, für ihre Sammeltätigkeit von großer Wichtigkeit. Sie besitzt deshalb auch für Blütendüfte und biologisch wichtige Gerüche eine besonders »feine (Fühler-)Nase«. Es ist in erster Linie der Duft und weniger die Farbe, was sie von Blüte zu Blüte der gleichen Pflanzenart leitet. Daß sie *blütenstetig* sein kann, das heißt, nicht von Löwenzahn auf Osterglocken, von Arabis auf Weichselblüten fliegt, wird ihr durch ihren Geruchssinn erleichtert. Leitet sie das Auge aus der Ferne, so wirkt der Geruch in der Nähe. Die Biene kann auch Wasser »riechen«, und sie ist in der Lage, Kohlendioxid ($CO_2$) wahrzunehmen, was für ihren Aufenthalt im geschlossenen Bau von Bedeutung ist.

Blütenduft und Stockgeruch sind da, ohne daß die Biene (absichtlich) etwas dazu tut. Aber wie wir inzwischen wissen, erzeugt sie in bestimmten Situationen auch selbst in voller Absicht einen Duft, den *Sterzelduft* aus ihrer Duftdrüse. Chemisch handelt es sich um ein Gemisch aus mehreren Geruchsstoffen, wie *Geraniol, Farnesol, Citral, Nerol, Geronsäure, Nerolsäure.* In der Nähe der Sterzlerinnen kann man deutlich ein melissenartiges Aroma wahrnehmen. Die Bienen benutzen den Duft zur Anlockung von Artgenossen. Das ist z.B. wichtig, wenn sie eine reiche Trachtquelle gefunden haben. Sie sterzeln an der Futterstelle ebenso wie auf dem Flug dorthin. Man kann sich vorstellen, daß die Sammlerinnen bei regem Verkehr zu guten Nahrungsplätzen regelrechte Duftstraßen ausbilden. Der Sterzelduft dürfte auch den in der Luft befindlichen Schwarm zusammenzuhalten helfen und die Bienen an die Stelle rufen, wo sich die Königin niedergelassen hat. Auch wenn beim **Vorspiel** die Jungbienen zum ersten Mal ausfliegen, ist bald das Flugbrett mit einer großen Zahl von Lockbienen bedeckt, die mit ausgestülpter Duftdrüse sterzelnd ihren Schwestern den Weg zum heimatlichen Flugloch zeigen. Dasselbe geschieht, wenn eine junge Königin zur Begattung ausgeflogen ist und zurückerwartet wird.

Der Duft der Duftdrüse ist allerdings nicht von Volk zu Volk verschieden wie der Stockgeruch. So locken die Sammlerinnen auch stockfremde Bienen zum Futterort, und auf dem Stand kann intensives Sterzeln der Bienen auf dem Flugbrett auch stockfremde Jungbienen oder sogar eine ausgeflogene fremde Königin anlocken. Die fremden Jungbienen finden bei dieser Gelegenheit anstandslos Aufnahme. Aber die Königinnen kostet es in der Regel das Leben.

Andere Duftstoffe spielen bei der **Stockverteidigung** eine Rolle. So rufen die Wächter am Stockeingang bei massiver Bedrohung durch Fremdeindringlinge andere Nestgenossen auf den Plan, indem sie ihre Vorderkieferdrüsen spreizen und den Hinterleib mit geöffneter Stachelkammer flügelschwirrend in die Höhe recken (»Giftsterzeln«). Dabei entlassen sie aus der Mandibeldrüse eine Abschreckungs- und Alarmsubstanz mit scharfem Geruch, die man als *Heptanon-2* identifiziert hat, und aus den Drüsen im Stachelrinnen- und -scheidenbereich einen Alarmstoff, aus dem man schon annähernd ein Dutzend Komponenten isoliert haben will. Ganz überwiegend vertreten ist *Isopentylacetat,* danach folgen mit Abstand *1-Octanol, 2-Methylbutanol* und andere Bestandteile. Man kann in der Nähe der alarmierten Bienen einen bananenartigen Duft wahrnehmen. Das Mit- oder Gegeneinander dieser Alarmstoffe signalisiert den Bienen je nach der gegebenen Situation: »Habt acht!«, Angriff! oder Flucht! Das Bienengift selbst hat offenbar keine Alarmwirkung.

Damit ist der Reigen der für die Bienen wichtigen Düfte aber noch nicht am Ende. Erinnert sei nur an die Partnerfindung der Geschlechtstiere beim Hochzeitsflug, wobei Duftausscheidungen der Königin wie vermutlich auch der Drohnen beteiligt sind (S. 125). Und daß der Königinnenduft auch beim Schwärmen der Bienen, sozusagen als stabilisierender Faktor, eine Rolle spielt, darf man ebenfalls nicht vergessen.

### c) Sinn für Wärme und Feuchtigkeit

In den Antennen müssen wir auch den Sinn für Wärme und Feuchte suchen. Die Einzelbiene hat es mit der Regelung ihrer Körpertemperatur nicht leicht. Wenn es in der Tierwelt Kaltblüter (wechselwarme, deren Körpertemperatur mit der Umgebungstemperatur steigt und fällt) und Warmblüter (gleichwarme, die ihre Temperatur unabhängig von der Lufttemperatur auf bestimmter Höhe halten können) gibt, könnte man die Biene dazwischen ansiedeln. Als verhältnismäßig kleines Tier mit großer Oberfläche strahlt sie viel Wärme an die Umgebung ab. Ihre Körperwärme erzeugt sie durch die Muskeln in der Brust, teils in Zu- teils in Abkoppelung der Flügel und Beine. Im Hinterleib ist die Körpertemperatur in der Regel etwas niedriger als in der Brust. Ehe die Biene auffliegt, bringt sie ihre Körpertemperatur auf etwa 36 °C. Sie fällt als Einzeltier schon bei +8 bis +9 °C in Regungslosigkeit und erstarrt bei +6 °C gänzlich.
Als Volk sind die Bienen dagegen wahre Wärmekünstler. Sie regeln im Brutnest die Wärme sehr genau auf 35 °C, und die Luftfeuchte auf etwa 40 %, gleich welche Außenbedingungen herrschen. Geheizt wird durch stärkeres Bewegen, gekühlt durch *Fächeln* (Abb. 51). Reicht dies nicht aus,

*Abb. 51: Eine Formation von Fächlerinnen befördert die warme Luft aus der Beute.*

holen die Bienen Wasser von draußen und verstreichen es zwischen den Brutzellen, so daß es durch Verdunstung kühlt. Andererseits müssen die Bienen das überschüssige Wasser des eingetragenen Nektars durch Fächeln auch wieder aus dem Stock hinausschaffen, um die Feuchtigkeit niedrig zu halten.
Im Winter kommt das brutlose Volk mit sehr viel niedrigeren Temperaturen aus als im Sommer. Die Bienen ziehen sich zu einer mehr oder weniger dichten Kugel (Wintertraube) zusammen und halten sich gegenseitig warm. Sie sind bemüht, die Temperatur im Randbereich nicht merklich unter 10 °C sinken zu lassen, wobei sich die Temperatur im Inneren in stoßweisen Sprüngen bewegt und zwischen wenig über 10 und 35 °C schwanken kann. In der Wintergemeinschaft können die Bienen Außentemperaturen bis –40 °C und darunter ohne Schaden überdauern.

### d) Geschmackssinn

Die Mundteile der Biene sind Träger der Geschmacksnerven, wenngleich die Biene auch noch mit den Fühlerspitzen und den Vorderbeinen schmecken kann. Prof. v. FRISCH hat sich auch dem Geschmackssinn der Biene angenommen. Die Biene schmeckt anders als der Mensch. Chinin und manche andere für uns sehr bittere Stoffe stören sie kaum. Für Zucker ist sie weniger empfindlich als wir. Für uns ist eine 2%ige Zuckerlösung noch süß. Die Biene kümmert sich erst um Zuckerwasser von 4 % Zuckergehalt — und das auch nur, wenn sie gar nichts anderes findet. Wenn die Natur im Nektar und Honigtau mit meist über 20 % Zuckergehalt Besseres bietet, nimmt die Biene erheblich dünnere Lösungen im Fütterungsversuch gar nicht mehr an. Das ist auch gut so. Schwächere Lösungen würden mehr Energie beim Sammeln und Eindicken verbrauchen, als sie geben. Zudem würden sie wahrscheinlich gären oder schimmeln, bevor sie eingedickt sind. So ist es am besten, die Biene rührt eine schwache Lösung erst gar nicht an.

### e) Schweresinn und magnetischer Sinn

Diese beiden Sinnesfähigkeiten der Bienen haben auf den ersten Blick nichts weiter Spektakuläres an sich, aber sie sind von großer Wichtigkeit für ihre noch zu besprechenden außerordentlichen Orientierungsleistungen. Die Organe dazu sind allerdings nicht allein im Kopfbereich zu suchen. Die Bienen benötigen den *Schweresinn* zum Stehen, Gehen und Fliegen. Sie sind mit seiner Hilfe auch in der Lage, einen bestimmten Laufwinkel auf der senkrechten Wabenfläche im dunklen Bienenstock einzuhalten. Mit diesem Winkel zeigt die Sammelbiene im Verlauf bestimmter Tanzbewegungen den Kurs an, den sie zur Futterquelle in bezug auf den Sonnenstand geflogen ist (s. S. 114). Als Organe des Schweresinnes fungieren Borstenfelder, die sich an den gelenkigen Verbindungen zwischen Kopf und Brust und Brust und Hinterleib sowie auf den Antennen und an den Beingliedern befinden. Sie werden bei Schwenkung der Körperteile und -glieder in bestimmter Weise gereizt, wodurch die Biene ihre Eigenbewegung wahrzunehmen vermag.

Erst in jüngerer Zeit entdeckte man auch, daß die Biene einen *magnetischen Sinn* besitzt. Die Fähigkeit zur Wahrnehmung des magnetischen Feldes der Erde ist bei den Vögeln am längsten bekannt. Zugvögel verlieren ihre Flugrichtung auch bei Nacht und Nebel nicht. Der Mensch dagegen kommt ohne einen Kompaß nicht aus. Wir wissen heute, daß der magnetische Sinn auch bei der Orientierung der Bienen eine Rolle spielt. Er stabilisiert die Tänze bei störendem Lichteinfall im Stock und dient darüber hinaus als echtes Orientierungsmittel, indem die Bienen die tagesperiodischen Schwankungen des Erdmagnetfeldes mit dem ihnen innewohnenden Zeitgedächtnis in Verbindung bringen und so selbst bei Fehlen aller sonstigen äußeren Reize die jeweilige Tagesstunde zu erkennen vermögen. Die Kraftlinien im Magnetfeld sind auch dafür verantwortlich, daß die Bienen ihre Waben genau parallel zueinander ausgerichtet bauen können. Für die Wahrnehmung der Feldlinien des Erdmagnetismus ist eine Millionenzahl winziger, parallel ausgerichteter, eisenhaltiger Kristalle verantwortlich, die man im vorderen Teil des Hinterleibs der Biene ausgemacht hat.

### f) Vibrationssinn und Gehör

Daß die Bienen feinste Schwingungen der Unterlage (Vibrationen) wahrnehmen können, ist bei ihrem großenteils an den dunklen Bienenstock gebundenen Leben nicht verwunderlich. Man kann die Empfindlichkeit ihrer Vibrationswahrnehmung leicht demonstrieren, wenn man mit feuchtem Finger über das Abschlußfenster einer Hinterladerbeute streicht. Dann bleiben sofort alle Bienen für ein paar Augenblicke wie angewurzelt stehen. Wenn in einem abgeschwärmten Volk eine geschlüpfte Königin ihre Brust auf die Wabe drückt und bei ausgeklinkten Flügeln und vibrierender Brustmuskulatur die bekannten »tüüt, tüüt«-Laute von sich gibt und wenn die noch in den Zellen befindlichen schlupfreifen Jungfern mit einem tieferen (durch die Zellwand gedämpften) »quaak, quaak« antworten, erstarren die Bienen ebenfalls kurz in ihren Bewegungen. Sie

nehmen diese Töne als Vibrationsreize über den Untergrund war, und zwar mit ihren Krallengliedern und einem Sinnesorgan in der Schiene ihrer Beine, das *Subgenualorgan* heißt. Der Vibrationssinn der Bienen spielt nach neueren Erkenntnissen auch bei der „Tanzsprache" eine Rolle (s. S. 116).
Früher hat man die Bienen für absolut taub gehalten, weil sie sich in der üblichen klassischen Weise nicht auf Töne dressieren ließen. Inzwischen ist aber durch die Feinanalyse der Bienentänze bekannt geworden, daß die Bienen dennoch *luftgetragenen Schall* »hören« können, wenn auch nur auf kürzeste Distanz von wenigen Millimetern und auch nur sehr niedrige Frequenzen zwischen höchstens 100 und 800 Hertz (s. auch S. 116). Für die Schallwahrnehmung scheinen *Hörhaare* auf den Antennen eine Rolle zu spielen, und wahrscheinlich ist auch das im Wendeglied der Fühler beheimatete *Johnstonsche Organ* daran beteiligt.

### g) Zeitsinn

Wenn der Imker seine Bienen im Herbst für den Winter einfüttert und ihnen zu diesem Zweck einige Tage lang immer zur gleichen Stunde das Zuckerwasser reicht, entsteht um diese Zeit am Flugloch und im Volk eine Unruhe, auch wenn einmal nicht gefüttert wird. Das zeigt: die Bienen haben sich die Futterzeit gemerkt, sie besitzen also ein Zeitgedächtnis — und das können sie gut gebrauchen. Manche Pflanzen liefern nicht den ganzen Tag über Nektar, sondern nur zu bestimmten Stunden des Tages. Man hat schon eine richtige Blumenuhr zusammengestellt, die angibt, welche Pflanzen zu welcher Zeit honigen. Die Biene merkt sich diese Stunden und vertut so nicht nutzlos Zeit und Kraft durch Umhersuchen, wenn nichts zu holen ist.
Bei Versuchen, die mit Bienen in einem dauernd beleuchteten Keller durchgeführt wurden, und bei einem Experiment, in dem Bienen, die in Paris auf eine bestimmte Futterzeit dressiert worden waren, nach New York transportiert wurden, ergab sich klar: Die innere Uhr der Biene geht im 24-Stunden-Rhythmus. Trotzdem hängt sie nicht am Stand der Sonne. Die 24-Stunden-Uhr steckt in der Biene. Die von Paris nach New York geflogenen Bienen richten sich dort nach Pariser, nicht nach New Yorker Zeit, die erst 7 Uhr zeigt, wenn es in Paris zu Mittag läutet.
Daß das Zeitgedächtnis auch bei der Orientierung der Biene im Raum und bei der »Bienensprache« eine wichtige Rolle spielt, wird im Nachfolgenden deutlich.

# 6. Bienen sind Orientierungskünstler

## a) Orientierung am Stock und am Futterplatz

Wenn eine Biene zum ersten Mal den Stock verläßt, tut sie es nicht mit dem Kopf voran, sondern sie dreht sich nach dem Abflug sofort um und kurvt in kleinen Schleifen hin und her und auf und ab. So prägt sie sich ihre Behausung ein. Danach zieht sie geradlinig von dannen. Wenn sie nach ein paar Minuten zurückkehrt, pendelt sie, ehe sie landet, mit ausgestülpter Duftdrüse lange vor dem Stockeingang in Girlanden hin und her. Es ist, als ob sie ihren unerfahrenen Schwestern, die ebenfalls zum ersten Mal unterwegs sind, sagen wollte: »Hier müßt ihr herkommen, hier sind wir zu Hause!« Daß das bei den (unnatürlich) nahe beieinanderstehenden Stöcken im Bienenhaus nicht viel bringt, weil der Sterzelduft nicht volksspezifisch ist, kann sie wohl »nicht wissen«. Wir aber erinnern uns, daß man dieses eindrucksvolle Fluggebaren das »Vorspiel« nennt.
Mit Hilfe von allerlei Versuchsanordnungen kam man dahinter, daß sich die Bienen von ihrer Wohnung hauptsächlich die »Lage des Fluglochs« merken. Dabei richten sie sich nicht einfach nach dem Dunkel des Eingangs, sondern nach *Umgebungsmarken* aus der Nachbarschaft. Die Bienen verfehlen den Eingang sofort, wenn man ihn nur ein klein wenig zur Seite oder in der Höhe verschiebt. Die Farbe des Bienenkastens ist nur von Bedeutung, wenn viele Völker in langen Flugfronten beieinander stehen. Nur dann ist es sinnvoll, den Bienen die Orientierung durch Farbanstriche der Beuten, evtl. auch durch Aufmalen verschieden aufgegliederter Figuren, zu erleichtern. Dabei sollte man wissen, daß die Bienen Merkmale unterhalb des Fluglochs immer stärker beachten als solche darüber. Unmittelbar am Stockeingang beginnt der für jedes Bienenvolk individuelle Stockduft zu wirken. Wenn dieser für die anfliegende Biene nicht stimmt (evtl. durch Verstellung des Bienenkastens), dringt die Fehlgelenkte nicht einfach in ein fremdes Bienenvolk ein, sondern beginnt nach ihrem Volksduft zu suchen.
Beim Anflug der Bienen an eine Futterstelle im Freien sind, wie bei der Einprägung des Heimatstocks, zuerst Gesichtsmarken aus der Umgebung von Bedeutung, wenn auch nicht so zwingend wie dort. Die Bienen merken sich auf diese Weise vor allem ein begrenztes Sammelareal. Von der Futterquelle selbst, d.h. von den angeflogenen Blüten, prägen sie sich *Farbe*, *Struktur* und *Duft* ein. Dressurversuche auf künstliche Futterquellen haben gezeigt, daß der Duft, den die Bienen erst in unmittelbarer Nähe der Blüte wahrnehmen, ein besonders hartnäckiger Gedächtnisinhalt ist. Er kann eine gleichzeitig bestehende Farbdressur völlig überdecken. Das ist nicht verwunderlich, da die Bienen auf ihren Trachtflügen häufig ver-

schiedenfarbige, aber gleich duftende Blüten derselben Pflanzenart anfliegen.

### b) Fernorientierung

Beim Trachtflug über Land prägt sich die Biene auffällige Geländemarken — Straßenzüge, Flußläufe, Waldränder u. dgl. — ein und kann sich danach richten. Erstaunlich ist jedoch, daß ein anderes Orientierungsmittel noch viel stärker wirkt: die Sonne!
Wenn die Biene vom Stock zu einer weiter entfernten Futterstelle fliegt, merkt sie sich, in welchem Winkel die Sonne zu ihrer Flugrichtung steht. Beim Heimflug herrschen umgekehrte Verhältnisse. Auch wenn die Biene über längere Zeit am Ausfliegen verhindert ist, vermag sie allein mit Hilfe des Sonnenstandes die alte Trachtquelle wiederzufinden. Die Sonne nimmt inzwischen einen anderen Standplatz am Himmel ein, aber die Biene kennt ihn. Sie besitzt außer dem äußeren Kompaß nämlich noch einen inneren, der ihr anzeigt, wie weit in bestimmter Zeit die Sonne weitergewandert ist. Wenn sie z.B. erst nach einem halben Tag oder am nächsten Morgen wieder ausfliegt, kalkuliert sie den Weg ein, den die Sonne inzwischen (selbst hinter der Erdkugel) gemacht hat, und kommt ohne neues Suchen auf Anhieb wieder an den Platz, an dem sie die gute Trachtquelle entdeckt hatte. Die Fähigkeit zur Einkalkulierung der Sonnenbewegung ist der Biene nicht angeboren, sie muß sie lernen, aber dazu braucht sie nur wenige Tage, auch wenn sie nur stundenweise die Sonne zu Gesicht bekommt. Wie das alles möglich ist, kann wohl niemand befriedigend erklären, sicher ist, daß der ausgeprägte Zeitsinn der Biene ebenso wie ihr Wahrnehmungsvermögen für den Erdmagnetismus dabei eine Rolle spielen.
Eine andere Frage: Was geschieht, wenn sich die Sonne hinter einem Berg aufhält oder durch Wolken verdeckt ist? Auch dann ist die Biene nicht hilflos. Ihr »Sonnenkompaß« funktioniert, solange nur ein kleiner Zipfel des blauen Himmels sichtbar ist. Da der blaue Himmel den Bienen auf Grund ihrer Fähigkeit, polarisiertes Licht zu sehen, gemustert erscheint (s. S. 104) und das Himmelsmuster mit dem Lauf der Sonne gesetzmäßigen Änderungen unterliegt, braucht die Biene die Sonne selbst gar nicht zu sehen, um zu wissen, wo sie sich befindet. Sie »weiß«, welche Felderung am Himmel zu jeder Tagesstunde gehört.
Und wenn der ganze Himmel mit Wolken bedeckt ist? Selbst dann ist die Biene noch nicht verlassen. Durch eine dünne Wolkendecke vermögen ultraviolette Strahlen hindurchzudringen, welche die Biene wahrzunehmen in der Lage ist (s. S. 103). Sie weiß dann, wo die Sonne steht. Erst bei

dichter Bewölkung ist die Orientierung nach dem Sonnenstand nicht mehr möglich. Dann ist die Biene ganz auf Landmarken angewiesen. Sie fliegt aber in einem solchen Fall auch nicht mehr gerne aus.
Bei ihren Trachtflügen wird die Biene vom Gesicht geleitet. Wir wissen aber auch, daß sie dabei die zurückzulegende Entfernung genau registriert und zum Wiederfinden der Futterstelle mitverwendet. Ihr Entfernungsmesser ist die Kraft, die sie beim Flug zur Trachtquelle aufwenden muß.
Bei all ihrer hohen Orientierungsfähigkeit mit der beeindruckenden Gedächtnisleistung ist es dennoch bezeichnend, daß die Biene offenbar nicht in der Lage ist, ihre Flugroute räumlich zu erfassen oder, anders ausgedrückt, eine »Vorstellung« vom Raum, in dem sie sich bewegt, zu entwickeln. In zahlreichen Labyrinthversuchen, die der Zweitautor des Buches mit Bienen und Wespen anstellte, hat er nicht den geringsten Hinweis gefunden, daß die Tiere ihre auf dem zurückgelegten Dressurweg empfangenden Sinneseindrücke raumempfindend eingesetzt hätten. Vielmehr wurden sie in ihren Reaktionen ausschließlich unmittelbar von äußeren Einflüssen gelenkt und geleitet. Diese Unfähigkeit, äußere Wahrnehmungen — wenn auch nur auf niederster Stufe — »geistig« zu verarbeiten, sollte man bei allem Enthusiasmus, den das Orientierungsverhalten der Bienen bei uns staunenden Menschen auslöst, nicht übersehen.

## 7. Die »Sprache« der Bienen

Bienen sind nicht nur bewundernswert im Wiederfinden einmal entdeckter lohnender Trachtquellen, noch mehr verblüffen sie mit ihrer Fähigkeit, das Wissen von der Lage der Futterstellen ihren Nestgenossinnen zu Hause mitzuteilen und diese zur Mithilfe beim Sammelgeschäft anzuregen. Es wäre ja auch verschwenderisch, wenn das ganze Volk wild und ziellos nach allen Richtungen ausströmen würde, um Futter zu suchen und nach Willkür einzutragen. Stattdessen geht eine kleine Anzahl von besonders dazu Berufenen — man nennt sie *Spurbienen* — auf die Suche. Wer etwas gefunden hat, fliegt heim und gibt Meldung von seiner Entdeckung. Das geschieht in Form von Tänzen auf den Waben. Mitgeteilt werden dabei Einzelheiten über Himmelsrichtung, Entfernung und Ausgiebigkeit der Futterquelle.
Und das geht so: Liegt der Futterplatz in nächster Nähe des Bienenstandes, bis etwa 50 m Entfernung, dann führt die Biene einen *Rundtanz* auf (Abb. 52 li.). Sie läuft einen kleinen Kreis, dreht sich um und läuft ihn wie-

Die Entfernung der Trachtquelle wird durch das Tempo, in welchem die Tanzfigur ausgeführt wird, angegeben. Je näher die Trachtquelle, desto schneller ist der Tanz, je größer die Entfernung, desto langsamer geht er vor sich. Es hat sich herausgestellt, daß von den verschiedenen Teilkomponenten, in die man den Schwänzeltanz zerlegen kann, die Zeit des Durchlaufes der Schwänzelstrecke die beste Korrelation zur Entfernung aufweist. Die Wackelbewegung des Hinterleibs, die Schwänzelfrequenz, hat damit nichts zu tun. Sie beträgt ziemlich konstant 15 Hertz. Indessen kann die Raschheit der Aufeinanderfolge der Tänze, die *Tanzintensität*, Hinweise auf die Güte der Trachtquelle (Ausgiebigkeit, Aufnahmeschwierigkeit des Futters, Süßegehalt u. dgl.) geben. Aber auch die Abnahmefreudigkeit der Bienen zu Hause spielt dabei eine Rolle.
Während der Schwänzelphase erzeugen die Tänzerinnen mit ihren schwirrenden Flügeln einen Schnarrlaut, den die Bienen wahrzunehmen in der Lage sind. Stumme Tänzerinnen finden keine Nachläuferinnen. Über die Tonerzeugung wird auch die Wabe in Vibration versetzt und zwar am meisten im Bereich leerer Zellen. Die Bienen mit ihrem Wahrnehmungsvermögen feinster Erschütterungen tanzen vornehmlich in diesen Wabenbereichen. Nur solche Tiere, die einige Zeit, teilweise in enger Tuchfühlung, der Tänzerin auf der Wabe folgen, werden angeworben. Sie verlassen plötzlich den Stock und suchen und finden ohne unmittelbare Führung die angezeigte Futterquelle.
Wie vorne erwähnt, messen die Bienen die Länge der Wegstrecke zwischen Stock und Trachtquelle über den Aufwand an Energie, die sie der Flug kostet. Den Kraftaufwand registrieren sie über die Futterabnahme in der Honigblase oder, genauer, über die Abnahme der Spannung in der Honigblasenwand.
Zu all dem Wunderbaren des Bienentanzes sollte noch gesagt werden, daß sich dabei Unterschiede bei den Bienenrassen finden. Offenbar gibt es für jede Rasse einen etwas anderen Entfernungsschlüssel, und auch die Flugstrecke, bei der die Rundtänze in Schwänzeltänze übergehen, weist rassebedingte Unterschiede auf. Bei unserer *Carnica*-Biene liegt dieser kritische Punkt bei etwa 85 m. Andere Rassen liegen darunter. Bei manchen gibt es einen Übergang zwischen Rund- und Schwänzeltanz, den man *Sicheltanz* genannt hat, und der bereits eine Richtungskomponente erkennen läßt. Alles zusammen, kann man mit gutem Recht von Dialekten in der Bienensprache reden.
Zu guter Letzt wurden neben den hier behandelten, dem Nahrungserwerb der Bienen dienenden auch noch andere Arten von Tänzen im Bienenvolk beobachtet, die aber nichts mit der Orientierung zu tun haben. Sie sind unter allerlei Phantasienamen beschrieben worden und haben alle zitternde, schüttelnde oder rüttelnde Bewegungen gemeinsam. Oft

*Abb. 54: Wer die Biologie der Biene nicht nur aus dem Buch erlernen will, schaffe sich einen Beobachtungskasten an. Damit kann er dem Bienenvolk ins »Herz« sehen. Er kann beobachten, wie die Bienenbrut heranwächst, was die Stockbienen zu verschiedenen Zeiten tun, wie die Bienen tanzen, wie sich die Schwarmlust anbahnt und vieles mehr. Solche zur Demonstration des Bienenlebens geeigneten Schaukästen mit nur einer oder zwei übereinanderstehenden Waben hält der Bienenfachhandel bereit. Mit etwas Geschick kann man sich einen solchen Kasten aber auch leicht selbst zusammenzimmern. Im Hintergrund des Bildes steht ein Trompetenbaum in voller Blüte.*

werden sie auf dem Rücken anderer Bienen oder der Königin ausgeführt. Zittertänze treten vor Schwarm- und Begattungsflügen in den Völkern auf und scheinen der damit verbundenen allgemeinen Aufregung zuzuordnen zu sein. Zittertänze sind bei Trachtvergiftungen durch Schädlingsbekämpfungsmittel zu beobachten, und eine Art Veitstanz mit zuckenden Bewegungen des ganzen Körpers tritt in Erscheinung, wenn ein Überangebot an eingetragenem Futter von den Stockbienen nicht schnell genug abgenommen werden kann.

Das ist nur eine Kostprobe. Es gäbe in der Tat noch manches mehr über das Orientierungsvermögen und die Sprache der Bienen zu berichten. Wir werden im Zusammenhang mit der Wohnungssuche des Bienenschwarmes noch einmal darauf zurückkommen (S. 122). Wer sich darüber hinaus noch eingehender über die angesprochenen Fragen informieren möchte, sei auf das umfangreiche Buch des Entdeckers der Bienensprache, K. v. Frisch, »Tanzsprache und Orientierung der Bienen« oder auf sein mehr für den Laien geschriebenes Büchlein »Aus dem Leben der Bienen«, beide im Springer Verlag, hingewiesen. Wer nicht nur aus Büchern, sondern unmittelbar aus dem Leben mehr über diese Vorgänge im Bienenvolk erfahren will, sollte sich einen Beobachtungskasten anschaffen, der zu einem Quell ungeahnter Freuden werden kann (Abb. 54).

## 8. Das Bienenvolk im Jahresablauf

Während jedes Lebewesen einen Anfang und ein Ende hat, könnte man von einem Bienenvolk sagen, daß es — vorausgesetzt, daß keine durch Naturgewalt, Mensch, Krankheit oder sonstwie verursachte Katastrophe eintritt — unsterblich sei. Dabei sind die Vorgänge im Bienenvolk einem jährlichen Rhythmus unterworfen, der eng mit Klima und Witterung verknüpft ist.

### a) Aus dem Winter ins Frühjahr

Wenn das Bienenvolk mit etwa 7000 Einzelgeschöpfen aus dem Winter kommt, besteht es nur aus Arbeitsbienen und der Königin. Ihre ersten Ausflüge machen die Bienen schon bei 8–10 °C als sogenannte **Reinigungsausflüge,** bei denen sie sich der in ihrer mächtig angeschwollenen Kotblase angesammelten Stoffwechselschlacken entledigen. Dererste Sammelbetrieb beginnt, wenn das Wetter etwas freundlicher geworden ist, im März, machmal auch schon im Februar. Wichtiger als Nektar ist jetzt Blütenstaub, den Haseln, Weidenkätzchen und allerlei Frühjahrsblumen liefern. Der eiweiß- und fettreiche Pollen wird in der wachsenden Kinderstube dringend gebraucht.

Ihren allerersten Brutansatz konnten die Bienen zur Not auch ohne Pollen beginnen. Da sie im vorausgegangenen Herbst nicht mehr zur Brutpflege herangezogen wurden, waren sie in der Lage, sich einen üppigen Fett-Eiweiß-Körper anzufressen, der ihnen (als »Winterbienen«) die lange Lebensdauer von vier bis fünf Monaten bescherte, und der jetzt im Frühjahr auch als Umwandlungsreservoir für den ersten Futtersaft herhalten muß. Aus der künftig schlüpfenden Brut entstehen »Sommerbienen«, die infolge des nunmehr laufend anfallenden Brutgeschäftes kein nennenswertes Fettpolster mehr ausbilden können und auch nur vier bis fünf Wochen alt werden.

Herrschten während der kalten Winterszeit in der Wintertraube, zu der sich die Bienen zusammengezogen hatten, ziemlich große (und im einzelnen nicht leicht zu erklärende) Temperaturschwankungen, so stellt sich die Temperatur im Frühjahr, sobald das Volk zu brüten beginnt, im Brutbereich konstant auf ziemlich genau etwas über 35 °C ein. Um diese Brutnestwärme zu halten, ist zuerst Heizen angesagt, wobei die winterlichen Vorräte an Kohlenhydraten rasch dahinschmelzen. Später im Sommer muß dann auch gelegentlich gekühlt werden, was die Bienen durch Fächeln und Verspritzen von Wasser auf dem Wabenwerk erreichen (s. S. 107).

Mit dem Einkommen des ersten Frühjahrshonigs aus Löwenzahn und Obstblüte beginnt das Volk — wenn es Platz dazu hat — zu bauen, erst Arbeiterinnen, dann Drohnenzellen. Die Königin belegt — »bestiftet« — die Arbeiterzellen mit befruchteten Eiern, und schon bald läßt sich eine **Brutnestordnung** erkennen: Die Königin beginnt das Legegeschäft auf einer mittleren Wabe in der Art einer sich ausweitenden Spirale und achtet beim Übergang auf benachbarte Waben darauf, daß die Legekreise in der Mitte des entstehenden Brutnestes stärker wachsen als am Rande, so daß sich eine »Brutkugel« bildet. Die meist in den Randzonen befindlichen Drohnenzellen bestiftet sie später mit unbefruchteten Eiern. Den Pollen lagern die Bienen, wenn er nicht gleich für die Fütterung der Maden verbraucht wird, unmittelbar über und hinter der Brut. Es entsteht eine Pollenkappe, und darüber erst wird der Honig gebunkert (Abb. 55).

Mit dem Schlüpfen der ersten Jungbienen übernehmen diese die Brutpflege mit allen anderen anfallenden Aufgaben. Das Volk beginnt zu wachsen, bis es auf seinem Entwicklungshöhepunkt im Sommer eine Volksstärke von 50 000 — 60 000 Tieren erreicht.

### b) Dem Schwärmen entgegen

Die Entstehung von Drohnenbrut hat die Sexualphase im Bienenvolk eingeleitet. Oft bleibt es bei diesem Anfang, und es kommt nicht zur Erzeugung der weiblichen Sexualpartner. Dann beabsichtigt das Bienen-

*Abb. 55: Verteilung von Brut und Futtervorrat auf einer Wabe aus der Mitte des Brutnests. Über der Brut folgt der Pollenkranz und darüber der Honigbogen.*

volk nicht, sich zu teilen — mit anderen Worten: es hat nicht vor zu *schwärmen*. Dennoch unterhält es vorübergehend einige hundert bis 2000 Drohnen.

Anderenfalls bestiftet die Königin die meist an den Wabenrändern angesetzten 15 bis 20 Weiselzellen (präziser ausgesprochen sind es »Schwarmzellen«, Abb. 56a). Sie tut es in Abständen von Stunden oder Tagen, damit nicht alle Zellen gleichzeitig reifen. Wenn die Maden in den Weiselwiegen schlüpfen, werden sie von den Bienen mit einem Übermaß an Futter, und zwar ausschließlich mit Königinnenfuttersaft ohne Zumischung von Pollen versorgt (s. S. 97). Sobald sich dann die königlichen Maden strecken und die Weiselzellen gedeckelt werden, ist die Zeit gekommen, da die natürliche Volksteilung mit dem Abgang des *Vorschwarms* ihren Anfang nimmt.

## c) Der Vorschwarm

Die alte Stockmutter hat zuletzt nur noch zögernd Eier gelegt. Sie ist viel schlanker geworden, da sie von den Ammenbienen schon eine Weile auf Schmalkost gesetzt worden war und sich notgedrungen selbst aus den Honigzellen ernähren mußte. Dadurch haben sich auch ihre mächtigen Eierstöcke zurückgebildet. Bei der *dunkelrassigen* Biene, die früher bei uns zu Hause war, fiel während dieser Zeit eine gewisse Arbeitsunlust auf. Sie lagerte am Flugloch vor, flog nicht mehr so emsig aus und baute nicht mehr. Die heute gezüchtete *graue* Biene zeigt dergleichen nicht.

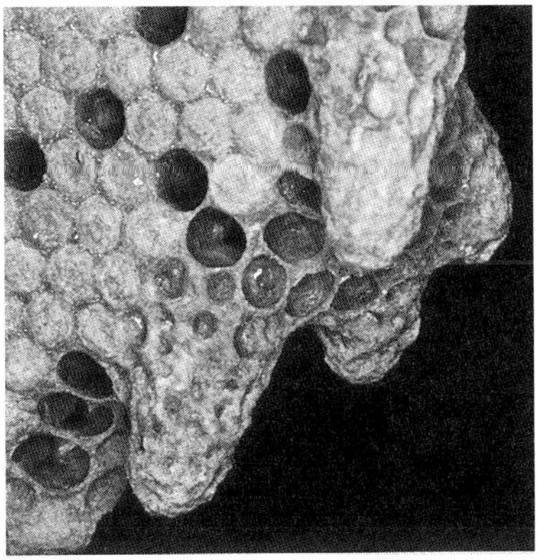

a)

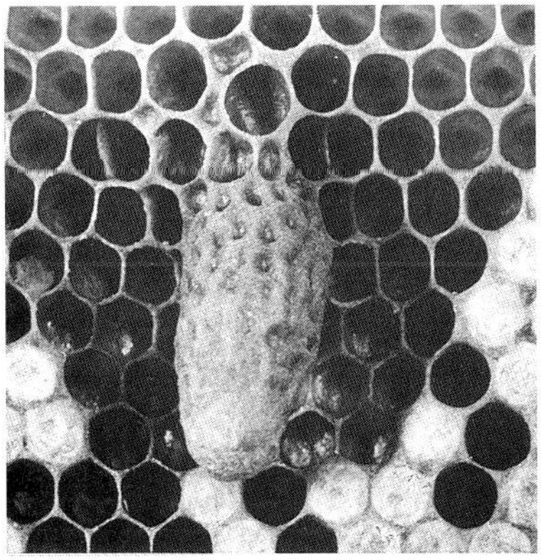

b)

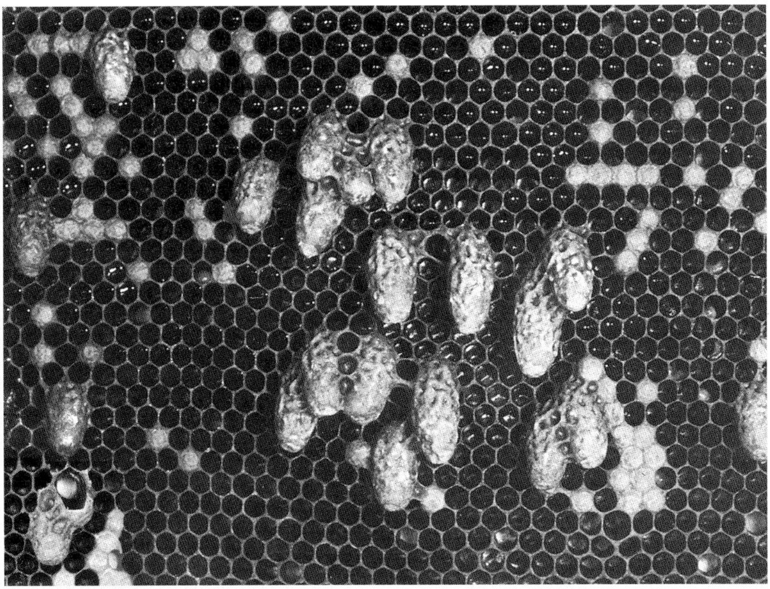

*Abb. 56a–c: Die drei Arten von Königinnenzellen: a) Schwarmzellen sitzen fast immer am Wabenrand, b) Stille Umweislungszellen werden gewöhnlich in Einzahl und mitten auf der Wabe errichtet, c) Nachschaffungszellen wachsen sehr zahlreich mitten aus der Wabe heraus. Sie entstehen über ausgeweiteten Arbeiterinnenzellen.*

Wenn die älteste Weiselzelle gedeckelt ist, das ist neun Tage nachdem sie bestiftet wurde, ist es soweit: Eines Mittags, bei schönstem Sonnenschein, kommt eine eigenartige Unruhe über die vorlagernden Bienen. Sie laufen in den Kasten hinein, kommen zurück, rennen an der Stirnwand hinauf,

und auch im Inneren der Beute ist alles rebellisch. Die Bienen haben sich bis an den Rand mit Honig vollgesogen. Dann fangen plötzlich einige Tiere heftig zu schwirren an, andere machen es ihnen nach, und dann kommt mit einem Mal alles zum Flugloch herausgestürzt wie ein unhaltbarer Wasserstrom — die alte Königin, jetzt wieder flugfähig, mitten unter den Schwarmbienen. Einer dunklen Wolke gleich wogt der Schwarm in der Luft, und erst wenn alle Auszugslustigen die Behausung verlassen haben, zieht er langsam weiter. Er fliegt nicht weit und auch nicht sehr hoch, denn die alte Königin tut sich trotz ihrer Abmagerung nicht leicht. Um einen Baum oder Busch in der Nähe wird das Gewoge dichter, und die Bienen beginnen sich allmählich an einer bestimmten Stelle im Astwerk abzusetzen. Sie bilden eine *Schwarmtraube* (Abb. 57). Etwa die Hälfte des ganzen Bienenvolkes hat sich hier selbständig gemacht. Es sind Bienen aller Altersklassen, Trachtbienen und Stockbienen im Verhältnis etwa 1:2, genau so wie ehedem das ganze Volk zusammengesetzt war. Nur die allerjüngsten, noch flugunfähigen fehlen. An der Schwarmtraube bilden die älteren Bienen die Hülle, innen sind die jüngeren zu Brücken und Stegen aufgekettet. Die Königin hält sich bald innen bald außen auf der Traube auf. Für den Fall, daß längere Zeit schlechtes Wetter herrscht, hat sich der Schwarm für etwa drei Tage mit Futter versorgt.
Schon kurze Zeit nachdem sich der Schwarm zur Traube gesammelt hat, sieht man Bienen auf seiner Oberfläche, hauptsächlich im »Kappenbereich«, tanzen. Das sind Spurbienen. Der Schwarm war noch gar nicht aus dem Stock, da sind schon einige Spurbienen unterwegs gewesen und haben nach einer geeigneten neuen Behausung gesucht. Jetzt beteiligt sich eine ganze Schar an dieser Aufgabe. Wer einen günstigen Platz, einen hohlen Baum, eine Mauerhöhle oder eine leere Beute, entdeckt hat, zeigt das durch Tänze an. Es sind dieselben Tänze wie bei der Mitteilung von neuen guten Futterplätzen (s. S. 118), nur sind sie jetzt auf dem horizontalen Tanzboden direkt zum Flugziel hin ausgerichtet. Zuerst ist man sich noch uneinig — die einen tanzen für einen entfernten Platz im Norden, die anderen vielleicht für einen nahen im Süden. Mit der Zeit setzt sich aber eine bestimmte Tanzrichtung durch. Je nach der »Qualität« der Nistplätze ist der Tanz der Heimkehrenden verschieden nachhaltig. Auf irgend eine uns unbekannte Weise beurteilen sie, ob ein Raum als Wohnung für sie paßt oder nicht. Die mit dem schlechteren Platz lassen sich für den besseren umstimmen. Wenn alle Spurbienen endlich für den gleichen Platz plädieren, wird das Zeichen zum Aufbruch gegeben: Einige Bienen beginnen heftig zu schwirren und unruhig umherzulaufen, und bald erfaßt diese Unruhe die ganze Traube. Der Schwarm erhebt sich in die Luft und läßt sich von den Spurbienen zum neuen Nistplatz geleiten, wo die ganze Gesellschaft mit ihrer Königin sterzelnd über die Schwelle zieht. Manch-

*Abb. 57: Der Schwarm hat sich abgesetzt.*

mal, wenn sich partout kein geeigneter Nistplatz finden läßt, zieht der Schwarm auch einfach weiter, um von einer anderen Ansatzstelle aus die Wohnungssuche von neuem zu beginnen.
Wenn der Schwarm unter heftigem Sterzeln in die neue Wohnung eingezogen ist, errichten die Bienen als erstes den Wabenbau — zunächst ausschließlich aus Arbeiterinnenzellen. Sprichwörtlich ist der Fleiß der Schwarmbienen: schon nach wenigen Tagen haben sie sich eingerichtet. Die alte Königin wird wieder aufs beste gefüttert, und bald schon dehnen sich die neuen Brutflächen.

### d) Restvolk und Nachschwärme

Indessen haben sich im Restvolk die Ereignisse überstürzt. Etwa sieben Tage nach Abzug des Vorschwarms ist die älteste Prinzessin geschlüpft. Gleich nachdem sie das sauber abgeschnittene Deckelchen aufgesprengt hat, läuft sie auch schon munter über die Waben. Wenn der Imker jetzt gerade in der Nähe des Stockes vorbeikommt, kann er ein merkwürdiges Konzert vernehmen, nämlich das »Tüten und Quaken«, wie auf Seite 109 zu lesen stand. Das Quaken der noch in den Zellen gefangenen Jungfern macht die Erstgeschlüpfte sehr aufgeregt. Sie versucht wohl auch in mörderischer Absicht an die Zellen heranzukommen, denn eine innere Stimme sagt ihr, daß immer nur *eine* Königin im Volk regieren kann. Aber die Arbeitsbienen bewachen sorgsam die jungen Weiselwiegen und schützen sie vor den königlichen Angriffen. Am anderen Tag schließlich zieht die älteste Prinzessin, wieder mit etwa der Hälfte der noch übrigen Bienen, in einem *Nachschwarm* aus. Das geht überstürzt vor sich, und die Bienen lassen sich kaum Zeit, genügend Futter mitzunehmen. Auch hängt sich der Nachschwarm meist nicht in der Nähe und in niedriger Höhe auf (wie der Vorschwarm), sondern geht gleich hoch hinauf in die höchsten Bäume oder, wenn keine da sind, gleich über alle Berge. Er hat ja eine junge Königin, die noch nicht begattet ist, und deren Eierstöcke deshalb auch noch nicht so groß und schwer sind wie bei der alten Mutter.

Auf den ersten Nachschwarm können in den nächsten Tagen weitere folgen. Jede frei gewordene Königin kann mit einem Teil der übrigen Bienen abziehen. Natürlich werden diese Nachschwärme immer kleiner, und zuletzt bleibt oft nur ein kümmerliches Restchen mit oder ohne Königin übrig. Das Volk hat sich »verschwärmt«. Manchmal befinden sich auch mehrere Königinnen in einem Schwarm, sie kommen in der allgemeinen Aufregung des Auszugs einfach aus ihren Zellverstecken heraus und mischen sich unter das Schwarmgetümmel. Später, freilich, noch in der Schwarmtraube oder im neuen Heim, kommt dann die große Auseinandersetzung zwischen den Rivalinnen. Eine wird siegen, wie die Natur es will.

Und noch eine Möglichkeit gibt es, die gar nicht so selten ist: Der resoluten erstgeschlüpften Königin gelingt es, an die jüngeren Geschwisterzellen heranzukommen und die Insassen zu töten. Später mögen vielleicht sogar die Arbeiterinnen dabei mithelfen, wenn der Schwarmwille im Volk gebrochen ist. Dann bleibt ein lebenskräftiges Restvolk zurück.

Zuletzt seien hier noch zwei Sonderfälle des Schwärmens angeführt: Wenn ein Volk kurz vor dem ersten Schwarmauszug aus irgend einem (natürlichen oder durch den Imker verursachten) Grund seine alte Königin verliert, gibt es trotzdem einen ersten Schwarm. Der kommt aber merklich verspätet, weil er auf die erstgeschlüpfte Prinzessin warten muß, die mit ihm auszieht. Man spricht dann von einem »Singervorschwarm«. Der andere Fall ist rein natürlicher Art und tritt ein, wenn im gleichen Jahr aus einem (Vor-) Schwarm noch einmal ein Schwarm abgeht. Das war bei der alten Heidebetriebsweise mit den schwarmlustigen Heidebienen keine Seltenheit (s. S. 347 f.) Diesen Schwarm bezeichnet man als »Heidschwarm« oder »Jungfernschwarm«.

### e) Hochzeit

Das Schwärmen der Bienen hat nichts mit sexueller Fortpflanzung zu tun. Man muß es als eine Art ungeschlechtlicher Vermehrung betrachten. Diese ist uns im Tier- und Pflanzenreich wohl bekannt. Bei den niederen Formen überwiegt sogar diese Art der Vermehrung durch einfache Teilung. Sie ist bei den bekannten Pantoffeltierchen, die überall in Pfützen leben, etwas ganz Gewöhnliches. Polypen und Seerosen vermehren sich auf diese Weise durch *Knospung*. Wenn man einen Wurm in der Mitte durchschneidet, regenerieren sich beide Teile und leben weiter. Im Pflanzenreich sind Ableger und Stecklinge nichts anderes als Produkte der ungeschlechtlichen Vermehrung.

Durch den ungeschlechtlichen Vermehrungsakt des Schwarms kommt es zur Zwei- oder Mehrfachteilung des Volkes. Während die alte Stockmutter im Vorschwarm gleich mit der Eiablage beginnen kann, ist es in den Nachschwärmen und im Restvolk noch nicht soweit. Erst wenn die Prinzessinnen ihre Hochzeitsflüge glücklich hinter sich gebracht haben, sind alle Voraussetzungen für den Aufbau der neuen Staaten gegeben. Das kann, wenn es gut geht, 8–10 Tage nach dem Schwarmauszug sein, kaum jedoch früher, da die Königin erst 5 Tage nach ihrer Geburt geschlechtsreif wird.

Zur Begattung der Jungköniginnen sind Drohnen nötig. Hatte nicht das aufstrebende Volk im Frühjahr mit der Erzeugung der Drohnen begonnen, noch ehe es an den Ansatz von Weiselwiegen dachte? Das hat seinen guten Grund: Wie wir schon erfahren haben, brauchen die Drohnen zu ihrer Entwicklung vom Ei bis zum Schlüpfen 24 Tage, die Königin aber nur 16. Außerdem werden die Drohnen erst nach etwa zehn Tagen geschlechtsreif, die Königin schon nach fünf. Trotzdem müssen die Herren der Schöpfung rechtzeitig zur Stelle sein. Sie halten sich überall auf, ziehen mit dem Vorschwarm oder Nachschwarm aus, finden sich im Restvolk und in allen anderen Völkern, auch solchen, die nicht schwärmen wollen.

Die Hochzeit findet niemals in der Bienenwohnung, sondern immer außerhalb statt. Dabei herrscht weder Stammes- noch Familienbewußtsein. Ganz offensichtlich will die Natur Inzucht vermeiden. Um die Mittagszeit sind die Drohnen auf Brautschau. Sie treffen sich dabei auf besonderen Plätzen, den **Drohnensammelplätzen.** Diese begrenzten Areale von 50 bis mehreren hundert Metern Durchmesser befinden sich über Jahre an ganz bestimmten Stellen in der Landschaft. Man kann sie mitunter sogar mit dem Gehör ausmachen, wenn die liebestollen Drohnen in 10 bis 20 m Höhe durch die Lüfte streichen. Auch die heiratslustigen Jungfern finden sich dort ein und werden sogleich von kleinen Drohnen-

schwärmen verfolgt. In der Luft vollzieht sich dann auch die Vereinigung, wobei sich die Königin, wie wir schon gehört haben, in der Regel gleich von mehreren — bis zu fünfzehn — Kavalieren, allerdings nicht selten in mehreren Ausflügen, bedienen läßt. Die Ärmsten verlieren dabei ihr Leben.
Jetzt erst, wenn die Jungköniginnen nach ein oder mehreren Hochzeitsflügen begattet in ihre Völker zurückkehren, ist deren Existenz gesichert.

### f) Stille Umweiselung und Nachschaffung

Im Vorschwarm machen sich nicht selten nach einem kurzen, intensiven Aufleben der alten Königin Alterserscheinungen bei ihr bemerkbar. Nicht daß der Imker das merken müßte, aber den Bienen bleibt es nicht verborgen. Noch einmal legt das Volk Drohnenbau an, und die Königin bestiftet die Drohnenzellen. Später errichten die Bienen meist mitten auf einer Wabe ein einzelnes Weiselnäpfchen, selten zwei oder drei, die von der Königin ebenfalls mit einem Ei bedacht werden. Das Volk ist im Begriff, still umzuweiseln. Diese Königinnenzellen heißt man »Stille Umweiselungszellen« (Abb. 56b). Nur eine kommt zur Entwicklung. Bis die junge Regentin schlüpft, ist die alte Mutter oft schon gestorben. Es kann aber auch vorkommen, daß die begattete Jungkönigin im Volk ihr Legegeschäft beginnt, solange die alte noch am Leben ist und auf einer abseitigen Wabe noch Eier legt. Alte Königinnen sind nicht mehr so streitsüchtig wie junge, und seltsamerweise kümmert sich auch die Nachfolgerin nicht um sie. So trifft man machmal in solchen Völkern zwei Königinnen nebeneinander an — aber nicht lange, noch vor dem Wintereinbruch findet man die alte Stockmutter eines Tages tot vor dem Stand liegen.
Waren im Schwarmvorgang *Volksvermehrung* und *-verjüngung* miteinander gekoppelt, so kam es bei der Stillen Umweiselung nur auf eine Verjüngung an. Das Volk hatte Zeit, sich darauf vorzubereiten. Anders ist es im Katastrophenfall, wenn der Stockmutter etwas Unvorhergesehenes passiert — wobei sehr leicht der Imker eine unrühmliche Rolle spielen kann. Dann helfen sich die Bienen mit *Nachschaffung*. Solange noch junge Maden im Volk sind, werden einige von ihnen — obwohl in Arbeiterinnenzellen gelegen — zur Königin umbestimmt. Die Bienen weiten die Zellen aus und füttern die Larven von Stund an nur noch mit Weiselfuttersaft. Die »Nachschaffungszellen« (Abb. 56c) wachsen in der Regel zu vielen mitten aus der Wabe heraus, woran man sie auch leicht als solche erkennen kann. Ein Volk mit Nachschaffungszellen schwärmt aber nicht. Die in der Not viel zu vielen angesetzten Zellen werden von den Bienen später selbst beseitigt. Nur eine Nachschaffungskönigin ist vorgesehen,

*Abb. 58: Ein Massenabtrieb der Drohnen.*

den Fortbestand der Volksgemeinschaft zu retten. Passiert ihr etwas auf dem Hochzeitsflug, ist das Volk so gut wie verloren. Dasselbe ist jedem Bienenvolk beschieden, wenn es bei Verlust seiner Stockmutter über keine junge, offene Brut mehr verfügt. Es müßte mit Kinder- oder Königinnenraub schon kriminell werden, was aber die Natur bei den Bienen nicht vorgesehen hat. Trotzdem weiß man von seltenen Ausnahmen der Gesundung solch »drohnenbrütiger« Völker zu berichten. Dabei dürften anormale Teilungsvorgänge im unbefruchteten Ei im Spiele sein.

### g) Das Bienenjahr klingt aus

Im Juli hat das Bienenvolk seine »hohe Zeit« überschritten. Das Brutgeschäft geht zurück. Selbst wenn der Wald, die Heide oder manche späten Futterpflanzen noch einmal einen Honigsegen bescheren sollten, erkennen die Bienen an den kürzer werdenden Tagen und dem Temperaturrückgang das nahende Saisonende. Die Drohnen haben ihre Schuldigkeit getan, sie würden im Winter nur unnötige Fresser abgeben und müssen deshalb aus dem Volk verschwinden. Den gängigen Begriff der »Drohnenschlacht« darf man aber nicht wörtlich nehmen. In Wirklichkeit füttern die Arbeitsbienen die verhinderten Hochzeiter nur nicht mehr, treiben sie von den Vorräten herunter und zum Kasten hinaus (Abb. 58).

Im September stellt die Königin die Eiablage allmählich ein. Abhängig von den Witterungsbedingungen und der Veranlagung des Volkes kann sie sich damit aber auch noch etwas länger Zeit lassen. Bei fortgesetzten Außentemperaturen von weniger als 15 °C zieht sich das Volk allmählich zwischen den Waben zu einer mehr oder weniger engen Kugel zusammen. Die Bienen schlafen ja nicht die kalte Zeit über und verharren auch nicht in Kältestarre, wie manche anderen Tiere, vielmehr halten sie sich bei ständiger geringer Futteraufnahme und unmerklicher Bewegung in der Wintertraube gegenseitig warm, wobei sie große und lange Kälteperioden überstehen können. Ihr auf Seite 108 beschriebenes Regulationsprinzip, das u. a. stoßweise Temperatursprünge im Inneren der Traube vorsieht, kann dem Imker zu einem erregendem Erlebnis verhelfen. Mitten in der kältesten Jahreszeit, wenn er sich zufällig oder absichtlich seinem Bienenstand nähert, kann er ganz unerwartet in dem einen oder andern Bienenvolk ein mächtiges Summen der sich aufheizenden Bienen vernehmen. Er sollte nicht erschrecken, sondern sich an dem deutlichen Lebenszeichen seiner Lieblinge erfreuen. Wie er träumen auch sie dem neuen Bienenjahr entgegen.

# IV. Grundsätzliches zur Bienenhaltung

## 1. Der Umgang mit Bienen

Wie es bestimmte Regeln gibt für den Umgang mit Menschen, so auch für den Umgang mit Bienen. Man muß sich an sie halten, wenn man den Verkehr möglichst reibungslos gestalten will.
Der imkerliche Anstand beginnt schon bei der *Kleidung*. Die Bienen wünschen sie möglichst *glatt* und *hell*. Dunkle wollige Röcke, Strümpfe und Filzhüte reizen sie. Also, ein weißer Imkerhut, ein heller Arbeitsmantel dient dem Frieden. Am besten ist eine Leinenkombination. Ärmel und Hosenbeine sollten mit Gummizügen versehen sein. Die Bienen laufen gern von unten nach oben und ins Dunkle. Dabei geraten sie leicht unter die Kleidung, werden gedrückt und stechen, ganz gegen ihre Absicht. Das macht nervös. Nervöse Imker machen die Bienen auch nervös. Sie stechen nun mit Absicht. Die Bienen wünschen *ruhiges, gemessenes Verhalten*. Kein Ruckzuck. Keine Ängstlichkeit.
Nicht selten beobachtet man, daß Neugierige, die dem Imker bei der Arbeit an den Bienen zuschauen, auch wenn sie in achtbarer Entfernung stehen, leichter gestochen werden als der Bienenvater selbst, der sich mitten im Trubel des Flugbetriebes aufhält. Das kann davon kommen, daß die Zaungäste Angst haben. Angst wirkt auf Haut und Schweißdrüsen. Schweißgeruch reizt die Bienen. Darum ist auch eine Waschschüssel, in der man öfters Gesicht und Hände wäscht, ein nützliches Utensil am Stand. Auch der Atem des Menschen macht die Bienen unruhig. Daran muß vor allem der Blätterstockimker denken, der das Gesicht vor den Wabengassen hat. Er wird nicht pustend, sondern möglichst unauffällig atmen. Er wird auch öfter zum *Gesichtsschleier* greifen müssen als der Oberbehandlungsimker.
Zum Glück für alle Imker lassen sich Bienen durch *Rauch* einschüchtern. Das hatten die Menschen offenbar schon in der Steinzeit herausgebracht. Während im Ausland der Handbläser — das ist ein Rauchtopf mit Blasebalg — viel verwendet wird, und jetzt auch in Deutschland immer mehr Eingang findet, dürfte hier doch noch die Dathepfeife an erster Stelle stehen. Aus ihr kann man den Rauch nicht ziehen, sondern muß ihn hinausblasen, ohne daß man etwas davon in den Mund bekommt. Als Rauchmaterial kann man verwenden: Torf, faules Holz, getrocknete, kleingehäckselte Kräuter wie Rainfarn, Beifuß, Schafgarbe usw. oder auch billigen Tabak. Man soll die Bienen nicht unnötig mit viel Rauch mißhandeln. Aber man sollte nie ohne Rauch eine Beute öffnen. Ein leichter

Rauchstoß nach Entfernung des Fensterkeils oder unter den etwas angehobenen Deckel unterdrückt die erste Angriffslust. Bei nicht sehr stechlustigen Völkern kann man dann oft auf weitere Anräucherung verzichten. Vor allem bei freundlichem Wetter und guter Tracht. Bei Regen und Gewitterstimmung läßt man die Finger am besten von den Völkern. Da sind die Bienen meist so reizbar wie wetterempfindliche Menschen. Bei Trachtmangel sitzen die Sammelbienen arbeitslos zu Hause. Mit ihnen ist nicht zu spaßen. Und bald zeigen sich am geöffneten Stock auch raub- und rauflustige Bienen von den Nachbarvölkern. Das macht die Reizbarkeit noch größer.
Außer dem Rauch gibt es noch andere Mittel, um die Bienen zurückzujagen. Älteren Imkern ist noch der *Karbollappen* bekannt: ein mit verdünnter roher roter Karbolsäure bespritztes Stück Leinentuch, das bei der Behandlung der Bienen von oben über die Waben gelegt wurde und bewirkte, daß die Bienen schleunigst nach unten verschwanden. Aber Karbolgeruch paßt schlecht in die Nähe des Lebensmittels Honig, weshalb man dieses Abschreckmittel nicht mehr verwenden sollte.
In den USA hat man mit Erfolg an Stelle der Karbolsäure eine 20prozentige Mischung von *Propionsäureanhydrid* mit Wasser verwendet. Ich konnte die Wirkung bestätigen. Nachteil: Sobald die zunächst trübe Lösung klar wird, hat sich das Anhydrid wieder in gewöhnliche Propionsäure verwandelt. Und diese wirkt nicht mehr. Man muß also nach einer Anzahl behandelter Völker wieder eine frische Lösung machen. Auch reizt der Geruch Augen und Atmungsorgane.
Wirksamer und angenehmer im Geruch ist Benzaldehyd, *künstliches Mandelöl*. Man sprengt es unvermischt oder mit Wasser verdünnt auf ein Tuch oder eine Weichfaserplatte. Die Bienen weichen zurück, und die Waben lassen sich ungestört ziehen. Das Mittel eignet sich auch zum Zurücktreiben der Fluglochbienen bei der Vorbereitung zum Wandern und zu rascher, aber nur vorübergehender Abhilfe bei Räuberei. Auch während der Wanderfahrt an undicht gewordenen Beuten ausbrechende Bienen, die sonst die Wanderhelfer belästigen, können mit Propionsäureanhydrid oder Mandelöl zurückgehalten werden.
*Handschuhe?* Im allgemeinen muß sich der Imker an eine Anzahl Stiche in die Hand gewöhnen. Wer allerdings bei jedem Stich zusammenzuckt oder gar die Wabe fallen läßt, mag im Handschuh das kleinere Übel sehen. Beim Schleudern am Wanderstand oder nach bestimmten die Bienen erregenden Trachten, z. B. Raps, Luzerne, Edelkastanie, kann es auch für den abgebrühtesten Imker einmal ungemütlich werden. Wenn Handschuhe, dann lieber solche aus Leder, mit Stulpen, die über die Ärmel gehen. Gummihandschuhe lassen sich zwar waschen, aber sie halten nicht lange, und die Hände schwitzen darunter.

Hat man einen Stich abbekommen — was soll man tun? Wo es sich machen läßt, wischt oder streift man den Stachel rasch ab, ehe sich die Giftblase entleeren kann. Auch an den weichen Partien der Lippen und Augen, in denen der Stachel besonders fest sitzt, kann man ihn mit dem Fingernagel abzustreifen versuchen. Wenn man mit zwei Fingern zufaßt, drückt man den vollen Inhalt der Giftblase in die Wunde. Die Verwendung einer Pinzette wäre besser. Die gewöhnliche Folge eines Bienenstichs ist neben dem heftigen, aber nicht allzu lange anhaltenden Schmerz, daß die gestochene Stelle nach kurzer Zeit mehr oder weniger stark anschwillt und sich rötet. Später kann der gestochene Körperteil drei Tage lang jucken. Beim Imker treten nach einigen Stichen außer dem Schmerz, an den er sich gewöhnt, all diese Anzeichen nicht mehr auf. Er ist gegen die Bienenstiche immun. Anders ist es bei Leuten, die selten gestochen werden und dann ein großes Lamento aufführen. Man kann ihnen Erleichterung verschaffen durch Auftupfen von Salmiakgeist oder Auflegen von etwas angefeuchtetem Salz auf die Stichstelle. Bei Stichen in Zunge und Gaumen kann man (im günstigen Fall) gefährliche Luftnot verhindern durch Zergehenlassen von Salz im Mund. Das Salz zieht Feuchtigkeit und damit auch das Gift aus der weichen Schleimhaut.
Bedenklich ist allerdings eine allergische Reaktion des Gestochenen. Als solche darf bereits gelten, wenn entfernt von der Stichstelle Geschwülste auftreten und Nesselsucht, Übelkeit, Herzklopfen und Fieber ausgelöst werden. Dagegen gibt es antiallergische Mittel in Form von Salben, Tabletten oder Ampullen zum Einspritzen. Wer überempfindliche Leute in der Umgebung hat oder mit solchen Besuchen rechnen muß, sollte etwas dieser Art im Haus haben. Einige seien hier aufgezählt. Jeder Arzt kennt deren noch mehr.

*Systral* (Salbe, Gel, Dragées, für Kinder Systraletten)
*Calcistin* (Salbe, Gel, Dragées)
*Atosil* (Salbe, Tropfen, Dragées), verschreibungspflichtig
*Soventol* (Gel, Tabletten)
*Fenistil* (Tropfen, Dragées)
*Fenistil* retard (Dragées)
*Tavegil* (Salbe, Gel, Dragées)
*Calcium forte* — Brausetabletten 500 mg und
*Calcium fortissimum* 1 g
*Frubiase-Calcium* 100 (Trinkampullen)
1-Promille-starke *Rivanol*-Lösung für Umschläge

In sehr seltenen Fällen und bei schwerster Allergie kommt es zum lebensbedrohenden Kreislaufzusammenbruch (Kollaps). Durch starke Schleimhautschwellungen (gleich wohin die Biene gestochen hat) ent-

steht Atemnot bis zur Erstickungsgefahr. Man muß sofort versuchen, einen Arzt zu erreichen. Intravenöses Einspritzen von Adrenalin oder Suprarenin können das Schlimmste verhindern. In der Regel ist nur der Arzt dazu berechtigt und in der Lage.
Fast haben wir hier etwas viel Wesens aus dem Stechen gemacht. Normalerweise ist das etwas sehr Gewöhnliches, das der Imker eben gelegentlich erdulden muß, und worüber er sich keine Gedanken mehr macht. Aber auf eines sei in diesem Zusammenhang doch noch hingewiesen: Jeder Imker sehe zu, daß er keine »Stechteufel« auf seinem Stand hält, sondern Bienen, die nach Rasse und züchterischer Bearbeitung zu den sanftmütigen zählen (s. Kapitel Königinnenzucht).

## 2. Der Anfang mit Bienen

Man beginne mit wenigen Völkern, sonst zahlt man zuviel Lehrgeld. Aber mindestens zwei sollen es sein, eines zum Totgucken und eines für den Honig. Kauft man Vollvölker, Ableger, Schwärme oder nackte Heidevölker? Zuweilen kann man günstig Vollvölker von einem verstorbenen Imker bekommen. Man nehme als Anfänger zum Kauf einen erfahrenen Imker mit, damit man nicht sein Geld ausgibt für ausgediente Kästen oder kranke und schwache Völker. Ableger von Vermehrungsstellen haben den Vorteil einer jungen Königin. Sie bieten auch Garantie für Gesundheit und sind verhältnismäßig billig. Aber sie bringen meist im gleichen Jahr keinen Ertrag mehr, außer man bekommt sie schon im Mai und hat bis in den Herbst anhaltende Tracht. Ein Maischwarm dagegen kann die Junitracht schon ausnützen und sich bezahlt machen. Doch kann ein Vorschwarm mit zwei- bis dreijähriger Königin aus einem schwarmträgen Volk im Herbst noch still umweiseln und vielleicht weisellos werden. Ein Vorschwarm mit letztjähriger Königin stammt vermutlich aus einem schwarmlustigen Volk. Für Nachschwärme gelten die gleichen Vor- und Nachteile wie für Ableger: junge Königin, aber wahrscheinlich keine Ernte mehr im gleichen Jahr. Mit nackten Heidevölkern im Herbst anzufangen, kann man nicht raten. Der Anfänger hat keine Königinnen und scheut wohl auch die Ausgabe, die Heidekönigin sofort durch eine Rassekönigin zu ersetzen. Im Mai fliegen dann bereits die Heidedrohnen und bringen Schwarmblut in die ganze Umgebung. Der Anfänger würde dadurch zum Schädling für die anderen Imker, die sich mit gutem Grund um die Zucht und Erhaltung schwarmträger Linien bemühen.
Bevor einer praktisch mit Bienen anfängt, sollte er sich in ein Bienenbuch vertiefen, damit er schon theoretisch eine möglichst gute Ahnung hat. Und er sollte am Stand eines erfahrenen Imkers öfter zusehen und die

wichtigsten Handgriffe lernen und auch noch später sich von seinem »Paten« beraten lassen. Das kann ihm manches bittere Lehrgeld ersparen. Auf keinen Fall soll er anfangen mit selbst erfundenen neuen Beuten, die alles übrige in den Schatten stellen. Das geht bestimmt nicht gut aus.

## 3. Wohin mit den Bienen?

Nicht mit der Flugfront in unmittelbare Nähe eines stehenden oder fließenden Wassers, in dem die beladen heimkehrenden Bienen ersaufen können. Nicht gegen einen Hang, an dem die kalte Luft herabfließt in die Fluglöcher. Nicht in eine Mulde, in der die schwere Kaltluft, besonders bei Windstille, stehenbleibt wie Wasser in einem See. Nicht in einen ostwestlich verlaufenden Windkanal, in dem es ständig zieht. Nicht in ein nach Süden offenes Hufeisen von Gebäuden, an dessen östlichem Schenkel sich der Westwind fängt und in einem Wirbel durch die ganze Vierung fährt, so daß die Völker Sommer und Winter nicht zur Ruhe kommen. Nicht so, daß der Lichtschein eines Fensters oder einer Straßenlampe auf die Fluglöcher fällt und die Bienen am Abend in den Tod lockt. Nicht an einen Platz, an dem unregelmäßige Erschütterungen, z. B. durch Holzhacken, auftreten. An Erschütterungen, die nach Art und Stärke, vor allem auch nach Zeit, regelmäßig wiederkehren, wie etwa eine Eisenbahn, gewöhnen sich die Bienen.

Besser als die reine Südrichtung ist eine leichte Schwenkung der Front nach Südost. Das gibt Morgensonne und hindert zugleich den Westwind, an den Fluglöchern entlangzustreichen und die Wärme daraus abzusaugen. Gut ist es, wenn das Gelände vor der Flugfront leicht abfällt, so daß Wasser und Kaltluft von den Völkern wegfließen.

Im übrigen kann man nicht immer, wie man gerne möchte. Man muß eben im Bereich des Möglichen nach dem relativ besten Platz Ausschau halten und Nachteile etwa durch Pflanzen von schützenden Hecken oder Aufstellen von Windschutzwänden auszugleichen versuchen. Nicht gerade empfehlenswert ist eine Nord- oder Nordostlage des Standes bzw. der Flugfront. Wenn die Bienen im Frühjahr von der wärmer werdenden Luft aus den Kästen und zu den Haseln und Erlen gelockt werden und von dort mit schweren Pollenhöschen zurückkommen, müssen sie nicht selten auf dem Boden vor dem Stand ermattet notlanden. Dort ist es aber im Schatten noch gefroren, so daß die Bienen in großen Mengen erstarren und zugrunde gehen können.

Wer kann, sollte an dem in Aussicht genommenen Platz erst einmal ein paar Völker provisorisch aufstellen und beobachten, bevor er sich endgültig zu einem kostspieligeren Bienenhaus entschließt.

Eine Schwierigkeit darf nicht übersehen werden: die lieben Mitmenschen, die Nachbarn und die hohe Behörde vom Bauamt und von der Landschaftsplanung. Die einen haben ihre Empfindlichkeit, die andern ihre Gesetze und ihre besonderen Ansichten. Wie man mit diesen Schwierigkeiten fertig wird, dafür gibt es keine Generalregel. Am besten, man hält gute Nachbarschaft, hütet seine Zunge und fällt bei den Ämtern nicht unnötig auf. Guter Wille ist immer wichtiger als Gesetze, die im Falle der Bienen sehr unterschiedlich ausgelegt werden können. Wer ein Bienenhaus im Außenbereich baut, braucht dazu eine Genehmigung vom Landratsamt. Aber auch dann setze man es lieber ins Verborgene als prahlend in die Landschaft. Man halte sanfte Bienen, lasse sie so weit wie möglich über das eigene Grundstück fliegen statt über den Garten des Nachbarn, setze 2 m hohe Schutzzäune und geize nicht mit einem über den Zaun gereichten Gläschen Honig.

## 4. Der Bienenstand (Abb. 59a–d)

Die Frage Einzelaufstellung oder Bienenstand ist in den deutschsprachigen Ländern vorwiegend zugunsten des festen Standes entschieden. In der übrigen Welt bevorzugt man weitgehend die Freiaufstellung der einzelnen Völker, mit oder ohne ein eigenes Schutzgehäuse um die Bienenwohnung. Für den festen geschlossenen Stand spricht vor allem die größere Unabhängigkeit von Wind und Wetter bei der Arbeit an den Bienen. Dann die geringere Räubereigefahr bei geöffneter Beute — aber nur wenn der Stand gegen unerwünschten Zuflug von außen abgedichtet ist. Und schließlich die Möglichkeit, Waben, Werkzeuge und alles, was zur Bienenhaltung gehört, in griffbereiter Nähe unterzubringen. Ins Gewicht fällt auch die größere Lebensdauer der Beuten und die gegenseitige Warmhaltung der aneinandergerückten Beuten im Winter und Frühjahr, besonders bei Blätterstöcken. Vorteilhaft ist der geringe Platzbedarf. Gegen den festen Stand spricht das leichtere Verfliegen und damit die Verbreitung von Seuchen von einem einzelnen angesteckten Volk auf den ganzen Stand. Gegen ihn spricht die räumliche Beengung bei der Arbeit mit den Bienen und eine gewisse räumliche Einschränkung in der Anwendung imkerlicher Arbeitsmethoden.

Das feste Bienenhaus ist hauptsächlich auf Hinterbehandlungsbeuten abgestimmt. Oberbehandlung ist nur in eingeschränkter und keineswegs optimaler Weise im Bienenhaus möglich. Vor allem aber ist der hohe Kostenaufwand ein gewichtiges Argument gegen die Errichtung eines Bienenhauses. Auch sind große Bienenhäuser nicht zweckmäßig. In mitteleuropäischen Tracht- und Klimaverhältnissen muß die Massierung vieler

*Abb. 59a–d: Verschiedene Aufstellungsarten von Bienenwohnungen.*

*a) Die Einzelaufstellung im Freien ist behandlungstechnisch bei weitem die beste Lösung. Die meisten Länder der Erde kennen nichts anderes.*

*b) Das Bienenhaus ist fast nur im deutschsprachigen Raum (in Deutschland, Österreich und in der Schweiz) verbreitet. Es eignet sich hauptsächlich zur Unterbringung von Hinterbehandlungskästen.*

*c) Für Beuten mit Oberbehandlung, insbesondere Magazine, ist ein Bienenhaus wenig geeignet. Der Raumbedarf bei der Behandlung der Völker von oben steht der Unterbringung einer angemessenen Kästenzahl entgegen.*

*d) Auch in Freiständern — das sind nur für die Aufnahme von Bienenkästen konstruierte Kleinbienenhäuser mit aufklappbarem Dach — läßt sich keine optimale Magazinbienenzucht betreiben. Sie sind hauptsächlich für Trogbeuten geeignet.*

Bienenvölker an einem Ort während des ganzen Jahres mit empfindlichen Honigeinbußen bezahlt werden. Mehr als 20–30 Völker sollten nicht beisammenstehen, damit das Pollenangebot im Frühjahr und Herbst für eine gute Entwicklung ausreicht. Je geringer aber die Völkerzahl, desto größer die anteiligen Bienenhauskosten. Noch ungünstiger wird die Rechnung, wenn sich die Kästen nicht übereinander stellen lassen, was für einen modern geführten Oberbehandlungsbetrieb zutrifft. Dazu kommt, daß der Imker, der zur Steigerung seiner Honigernte mehrere Trachten anwandert, das Bienenhaus gar nicht voll ausnützen kann.
Was der Imker wirklich braucht, ist ein Unterstellplatz für Beutenteile und Geräte, für Waben, Honig, Wachs und Zuckervorrat. Wenn man will, auch ein eigener Schleuderraum und ein Werkraum zur Beutenherstellung und für Reparaturen.
Wer sich trotzdem den Luxus eines Bienenhauses leistet, sollte wissen, daß hölzerne Stände wärmer sind als gemauerte. Ein Holzdach mit Dachpappe ist wärmer als ein Ziegeldach, freilich nicht nur im Frühjahr, sondern auch im Sommer, wenn es nicht so sehr erwünscht ist. Ein Ziegeldach ist teurer, aber wesentlich haltbarer und weniger pflegebedürftig, auch nicht so feuergefährlich. Die Wand vor den Bienenkästen sollte nicht isoliert sein, damit die Frühjahrssonne wirksam werden kann. Für Oberbehandlung ist Oberlicht am günstigsten. Licht von vorn zieht wohl die auffliegenden Bienen vom Gesicht des Behandlers weg, aber man wird krumm und buckelig, wenn man sich ständig über die Wabe hinüberbeugen muß, um Eier und Brut zu sehen. Bei Blätterstöcken am besten Licht von oben und von rückwärts. Viel Licht, damit man nicht mit jeder Wabe vom Kasten weg an Tür oder Fenster laufen muß und dabei Bienen oder gar die Königin verliert. Den Fensterscheiben gibt man unten einen Schlitz zum Abflug der Bienen, ebenso dem Oberlicht. Ein Drahtgitter mit engem Ausschlupf verhindert das Eindringen von Räubern (Abb. 60). Als Boden ist Lehm ungeeignet. Der Staub verstopft den abfallenden Bienen die Atemlöcher. Ein stets saubergehaltener Zementboden wäre gut, ein Holzboden noch besser.
Mit der Tiefe des Standes soll man nicht geizen. Die Kriecherei ist von Übel. 2 bis 2,5 m soll hinter den Kästen Platz sein, möglichst mit einfachem, aber die ganze Standlänge durchlaufendem Tisch zum Arbeiten und Abstellen. Damit kann leicht der Wabenschrank verbunden werden. Bei Oberbehandlung werden hier die Honigräume mit den Waben gestapelt.
Wo es zu machen ist, sollte man sich in einem größeren Stand elektrischen Strom und fließendes Wasser leisten. Füttern, Wabendrahten, Schleudern, Wachsauslassen, Zucht, alles wird leichter durch elektrischen Anschluß.

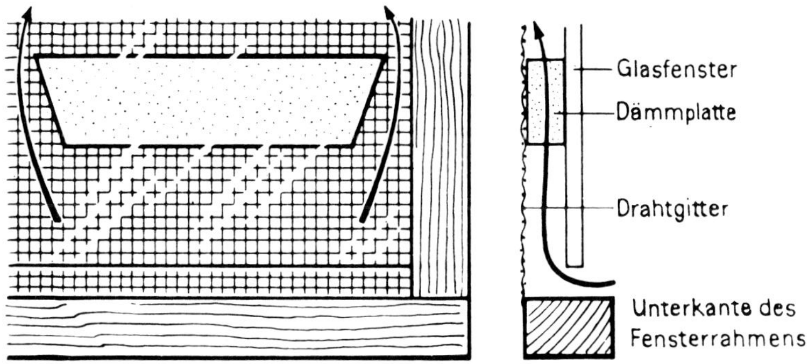


*Abb. 60: Wenn Fenster im Bienenhaus den Abflug der Bienen gestatten, das Eindringen von Räubern jedoch verhindern sollen, muß man sich etwas Besonderes einfallen lassen: In dem hier aufgezeigten Beispiel befindet sich unten in der Verglasung ein 2 cm weiter Schlitz. Die von innen gegen das Fenster fliegenden Bienen finden den Ausgang und werden durch ein davor angebrachtes Gitter nach oben geleitet. Damit bei Trachtlosigkeit die Bienen nicht zurückfinden, wird der obere Ausgang bis auf eine kleine Öffnung rechts und links durch eine eingeschobene Dämmplatte geschlossen.*

Worauf man im Stand verzichten kann, das sind viele Patentchen und Apparätchen, die sich erfahrungsgemäß dort ansammeln, für kurze Zeit der Wunder viele versprechen und dann verstauben. Eine gesunde Vorsicht spart Geld und Enttäuschung.

## 5. Welches Wabenmaß?

In Deutschland wurden fünf Rähmchenmaße genormt (Außenmaß):

| | |
|---|---|
| Normal | 370 × 223 mm |
| Gerstung | 410 × 260 mm |
| Kuntzsch | 330 × 250 mm |
| Zander | 420 × 220 mm |
| Freudenstein | 338 × 200 mm |

Die Holzstärke der Rähmchen wurde auf 8 mm festgesetzt, die Breite auf 25 mm. Nur das Leistenholz des Zanderrähmchens ist 10 mm stark, dafür aber nur 22 mm breit.

Es ist gewiß eine Verallgemeinerung, wenn man den kleinen Maßen nachsagt, daß die Völker darauf in langen Wintern verhungern können und daß bei zu großen Maßen die vom Bienensitz zu weit entfernten Wabenränder gern verschimmeln. Hier kommt es vielmehr sehr auf den verwendeten Bienenkasten und auf andere betriebliche Maßnahmen an. Heute verzichtet man in Deutschland weitgehend auf das kleinste und das größte genormte Maß. Die beliebtesten Größen sind Normalmaß und Zandermaß. Dabei wird das erstgenannte sowohl in Hinter- und Oberbehandlungsbeuten, das Zandermaß fast nur bei Oberladern verwendet. Trogbeuten benützen gerne das Kuntzschmaß oder verlangen manchmal nicht genormte Sondergrößen. Auch für Aufsätze zu Magazinbeuten werden oft Niedrigmaße verwendet. Man kann aber sicher ohne diese auch auskommen. Es wäre gut, wenn man sich auch in Deutschland immer mehr auf ein bestimmtes Maß einigen könnte, so wie man sich überall auf der Welt ganz vorwiegend auf das Langstrothmaß eingestellt hat. Es kommt mit 232 × 448 mm (umgerechnetes »inch«-Maß) dem Zanderrähmchen in der Wabenfläche ziemlich nahe. Wegen dessen klareren Abmessungen und seiner großen Verbreitung mitsamt den darauf abgestimmten einheimischen Beutentypen erscheint ein Überwechseln auf das Weltmaß in der deutschen Imkerei nicht vorteilhaft.

## 6. Welche Beute?

Es wäre unmöglich, alle Beutenformen aufzuzeigen, die der Erfindergeist, man könnte auch sagen die Erfinderwut, der Imker seit Erfindung der beweglichen Wabe hervorgebracht hat. Wir müssen uns auf einige zur Zeit gebräuchliche Typen beschränken.

### a) Die Magazinbeute

Von den fabrikmäßig hergestellten Beuten ist wohl das amerikanische Magazin das einfachste und billigste. Es ist einfachwandig und verzichtet auf alle Künsteleien. Abgesehen von dem in Deutschland ungewöhnlichen Rähmchenmaß, für das kein Grund zur Übernahme besteht, zumal wir mit dem Zanderrahmen eine klare Alternative besitzen, ist der Langstrothkasten für den deutschen Imker einfach zu unbequem. Mit dem falzlosen und durch keinerlei Verbindungen gesicherten Zargen können bei der Bienenbehandlung und bei der Wanderung zu viele Pannen auftreten. Die zöllige Wandstärke stellt für unsere Klimaverhältnisse die Isolierungsgrenze nach unten dar — sofern der Kasten im Freien stehen soll —, und dafür ist das Magazin nun einmal gedacht. So ist die Bienenbeute Nr. 1, als welche man den Langstrothkasten in der Welt ansehen kann, für den deutschen nach größerer Perfektion strebenden Imker keine Ideallösung. Er sucht nach Verbesserungen. Verbessern heißt aber gleich-

zeitig auch verkomplizieren und verteuern. Hier das richtige Maß zu finden scheint nicht leicht zu sein.
Eines der besten und auch am weitesten verbreiteten Magazine ist das Zandermagazin. Es wurde von Prof. ZANDER in den zwanziger Jahren 9rahmig und doppelwandig konzipiert. Am Erlanger Institut und anderswo hat man es im Laufe der Zeit vielfach verändert. Leider sind alle früheren Versionen für das Bienenhaus oder zumindest für den Freistand gedacht gewesen. Nur die Hohenheimer Ausführung war ohne weitere Hilfseinrichtung im Freien brauchbar. Leider hat auch das allzulange Rähmchenohr der Zanderwabe konstruktive Bedingungen an den Kasten gestellt, die seiner Weiterentwicklung häufig im Wege standen. Die Vorteile des langen Rähmchenohrs bei der Handhabung der Waben wogen die baulichen Schwierigkeiten nicht auf. Auch die Abstandvorrichtung der Zanderwabe, die Kreuzklemme und der abnorme Abstand von 37 mm von Mittelwand zu Mittelwand (gegenüber dem sonst üblichen Wabenabstand von 35 mm) sind nicht jedermanns Sache. So konnte nicht ausbleiben, daß Magazinbeuten auch im Normalmaß auf den Markt kamen. Sie haben sich besonders in Norddeutschland stärker eingeführt. Man kann sie in Kunststoff und in Holz, einfachwandig und doppelwandig bekommen. Längst sind es schon wieder viel zu viele Fabrikate.
Trotz dieses leisen Vorwurfs gegen die Erfinder neuer Beuten ist die Bayerische Landesanstalt für Bienenzucht selbst von neuem an die Umarbeitung und Modernisierung der Zanderbeute herangegangen. Bei der

*Abb. 61: Die zeitgemäße Imkerei setzt auf das Magazin. Moderne Magazinbeuten sind für die Freiaufstellung mit wetterfestem Dach und einem gleichzeitig als Aufstellsockel dienenden Boden ausgestattet. Wander- und Futterraum sind in einem separaten Zwischenboden enthalten. Links: Kasten von hinten, rechts: von vorn.*

jüngsten Version wurden endlich die Ohren der Waben verkürzt (von 28,5 auf 16 mm). Eine neue Abstandvorrichtung wurde geschaffen. Der Kasten wurde wieder von der zwischenzeitlichen 10rahmigen Vergrößerung auf 9 Waben zurückgenommen, da künftig in verstärktem Maße mit 2 Bruträumen gearbeitet werden soll. Und schließlich sind mit Hilfe eines hohen Unterbodens Wanderung und Fütterungsprobleme besser gelöst worden. Der Beutendeckel, welcher belüftet ist, dient gleichzeitig als Dach, so daß die Beute ohne weitere Abdeckung im Freien aufgestellt werden kann. Für eine Wandersicherung, die gleichzeitig als Kippvorrichtung funktioniert, ist Sorge getragen (Abb. 61).

Nun hat jeder Beutentyp seine Vor- und Nachteile. Die *Vorteile* des Magazins: Man geht leichter an das Öffnen einer Oberbehandlungsbeute als eines Blätterstocks. (Für einen neugierigen Anfänger mit wenigen Völkern eine Gefahr, daß er zu oft nachschaut!) Man zieht wegen der guten Übersicht und des kurzen Weges die Waben leicht und ohne Gefährdung von Bienen, Königin und Weiselzellen heraus. Dieser Vorteil wird um so geringer im Wert, je weniger man sich mit den Waben zu schaffen macht. Je mehr man lernt, die Bienen in Ruhe zu lassen oder statt aller Waben nur eine oder zwei zu ziehen, desto besser ist es. — Gut ist weiter, daß der die Bienen aufregende Atem nicht in die Wabengassen, sondern darüber hinweg geht. Auch fallen die Bienen nicht zu Boden, sondern in die Beute. Die Königin ist oft zu sehen.

Ein Vorteil ist auch, daß man nach Belieben Raum geben kann. Neunrahmige Beuten erhalten grundsätzlich zwei Bruträume, auch kann man, wenn man nicht zum Schleudern kommt, einen zweiten Honigraum unter den vollen setzen. Überhaupt kann man mit dem Magazin sämtliche Betriebsweisen durchführen, die man sich nur ausdenken kann. Es ist so in seinem Einsatz universell. Es macht das Bienenhaus überflüssig und ist deshalb besonders ökonomisch. Seine Konstruktionsweise ist, verglichen mit anderen Bienenwohnungen, sehr einfach. Es eignet sich, wie keine andere Beute, in besonderem Maße zum Selbstbau und darf auch aus diesem Grunde als besonders wirtschaftlich bezeichnet werden.

*Nachteile:* Man muß die meiste Zeit erst den Honigraum abheben, wenn man ans Brutnest will. Keine leichte Sache für Frauen, Herzschwache und ältere Leute. Allerdings: zur Durchsicht auf Schwarmlust lassen sich die oberen Zargen nach vorne abkippen (s. S. 167), und es gibt notfalls Kippgestelle, wenn man nur kürzere Eingriffe in die Brutzargen beabsichtigt. Ein ernster Nachteil ist besonders für den Bienenhausimker, daß man Oberbehandlungsvölker nicht aufeinanderstapeln kann. Nicht ohne Probleme ist bei den meisten Magazinen auch das Wandern. Bodenbrett, Zargen und Deckel müssen fest miteinander verbunden sein, wofür es nur wenig wirklich gute Lösungen gibt.

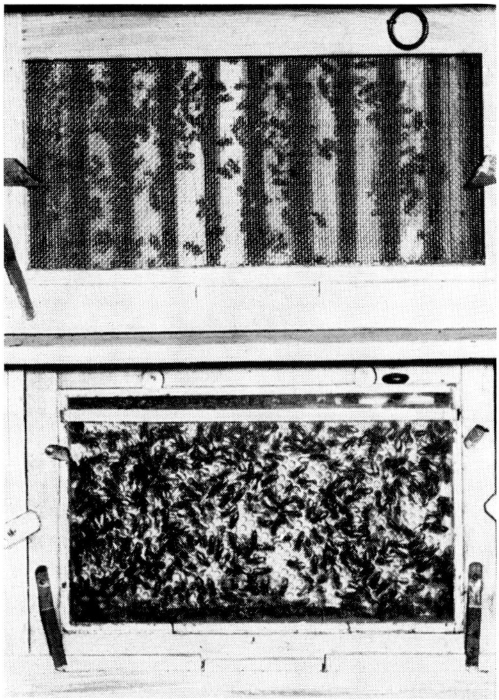

*Abb. 62: Bei der am weitesten verbreiteten Hinterbehandlungsbeute, dem Einheitsblätterstock, ist der Brutraum doppelwandig und für 10 Waben, der Honigraum einfachwandig und für 12 Waben ausgelegt. Die Beute besitzt unten ein Abschlußfenster, in dem sich ein Baurahmen unterbringen läßt, das Honigraumfenster ist mit Wandergitter ausgestattet. Für die Abstandsregelung der Waben dienen Abstandrechen, und gefüttert wird mit hoher Flasche oder Trog hinter dem Fenster.*

### b) Der Blätterstock

Es war ein echter Fortschritt, als Lehrer ADOLF ALBERTI 1873 aus der mit querhängenden Waben ausgestatteten Hinterbehandlungsbeute seinen Blätterstock schuf. Er hat vor allem in der Form der *Einheitsblätterbeute* große Verbreitung gefunden (Abb. 62). Bei Querbau muß man erst alle hinteren Waben herausnehmen und beiseitestellen, um an eine mittlere oder vordere zu kommen. Beim Blätterstock kann man jede einzelne Wabe ziehen. Wenn man will, kann man die beiden Nachbarwaben etwas zur Seite drücken. Aber meist ist das gar nicht notwendig. Erschwert ist das »Blättern« durch Abstandsklammern an den Waben. Auch beim Einschieben kann man an diesen hängenbleiben. Auf jeden Fall muß man erst eine äußere Wabe ziehen, um eine innere entnehmen zu können. Darum ist die Abstandsregelung durch Blechrechen bequemer und auch bei der Wanderung sicherer.

*Vorteile des Blätterstocks:* Man kann ihn zwei- oder sogar dreifach aufeinanderstapeln. Das spart Raum und damit Baukosten beim Bienenhaus. Die Völker halten sich gegenseitig warm. Man kann jederzeit im Brut- und

Honigraum an jede Wabe. Man kann die untere Reihe sitzend, die zweite im Stehen behandeln, ohne sich durch Bücken über die Beute Rückenschmerzen zu holen. Auch ein schwächerer oder älterer oder körperbehinderter Imker kann einen Blätterstock behandeln, weil kein Honigraum abzuheben ist. Bei der Wanderung ist alles beisammen. Fluglochklappe zu, Lüftungsklappe auf. Fertig. Am Wanderplatz umgekehrt. Das geht allerdings nur, wenn das Honigraumfenster mit Lüftungsdraht versehen ist und die Fenster durch Reiber festgehalten sind. Wenn man erst Fenster vernageln, Scheiben abnehmen, draußen die Bienen wieder zurück jagen und Scheiben wieder einsetzen muß, verdient ein solcher Blätterstock nicht den Namen Wanderbeute. Mit Frontwandergittern ist diese Arbeit erspart.

*Nachteile:* Der Blätterstock ist nicht erweiterungsfähig. Für sehr starke Völker und Massentracht wäre ein dritter Raum von Nutzen. Tatsächlich werden heute Hinterlader auch in vielen Fällen als 3-Raumbeuten gebaut. Sie sind auch zur Überwinterung von Reserveablegern gut zu gebrauchen. Bei der Arbeit am Hinterlader geht der Atem des Imkers leicht ins Volk und regt es auf. Die Königin läuft auf der Flucht vor dem Licht gern auf die Vorderwand und ist darum seltener zu sehen als bei Oberbehandlung. Die Waben werden auf langem Weg gezogen. Das erfordert größere Vorsicht, besonders wenn man Weiselzellen schonen will.

Beim gegenseitigen Abwägen von Vor- und Nachteilen wird das Gesamturteil bei verschiedenen Imkern verschieden ausfallen. Dieses Buch möchte in der Beutenfrage, so gut es geht, neutral bleiben.

### c) Die Auszugsbeute

Um Stapelfähigkeit und Oberbehandlung miteinander zu verbinden, hat man verschiedene Auszugsbeuten konstruiert. Die Waben hängen in der Regel quer auf einem Rahmen und werden mit diesem zusammen in einen Anhängekasten herausgezogen und können dann von oben entnommen werden.

*Vorteile:* Stapelbarkeit und kurzer Weg beim Wabenziehen.

*Nachteile:* Bei jedem, auch dem kleinsten Eingriff muß das ganze Wabenwerk eines Raumes in Bewegung gesetzt werden, wo sonst oft nur eine Wabe gezogen werden müßte. Starke Völker in guter Tracht verbauen die Waben oft so, daß das Ziehen des Wabenblocks kein Kinderspiel mehr ist.

Gegenüber den nur insgesamt ausziehbaren Tragrahmen hat der von Kuntzsch eingeführte Schlitten den Vorteil, daß man sowohl den ganzen Schlitten wie auch die einzelne Wabe ziehen kann. Er ist aber nur im Brut-

*Abb. 63: Die Trogbeute ist eine Alternative zum Magazin. Von diesem nimmt sie nicht selten eine Anleihe in Form eines halbhohen Honigraums.*

raum brauchbar. Im Honigraum würde er den Abstand zwischen Brutraum- und Honigraumwaben zu sehr vergrößern. Man muß darum im Honigraum eine andere Lösung suchen. Entweder stellt man die Waben wie beim Blätterstock in Kaltbaurichtung auf Tragstäbe, oder man hängt sie quer ein wie bei den Hinterbehandlungsbeuten früherer Zeiten.

### d) Die Trogbeute

Dieser Beutentyp hat einige lokale Bedeutung in Deutschland erlangt. In den Balkanländern ist er weiter verbreitet. Während dort im BOCZONADI-Kasten die relativ großen Waben allesamt im Kaltbau stehen und der Honigraum durch ein vertikales Absperrgitter seitlich abgetrennt ist, sind die deutschen Ausführungen dieses Beutentyps komplizierter gebaut (Abb. 63). Entweder sind die Waben in einer langgestreckten Beute im Warmbau angeordnet, dann ist ein aufsetzbarer Honigraum mit etwas niedrigerem Wabenmaß nötig, weil die Bienen sonst das Brutnest allzuleicht mit Honigwaben einengen. Oder die Waben sind ähnlich wie in den Balkanbeuten im Kaltbau untergebracht, wobei die Honigwaben in diesem Fall, durch ein Absperrgitter getrennt, nach hinten anschließen. Die Beute lädt dadurch weder nach der Seite noch nach hinten übermäßig weit aus. Das Brutnest findet keine vorzeitige Einengung durch den Honig.
Der *Vorteil* der Trogbeute liegt in der Oberbehandlung, wobei die Schwerarbeit des Magazinbetriebes weitgehend vermieden wird. *Nachteilig* ist, daß sich in dem Kasten nicht alle Betriebsweisen durchführen lassen wie in den Magazinbeuten. Er ist deshalb auch nicht gleich gut für jede Tracht und jedes Klima geeignet. Soweit ein Honigaufsatz verwendet werden muß, kommt man auch nicht ohne Bienenhaus oder schützenden Freistand aus. Der Kasten, gleich welcher Bauart, nimmt einen größeren Platz ein als das Magazin oder eine Hinterbehandlungsbeute.

# 7. Welche Geräte?

Auf den meisten Ständen liegt viel zuviel an unnötigem Kram herum, der einmal auf einer Ausstellung mitgenommen wurde und dann nach kurzem Versuch wieder außer Dienst kam. Was man wirklich braucht, sind ein Schleier und eine Pfeife. Während man früher nur die Dathe-Pfeife mit Rückschlagventil kannte, geht man heute immer mehr zum amerikanischen Rauchtopf, dem Smoker, über. Das Anzünden muß gelernt sein, dann aber vermißt man die Pfeife nicht mehr. Wichtigstes Werkzeug aber ist der Stockmeisel. Man braucht ihn zum Trennen von verklebten Zargen, zum Loslösen der an der Unterlage angekitteten Waben, zum Abschaben von Wachsrücken und zu vielem mehr. Man darf ihn ruhig doppelt und dreifach haben, für den nicht seltenen Fall, daß man ihn wieder einmal verlegt hat. Damit er leichter zu finden ist, sollte man ihn leuchtend anstreichen. Nicht gut genug kann man sich mit Schwungfedern von größeren Vögeln, Gänsen oder Truthähnen, eindecken. Man braucht sie zum Abkehren der Bienen von den Waben. Sie funktionieren besser, wenn man die Fahne etwas verschmälert. Nicht fehlen sollte ein Druckzerstäuber. Mit fein versprühtem Wasser kann man die Bienen sehr rasch besänftigen oder auch am Auffliegen hindern, was etwa beim Schwarmfang oder bei der Bildung von Kunstschwärmen geraten ist.
Zum Entfernen der toten Bienen und des Gemülls braucht der Hinterladerimker eine *Reinigungskrücke,* die bis an die innere Stirnwand greift und dazu wenigstens 60 cm lang sein muß. Für die Hinterbehandlung ist auch ein Wabenbock zum Abstellen der Waben bei der Volksdurchschau und beim Schleudern nützlich. Man kann ihn sich leicht selbst zusammen-

*Abb. 64: Die wichtigsten Imkereigeräte. Von links nach rechts: Smoker, Dathepfeife (vorne), Druckzerstäuber (hinten), Stockmeißel (vorne), Wabenzange, Gemüllkrücke, Wabenbock.*

zimmern. Wer noch mit Querwaben im Hinterlader arbeitet, ist schließlich auch noch auf eine Wabenzange angewiesen. Das ist im Grunde auch schon alles (Abb. 64). Es hält sich kostenmäßig in sehr bescheidenem Rahmen. Erst später, wenn man Honig schleudern will, gibt es noch einmal Anschaffungen — und zwar nicht eben billige. In den Bienenwohnungen und in den Gerätschaften zum Schleudern steckt des Imkers größtes Kapital.

# V. Die Führung des Volkes durch das Bienenjahr

Die Lebensgewohnheiten der Tiere sind von Natur aus so beschaffen, wie es für die Erhaltung der eigenen Art am nützlichsten ist, nicht, wie sie für den Menschen am angenehmsten wären. Nimmt sie der Mensch in seinen Dienst, dann versucht er ihre Anlagen und Fähigkeiten und ihren Lebensrhythmus durch züchterische und pflegerische Maßnahmen zu seinen Gunsten zu verschieben. Das gelingt ihm vielfach, auch bei der Biene.

## 1. Einwinterung

Mit der Sommersonnenwende beginnt die Bruttätigkeit des Volkes abzunehmen. Das hat seinen guten Sinn für das Bienenvolk. Ein Volk von 7000–10000 Bienen braucht wesentlich weniger Winterfutter als ein Volk mit 50000–70000. Es wird gleichsam Ballast abgeworfen, um sicherer zu überleben. Der Imker dagegen, vor allem der Frühtrachtimker, wünscht sich im Frühjahr möglichst starke Völker. Er sucht deshalb den Volksschwund vor dem Winter zu bremsen, den Bienenverlust über Winter auf das Unvermeidliche zu beschränken und die Aufwärtsentwicklung im Frühjahr zu begünstigen.

### a) Reizfütterung im Herbst?

Über nichts ist in alten Imkerbüchern mehr geschrieben worden als über Reizfütterung, und nichts ist umstrittener. Reizfüttern heißt: in einer Zeit, in der die Völker draußen nicht viel finden, mit kleinen Futtergaben nachhelfen. Im Frühjahr will man auf diese Weise starke Völker für die Tracht erzielen, im Herbst starke Einwinterungsvölker. Kleine Gaben von Zuckerwasser, Zuckerteig oder feuchtem Kristallzucker sollen Brut »zaubern«. Da wir wissen, daß zur Erzeugung von Bienenfleisch Eiweiß notwendig ist, wird man sich wohl vorstellen müssen, daß die Bienen durch das Zuckerfutter zu besonders eifrigem Sammeln angeregt werden und dabei auch vermehrt Pollen mit nach Hause bringen.
Es gibt eine Außenreizung, bei der das Reizfutter im Freien angeboten wird (s. S. 158ff.), und eine Innenreizung, wobei man im Stock füttert. Im Herbst kommt wegen der erhöhten Räubereigefahr nur diese letzte Form

der Reizfütterung in Betracht. Leider muß ich hierzu sagen, daß die Bayerische Landesanstalt für Bienenzucht mit der Herbstreizfütterung ebensowenig wie mit der Frühjahrsreizfütterung einen nachhaltigen Erfolg zu erzielen vermochte. Eine mitunter durchaus zu registrierende Brutförderung während der Reizfütterung hat sich später niemals in einem erhöhten Honigertrag niedergeschlagen. Nur selten kamen die Völker, selbst wenn sie stärker in den Winter gingen, im Frühjahr auch stärker wieder heraus. Die Reizfütterung ist, genaugenommen, gegen die Natur gerichtet. Die Bienen sind von ihrer Umwelt abhängig und haben sich auf sie einzustellen. Durch die Reizfütterung wird ihnen das erschwert.

Trotz dieser allgemeinen, mehr negativen Erfahrung mag es gelegentlich auch Ausnahmen geben. Das hartnäckige Festhalten der Imker an der Reizfütterung, besonders im Herbst, muß schließlich einen Grund haben. Ich möchte deshalb auch die wichtigsten Arten der Herbstreizfütterung anführen. Wie gesagt, geht es nicht darum, möglichst viel Futter in die Völker zu bringen, sondern die Bienen sollen durch kleine Futtergaben lediglich zu größerer Aktivität angeregt werden. Das könnte durch die Fütterung kleiner Mengen von Zuckerwasser im Verhältnis 1:1 an mehreren aufeinanderfolgenden Abenden geschehen. Früher hatte man dafür sogar besonders kleine Futterflaschen, die nur $\frac{1}{2}$ Liter faßten. Abgesehen von dem Arbeits- und Zeitaufwand bestand dabei auch immer die Gefahr des Räuberns bei den Bienen. Heute wird diese Art der Reizfütterung nur noch selten durchgeführt. Man verwendet dazu lieber *Zuckerteige,* die man in der Regel aus Puderzucker und Honig im Verhältnis 3:1 herstellt. Puderzuckerteig wird auch in der Königinnenzucht und bei verschiedenen anderen Gelegenheiten in der Imkerpraxis gebraucht, so daß wir auf das Herstellungsverfahren weiter hinten noch genauer einzugehen haben (s. S. 240 f.). Hier sei aber schon angemerkt, daß man anstelle von Honig auch einen selbstgemachten Honigersatz verwenden kann. Auch gibt es industriemäßig fertig zubereitete Futterteige im Handel. Allerdings sollte man darauf achten, daß derlei Präparate nicht mit Hilfe irgendwelcher Säuren, sondern mit einem rohrzuckerspaltenden Enzym gemacht sind und ihre Bienenverträglichkeit einwandfrei erwiesen ist.

Als Reizfutter wird auch mitunter *Feuchtzucker* verwendet. Dieses Futtermittel kann aus Kristallzucker und Honig in verschiedener Sattheit hergestellt werden. Verwendbar ist die Mischung: 10 Teile Kristallzucker und 1 Teil Honig, wo bei man den Honig noch mit $\frac{1}{3}$ Wasser strecken kann. Besser wird das Gemisch, wenn man nur die halbe Zuckermenge dazu verwendet. Der Feuchtzucker, weniger zutreffend auch oft als Maische bezeichnet, wird den Bienen in eigenen Futtertaschen oder zwischen zwei

Glasscheiben im Baurahmenfenster gereicht. Auch Feuchtzucker kann man anstatt mit Honig mit Invertzuckersirup bereiten und — noch einen Schritt weitergehend — sogar mit Wasser unter Beigabe eines Enzyms, wie auf Seite 241 nachzulesen ist.
Von der Verfütterung von trockenem Kristallzucker als Reizfutter, die vor ein paar Jahren sehr beliebt war, ist man wieder abgekommen. Es scheint, daß die Drüsenarbeit dabei die Lebenskraft der Bienen stärker in Anspruch nimmt als gewöhnliche Sammelarbeit. Ohne Zweifel werden die Bienen auch mit Teigen strapaziert, und die Nähe von Wasserstellen im Stock oder außerhalb dürfte nicht ohne Bedeutung für eine unkomplizierte Aufnahme sein.
Zucker reizt nur zur Brut, Eiweiß aber schafft Bienenfleisch. Eine Reizfütterung kann schon gar nicht wirken, wenn die Bienen nicht mit genügend Pollen versorgt sind oder sich nicht damit versorgen können. Die Wanderung mit den Bienen in eine Herbstpollentracht ist niemals verkehrt. Spät blühende Senffelder, Phazelia, Kleeschläge, kurz: der Zwischenfruchtanbau in der Landwirtschaft kann ein rechter Segen für die Bienen sein.
Darf man bereits zweifeln, ob die Herbstreizfütterung mit ihrem Arbeits- und Kostenaufwand überhaupt von nennenswertem Nutzen für die Bienen ist, so hat sie neuerdings nach der rasanten Ausbreitung der aus dem Osten eingeschleppten Brutmilbenkrankheit *Varroatose* noch einen weiteren negativen Aspekt erfahren. Von den bisher zur Bekämpfung dieser gefährlichen Krankheit zugelassenen Heilmitteln, wirkt nur die Ameisensäure auch in die gedeckelten Brutzellen hinein auf den sich dort entwickelnden Parasiten. Die anderen derzeit erlaubten Mittel (s. S. 280 f.) treffen nur die auf den erwachsenen Bienen schmarotzenden Milben, entfalten ihre volle Wirksamkeit also nur im brutlosen Volk. Wenn die Behandlung nicht zu spät im Jahr erfolgen soll, sollte die Brut rechtzeitig aus den Völkern verschwinden. Eine Reizfütterung der Bienen im Herbst wäre dafür sicherlich die am wenigsten geeignete Maßnahme.
Die *Varroatose* zwingt den Imker zu ständiger Wachsamkeit. Um die verschiedenen Möglichkeiten der Bekämpfung dieser Krankheit richtig abzuwägen, muß er laufend über das Ausmaß des Milbenbefalls in seinen Völkern unterrichtet sein. Dafür sind Spätsommer und Herbst besonders geeignet, da zu dieser Zeit die Zahl der täglich auf den Beutenboden herunterfallenden Milben wichtige Rückschlüsse erlaubt. Siehe hierzu Seite 277.

## b) Keine Krüppel in den Winter

Ein Volk, das im Herbst weniger als 5 Waben besetzt, ist kein richtiges Volk mehr. Es ist in Gefahr, den Winter nicht zu überstehen. Solche kleinen Einheiten zehren nicht in die Tiefe der Wabengassen hinein, sondern der Wärme nach schräg aufwärts, kommen an den Oberrand und verhungern im Nachwinter neben dem Futter.

Solche Völker vereinigt man mit dem Nachbarn oder mit Ablegern, welche nicht vorankommen. Man nimmt die Königin aus dem schwachen Volk und hängt es dem Nachbarn oder dem Ableger zu. Wenn die Ableger abgesondert stehen, geht es auch umgekehrt. Für den Fall, daß das zu vereinigende Volk noch stark ist — es könnte aus einem anderen Grund nicht befriedigt haben —, vollzieht man die Vereinigung über den Honigraum. Dazu legt man ein Zeitungspapier über das im Brutraum zusammengedrängte Volk, stößt mit der Feder einige Löcher hinein und hängt den Ableger unter Auffüllen des übrigen Raumes mit Waben darüber. Haben Volk und Ableger in einem Raum Platz, so wird der Ableger als geschlossener Block an das zusammengedrängte Volk gehängt. Man achte darauf, daß sich die Königin nicht gerade auf der Anschlußwabe befindet. Man kann beide Volksteile mit etwas Thymianwasser besprühen und so für gleichen Volksgeruch sorgen. Das verhindert Beißereien. Wer ganz vorsichtig sein will, käfigt die Königin in einem Zusetzkäfig mit Futterteigverschluß, bis die Vereinigung vollzogen ist. Diese Vereinigungsmaßnahmen haben vor der Auffütterung zu geschehen.

Weisellose Völker, die vielleicht schon buckelbrütig sind, schließt man und stößt den Kasten ein paarmal kräftig auf. Nachdem sich die Bienen mit Futter vollgesaugt haben, kehrt man sie vor dem Stande ab. Wenn sie an ihrem ursprünglichen Platz keinen Kasten mehr vorfinden, gesellen sie sich den Nachbarvölkern zu. Wenn man Angst haben muß, daß die überalterten Bienen Nosematräger sind, sollte man das Volk aber lieber gleich abschwefeln. In einem solchen Fall muß die Vernunft stärker sein als die Barmherzigkeit.

## c) Auffütterung

In der Regel wird das Winterfutter in wenigen Tagen in die Völker eingebracht. Aufgefüttert wird mit reiner Zuckerlösung. Das Mengenverhältnis zwischen Zucker und Wasser schwankt zwischen 1:1, 3:2 und 2:1. Am besten bewährt hat sich wohl die Mischung 3 kg Zucker auf 2 Liter Wasser. Hierbei wird dem Volk keine übermäßige Arbeit zur Ausscheidung des überflüssigen Wassers zugemutet, und es besteht auch keine Gefahr,

*Abb. 65: Wenn man in eine bestimmte Menge Wasser so viel Zucker gibt, daß die Raummenge sich verdoppelt, dann hat man eine Lösung, die etwas stärker konzentriert ist als 3:2.*

daß der Zucker schon während des Fütterns wieder auskristallisiert und als Kruste an Gefäßen und Bienen hängenbleibt, wie dies bei 2:1 leicht vorkommt. Man kann sich das Wiegen des Zuckers sparen, wenn man sich als Faustregel merkt, daß 1 kg Zucker etwa den Raum von $^2/_3$ Liter Wasser einnimmt. 3 kg Zucker ergeben also einen Raum von 2 Liter Wasser. 2 Liter Wasser dazu, und man hat die richtige Lösung. Man füllt also ein Gefäß, z. B. einen Honigeimer oder besser einen Meßbehälter mit Literangabe, zur Hälfte mit heißem Wasser und schüttet so viel Zucker hinzu, daß die Menge sich verdoppelt. Damit ist auf einem größeren Stand viel Arbeit erspart (Abb. 65). Ich weiß jetzt, daß ich beim Einfüttern mit 4 Liter dieser Futterlösung 3 kg Zucker ins Volk bringe. Genaugenommen sind in 1 Liter Lösung (3 : 2) 750 g Zucker und 500 g Wasser enthalten.
Je nach der Überwinterungsart rechnet man 10–15 kg Zucker auf das Volk, wenn es keine nennenswerten Eigenvorräte hat. Das entspricht etwa 13-18 Liter Zuckerlösung.
Als langjähriges Mittel für den Futterverbrauch können folgende Zahlen gelten: Oktober 655 g, November 537 g, Dezember 554 g, Januar 658 g, Februar 951 g, März 1791 g; insgesamt 5146 g. Es wäre aber falsch, wenn man deshalb einen Wintervorrat von 5–6 kg Futter für genügend ansehen würde. Der Verbrauch im September und erst recht im April mit seiner starken Bruttätigkeit ist wesentlich höher und schwer zu kontrollieren, weshalb es immer gut ist, mit dem Futter nicht zu knausern.
Beim Einwintern haben die Völker aber in der Regel noch einen gewissen Eigenvorrat an Honig. Zum Teil sind auch vom Reizfutter Überschüsse abgelagert worden. Vor dem endgültigen Auffüttern schaut man deshalb nach, wie groß diese Vorräte sind. Man kann sich zum Abschätzen eine Wabe in $dm^2$ eingeteilt vorstellen. 1 $dm^2$ beidseitig gedeckeltes Futter sind $^1/_3$ kg. Der geschätzte Eigenvorrat des Volkes wird von der beabsichtigten Einfütterungsmenge an Zucker abgezogen. Diese Rechnung ist sehr sinn-

*Abb. 66a–d: Fütterungsvorrichtungen.*

*a) Deckelfuttertrog für Magazinbeuten.*

*b) aufgesetzter Futtereimer.*

*c) Bodenfuttertrog neuerer Bauart.*

*d) Flaschenfütterung im Blätterstock.*

voll: Für 1 kg fertiges Futter verbrauchen die Bienen nämlich etwa 1 kg Zucker. Die 20% Wasser, die im fertigen Futter enthalten sind, entsprechen dem Energieverbrauch, der mit dem Invertieren und Eindicken der Zuckerlösung verbunden ist.

### d) Futtergeräte

Es gibt vielerlei (Abb. 66). Jedes hat Vor- und Nachteile. Bei Oberbehandlung gab es früher nur den *Ballon* für 1 oder 2 Liter. Man rühmt ihm und allen oben aufgesetzten Futtereinrichtungen nach, sie seien hygienischer als andere. Bewiesen hat es noch niemand. Dagegen scheint ein Vorteil der Obenfütterung zu sein, daß das Futter den Bienen besonders nah ist und damit von ihnen leicht gefunden und abgenommen wird. Nachteil: Es geht während der ganzen Futterzeit leicht Wärme nach oben verloren. Weiterer Nachteil der Ballone wie aller Glasgefäße: Sie zerbrechen leicht und sind etwas mühsam zu reinigen. Und das Füllen der Flaschen kostet Zeit.
Besser als Flaschen sind *Futtertröge* im Deckel. Sie können aus Blech, Kunststoff oder gut verleimter Kombination von Holz und Hartfaserplatten sein. Vorteil: rasche Arbeit mit Gießkanne. Nachteil: eigentlich keiner. Man kann die über einen Aufstiegschlitz zum Futter gelangenden Bienen entweder durch eine senkrechte Barriere vom übrigen Trograum fernhalten, oder man überläßt ihnen den ganzen Trog, in den man einen Holzschwimmer einlegt.
Unter bestimmten Voraussetzungen ist auch die *Dosenfütterung* vorteilhaft. Die Dosen oder Eimer aus Blech oder Kunststoff fassen gewöhnlich 5 Liter. Man füllt sie zunächst halb mit kaltem Wasser und schüttet grob kristallisierten Zucker nach, bis sie voll sind. Es gehen 3 bis 4 kg Zucker hinein. Man drückt den scharf schließenden Deckel darauf und befestigt ihn bei Kunststoff mit Metallklammern. (Der Rand muß von Zuckerkörnchen frei sein!) Man stellt die Dose auf den Kopf, schüttelt etwas herum, daß kein Zucker mehr oben anhängt, und stellt die Dose so über das Volk, daß das feine Gitter im Deckel genau über einer entsprechenden Öffnung in der Abdeckung des Volkes liegt. Vorteile: Man braucht den Zucker nicht aufzulösen, er löst sich durch das durchströmende Wasser während die Bienen saugen von selber. Und man kann gleich 3 bis 4 kg Zucker auf einmal geben. Nachteile: Man verschüttet beim Umdrehen fast unvermeidlich Futter, und es geht Wärme verloren. Bei Blätterstöcken ist diese Art der Fütterung weniger vorteilhaft. Es ist nicht ganz leicht, die Dose in das obere freigemachte Honigraumabteil hineinzubalancieren. — Einlaufende Klagen von Benutzern der Dosenfütterung:

Wenn der Deckel nicht scharf schließt, läuft alles aus. Das Gitter wird gern von den Bienen zugekittet. Das Futter wird von einem Pilz befallen, der es in einen Schleim verwandelt. Es bleiben auf dem Deckel Zuckerreste liegen, die man am Schluß doch wieder auf andere Weise verfüttern muß. Es ist Ansichtssache, ob man hier die Licht- oder die Schattenseiten stärker sehen will.
Das Gegenstück zur Obenfütterung ist die Fütterung von unten. Es gibt sie in verschiedenen Anwendungen: einmal als Teller- oder Pfannenfütterung in Verbindung mit umgekehrt aufgesetzten hohen Flaschen. Diese Fütterung ist besonders bei Blätterstöcken üblich, wobei die Flasche außerhalb des rückwärtigen Fensters steht. Die Bienen finden das Futter in den flachen Einschiebegefäßen besonders schnell und nehmen es rasch ab. Nachteilig ist die Zerbrechlichkeit der Flaschen und das zeitraubende Füllen. Die andere Art der Untenfütterung geschieht wieder über große Tröge. Sie ist im Zusammenhang mit dem hohen Unterboden im Magazinbetrieb eingeführt worden. Leider ist sie bei den meisten Beutenkonstruktionen noch nicht einwandfrei gelöst. Man sollte beim Füttern nicht mit den Bienen in Berührung kommen. Schwimmer sind bei dieser Art der Futtergabe in jedem Fall von Nutzen.
Letztlich kann man das Futter bei Hinterladerkästen auch noch hinter dem Wabenwerk reichen. Dazu eignen sich besondere Kästen aus Holz oder Blech, die in oder hinter dem Abschlußfenster angebracht werden. Eine Spalte zur Futteraufnahme für die Bienen trennt diese vom Einfüllraum. Die bienennahe Fütterung ist ein Vorteil. Aber Holzkästen werden leicht undicht. Die Durchlaufschlitze im Trennschied können verkrusten. Der Vollständigkeit halber darf auch noch die Fütterung im Seitenwandfuttertrog genannt werden. In manchen Beuten ist diese Einrichtung von vornherein eingebaut. Ob und wie gut sie funktioniert, hängt von Konstruktionsbesonderheiten ab.

### e) Der Wintersitz

Noch vor dem Auffüttern muß man die Völker für den Winter auf eine bestimmte Raumgröße bringen. Bis vor einigen Jahren kannte man in Deutschland ausschließlich die Überwinterung nur in einem Raum bzw. einem einzigen Stockwerk des Bienenkastens. In der Regel wurde parterre im Brutraum überwintert. Entsprechend der Größe des Volkes engte man diesen Raum auch noch mehr oder weniger ein, indem man Waben entnahm und Wärmeschiede aus Holz oder Stroh an ihre Stelle setzte. Dadurch versuchte man zu verhindern, daß das Futter zu fern vom Wintersitz der Bienen aufgespeichert wurde und die Bienen vorzeitig in ihren

Wabengassen durchzehren und inmitten ihrer Vorräte verhungern konnten. Sie wechseln in der Kälte nicht gerne in andere Wabengassen.
Das Einengen durfte aber nicht so weit gehen, daß am Schluß kein futterfreier Raum mehr für den Wintersitz des Volkes übrigblieb. Auf restlos vollen Waben säße das Volk zu kalt. Ein normales Bienenvolk muß unter den heutigen Halte- und Zuchtbedingungen mindestens auf 7 Zander- oder 8 Normalmaßwaben gesetzt werden. Nur Reservevölker und Ableger gehen auf einer geringeren Wabenzahl in den Winter.
Beim Magazinbetrieb bürgert sich seit einigen Jahren immer mehr die Überwinterung in 2 Räumen ein. In Magazinen lassen sich größere Völker führen als in Hinterbehandlungsbeuten. Dennoch füllen sie unter unseren Klimaverhältnissen im Winter nicht beide Räume aus. Sie sitzen nach der Einfütterung je nach Futtermenge im oberen oder zur Hälfte im oberen und unteren Raum. Es ist wichtig, daß der Abstand zwischen den oberen und unteren Rähmchen nicht über 8 mm groß ist. Sonst könnten die im unteren Raum sitzenden Bienen den Anschluß verlieren und verhungern. Insgesamt füttert man bei der 2-Raumüberwinterung mehr als bei der Überwinterung in einem Raum. Man darf es aber auch nicht übertreiben, sonst muß man im Frühjahr überschüssiges Futter herausnehmen, um es nicht in den Frühjahrshonig zu bekommen. Der Vorteil der 2-Raumüberwinterung ist ein geringerer Arbeitsaufwand. Was man im Herbst nicht an Waben wegnimmt, braucht man im Frühjahr nicht erst wieder ins Volk zu geben. Man kann das Volk niemals überfüttern. Es wird immer genügend Raum für die erste Frühjahrsbrut finden. Auch wird es im Winter niemals auf kalten Futterflächen sitzen müssen.
Als Nachteil mag man werten, daß Magazinvölker, insbesondere solche auf 2 Überwinterungsräumen, etwas kälter sitzen als Hinterladervölker. Sie stehen ja auch im Freien. Die Zehrung ist infolgedessen größer. Daß Randwaben und untere Waben verschimmeln, muß nicht sein. Dazu ist wichtig, daß sich in dem sonst gut isolierten Deckel eine vordere Öffnung zum Abzug der Feuchtigkeit befindet. Sie kann im Sommer außer der Lüftung auch dem Abflug der Drohnen dienen.

### f) Wie steht es mit der Winterverpackung?

Warme Völker zehren weniger als kalte. Der Bienenhausimker mit Hinterbehandlung packt denn auch seine Völker gut ein, indem er hinter dem Abschlußfenster Wärmepolster anbringt. Man verwendet Kissen aus Wellpappe, Filz oder Schaumkunststoff. Seitlich stehen die Beuten in der Regel so nahe beieinander, daß keine Isolierung nötig ist, nur die Randvölker erhalten einen Wärmeschutz. Die nur im unteren Raum sitzenden

*Abb. 67: Auch strengste mitteleuropäische Winter können den frei aufgestellten Völkern in einfachwandigen Kästen nichts anhaben.*

Völker werden im Honigraum mit passenden Wärmematten abgedeckt. Notfalls tun es auch mehrere Lagen Zeitungspapier.

Oberbehandlungskästen im Bienenhaus und im Freistand werden mit Decken und Säcken abgedeckt. Ihr Deckel besteht aus Holz oder aus Weichfaserplatte. Es ist auf alle Fälle falsch, im Winter eine Wachs- oder Acellafolie über den Waben zu belassen. Besser sind ein paar Lagen Zeitungspapier, wenn es überhaupt einer solchen Zwischenschicht bedarf. Auf alle Fälle muß die Feuchtigkeit nach oben abziehen können. Der Hauptfeind der Bienenvölker im Winter sind kalte Ecken, wo sich Nässe bilden kann.

Kalter Sitz ist besser als feuchter Sitz. Das wissen vor allem die Magazinimker, die ihre Völker im Freiland überwintern. Ihnen scheinen all diese Vorkehrungen der Wärmedämmung stark übertrieben. Sie überwintern wenig oder überhaupt nicht eingeengte Völker, und das noch häufig in einfachwandigen Kästen (Abb. 67). Man könnte fast sagen, daß sie luftig überwintern, da sie sogar noch ein Dampfabzugsloch im Deckel offenhalten. Das hat sich außerordentlich bewährt. Teilweise propagiert man heute sogar die Überwinterung mit offenem Gitterboden. Die Kaltüberwinterung hat mit dem Umsichgreifen der *Varroatose* eine besondere Bedeutung gewonnen. Man möchte auf keinen Fall, daß die Völker im Winter auf Sparflamme durchbrüten.

Soweit moderne Beuten nicht herausnehmbare Böden besitzen, legt man gerne vor oder nach dem Auffüttern eine Einlage auf das Bodenbrett, die »Winterwindel«. Das ist ein zugeschnittenes Stück ungesandeter Dachpappe. Sie ist an der Stelle, wo sie ans Flugloch anstößt, etwas ausgeschnitten, damit sie den Ausgang nicht verlegt, falls sie sich werfen sollte. Das sich während des Winters auf der Stockeinlage ansammelnde Gemüll gibt darüber Aufschluß, wie gut oder schlecht das Volk überwintert hat.

### g) Keine Störung

Ein gut versorgtes Wintervolk will jetzt nur noch in Ruhe gelassen werden. Schnee am Flugloch kann nicht stören. Selbst das völlige Einschneien der Beuten ist nicht schädlich. Vielleicht aber schadet es, wenn die Fluglöcher vereisen. Stören können Mäuse und Spitzmäuse, die im Volk Behausung und Futter suchen. Da Spitzmäuse überall eindringen können, wo das Flugloch höher ist als knapp 6 mm, bringt man am besten einen Streifen aus punktgeschweißtem Drahtgitter von 6 mm Maschenweite an. Es muß so fest sitzen, daß es die »Insektenfresser« nicht zur Seite schieben können. Tote Bienen, die im Gitter hängenbleiben, entfernt man von Zeit zu Zeit, damit bei einem überraschenden Reinigungsflug keine Stauung entsteht. Ein vor die Flugfront gespanntes grobmaschiges Nylonnetz hält Meisen und Spechte von den Beuten ab. Man entferne klappernde Teile am Bienenhaus und dagegenschlagende Äste, die den Bienen Ungemach bereiten — und man halte sich auch selbst besonders mit Arbeiten, die Erschütterungen hervorrufen, vom Bienenhaus fern.

## 2. Beim Reinigungsflug

Wenn die Bienen längere Zeit nicht ausfliegen konnten, fühlen sie beim Ansteigen der Außentemperatur auf 8 bis 12 °C im Januar, Februar oder auch später den Drang, sich zu entleeren. Wenn das auf Grund der Wetterlage vorauszusehen ist, zieht man womöglich schon vor Beginn des Reinigungsfluges die Bodeneinlagen mit dem Gemüll und den toten Bienen heraus. Dabei sieht man, wie weit das Volk in die Futtervorräte hineingezehrt hat — ob Hunger droht oder nicht. Die Zahl der toten Bienen läßt Rückschlüsse auf die Volksgesundheit zu. Vor allem finden sich im Wintergemüll während der kalten Jahreszeit von den Bienen abgefallene *Varroa*-Milben. Man kann ihn daraufhin untersuchen lassen. Dazu sondert man die Bienen davon ab und schickt ihn — für jedes Volk einzeln oder als Sammelprobe — an eine amtliche Untersuchungsstelle ein. Die hier in Frage kommenden Institutionen sind je nach Bundesland verschieden: z. B. Veterinär-Untersuchungsämter, Landesuntersuchungsämter oder andere dazu beauftragte Stellen. Man kann die zuständige Stelle über die Veterinärbehörde seines Wohngebietes oder auch über den Imkerverein erfragen. Die Untersuchung der Gemüllproben ist kostenlos. Dasselbe gilt auch für die Untersuchung von Bienen auf den Befall mit *Tracheenmilbe,* die man gleichzeitig durchführen lassen kann. Dazu muß man kleine Proben von 25 bis 30 Bienen aus dem Wintertotenfall, gesondert je Volk, in kleinen luftdurchlässigen Schachteln verpacken und mit einsenden (s. *Acarapiose* S. 271).

Wer als Bienenhausimker mit Hinterbehandlungskästen Kissen und Matten zum Einpacken seiner Völker für den Winter verwendet hat, sollte das Verpackungsmaterial jetzt herausnehmen und zum Trocknen auslegen. Am Abend kommt es dann wieder in die Beute zurück. Auch die Bodeneinlage schiebt man noch einmal ein. Erst bei der späteren Frühjahrsdurchsicht wird sie dann, wie auch das Verpackungsmaterial, endgültig entfernt.

Vielleicht lag die eingegangene Königin auf dem Boden. Was dann? Sitzt zufällig ein Ableger mit junger Königin im Honigraum, genügt ein Schlitz als Verbindung. Bei geeignetem Wetter zieht das weisellose Volk nach oben. Hat man anderswo einen Ableger, so hängt man ihn dem weisellosen Volk zu, oder man holt dort die Königin heraus und setzt sie im Käfig unter Zuckerteigverschluß auf die mittlere Wabe des weisellosen Volkes. Den entweiselten Ableger hängt man einem Volk zu, das Verstärkung brauchen kann. Fehlt eine Ersatzkönigin, wird das weisellose Volk dem weiselrichtigen Nachbarvolk zugehängt oder einfach vor dem Flugloch abgestoßen. Das eigene Flugloch wird verschlossen. Die Bienen laufen dem Nachbarvolk zu. Die freigewordenen Futterwaben können später im April kräftig wachsenden Völkern guttun. Oder man schleudert sie aus und verwendet das Futter statt Honig zur Herstellung von Zuckerteig.

Abgesehen von diesen Notstandsarbeiten läßt man die Völker jetzt noch in Ruhe. Wenn während des Reinigungsausfluges nicht für mehrere Stunden wirklich schönes Wetter herrscht, unterläßt man selbst diese Arbeiten. Man stellt sie für den März zurück, wenn man die Völker zum ersten Mal durchsieht.

## 3. Das neue Brutnest und seine Förderung

Je nach Witterung entsteht Ende Januar–Februar das erste kleine Brutnest innerhalb des Zentrums der Wintertraube. Die Nährdrüsen der dazu nötigen Ammen werden, auch ohne augenblicklichen Pollenvorrat, gespeist aus dem Fett-Eiweiß-Polster, das sie sich im Herbst angezehrt haben. Es wäre sinnlos, ja gefährlich, diesen ersten Brutsatz fördern zu wollen. Ruhr und verkühlte Brut wären bei den sicher noch zu erwartenden Kälteperioden die Folge.

### a) Frühjahrsreizung?

Erst wenn gegen Mitte März warme Tage aufkommen, darf der Imker dem Drang, seinen Bienen zu helfen, nachgeben. Wer nicht mit Frühtracht zu rechnen hat, begnügt sich auch jetzt noch mit der Aufstellung einer *Tränke* und dem *Eng- und Warmhalten* seiner Völker. Der Frühtrachtimker dagegen sucht die Ausdehnung des Brutnestes zu beschleunigen. Das erreicht er am besten durch *Futter von außen*. Dabei hat das Eiweißfutter entschieden den Vorrang, also Pollen und Pollenersatz. Die verschiedenen Pollenarten sind nicht gleichwertig. Pollen von Haseln und Erlen wirken nicht besser als Pollenersatzmittel. Eigene Anpflanzung lohnt sich kaum. Dagegen lohnt sich die Anlage von Kätzchenweiden in Standnähe (Abb. 68). Statt der schwer vermehrbaren Saalweide nimmt man die leicht und rasch wachsende Küblerweide, *Salix Smithiana*. Als 6 m hohe Hecke bietet sie gleichzeitig Windschutz für Garten und Bienenstand. Wer eine größere Rasenfläche oder Wiese kräftig mit Krokus durchsetzen kann, tut seinen Bienen einen Gefallen. Doch hat Krokuspflanzung keinen Sinn, wenn nicht zugleich die Mäuse bekämpft werden! Sonst wundert man

*Abb. 68: Kätzchenweiden sind das beste Bienenfutter im Frühjahr.*

a)

b)

*Abb. 69a, b: Die Reizfütterung der Bienen kennt manches Wenn und Aber. Am besten ist die Anwendung von außen. a) Das Höselhäuschen mit Glas- oder durchsichtigem Kunststoffdach hat einen grobgerieften Boden, damit die Bienen nicht im pulverigen Pollenersatz versinken. b) In Standnähe gebotenes Flüssigfutter darf nur sehr dünn sein, um die Aufregung der Bienen in Grenzen zu halten.*

sich, wie wenig davon übrigbleibt. Gegen Mäusefraß wird empfohlen, die Zwiebel vor dem Setzen anzufeuchten und in Mennige zu wälzen. Der angetrocknete Überzug soll jahrelang halten.

Die 8 bis 10 milden Tage, die meist zum Aufblühen der ersten Kätzchen nötig sind, benützt man, um *Pollenersatzstoffe* im Freien anzubieten (Abb. 69a). Bewährt haben sich Sojamehl, Höselhefe und besonders Sojapoll und Fukopoll. Trockenmagermilch wird für sich allein kaum gehöselt und wirkt auch nicht so gut. Die Zugabe von 10–20 % Staubzucker zu diesen Ersatzmitteln scheint die Lust der Bienen zum Höseln und Aufspeichern zu steigern, doch erhöht sie auch die Neigung zur Verkrustung der Oberfläche in feuchten Nächten.

Die Bienen höseln den Pollenersatz, solange sie zuwenig Naturpollen haben. Steht davon genügend zur Verfügung, beachten sie die Ersatzmittel nicht mehr. Immerhin kann man durch diese Art der Eiweißfütterung für fluglose Tage vorsorgen, die sicher kommen werden.

Die Frage, ob man bei länger anhaltendem Schlechtwetter Eiweiß in Form eines Teiges füttern sollte, drängt sich auf. Der Handel bietet fertige Eiweißfutterteige an. Sie sind mit Pollenersatz oder mit Naturpollen hergestellt. Allerdings liegt der Eiweißgehalt kaum höher als 10%. In der Regel sogar darunter. Viel kann man sich von dem prozentual geringen Eiweißanteil nicht erhoffen. Man könnte einen etwas konzentrierteren Teig selbst zubereiten. Ein ideales Verhältnis ist die Mischung von 1 Teil Puderzucker, 1 Teil Pollenersatz und 1 Teil Honig. Das ergibt einen Teig mit 33 % Eiweißgehalt. Mehr darf er allerdings nicht haben, weil die Bienen ihn dann nur noch widerwillig annehmen, was nur allzu leicht zu Schim-

melbildung führt. Der Eiweißteig müßte unmittelbar im Brutnestbereich gegeben werden — entweder als ausgewalzte Fladen oder als langgezogene Würste über den Rähmchengassen.
Leider wird der Teig nicht nur von jungen Bienen, die zur Blutpflege vorgesehen sind, gefressen, sondern auch von älteren, die das Eiweiß gar nicht mehr zur Bruterzeugung auszuwerten vermögen. Um so mehr muß man befürchten, daß die Eiweißkomponente im Reizfutter zu vermehrter Anfälligkeit der Bienen gegenüber der *Nosemakrankheit* führt. Früher konnte man als Gegenmittel *Fumidil B* einsetzen, welches man dem zur Teigbereitung verwendeten Honig beimengte. Leider ist dieses hochwirksame Mittel heute nicht mehr auf dem deutschen Markt. Schon deshalb ist die Fütterung mit Eiweißteigen problematisch.
Trotz aller Hoffnung, die auch die Bayerische Landesanstalt für Bienenzucht einmal in die Reizfütterung mit Pollenersatzteig gesetzt hatte, mußte sie nach einer Reihe von Jahren eifriger Versuche zu dieser Frage bekennen, daß im Durchschnitt der Jahre kein Vorteil für die Entwicklung der Völker mit diesen Maßnahmen verbunden war. Vorübergehende bessere Brutpflege der gereizten Völker während des Schlechtwetters wird mit raschem Bienenverlust nach der Wetterbesserung erkauft. Die Bienen sind dann auch nicht trachtstärker. Die Innenreizfütterung mit Pollenersatzteigen ist zumindest eine zweifelhafte Sache. Wer es dennoch tut, muß zumindest bereits sehr starke Völker besitzen. Meist sind Maßnahmen dieser Art auch mit der Durchführung besonderer individueller Betriebsweisen verknüpft.
Wie die Fütterung von Pollenersatzmitteln durch *Höselnlassen* noch am ehesten Wirkung verspricht, so scheint auch die *Zuckerfütterung von außen* ihre Vorteile zu haben. Natürlich kann es sich dabei nur um eine Reizung mit Flüssigfutter handeln (Abb. 69b). Erfahrungsgemäß besteht im Frühjahr bei der Flüssigreizung, selbst in Standnähe, keine große Gefahr für Räuberei. Die Lösung muß allerdings dünn sein, was letztlich auch für die Reizwirkung von Bedeutung ist. Üblicherweise wird sie im Verhältnis Zucker zu Wasser wie 1:5 oder 1:10 hergestellt.

### b) Die große Frühjahrsnachschau

Erst wenn das Thermometer 16 bis 20 °C zeigt, schaut man einmal alle Völker genauer durch. Man tut aber dabei nicht mehr, als nötig ist, um über jedes Volk Bescheid zu wissen. Man muß durchaus nicht jede Wabe des Brutnestes gesehen haben. Eine äußere Wabe zeigt den Futterstand, eine innere den Brutstand. Möglicherweise muß man einengen, d. h. unbesetzte, leere Waben wegnehmen, wenn das Volk schwach ist. Wenn man

*Abb. 70: Die beste Reizfütterung ist das Aufreißen der Futtervorräte auf den Randwaben.*

jetzt gedeckeltes Futter auf den Randwaben mit dem Stockmeißel aufreißt, ist das eine erlaubte und sehr gute Art der Reizfütterung (Abb. 70). Die Bienen tragen das Futter um. Aktivität und Wärme im Stock fördern die Brut.

Normale Völker bleiben innen unberührt bis zum ersten Aufsetzen. Nur wo mir etwas nicht gefällt, öffne ich das Volk. Schlechter Flug, wenige kleine Höschen, Unruhe, zerstreuter Sitz, viel Totenfall sind Dinge, die Verdacht erregen. Hier zeigt die Nachschau, was los ist: minderwertige Königin oder gar keine, Buckelbrut, Nosema, Spitzmausbesuch, Ruhr durch versäumten Reinigungsflug, Tracheenmilbe und Brutmilbe. Die Behebung solcher Mißstände kommt in der Regel einer Reduzierung der Völkerzahl gleich.

Die Besuche auf dem Bienenstand werden nun häufiger. Der Blick auf die Notizen der Stockkarten zeigt, wo am ehesten an Erweiterung zu denken ist.

## 4. Das wachsende Volk

### a) Erste Erweiterung

Im März hielten sich schlüpfende Jungbienen und absterbende Altbienen die Waage, vielleicht überwog sogar der Abgang. Im April merkt man die Wirkung des verstärkten Bruteinschlags der ersten warmen Märztage. Soweit man die Völker im Herbst eingeengt hat, müssen sie jetzt erweitert werden. Das geschieht am besten zunächst mit ausgebauten Waben, die während des Winters mit Essigsäuredämpfen desinfiziert wurden. Der rechte Platz ist zwischen einer Außenwabe und der letzten Brutwabe. Besonders geeignet sind mäßig gefüllte Futterwaben, die man aufreißt und

mit warmem Wasser bespritzt. Wer Zeit hat, öfter nach seinen Bienen zu schauen, kann schrittweise erweitern. Wer seine Völker nur ab und zu besuchen kann, wird notgedrungen gleich mehr Erweiterungswaben auf einmal geben. Zeitgerecht erweitert man, wenn auch die äußeren Wabengassen sich mit Bienen füllen. Wer wartet, bis alles vor Bienen platzt, treibt seine Völker schon frühzeitig zum Schwärmen.
An Stelle von Erweiterungswaben können zuletzt auch Mittelwände verwendet werden. Früher ist der letzte Platz im einstöckigen Brutraum mit dem sogenannten Baurahmen ausgefüllt worden. Erfunden wurde er im Zusammenhang mit der Hinterladerimkerei, insbesondere in Verbindung mit dem abschließenden rückwärtigen Fenster. Beim Blätterstock ist der Baurahmen mit dem Fenster verbunden. Hier kann er leicht kontrolliert und von Zeit zu Zeit ausgeschnitten werden. Auf diese Weise kann er für den gewitzten Imker ein Barometer für das Schwärmen abgeben.
Der Baurahmen, welcher nach jedem Herunterbauen ausgeschnitten wurde, kostete viel Bienenfleisch. Man schnitt ja nicht nur die Jungfernwabe, sondern eine Menge Drohnenbrut mit heraus. Sein Gebrauch war mit viel Zeit- und Arbeitsaufwand verbunden. Dabei ist seine schwarmanzeigende Wirkung nicht einmal sicher. Zur Wachslieferung rentiert er sich nicht, und schwarmverhindernd wirkt er auch nicht.
Die meisten Imker verwendeten den Baurahmen bis vor kurzem auch nur noch als Drohnenrahmen, d. h., sie beließen ihn den ganzen Sommer über im Volk, so daß einige Drohnengenerationen darin zur Entwicklung kamen. Heute, im Abwehrkampf gegen die neue, gefährliche *Brutmilbenkrankheit* (S. 275 ff.), besinnt man sich aber wieder auf die Handhabung des Baurahmens. Da man festgestellt hat, daß Varroamilben 10mal lieber Drohnenbrut als Arbeiterbrut befallen, versucht man durch wiederholtes Ausschneiden des Baurahmens den Varroadruck im Bienenvolk zu mindern. Der Drohnenrahmen hat seinen Platz unmittelbar hinter einer Randwabe im Brutnest.
Es versteht sich von selbst, daß der Magazinimker, der in zwei Räumen überwintert, während all dieser Zeit überhaupt noch nichts zu tun hat. Seine Völker haben ja genug Raum und Zeit, um sich auszudehnen. In der Regel hat er auch bereits eine ausgebaute Drohnenwabe während des Winters im Volk belassen. Wenn er will, kann er sie jetzt ausschneiden und neu bauen lassen.

### b) Die Freigabe des Honigraums

Je nach Frühjahrswetter füllen die besseren Völker zu Beginn, die anderen im Verlauf der Obst- und Löwenzahnblüte den Brutraum so sehr, daß der nächste Erweiterungsschritt die Freigabe des Honigraums bedeutet. Ganz Vorsichtige geben den Honigraum nicht auf einmal. Sie hängen etwa 2–3 gedeckelte Brutwaben nach oben und dazu 2 Deckwaben. Der übrige Platz des Honigraums wird mit Holzkissen ausgefüllt. Die Brutraumwaben werden so zusammengerückt, daß Brut über Brut steht. Für die nach oben umgehängten Brutwaben erhält der Brutraum Leerwaben oder Mittelwände außen an das Brutnest. Auch die nächsten Erweiterungsschritte erfolgen auf gleiche Weise, bis der Honigraum gefüllt ist. Doch kann man es bei anhaltend warmem Wetter und kräftiger Entwicklung nun auch wagen, Mittelwände zwischen die Brutwaben zu hängen. Man muß im Gefühl haben, was man dem einzelnen Volk zumuten kann. Durch das Umhängen von gedeckelter Brut schafft man unten Platz für Eier, entlastet zugleich den Brutraum vom Gedränge der Jungbienen und wirkt so dem Schwarmtrieb entgegen. Auch das Ausbauen von Mittelwänden wirkt dämpfend auf die Schwarmlust. Volkserstarkung, Schwarmverhinderung und Bauerneuerung gehen also Hand in Hand.

Zwischen Hinterbehandlung und Magazinimkerei muß kein grundsätzlicher Unterschied bei diesen Eingriffen bestehen, vorausgesetzt, daß man in einem einzigen Raum überwintert hat. Magazinimker, die in 2 Räumen überwintern, finden jetzt in der oberen Zarge die Hauptbrutmenge. Auch

a)

b)

*Abb. 71a, b: Im Frühjahr heißt es Raumgeben.*
*a) Beim Aufsetzen zweiräumig überwinterter Völker werden Brutwaben aus der oberen Brutzarge mit Mittelwänden ausgetauscht.*
*b) Die Brutwaben kommen in den Honigraum, der im übrigen mit ausgebauten Waben ausgestattet ist.*

sie geben jetzt schon den Honigraum als 3. Zarge, obgleich das Volk noch in den beiden Überwinterungszargen Platz hätte. Dabei gehen sie am besten wie beim klassischen Aufsetzen vor. Sie hängen aus der 2. Zarge 3–4 Brutwaben in die 3. Zarge um und ergänzen die 2. Zarge dafür mit Mittelwänden. Diese werden hier am schnellsten ausgebaut. In den Honigraum über dem Absperrgitter kommen außer den Brutwaben nur ausgebaute Waben (Abb. 71a, b).
Das Umhängen der Brutwaben in den Honigraum hat zur Folge, daß dieser Raum rasch von den Bienen angenommen wird und Frühtrachthonig aus Obst, Löwenzahn und Raps auch wirklich hierher gelangt. Wenn man die Honigzarge ohne Brut aufsetzen würde, wie es dem Zargenimker vorschweben möchte, kann es passieren, daß die Bienen den Frühjahrshonig unter dem Absperrgitter über und seitlich der Brut ablagern, anstatt ihn nach oben zu tragen. Selbstredend wird die umgehängte Brut genau über den unten zusammengeschobenen Brutwaben plaziert. Das Bienenvolk hat im Notfall in dem für seine Stärke etwas zu groß geratenen Kasten nur den Brutbereich zu erwärmen. Das fällt ihm bei Vertikalanordnung der Brut besonders leicht. Mit dem Wachsen der Bienenzahl wird schließlich auch der unterste Raum bevölkert und allmählich bebrütet. Das Volk behält den ganzen Sommer über die beiden Bruträume. Damit die Königin auch ungehindert von einem zum anderen Raum hinauf und hinunter wechselt und beide Räume mit Brut versieht, darf der Abstand zwischen den oberen und unteren Waben nicht zu groß sein. In einem solchen Fall müßten erst überall Wachsbrücken die Verbindung schaffen, und das könnte bei mäßiger Tracht auf sich warten lassen. 8 mm aber überwindet die Königin leicht. Dieser Abstand bewirkt gleichzeitig, daß keine zu festen Wachsbrücken entstehen und die Zargen bei Bedarf leichter voneinander zu trennen sind.
Dasselbe, was hier für den Betrieb mit Magazinen gesagt wurde, gilt auch für die Dreiraum-Hinterbehandlungsbeuten, die in den letzten Jahren von den Bienenhausimkern gerne verwendet werden. Diese Beuten stellen einen Versuch dar, die bequemen Betriebsformen der Zargenwirtschaft auf die Hinterbehandlungsimkerei zu übertragen.

### c) Verstärken und Vereinigen der Völker

Trotz aller Bemühungen, starke Völker einzuwintern und die Entwicklung im Frühjahr zu fördern, steht der Frühtrachtimker in einem angespannten Wettlauf mit der Natur. Ein Weg, wenigstens mit einem Teil der Völker schlagfertig für die Ausnützung der Tracht aus Obst, Löwenzahn und Raps bereitzustehen, ist das Verstärken und Vereinigen der Völker.

Man könnte die Völker ausgleichen, indem man Brut von den stärkeren entnimmt und den schwächeren zuhängt. Manchmal, wenn schon die Frühtracht vor der Tür steht, kann es aber besser sein, die starken auf Kosten der schwachen noch stärker zu machen. Etwa 10 bis 14 Tage vor dem vermutlichen Trachtbeginn entnimmt man den schwächeren Völkern, die ohnehin den Anschluß an die Frühtracht nicht erreichen würden, Waben mit altgedeckelter, am besten schon auslaufender Brut samt Bienen und hängt sie in den Honigraum der starken Völker. Man füllt den Honigraum nicht ganz auf, um noch Platz zu haben für das Umhängen von Brutwaben aus dem eigenen Volk. Die jetzt sehr schwachen Restvölker muß man eng halten und füttern, damit sie für die Junitracht wieder stark werden. Man kann sie auch vereinigen, oder sie können von den verstärkten Völkern, die in Schwarmgefahr kommen, wieder gedeckelte Brutwaben zurückerhalten. Das nützt dann beiden Teilen.
Beim sogenannten Zweivolkbetrieb, richtiger *Vereinigungsbetrieb*, werden die Honigräume schon im Herbst mit Ablegern oder Völkern mit Königin besetzt und, vom Brutraumvolk getrennt, eingewintert. 10 bis 14 Tage vor Trachtbeginn wird die Königin des Honigraums getötet, wenn von ihr nicht mehr viel zu erwarten ist. Macht aber die Königin des Brutraums einen schlechteren Eindruck, so wird diese entfernt und das Brutraumvolk nach oben gesetzt, das Honigraumvolk nach unten. Dazwischen Absperrgitter und durchlochte Zeitung (s. S. 149).
Sind beide Königinnen noch gut, wird mit der Königin des Honigraums ein Kleinableger in einen anderen Kasten gemacht. Er wird gepflegt und kann, nach und nach mit Waben aus zu üppigen Völkern verstärkt, noch zur Ausnützung späterer Trachten taugen. Oder er kann nach Trachtschluß wieder in einen Honigraum wandern für den Vereinigungsbetrieb des kommenden Jahres. Zu dieser Betriebsweise gehöhren geräumige Beuten, am besten eignet sich wieder der Magazinbetrieb; auch Dreiraumbeuten sind gut verwendbar.
Sämtliche Völker auf Vereinigungsbetrieb (Zweivolkbetrieb) einzurichten wird sich nur empfehlen, wo die Frühtracht die einzige Tracht ist, aus der man etwas zu erwarten hat. Allenfalls auch noch da, wo nach der Frühtracht eine große Trachtpause folgt und erst der Herbst noch eine Ernte, etwa aus dem zweiten Luzerneschnitt oder der Heide, erwarten läßt. Dann reicht die Zeit zum Wiederaufbau neuer trachtfähiger Völker. Kann man aber noch mit Sommertracht am Heimstand rechnen oder will man eine solche anwandern, wird man sich derlei Vereinigungsexperimente doch lieber verkneifen. Im »Zeitalter« der *Varroatose* setzt man ohnehin stärker auf Vermehrung und den Aufbau neuer eigenständiger Volkseinheiten über Ableger und Kunstschwärme, als daß man sich aufwendige trachtbezogene Spezialbetriebsweisen ausdenkt.

### d) Bruteinschränkung — ja oder nein?

Ganz ähnlich wie mit dem Vereinigungsbetrieb verhält es sich mit der Bruteinschränkung für eine bestimmte Tracht. Durch Wegfall des Brutgeschäftes haben die Bienen mehr Zeit zum Honigeintragen, und eine Steigerung des Ertrages ist zumindest möglich. Das Verfahren ist nur da angebracht, wo es gilt, alles auf eine Karte zu setzen, und man nicht etwa noch mit einer späten Tracht zu rechnen hat, die das bienengeschwächte Volk dann nicht mehr nutzen kann. Auch dürfen die brutbeschränkenden Maßnahmen nicht so spät im Jahr erfolgen, daß man das Brutgeschäft zur Erzeugung der Winterbienen nicht mehr in Gang zu bringen vermag. Bruteinschränkung lohnt sich also da, wo sich der Vereinigungstrieb lohnt, der, richtig gesehen, auch eine Art Bruteinschränkung darstellt.
Die Bruteinschränkung kann sehr verschiedene Ausmaße annehmen, Absperrung der Königin in einem Käfig, auf einer einzigen Wabe oder auf mehreren. Sie ist keine Sache für den Anfänger, und doch erscheint sie heute im Zusammenhang mit der *Brutmilbenkrankheit* in besonderem Licht. Wenn man auf der Höhe der Volksentwicklung die Königin mehrmals hintereinander auf einer Wabe in einer Wabentasche bis zur Deckelung der Wabe absperrt und diese danach jeweils mit ihrem ganzen Inhalt vernichtet, wird durch die massive Bruteinschränkung ein gravierender Rückgang des Varroabefalls im Volk erreicht. Das Volk hat bis zum Herbst genügend Zeit, zu regenerieren. Allerdings ist das Verfahren sehr zeit- und arbeitsaufwendig und bei einer zu erwartenden Herbsttracht überhaupt nicht anwendbar. Erfahrungsgemäß kann es den Einsatz von Medikamenten gegen die *Varroatose* auch nicht ersetzen, sondern höchstens reduzieren (s. S. 278).

## 5. Schwarmarbeiten

Die Schwarmlust der Bienenvölker war in früheren Zeiten, als man noch mit der alten Deutschen Biene arbeitete und größtenteils viel zu kleine Kästen benutzte, meist schon von außen an den stark vorlagernden, untätigen »Bienenbärten« zu erkennen. Unsere heute vornehmlich gezüchtete und in größeren Beuten untergebrachte Graue Biene tut uns diesen Gefallen nicht mehr. Da muß man während der Schwarmzeit schon ins Volk selbst hineinschauen und die Brutwaben auf heranwachsende Schwarmzellen kontrollieren. Wenn man sichergehen will, daß nicht unversehens ein Vorschwarm davonfliegt, hat man sich dieser Mühe — wenigstens alle 9 Tage, besser noch in wöchentlichen Abständen — zu unterziehen. Für den Hinterladerimker, der zu diesem Zweck einzelne Waben aus der

a)

b)

*Abb. 72a, b: Die Schwarmkontrolle ist für den Magazinimker äußerst einfach. Durch Abkippen des zweiten Brutraums samt Honigraum nach vorne (a) erhält er einen Blick auf die unteren Wabenränder dieser Zarge. Hier macht sich die Schwarmlust mit angebrüteten Weiselzellen zu allererst bemerkbar (b).*

Beute herausnehmen muß, ist das eine beträchtliche Arbeit. Der Magazinimker hat es dagegen sehr viel einfacher. Er kippt lediglich den oberen der beiden Bruträume samt Honigraum nach vorne, so daß er auf die Unterleisten der oberen Brutwaben sehen kann (Abb. 72a, b). Sie sind zweckmäßigerweise etwas schmaler gehalten als die übrigen Rähmchenteile. Hier, an den unteren Wabenrändern, finden sich ganz vornehmlich die ersten Anzeichen der Schwarmlust in Form bestifteter oder bereits mit Larven besetzter Weiselnäpfchen. Spätestens jetzt gilt es zu handeln. Aber schon früher konnte man etwas tun.

### a) Schwarmvorbeugung

*Schwarmvorbeugend* wirkt das Umhängen von gedeckelten Brutwaben in den Honigraum. Man kann es wiederholen, sooft man am Volk zu tun hat, auch beim und nach dem Schleudern. Es hilft aber nur in schwarmarmen

Jahren und bei Völkern, die ohnehin nicht schwarmlustig veranlagt sind. Das Umhängen ist eine Domäne besonders des Hinterladerimkers. Er bekommt dadurch stets starke, für jede Heim- oder Wandertracht schlagkräftige Völker. Aber auch der Magazinimker kennt das Umhängen. Er geht damit aber in der Regel viel sparsamer um.
*Schröpfen:* In manchen Jahren, in manchen Gegenden und bei manchen Völkern reicht das Umhängen zur Schwarmverhinderung nicht aus. Dann schröpft man die Völker, indem man ihnen Brutwaben mit oder ohne ansitzende Bienen entnimmt. Mit den Waben verstärkt man schwächere Völker, oder man stellt sie zu Ablegern zusammen, die dann eine Weiselzelle oder eine unbegattete Königin bekommen.

## b) Schwarmverhinderung

Setzt ein Bienenvolk trotz aller Vorbeugemaßnahmen Schwarmzellen an, muß man mit größeren Geschützen vorfahren. Es gibt verschiedene Methoden, mit denen man schwarmlustige Völker absolut sicher von ihrem Vorhaben abhalten kann. Nur die bekanntesten seien hier beschrieben.

### *Zwischenableger*

Er wird in verschiedener Weise gehandhabt. Meist setzt man den Honigraum des schwarmlustigen Volkes an die Stelle des Brutraums. Den Brutraum gibt man an einen neuen Platz oder setzt ihn bienendicht über den Honigraum. Die Altbienen und bereits eingeflogenen Stockbienen kehren aus dem verstellten Brutraum zurück in den Honigraum. Hier muß eine offene Brutwabe eingehängt werden, damit die Bienen nicht ausziehen. Der Wochenendimker nimmt die Wabe mit den Nachschaffungszellen nach 7 Tagen heraus und ersetzt sie durch eine neue offene Brutwabe. Erst nach weiteren 7 Tagen ist die Schwarmlust im abgeflogenen Brutraum so weit abgeklungen, daß man ihn nun mit dem Honigraum zurückvereinigen kann. Vorher muß man die Nachschaffungszellen an der Bannwabe im Honigraum ausbrechen.
Bei schlechtem Wetter kann sich der verstellte Brutraum nicht abfliegen. Während sonst die Bienen die hier vorhandenen Schwarmzellen abtragen, muß man es in diesem Fall nach 2–3 Tagen Regenwetter selbst tun. Sonst kann es passieren, daß der verstellte Brutraum einen Schwarm abgibt.
Durch das Zerreißen des Volkes leidet der Honigertrag. Die in den Honigraum zurückkehrenden Trachtbienen sammeln zwar weiter, aber nach unseren Erfahrungen doch mit verminderter Lust. Besser ist es, wenn man

schon früher einen Teil des Brutnestes auf den Honigraum am alten Platz zurückgibt. Das ist bei der Verwendung von 2 Bruträumen auch leicht möglich. Beim Verstellen des 2-zargigen Brutraums legt man ein Absperrgitter zwischen die beiden Räume. Schon nach 4 Tagen sieht man, wo sich die Königin aufhält. Das ist die Zarge mit den Eiern. Die andere setzt man dem Honigraum auf. Der Wochenendimker kann das auch nach 7 Tagen tun. Weitere 7 Tage später kann dann die Rückvereinigung mit der Königinnenzarge erfolgen.
Diese Methode des Zwischenablegers ist mit keiner Vermehrung verbunden. Die alte Königin kommt wieder ins Volk zurück. Häufig schickt sie sich im Spätsommer oder Herbst zur stillen Umweiselung an.
Es wird wohl selten vorkommen, daß man zur Schwarmzeit schon Ableger mit einer diesjährigen begatteten Königin hat. Aber vielleicht hat man kleinere Reservevölker mit vorjähriger Königin, etwa dadurch, daß man solche Völker im Frühjahr laufend durch Entnahme von Brutwaben geschwächt hat, um damit andere Völker zu verstärken. Wenn man bei der Bildung des Zwischenablegers ein solches Restvolk mit junger Königin gleich unter den am alten Platz verbleibenden Honigraum des schwarmlustigen Volkes stellt, arbeiten hier die Bienen fleißig weiter, und bei noch hinzukommender nachfolgender Teilverstärkung aus dem verstellten Brutraum bleibt der Honigverlust durch die so geheilte Schwarmneigung gering. Aus dem weggestellten Brutraumteil mit der alten Königin kann man noch 1–2 Ableger herausmachen und auf diese Weise für die Vermehrung der Völker sorgen.

### *Königinnenableger*

Wenn man es von vornherein auf die Vermehrung der Völker abgesehen hat, kann man anstelle des Zwischenablegers auch den »Königinnenableger« zur Schwarmverhütung durchführen. Dabei muß man aber die Königin suchen, um mit ihr einen kleinen Ableger mit 1–2 Brutwaben zu machen. Im Restvolk muß man alle Zellen bis auf 1 oder 2 ausbrechen, damit es nicht mehr schwärmen kann. Die Wabe mit diesen Zellen sollte man kennzeichnen. Nach 9 Tagen oder frühestens einer Woche bricht man noch einmal alle inzwischen angesetzten Nachschaffungszellen aus. Es ist zu hoffen, daß das Volk in Bälde eine junge begattete Königin haben wird. Sollte das nicht der Fall sein, hat man immer noch den Königinnenableger zum Rückvereinigen.

### *Königinnenflugling*

Man sagt auch »Vorwegnahme des Schwarms« dazu, weil das Verfahren dem Schwarm nachempfunden ist. Aus dem schwarmlustigen Volk entfernt man alle Brut bis auf die Wabe, auf der die Königin sitzt. Für die Brutwaben gibt man Mittelwände. Die mit Bienen besetzten Brutwaben werden in eine neue Beute gehängt. Man rechnet damit, daß die mitgenommenen Flugbienen an ihren alten Platz zur Königin zurückkehren und zu bauen beginnen, wie es ein Schwarm tut. Der große, abgeflogene Brutableger, in dem bald eine Königin schlüpft, dürfte theoretisch nicht mehr schwärmen. Bei seiner Stärke — und wenn er sich vielleicht nicht richtig abgeflogen haben sollte — muß man dennoch mit einem Schwarm rechnen.

Das Ganze ist kein gutes Verfahren: Erstens muß man die Königin suchen, und zweitens wird das Volk so gründlich geteilt, daß man weder von dem einen noch von dem anderen Teil eine Honigernte erwarten kann. Deshalb sollte man wenigstens Partei für den Königinnenflugling ergreifen, indem man die ansitzenden Bienen des größten Teils der wegzunehmenden Brutwaben dazukehrt. Außerdem räumt man vorübergehend den Honigraum aus und füttert den vorweggenommenen Schwarm, damit er die Mittelwände möglichst rasch ausbaut. Dann bekommt er den Honigraum zurück. Als »Schwarm« ist er fleißig und bringt, wenn es gut geht, noch eine Ernte. Der Brutableger aus sämtlichen Brutwaben des Schwarmvolkes hat indessen jetzt sehr wenig Bienen. Man muß wohl einen Teil seiner Waben anderen Völkern zugeben und kann dabei nur hoffen, daß sie es nicht ihrerseits mit Schwarmlust danken.

### *Zellenflugling*

Diese rasche und sehr sichere Methode erfreut sich bei den Magazinimkern wachsender Beliebtheit. Wie beim Zwischenableger tauschen Honigraum und Brutraum ihre Plätze und werden durch ein bienendichtes Gitter voneinander getrennt. In die Mitte des Honigraumes kann man eine Brutwabe mit angesetzten Schwarmzellen hängen oder, was besser ist, man kann ein paar Weiselbecher (aus Kunststoff) mit Larven aus einem zuchtwürdigen Volk versehen und an einer mittleren Honigraumwabe anheften. Die Bienen (Sammlerinnen und eingeflogene Jungbienen) verlassen die umgestellten Bruträume durch ein Deckelflugloch und gesellen sich dem nunmehr unten stehenden Honigraum zu. Von den hier überraschenderweise hervorragend gepflegten Königinnenzellen beläßt man nach der Deckelung nur eine einzige, die später die Jungmutter abgeben soll (Abb. 73). Um sicherzugehen, daß der verstellte Brutraum bei mangelhaftem Abgang der Flugbienen nicht doch noch schwärmt, sichert

*Abb. 73: Im Zellenflugling entstehen über umgelarvten Edelmaden verblüffend gut gepflegte Weiselzellen.*

man dessen Flugloch mit einem Absperrgitter. Allerdings finden sich dann nach einer Woche, zum Zeitpunkt, da die Zellen im Honigraum bis auf eine reduziert werden, eine Menge toter Drohnen auf dem Trenngitter im Brutraumteil. Man muß sie entfernen. Wenn man zwei Brutzargen pro Volk benützt, was heute gang und gäbe ist, kann man bereits nach einer Woche eine davon — diejenige ohne Königin — mit dem Honigraum zurückvereinigen. Das setzt voraus, daß man bei der ersten Umstellung der Zargen die beiden Bruträume durch ein Absperrgitter getrennt hat. Die Zarge, die jetzt offene Brut aufweist, ist notwendigerweise die mit der Königin. Man kann sie nach Ablauf von weiteren 14 Tagen dem inzwischen unten entstandenen Jungvolk einverleiben, muß aber die Altmutter vorher herausfangen. Wenn man mit der Vereinigung so lange wartet, bis die erste Brut der Jungmutter bereits zu schlüpfen beginnt, braucht man bei der Rückvereinigung die alte Königin nicht einmal mehr zu entfernen. Sie verschwindet von selbst.

Dieses Verfahren ist auf eine Volksverjüngung mit gleichzeitiger Zuchtauslese abgestimmt. Es ist ertragsorientiert, verzichtet auf das Heraussuchen der Schwarmkönigin und läßt sich somit schnell und schematisch durchführen. Erlangen hat es für die zeitsparende Wochenendimkerei entwickelt. Im Buch »Der Wochenendimker« (Ehrenwirth Verlag) steht mehr darüber.

### c) Flügelstutzen

Wer in der Schwarmzeit nicht wöchentlich zu den Bienen kommt, tut gut, seinen Königinnen einen Flügel einzukürzen. Man schneidet mit einer feinen Schere die Flügelspitze — etwa $1/3$ des Flügels — ab. Die Königin ist dann nicht mehr in der Lage zu fliegen, sie fällt zu Boden. Die Schwarmbienen verlassen sie und kehren in die Beute zurück. Wenn man dabei auch in manchen Fällen der Königin verlustig geht, so bleiben einem doch die Bienen, und das ist die Hauptsache. Kommt man dann mit 8 Tagen Verspätung auf den Stand, findet man bei der Volksdurchsicht bereits gedeckelte Schwarmzellen. Man muß sie bis auf eine ausbrechen, damit die schlüpfenden überzähligen Königinnen nicht mit Nachschwärmen ausziehen.

### d) Der Schwarm ist da

Um die Mittagszeit meldet ein außergewöhnliches Gesumm und Bienengewimmel vor dem Stand den Auszug eines Schwarmes. Wer rasch vors Flugloch tritt und flink und doch nicht zu grob zugreifen kann, dem kann es glücken, die Königin aus dem Trubel der herausstürzenden Bienen auf dem Flugbrett herauszufangen. In einem geruchfreien, nicht zu engmaschigen Drahtkäfig an einem Ast aufgehängt, zieht sie den Schwarm an. Es kann aber auch sein, daß es zu lang dauert, bis eine genügende Zahl von Bienen Witterung mit der gekäfigten Königin aufgenommen hat. Dann kehrt der Großteil des Schwarms ins Muttervolk zurück. Wenn man die Königin ganz entfernt, oder wenn sie wegen eines abgeschnittenen Flügels beim Auszug aus der Beute zu Boden fällt, fliegen alle Schwarmbienen wieder nach Hause. Der Vorschwarm ist vereitelt. Man muß aber, wie vorne schon erwähnt, durch Ausbrechen der Schwarmzellen dafür sorgen, daß auch keine Nachschwärme abgehen können. Nachschwärme mit ihren jungen flugtüchtigen Königinnen setzen sich häufig hoch in den Bäumen ab, wenn sie nicht lieber gleich in die weite Ferne ziehen.
Immer schon hat man auf Mittel gesonnen, das Ausreißen der Schwärme zu verhindern. Unsere Altvordern glaubten, es mit Krawall, Zusammenschlagen von Blechstürzen und Trommeln auf Töpfe, erreichen zu können — natürlich vergebens, wie wir heute wissen. Wenn man dagegen in den bereits in der Luft befindlichen Schwarm mit einem gefächerten Wasserstrahl hineinspritzt, kann es gelingen, seine Zugrichtung zu beeinflussen oder ihn gar zum Absetzen zu bewegen. Nicht ganz ohne Wert mögen auch sogenannte Schwarmlocker sein. Als solche können kleine Weidenkörbe dienen, deren Flechtwerk innen mit Wachs ausgegossen ist. Man hängt sie mit der Öffnung nach unten in nahe Bäume. Auch Holzscheiben werden empfohlen, die auf der Unterseite mit Eichen- oder Föhrenrinde benagelt und mit Wachs eingestrichen sind. Die Spurbienen folgen dem für sie angenehmen Wachsgeruch und dirigieren den Schwarm — wenn man Glück hat — an die gewünschte Stelle.

*Hans Dralle, der noch immer schlief,*
*Als ihn Eugen so heftig rief,*
*Erwacht aus seinem sanften Traum –*
*Da hängt der Schwarm im Apfelbaum!*

*Hoch oben steht er kühn und gerade,*
*Da sticht's ihn in die linke Wade.*

*Schnell Kappe her und Korb und Leiter,*
*Sonst fliegt er noch am Ende weiter!*

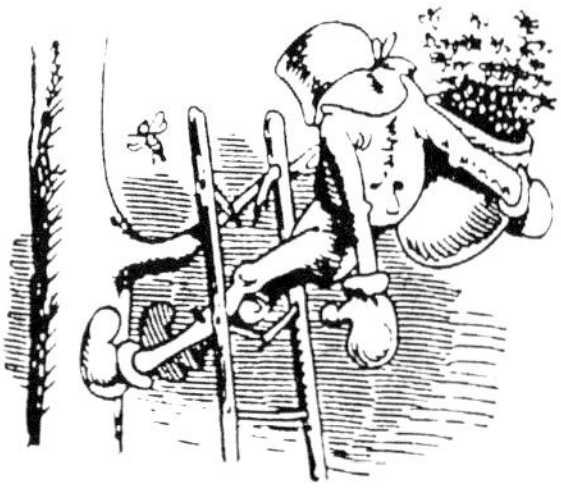

*Aujau! die erste Sprosse bricht,*
*Denn viel zu groß ist das Gewicht;*

*Gar wohl vermummt, doch ohne Bangen,*
*Hat er den Schwarm bereits gefangen;*

*Und – kracks! – ist er herabgeschossen*
*Durch alle sieben Leitersprossen.*

*Abb. 74: Ein Schwarmfang von Wilhelm Busch (aus Schnurrdiburr oder die Bienen).*

Für den Anfänger ist der erste Schwarm immer ein großes Ereignis (Abb. 74). Vor allem heißt es Ruhe bewahren. Man holt einen Behälter zum Einfangen — am besten einen Schwarmfangkorb, der im Fachhandel eigens zu diesem Zweck angeboten wird. Er besitzt in der Regel einen abnehmbaren Gitterboden. Aber auch Kunstschwarmkästen verschiedener Bauart (Abb. 77) sind als Fanggeräte brauchbar. Nachdem sich der Schwarm gesammelt hat, verabfolgt man ihm zweckmäßigerweise eine Wasserdusche aus der Gartenspritze oder dem Druckzerstäuber, damit die Bienen stillsitzen und friedlich sind. Mit einem kräftigen Schlag auf die Anheftungsstelle befördert man nach Möglichkeit alle Schwarmbienen auf einmal in den Kasten. Es kann aber auch vorkommen, daß man den Schwarm mit der Feder von einem Pfahl herunter- oder aus einer Astgabel herauskehren muß. Das ist dann weniger schön, und es kann Stiche setzen.

Nachdem man den Schwarm im Kasten hat, wird dieser umgedreht und etwas erhöht unter dem Schwarmfangplatz auf eine Unterlage gestellt. Ein Schlitz für den An- und Abflug der Bienen bleibt frei. Auch sorge man für etwas Schatten, notfalls kann man einen nassen Sack über den Schwarmfangbehälter werfen. Wenn man die Königin mit eingefangen hat, ziehen innerhalb einer Viertelstunde alle versprengten Bienen in den Kasten. Anderenfalls beginnt nach einiger Zeit eine Unruhe, und der Schwarm zieht aus und sucht die Königin, die sich anderswo niedergelassen hat. Der Schwarm muß noch einmal gefaßt werden.

Sobald der Schwarm bis auf einige wenige Bienen ins Fanggerät eingezogen ist, schiebt man die letzten mit der Feder auch noch hinein, schließt das Flugloch und stellt den Schwarm bis zum Abend kühl und dunkel.

### e) Der Schwarm wird aufgestellt

Nicht immer ist man so zeitig da, daß man noch sehen kann, aus welchem Volk der Schwarm kam. Dann kann der auffallend dünne Fluglochbetrieb einen Anhaltspunkt geben. Wenn aber mehr als ein Volk geschwärmt hat, bleibt die Herkunft ungewiß. Wird man sich nicht klar darüber, stellt man den Schwarm einfach da auf, wo man ihn brauchen kann. Man stattet eine Beute mit so vielen Mittelwänden aus, wie der Schwarm halbe Pfund wiegt. Der Schwarm wird je nach Beutenart von oben oder hinten eingeschlagen. Der Magazinimker stellt die Mittelwände erst zur Seite, er schüttet die Bienen in den leeren Kasten und läßt dann die Mittelwände in sie hineinsinken (Abb. 75). Erst nach zwei Tagen gibt man flüssiges Futter zum raschen Ausbau der Mittelwände. Würde man früher füttern, bestünde die Gefahr, daß der Schwarm wieder auszieht. Gegen das Aus-

*Abb. 75: Nach altbewährter Methode schlägt der Magazinimker den Schwarm in eine leere Beute und läßt danach die vorher bereitgestellten Mittelwände hineingleiten.*

ziehen hilft indessen sehr sicher eine mitten zwischen die Mittelwände eingehängte offene Brutwabe. Sie regt sofort den Pflegetrieb der Ammen an und bannt damit den Schwarm. *Bannwabe!*

Weiß man, woher der Schwarm kam, stellt man ihn am besten an die Stelle des Volkes, aus dem er kam. Das Brutnest dieses Restvolkes wird für neun Tage anderswo untergebracht — beim Magazinbetrieb etwa über Fliegengitter obenauf. Zur Sicherheit schaut man nach ein paar Tagen nach, ob die Weiselzellen des verstellten Brutnestes ausgebissen sind. Nach 9 Tagen wird der Brutraum wieder mit dem Honigraum vereinigt. Das macht man wieder mit einer Zeitung, die man über das Absperrgitter legt und an mehreren Stellen mit Hilfe des Federkiels durchlöchert. Man erhält ein Volk, das hohe Volksstärke mit dem Fleiß des Schwarms verbindet und eine Tracht mit Vollkraft ausnützen kann.

Nebenbei: Man kann von einem entweiselten Schwarm auch gut eine kleine Serie Königinnen aufziehen lassen. Im einfachsten Fall entfernt man nach einem Tag die Königin und hängt an Stelle der Bannwabe einen Zuchtrahmen ein. Nach 10 Tagen werden die Zellen ausgeschnitten, und der Schwarm wird auf die Zuchtkästen verteilt.

Imker mit viel Bienen und wenig Tracht verschaffen sich durch den Verkauf der Schwärme eine willkommene Einnahme. Schwärme in guter Trachtzeit zu verkaufen ist ein Verlustgeschäft. Jedoch einem interessierten jungen Menschen in einem guten Jahr einen Schwarm günstig zu überlassen, kann die beste Nachwuchswerbung sein.

### f) Weitere Sorge um Schwarm und Muttervolk

Der Vorschwarm baut vielleicht gut aus und entwickelt noch ein schönes Brutnest. Dennoch kann die Königin, für den Imker unmerklich, etwas an sich haben, was ihr das Vertrauen ihres Volkes raubt. Dann kommt es noch im August-September zum Ansetzen von einigen Umweiselungszellen. Es ist zwecklos, diese auszubrechen. Sie kommen wieder, und dann gerät die Jungkönigin vielleicht so spät ins Jahr, daß sie nicht mehr begattet wird. Am besten läßt man dieser *stillen Umweiselung* gleich beim ersten Versuch ihren Lauf. Doch behält man das Volk im Auge. Liegt eines Tages die alte Königin vor dem Stand, dann ist wahrscheinlich schon Brut von der jungen da. Fehlt aber nach einigen Wochen alle Brut, dann macht man die *Weiselprobe* mit einer offenen Brutwabe. Erscheinen auf dieser Weiselzellen, dann gibt man dem Volk eine begattete Jungkönigin aus der Zucht oder einem Ableger. Erscheinen keine Weiselzellen, tut man gut, nach der Königin zu suchen. Sie hat, wenn nicht das Wetter eine Begattung verhindert hat, wahrscheinlich einen Fehler, der sie zu Flug oder Begattung unfähig macht. Sie wird durch eine andere ersetzt. Nicht immer sind Königinnen aus stiller Umweiselung so tüchtig, wie man oft behauptet. Nicht selten folgt auf eine Umweiselung eine zweite im gleichen oder im nächsten Jahr. Vielleicht hat das Muttervolk eine Woche nach dem Vorschwarm noch einen *Nachschwarm* abgestoßen. Damit offenbart es seine Schwarmfreudigkeit. Man wird deshalb nur mit Vorsicht mehrere der freiwerdenden Jungköniginnen zur Begattung in Einwabenkästchen zulassen. Leicht kann man so eine unerwünschte Schwarmfreudigkeit auf dem Stand ausbreiten. Es genügt, wenn eine Königin des Nachschwarms und eine im Restvolk zur Begattung kommen. Und auch diese wird man im nächsten Jahr im Auge behalten. Schwärmen auch die einjährigen Königinnen schon wieder, ist es besser, sie durch Jungmütter aus einem anderen, schwarmfauleren Leistungsvolk zu ersetzen.
Nachschwarm und Restvolk werden nach 14 Tagen auf Eier kontrolliert. Fehlen sie, wird die Weiselprobe mit einer offenen Brutwabe gemacht.

### g) Schwache Schwärme — Riesenschwärme

Kleine Schwärmchen, die nur einige Waben besetzen, kann man nach und nach mit überschüssigen gedeckelten Brutwaben aus anderen Völkern

verstärken und so bis zum Herbst winterständig machen. Man kann sie aber auch vereinigen.
Bei gleichzeitigem Schwärmen mehrerer Völker können durch Zusammenfliegen Riesenschwärme entstehen, die nicht zu bewältigen sind. Bei genauem Absuchen kann man vielleicht eine Königin, oder auch einige, aufgeregt an die Oberfläche der Traube kommen sehen, sie abfangen und in geschlossenem Schutzkäfig an ein Ende der Traube hängen. Durch langsames Abrücken kann man eine Trennung der verschiedenen Heerhaufen bewirken. Andernfalls wirft man Teile der Riesentraube in mehrere Fangkästen und hat dann wahrscheinlich das Glück, daß man da und dort eine Königin miterwischt hat. Oder man wirft die ganze Gesellschaft auf ein großes weißes Tuch, sucht nach Königinnen und stellt sie in nicht zu engmaschigen Käfigen an verschiedenen Stellen auf das Tuch. Wenn man Glück hat, erreicht man damit eine Trennung.

### h) Weiselzellen im Honigraum

Enthalten Brutwaben, die man in den Honigraum umgehängt hat, noch Stellen mit offener Brut, können hier Weiselzellen entstehen. Immer wieder liest man die Mahnung, man müsse sich nach acht Tagen nach diesen Weiselzellen umsehen und sie ausbrechen. Diesen Rat sagt einer dem andern nach, aber er stammt nicht aus wirklicher Erfahrung. Diese Nachschaffungszellen sind gänzlich ungefährlich. Um ihretwillen schwärmt kein Volk, außer es wäre schon in Schwarmstimmung. Was vorkommen kann, sind zwei Dinge. Wenn man aus Versehen ein Honigraumflugloch offenläßt, kann eine geschlüpfte Jungfer ausfliegen und oben ein Brutnest anlegen. Und wenn man beim Abnehmen der Honigräume oder schon vorher aus den Honigraumbienen Kunstschwärme bildet, kann eine Jungfer mit hineingeraten. Dann kann es die zugesetzte Königin kosten.
Im Honigraum erzeugte Königinnen sind ein wesentlicher Bestandteil dessen, was man unter der *Erlanger Betriebsweise* versteht. Allerdings handelt es sich dabei nicht um zufällig durch Umhängen von Brutwaben im Honigraum angesetzte Weiselzellen, sondern man provoziert die Nachschaffung von Königinnen regelrecht. Dazu belarvt man Weiselnäpfchen aus Kunststoff mit Edellarven eines besonders guten Volkes und befestigt sie an den umzuhängenden Brutwaben. Die Brutwaben mit den angesetzten Zellen dienen zur Bildung von Begattungsablegern, welche für die Verjüngung und Erhaltung des Bienenstandes vornehmlich verantwortlich sind. Siehe K. WEIß, »Der Wochenendimker«, Ehrenwirth Verlag, München.

# 6. Künstliche Vermehrung

## a) Brutableger

Zu einem gesunden Betrieb gehören mindestens 30% Ableger, besser mehr. Es gibt immer wieder weisellose oder in Entwicklung oder Honigleistung versagende Völker. Da hilft der Ableger aus der Verlegenheit. Voraussetzung zur Bildung eines Ablegers ist eine junge begattete Königin oder mindestens eine reife Weiselzelle. Ein Ableger aus Brutwaben ohne Weiselzelle bedeutet Verschwendung von Zeit und Bienenkraft, besonders wenn er auch noch die nachgezogene Königin beim Hochzeitsflug verliert.
Aus dem letztgenannten Grund wird ein Ableger, der mit einer Weiselzelle gebildet werden soll, so klein wie möglich gemacht. Der kleinste Ableger besteht aus einer Brutwabe und zwei Deckwaben. Dazu gehören natürlich noch Bienen, die die Brut und insbesondere die Weiselzelle gut belagern. Wenn wir den Ableger an einen Außenstand bringen, kann uns bei der Bemessung der notwendigen Bienen unser Augenmaß helfen, wenn man dagegen den Ableger am Bildungsort selbst aufstellen möchte, müssen mehr Bienen dazugegeben werden, da ein Teil von ihnen wieder in das Ausgangsvolk zurückfliegt. In dem besonderen Fall, daß der Ableger über dem Honigraum eines Volkes, getrennt von diesem durch ein Fliegengitter, aufgestellt wird, kommt man mit ganz wenig Bienen aus. Der Ableger erhält hier seine Wärme von unten.
Den Ableger, der mit Weiselzelle oder unbegatteter Königin gebildet wird, nennt man *Begattungsableger.* Dagegen steht der *normale Brutableger,* für den eine fertige legereife Königin bereitstehen muß. Ihn bildet man auf alle Fälle stärker, am besten mit drei oder mehr Brutwaben. Wenn möglich, verwendet man dazu gedeckelte, günstigstenfalls schon auslaufende Brut samt den darauf sitzenden Bienen. Je weiter das Jahr fortgeschritten ist, desto stärker muß der Ableger sein, um über den Winter zu kommen. Die Brutwaben können aus dem gleichen oder aus verschiedenen Völkern stammen, ebenso die Bienen, die man zusätzlich von anderen Brutwaben dem Ableger hinzufegen muß. Dazu kommen noch zwei Deckwaben, die Honig und Pollen enthalten sollen. Besonders vorsichtige Imker spritzen etwas Wasser in eine dieser Waben.
Den Ableger bringt man in einem Ablegerkasten oder in einer leeren Zarge unter. Wenn man ihn an einem warmen Flugtag mit guter Tracht bildet, fliegen sich anschließend die alten Bienen ab, wodurch die Chancen einer erfolgreichen Beweiselung steigen. Nach zwei Stunden gibt man die junge begattete Königin hinzu. Zum Zusetzen genügt ein Ausfreßkäfig einfachster Bauart (Abb. 76). Er wird mit einem hasel- bis walnuß-

*Abb. 76: Ein Brutableger wird zwei Stunden nach seiner Bildung mit einer begatteten Königin unter Verwendung eines einfachen Zusetzkäfigs beweiselt.*

großen Stück Futterteig verschlossen. Indem sich die Bienen darüber hermachen, kommt die Königin frei. Am nächsten Tag entfernt man den Käfig vorsichtig und füttert.

Nach Möglichkeit bildet man den Ableger aus dem Honigraum heraus, in den man wenigstens eine Woche, besser 9 Tage, vorher Brutwaben umgehängt hat. Wenn sich keine offene Brut im Ableger befindet, wird die Königin am sichersten angenommen. Füttern kann leicht zum Ausrauben führen. Auf jeden Fall muß man mit der Gabe von Flüssigfutter warten, bis die Altbienen abgeflogen sind. Futterteig kann man sofort geben. Man sollte den Ableger möglichst nicht mit Futterwaben aus einem anderen Volk versehen, aus dem nicht auch die Bienen und die Brut stammen. Fremdes Futter reizt offenbar die in ihren Stock zurückfliegenden Altbienen besonders stark zur Rückkehr, um den Ableger auszurauben. Dabei merkt man gar nichts von dieser Räuberei. Die Räuber haben ja denselben Geruch wie die Ableger. Auffällig ist nur, daß der Ableger ungewöhnlich stark fliegt. Das sollte er die ersten Tage nicht tun.

Um die Gefahr des Ausgeraubtwerdens zu vermeiden, stellt man den Ableger zuerst an einem beliebigen Platz auf dem Bienenstand auf. Nach einem Tag, wenn die Altbienen abgeflogen sein müßten, verstellt man ihn an seinen endgültigen Standplatz. Jetzt hat er Ruhe.

Noch besser als die Aufstellung am Bienenstand ist es, mit dem Ableger an einen Außenplatz abzuwandern, der wenigstens 3 km entfernt ist. Manche Imker unterhalten eigene Ablegerstände. Die dorthin verbrachten und häufig auch erst dort beweiselten Ableger behalten dann sämtliche Flugbienen und entwickeln sich von Anfang an besser als am Heimatstand. Früh gebildete Ableger kann man nach und nach mit Brutwaben verstärken. Sie können in späterer Tracht noch einen Ertrag abwerfen.

## b) Kunstschwarm

Jederzeit, wenn man eine begattete Königin hat und überflüssiges Bienenfleisch, kann man einen Kunstschwarm bilden. Am meisten ist das nach Trachtschluß im August der Fall. In einem Kasten mit Lüftungsgitter werden 3 bis 5 Pfund Bienen aus verschiedenen Völkern zusammengefegt (Abb. 77). Wo in den letzten Wochen noch umgehängt wurde, bekommt man das richtige Bienengemisch von Alt- und Jungbienen aus den Honigräumen. Wo keine vor kurzem ausgelaufene Brut im Honigraum zu erwarten ist, nimmt man Bienen von Brutwaben dazu. Natürlich darf man die Stockmutter nicht mit abfegen! Damit alle gründlich in Verlegenheit geraten und ohne Rücksicht auf Herkunft jede Biene bei jeder Anschluß sucht, wird die ganze gemischte Gesellschaft einigemal zusammengestaucht. Der geschlossene Kasten wandert für 2 Stunden in den kühlen, dunklen Keller mit aufgesetzter Futterflasche. Dann wird noch einmal zusammengestaucht und eine Königin im Ausfreßkäfig zugehängt. Noch einmal Futterflasche und 3 Tage Dunkelhaft. Dann wird der Kunstschwarm wie ein natürlicher Schwarm auf Mittelwände eingeschlagen. Einige weitere Futterflaschen fördern Ausbau und Bruteinschlag. Ein paar früher auf die Seite gestellte Pollenwaben sind eine oft vergessene und doch höchst angenehme Zugabe.
Schon oft habe ich versucht (Erstautor), Kunstschwärme zu machen ohne Zwischenschaltung von Kunstschwarmkasten und Kellerhaft, also durch

*Abb. 77: Zur Bildung eines Kunstschwarms braucht man eine Kunstschwarmkiste, die in der Regel als Drohnensiebkasten ausgebildet ist. Die Bienen werden über einen abnehmbaren Trichter eingekehrt. Das Absperrgitter verhindert, daß eine versehentlich mit abgekehrte Stockmutter in den Kunstschwarm gelangt. Nachdem die gewünschte Masse Bienen im Kasten ist, wird das Absperrgitter durch eine Sperrholzplatte ersetzt. In der Decke der Kiste — hier durch die Sperrholzplatte abgedeckt — finden sich Gitteröffnungen zur Belüftung.*

Abfegen der Bienen direkt in eine Beute an Ort und Stelle. Es mißlingt, wenn man das Flugloch offenläßt. Nach 1 bis 2 Tagen ist der Kasten leer bis auf die Königin und ein kleines Häuflein Bienen. Es gelingt aber, wenn man die Bienen einige Tage in die Beute einsperrt. Das Verfahren bietet sich besonders im Bienenhaus mit Hinterbehandlungsstöcken an. Die Beute, die den Kunstschwarm aufnehmen soll, bekommt eine aufsteckbare Veranda mit bienendichtem Gitter vor das Flugloch. In die Mitte des Kastens kommt eine Wabe — womöglich eine auslaufende Brutwabe, sonst eine Wabe mit etwas Futter und darauf unter Zusetzgitter die Königin. Seitlich folgen die Mittelwände und rechts und links außen je eine Wabe mit Pollen und Honig. Ich schlage die Bienen aus den Honigräumen mehrerer Völker zum Kunstschwarm hinzu, bis es mir genug erscheint, daß das Jungvolk den Winter überstehen kann. Die Flugfront mit dem Lüftungsgitter wird verdunkelt, und der Kunstschwarm bekommt flüssiges Futter. Nach vier Tagen wird das Zusetzgitter entfernt und einen Tag später das Gitter vor der Flugfront. Von da ab gibt es, um keine Räuberei heraufzubeschwören, kein flüssiges Futter mehr, sondern nur noch Futterteig. Die restliche Einfütterung erfolgt gemeinsam mit der Winterauffütterung des ganzen Standes.

## 7. Das Umweiseln

Kunstschwarm und Brutableger gelten mit Recht als weitgehend sicherer Weg des Zusetzens von Königinnen. Sie sind aber verbunden mit der Bildung eines neuen Volkes. Der Austausch von Königinnen in einem Vollvolk ist schwieriger. Viele Verfahren sind schon als unbedingt sicher empfohlen worden. Die meisten haben enttäuscht. Einmal gelingt es und einmal nicht. Hier seien einige Wege genannt, die sich gut bewährt haben.

*Das Zusetzen im neun Tage weisellosen Volk:* Man entfernt die alte Königin, wartet neun Tage und bricht sämtliche Weiselzellen aus. Wird eine übersehen, ist die neue Königin verloren. Man hält jede einzelne Wabe so an den Rand der übrigen Rähmchen, daß die Bienen ins Volk ablaufen, hilft noch sanft mit der Feder nach, bis die Bienendecke so dünn geworden ist, daß man jeden Winkel übersehen kann. Sind alle Weiselzellen entfernt, wird die Königin in einem gewöhnlichen Zusetzkäfig in die Mitte des Brutnestes gehängt. Füttern des Volkes kurz vor und während des Zusetzens verbessert die Annahmestimmung bei den Bienen. Vorsicht aber vor Räuberei! Das Volk darf wenigstens 7 Tage nicht gestört werden. Dann darf man nachsehen und auf Eier kontrollieren.

*Abb. 78: Die Sofortbeweiselung eines Vollvolkes, nach der Wegnahme der alten Mutter, ist immer ein Risiko. Gute Annahmechancen hat jedoch die junge Königin unter einem Gitter, das man über auslaufende Brut und Honigzellen steckt.*

*Zusetzen mit dem Gitterrahmen:* Beim Zusetzen im 9 Tage weisellosen Volk geht Zeit verloren. Will man rascher, aber dennoch sicher zum Ziel kommen, wird man es mit einem Gitterrahmen versuchen (Abb. 78). Ein Drahtgeflecht mit 2,5 mm Maschenweite, etwa 2 $dm^2$ groß, ist ringsherum in einer Breite von 1,5 cm rechtwinklig abgeknickt. Nachdem man die alte Königin aus dem Volk herausgefangen hat, sucht man aus dem Brutraum eine Wabe mit auslaufender Brut und Futter. Man kehrt die ansitzenden Bienen ab, setzt die neue Königin auf die Wabe und steckt den Gitterrahmen so darüber, daß sowohl etwas Brut als auch etwas Futter darin eingeschlossen werden. Nach 7 Tagen kann man das Gitter entfernen. Jetzt befindet sich die Königin bereits in Eiablage. Sie ist von den inzwischen geschlüpften Jungbienen umgeben, die ihr wohlgesonnen sind.
*Zusetzen im Wohlgemuth-Käfig:* Dieses Verfahren gründet sich auf die Überlegung, daß eine Königin unter jungen Bienen am wenigsten gefährdet ist. Man befestigt einen Zusetzkäfig in einem leeren Rähmchen und hängt dieses in die Mitte des zu beweiselnden Volkes. Die Königin, welche über einen besonders langen Ausfreßkanal des Käfigs von den Bienen befreit wird, befindet sich fürs erste unter lauter Baubienen und kann gleich mit dem Bestiften der neu entstandenen Jungfernwaben beginnen.

*Zusetzen mit Ableger:* Eine der sichersten Methoden ist die Umweiselung über den Ableger. Anstatt die Königin gleich in ein Vollvolk einzuweiseln bzw. dessen mangelhafte Königin mit einer neuen zu vertauschen, bildet man zuerst einen Ableger aus dem betreffenden oder einem anderen Volk und setzt die Mutter dem Ableger zu. Sie wird hier willig angenommen. Man muß sich das so vorstellen: Eine junge Königin hat noch zuwenig »Königinnensubstanz«, als daß sie einem starken Volk genügen könnte.

Für das kleine Ablegervolk reicht der Weiselstoff aber aus, weshalb es so gut wie keine Annahmeprobleme gibt. Sobald die ersten Töchter der Jungmutter im Ableger schlüpfen, wird er mit dem entweiselten Volk vereinigt (s. S. 149 f.) – Wie über den Ableger läßt sich eine Königin auch auf dem Umweg über den Kunstschwarm, der bereits gebaut und zu brüten begonnen hat, relativ gefahrlos in ein Volk einweiseln.

*Freiluftkunstschwarm:* Bekannt ist der Freiluftkunstschwarm SKLENARS. Über einem Tisch im Freien wird eine Königin im Käfig so aufgehängt, daß der Käfig zunächst den Tisch berührt. Es werden Bienen daraufgestoßen, etwa aus freigewordenen Begattungskästchen, so viele, daß eine ordentliche Schwarmtraube entsteht. Der Käfig wird nach und nach höher gezogen, bis er schließlich mit der Bienentraube ganz frei hängt wie ein Schwarm am Baum. Er bleibt über Nacht hängen und wird dann mit der freigelassenen Königin eingeschlagen.

*Grundsätzlich ist zu merken:* Am bereitwilligsten zur Annahme einer neuen Königin ist das Volk im Frühjahr. Je weiter es ins Jahr hineingeht, desto schwieriger wird es. Schwierig ist das Umweiseln in trachtloser Zeit bei aufkommender Neigung zu Schwarm oder stiller Umweiselung. Leicht ist es dagegen am Ende des Jahres, wenn nur wenig oder keine Brut mehr in den Völkern ist.
Ziemlich aussichtslos ist der Versuch, eine *unbegattete Königin* in ein Vollvolk einzuweiseln. Man wartet besser, bis die Königin im Kleinableger zur Begattung kam. Das Warten bedeutet keinen Zeitverlust, denn im Vollvolk dauert es meist länger als in einer kleineren Bieneneinheit. Und das Risiko eines weisellosen oder gar buckelbrütigen Volkes wiegt schwer. Über das Zeichnen der Königinnen siehe in Kapitel Zucht auf Seite 244 f.

## 8. Das Wandern mit Bienen

### a) Warum und wohin?

Der Rückgang der Feldtracht durch Flurbereinigung, Unkrautvernichtung, frühere Klee- und Wiesenmahd usw. drängt zu einer Ausweitung des Wanderbetriebes. Nur etwa zehn von hundert Imkern wandern bis jetzt. Dabei geht oft in geringer Entfernung eine Tracht ungenutzt verloren. Vor allem der Wald wird, wenn er honigt, nur zu einem verschwindend kleinen Teil ausgenützt. Tausende von Tonnen wertvollen Blatthonigs verrinnen nutzlos im Waldboden.

Mancher Imker beginnt mit Begeisterung, baut sich einen schönen Bienenstand für 30 oder 50 Völker, und dann stellt sich heraus, daß die Tracht für so viele Völker nicht ausreicht. Der Ertragsdurchschnitt fällt mit steigender Völkerzahl derart, daß auch die Begeisterung sinkt und vielleicht erlischt. Das wäre sofort anders, wenn man mit einem Teil der Völker wandern würde. Dann fänden die 10 bis 15 Völker, die daheim bleiben, genug und die draußen auch.
Man rät heute, kleinere Stände in der Landschaft zu verteilen. Fünf Stände mit je 20 Völkern, gut verteilt, bringen mehr als 100 Völker an einem Platz. Allerdings heißt es zunächst einmal, genügend Plätze zu finden. Wenn sie nicht günstig zueinander liegen, kann die Überwachung ziemlich schwierig werden. Es sind viele Wege zu den Bienen notwendig, von der Zeit des Reinigungsausfluges, während des ganzen Sommers, bis zur Einwinterung. Behandlungsschemata kommen in der Praxis aus verschiedenerlei Gründen immer wieder aus dem Konzept. So sind feste Außenstände nur im engeren Heimatbereich, vielleicht bis zu einer Entfernung von 20 km, rentabel.
Gibt es weiter entfernt gute Tracht, kann man solche Gegenden anwandern. Zwischendurch bringt man die Bienen wieder nach Hause. Oder man wandert an andere Stellen weiter. Zur Herbstauffütterung und im zeitigen Frühjahr hat man seine Bienen jedoch gerne in der Nähe.
Mit den Bienen wandern bietet eine Chance, die sich in der Regel lohnt. Warum ergreift man sie nicht öfter? Sicher hat es mit dem menschlichen Beharrungsvermögen zu tun, das es über Bord zu werfen gilt. Wer einmal mit dem Wandern angefangen hat, bleibt gewöhnlich auch dabei.
Ein Hemmnis für manche könnten die Transportkosten sein. Aber kann man sich da nicht mit anderen zusammentun? Ein Fahrzeug kostet für wenige Völker nicht weniger als für viele. Entscheidender ist die Frage: Wohin soll man wandern? Auf den Aufbau eines organisierten Trachtmeldedienstes braucht man nicht zu warten. Versuche dazu sind schon zu oft gescheitert. Solange es so etwas nicht gibt, muß man sich privat verständigen mit anderen Wanderimkern oder verbandlichen Wanderwarten. Das gilt nicht nur beim Ausmachen des richtigen Wanderortes, sondern auch für den richtigen Zeitpunkt zum Wandern. Am besten ist es natürlich, man hat einen Vertrauensmann am Wanderort, der die Situation beurteilen kann. Er beobachtet den Flugbetrieb der heimischen Völker, oder noch besser, er verfolgt die Zu- oder Abnahmen eines am Wanderort aufgestellten Waagvolkes. Eine Anzahl fertig geschriebener Postkarten, in die nur Datum und Gewicht eingetragen werden müssen, kann vorteilhaft sein. Außerdem gibt es Telefon.
Allgemeine Zeitregeln: Am meisten verschiebt sich die Frühtracht (Obst, Löwenzahn, Raps) je nach Ort und Witterung. Beim Obst liegt die ergie-

bigste Tracht am Anfang (Kirsche) und am Schluß (Apfel). Die Rapsblüte erscheint während der Apfelblüte. Für die Fichtentracht halte man sich nach der ersten Juniwoche zur Anwanderung bereit, Rückwanderung Anfang Juli. Weißtanne im Anschluß an die Fichte. Dauer unbestimmt, die Tracht kann bis in den Herbst währen, kann aber nur einige Wochen lang wirklich ausgenützt werden, weil sonst die Völker an Brutmangel zusammenbrechen. Nie blind in die Tanne wandern! Sie ist zu unsicher. Heide: Anwanderung Mitte August, Rückwanderung nach der ersten bis zweiten Septemberwoche.

### b) Welches Transportmittel?

Die wenigsten Wanderimker leisten sich einen Wanderwagen. Er hat gewisse Vorteile. Davon ist vielleicht der wichtigste, daß er ständig an das Wandern erinnert. Er braucht nicht beladen und entladen zu werden. Er ist mit allem Zubehör verschließbar und immer fahrbereit (Abb. 79a). Aber er ist ein teures Möbel, als Heimstand eng und ungemütlich, am Wanderplatz stark abhängig von Zufahrtsmöglichkeiten und Gelände, empfindlich gegen Wind und Wetter durch den Ausflug nach zwei entgegengesetzten Seiten. Besser ist ein Kleinwanderwagen, den man an den Personenwagen anhängen kann (Abb. 79b). Am allerbesten jedoch eignet sich für eine kleine bis mittelgroße Imkerei ein Pkw-Anhänger. Er muß in seinen Maßen auf die zu transportierenden Kästen abgestimmt sein. Man achte auch darauf, daß sein Ladegewicht dem Zugfahrzeug entspricht (Abb. 79c).

Für große Völkerzahlen bietet sich der Lastwagen an. Besonders bei Gemeinschaftswanderungen ist er das gegebene Fahrzeug. Solche Gemeinschaftswanderungen können für den einzelnen sehr vorteilhaft sein. Dabei gibt es immer ein paar starke Männer, die schwächeren Personen beim Heben und Tragen der Kästen zur Seite stehen.

Für die Bewegung der Kästen hat man sich allerlei Hilfsmittel ausgedacht. Bekannt und sehr bequem ist die Wanderzange, für die zwei Träger notwendig sind (Abb. 80a). Daneben gibt es die Sackkarre als einfachstes und vielleicht zweckmäßigstes Transportgerät (Abb. 80b). Mit ihr lassen sich die Völker mit Hilfe einer Auffahrbrücke auf das Wanderfahrzeug direkt hinauf- und wieder hinunterbefördern. Das ist mit einem schubkarrenartigen Transportmittel nicht so leicht möglich. Aber auch derlei Konstruktionen sind in den verschiedensten Ausführungen im Gebrauch.

*Abb. 79a–c: Fahrzeuge für die Bienenwanderung.*

*a) Wanderwagen sind in der alten Bundesrepublik wenig, in den neuen Bundesländern stark verbreitet. Schwere Gefährte für eine große Völkerzahl sind nicht nur sehr teuer, sondern machen auch Umstände bei der Bereitstellung von Zugfahrzeugen.*

*b) Kleinwanderwagen für etwa ein Dutzend Bienenvölker stellen oft Eigenkonstruktionen über handelsüblichen PKW-Anhängern dar.*

*c) Das idealste Wandergefährt für den Oberbehandlungsimker ist aber der PKW-Anhänger ohne besondere Zutat. Aus der Vielzahl der Fabrikate sucht man das für seinen Kastentyp am besten geeignete Modell heraus.*

*Abb. 80a, b: Für den Transport vom und zum Wanderfahrzeug ist die »Wanderschere« besonders bei unebenem Gelände ein hilfreiches Instrument (a). Beim Vergleich der verschiedenen angepriesenen Transportkarren bekommt die einfache Sackkarre immer noch die beste Note (b).*

## c) Vorbereitung der Wanderung

1. *Gesundheitszeugnis* von der zuständigen Veterinärbehörde besorgen. Dieses Papier ist derzeit nicht einheitlich in allen Bundesländern vorgeschrieben. Deshalb muß man sich von Fall zu Fall erkundigen und bei der Einwanderung in ein Nachbarland den dort gültigen Vorschriften Rechnung tragen. Es gibt zwar bundesweit keine Wanderbeschränkungen mehr in Hinblick auf die inzwischen überall verbreitete *Varroatose,* aber die ortsansässigen Imker sollten auch keine Einschleppung von *Tracheenmilbe* oder *Bösartiger Faulbrut* befürchten müssen.
2. Einigung mit den ortsansässigen Imkern über den *Platz für die Aufstellung* der Völker anstreben. Wandervölker gehören nicht in den unmittelbaren Flugbereich der ansässigen Bienen.
3. Nur mit *starken Völkern* wandern. Schwächlinge werden auch durch Wandern nicht zu Wundertätern. Andernfalls könnte man in Blütentrachten auch Völker mitnehmen, bei denen es nicht um den Ertrag, sondern nur um die Entwicklung geht. Aber lohnt es sich wirklich, den kostbaren Platz auf dem Fahrzeug damit zu verstellen? Zu Hause könnte man dieses Ziel durch Pflege sicherer und billiger erreichen.

Oft wird es sich lohnen, die Wandervölker mit Brutwaben samt Bienen aus den zurückbleibenden Heimvölkern zu verstärken. Aber nicht erst am Tag vor dem Wandern! Das könnte Unruhe ins Volk bringen, die sich während der Fahrt noch verstärkt und zum Verbrausen führt. Aus demselben Grund darf man unmittelbar vor der Wanderung nicht mehr flüssig füttern. Wenn eine Fütterung notwendig sein sollte, muß sie wenigstens 3 Tage vorher erfolgen.
4. Vor der Wanderung in pollenarme Tracht, vor allem Weißtanne, *Vorsorge für Pollenvorrat* treffen. In pollenreicher Vortracht, z. B. Raps oder Obst und Löwenzahn, entnimmt man Pollenwaben und hängt sie vor der Wanderung wieder zu.
5. Sorge für *wandersichere* Beuten tragen. Spalten abdichten, Zargen stoßfest verbinden, für Lüftung sorgen. Vor allem einen *Fluchtraum* schaffen, in den sich während der Fahrt ein Teil der Bienen aus den Wabengassen zurückziehen kann. Am einfachsten ersetzt man ein paar Waben im Honigraum durch gedrahtete Leerrähmchen. Das gibt gleichzeitig Baugelegenheit am Wanderplatz. In modernen Beuten ist ohnehin ein Wanderraum (auch *Trommelraum* genannt) etwa in Form eines *hohen Bodenbrettes* vorgesehen.
6. *Kalte Dusche.* Bei erfahrenen Wanderimkereien gehört zur Wandervorbereitung eine kalte Dusche. Man schließt die Fluglöcher so leise, daß keine Unruhe im Volk entsteht. Dann spritzt man bis zu 1 Liter kaltes Wasser in die Wabengassen. Die Bienen saugen das Wasser auf, wollen es hinaustragen und können nicht. Sie müssen es also bei sich behalten und können darum keinen Honig aufnehmen, der bei einem durch Aufregung verstärkten Stoffwechsel Hitze in ihrem Körper erzeugen würde. Auf diese Weise sind sogar über 800 km weite Wanderungen in heißer Zeit ohne Völkerverluste gelungen. Bei Nahwanderung ist so etwas unnötig. Bei Wanderungen über 100 km wird man sich dieses Rates erinnern.

### d) Die Wanderung

Gefahren wird im allgemeinen nachts. Ob in der ersten oder zweiten Nachthälfte, das richtet sich nach der Entfernung und nach den Tagesverpflichtungen der Helfer. Am leichtesten stellt man die Völker in der Kühle des Morgens auf, so daß man schon in der ersten Helle arbeiten kann. Bei Gewitterschwüle ist zwischen Ankunft und Abladen keine Zeit zu versäumen. Da könnten die besten Völker noch verbrausen, nachdem sie die Fahrt dank des Fahrtwindes überstanden haben.
Mitzunehmen sind Hammer, Zange, Nägel, etwas Bindedraht, irgend etwas zum Abdichten undichter Stellen. Das kann Lehm sein oder nasses

Zeitungspapier oder sogenanntes Schmierwachs oder auch das handlich verpackte Plastilin der Schulkinder. Natürlich Pfeife und Rauchmaterial und Gesichtsschleier für alle Beteiligten. In warmen Nächten sollte man eine Kanne Wasser dabeihaben, um brausende Völker abzukühlen. Bei mir geht seit einigen Jahren auch ein Fläschchen mit Propionsäure oder künstlichem Mandelöl mit. Wenn bei oder nach dem Aufladen sich zeigt, daß irgendwo ein Kasten undicht wurde und Bienen herauskommen, sorgt ein Spritzer davon nachhaltiger für Ruhe als Rauch. Geladen wird so, daß die Waben nach Möglichkeit quer zum Wagen stehen, weil das Auto bei Unebenheiten des Weges nach der Seite schaukelt.

### e) Am Wanderplatz

Wenn möglich, wählt man den Platz so, daß Wasser in der Nähe ist, vor allem bei Blatthonigtracht. Andernfalls muß eine Tränke errichtet werden, die nie trocken werden sollte. Man wird sich wundern, wieviel Wasser bei Fichten- oder Tannentracht in heißer Zeit verbraucht wird!
Wer dauernd mit sicherer Tracht an einem bestimmten Platz rechnen kann, wird sich vielleicht einen einfachen festen Stand dort errichten.

*Abb. 81a,b: Am Wanderplatz sollte man zur Aufstellung der Völker keine großen Umstände machen.*

*a) Schutzbedürftige Beuten werden auf Rahmenbretter gestellt und in irgendeiner Weise — z.B. hier mit Dachpappe — abgedeckt.*

*b) Moderne Magazine stellt man einfach auf den Boden. Sie bedürfen weder einer besonderen Unterlage noch einer zusätzlichen Abdeckung.*

Meistens wird man sich mit beweglichen Ständen begnügen. Die bekannten zerlegbaren oder zusammenklappbaren Freiständchen für 3, 5 oder 8 Völker haben den Vorteil, daß die Kästen allseitig vor dem Wetter geschützt sind. Aber sie erfordern natürlich auch Platz auf dem Wagen und haben ihr Gewicht. Man kommt auch mit einer einfachen Unterlage aus hochkant gestellten, ineinander verzahnten Brettern aus. Abgedeckt wird mit Dachpappe, Hartfaserplatte, Kunststoffolie u. dgl. Immer noch beliebt ist die Dachpappe, die zum Schutz gegen das Einreißen in zwei Lagen Maschendraht eingebettet und mit Holzstäben versteift wird. Man befestigt sie mit Draht an der Unterlage oder legt Steine darauf (Abb. 81 a). Wenn man Kunststoffolien verwendet, müssen sie undurchsichtig sein. Bei durchsichtigem Material laufen die Bienen in den Falten hoch und gehen zugrunde. Moderne Imkereien brauchen indessen das alles nicht. Dort werden die Magazine einfach auf die Erde gestellt. Der Beutenboden dient gleichzeitig als Wanderunterlage und der Beutendeckel als Schutzdach (Abb. 81b).

Man muß nicht ständig am Wanderplatz sein. Ein Besuch am Wochenende genügt im allgemeinen. Jedoch ist es kein Schaden, wenn ein einheimischer Imker (oder Forstmann) den Stand etwas im Auge behält. Für etwa anfallende Schwärme hält man einige mit Mittelwänden versehene Beuten oder Abteilungen in Dreiraumbeuten bereit.

Das Schleudern am Wanderplatz ist wenig ratsam. Nur wenn die Tracht noch in vollem Gange ist, wäre es im Freien möglich. Gelegentlich versucht man es in leichten, lichtdurchlässigen, bienendichten Zelten aus Nylongewebe oder Fliegendraht. Wenn man Schleuder und Entdecklungsgerät an einer Wand aufstellt, versammeln sich die suchenden Räuber an dieser Stelle außen am Draht. Durch die immer nur kurz geöffnete Tür geraten so kaum Bienen ins Innere. — Der Magazinimker transportiert die vollen Honigzargen nach Hause, schleudert sie dort ab und bringt die Räume mit leeren Waben wieder zurück, falls die Tracht vorhält. Hat er genügend Zargen, kann er sich mit der Honigentnahme Zeit lassen. Er kann je nach Trachtanfall beliebig Räume auf- oder zwischensetzen. Später werden Honigräume und Bienenvölker gesondert heimgeholt.

Nach klar erkanntem Trachtschluß wandert man ab und hofft nicht phantasievoll ins Blaue. Wenn man auf die Idee kommen sollte, in ein Nachbarland zu wandern, muß man über die Ein- und Ausfuhrbestimmungen in diesem wie im eigenen Land Bescheid wissen. Das gilt auch für den Kauf und Verkauf von Bienen bzw. Königinnen über nationale Grenzen hinweg. Das Veterinäramt wird auf dem reichlich verworrenen Gebiet Aufschluß geben können. Eine derzeit gültige Verordnung dazu ist die am 8. 2. 1994 bekanntgemachte, zuletzt am 21. 10. 1997 geänderte »Verordnung über das innergemeinschaftliche Verbringen sowie die Einfuhr und Durchfuhr von

Tieren und Waren« (Binnenmarkt-Tierseuchenschutzverordnung), in der entsprechende Vorschriften zur Vermeidung der Ein- oder Ausschleppung von Bienenkrankheiten niedergelegt sind.

## 9. Das Abräumen

Sobald im Juli-August keine Tracht mehr zu erwarten ist, wird der Honigraum ausgeräumt. Die Honigreste werden ausgeschleudert. Ich bin nicht der Ansicht, daß man die vollen Randwaben des Brutraums unbedingt den Bienen belassen soll. All die Beschwörungen, aus dem Brutraum nichts zu nehmen, sind gut gemeint, aber sie gründen nicht auf Erfahrung. Auch bei früherem Schleudern lohnt sich ein Griff nach den Randwaben des Brutraums. Daß der alte Dreietager eine so anerkannt gute Honigbeute war, hing damit zusammen, daß die letzten honigschweren Waben immer wieder nach oben gehängt wurden. Und es ist nun lange genug erprobt, daß die Bienen auf Zuckerfutter besser überwintern als auf Honig. Blatt- und Heidehonig muß sogar aus dem Wintersitz heraus, weil sonst Ruhr ausbrechen kann. Je nach Menge empfiehlt es sich, die Brutwaben mit den Honigbögen noch einmal umzuhängen und erst drei Wochen später abzuräumen.
Beim Abräumen setzt man das Volk zurück auf einen begrenzten Überwinterungsraum. Er entspricht dem Brutraum. Der Magazinimker, der mit zwei Brutzargen arbeitet, überwintert starke Völker auf diesen Zargen. Alte schwarze Waben werden entfernt und durch schöne braune, wenig bebrütete ersetzt. Alles außer Dienst gestellte Wabenwerk wird durch Schwefeln gegen Wachsmotten gesichert. Die zum Einschmelzen bestimmten alten oder schlecht ausgebauten Waben kann man gleich oder später aussondern. Auf jeden Fall darf jetzt, da die Wachsmotten noch munter sind, nichts ungeschützt aufbewahrt werden.
Bei dieser Gelegenheit sieht man sich auch das Brutnest an. Vielleicht zeigt ein Volk Buckelbrut. Es wird vor dem Stand bei geschlossenem Flugloch abgestoßen. Die Bienen sollen sich in Nachbarvölker einbetteln. Gelegentlich verrät ein kleines, lückenhaftes Brutnest eine versagende Königin. Sie wird durch eine junge ersetzt.
Im allgemeinen läßt man die Königinnen nicht in den dritten Winter gehen. Eine Ausnahme bilden Mütter, die zur Nachzucht bestimmt sind. Diese hält man so lange als möglich, um ihre gute Vererbungskraft auszunützen.
Wenn die Herbstdiagnose starken Abfall von *Varroa*-Milben ergeben hat (s. S. 277), etwa 10 und mehr Milben pro Tag, empfiehlt sich ein sofortiger Einsatz von Ameisensäure als Zwischenbehandlung, ehe später im

brutlosen Volk mit dem über den sozialen Futteraustausch wirkenden *Perizin* oder dem als Langzeitkontaktmittel einzusetzenden *Bayvarol* nachbehandelt wird (s. S. 279f.).

## 10. Imkerliche Aufschreibungen

Wer schreibt, der bleibt! Das gilt auch für den Imker. Auf einem größeren Stand kann man sich unmöglich alles merken, was man von jedem einzelnen Volk wissen sollte. Drei Arten von Aufschreibungen sollte jeder pflegen:

a) *Die Stockkarte.* Sie kann mit Vordrucken versehen sein, wodurch man an eine bestimmte Ordnung der Notizen gewöhnt wird. Es kann aber auch das bekannte nur mit Linien versehene Kärtchen von der Größe einer halben Postkarte sein. Auf diesem kann man alles Wichtige vermerken, wenn man sich ein bestimmtes System von Zeichen und Buchstaben dafür zurechtlegt.

*b) Ein Notizbuch* für Vorkommnisse, die alle Völker betreffen, z. B. Reinigungsflug, Beginn der Salweidenblüte, der Obstblüte usw. in den verschiedenen Jahren, Termine von Schleuderung, Wanderung, Fütterung, Drohnenschlacht, allgemeine Beobachtungen über Wetter, Totenfall, Volksentwicklung, Zeiten besonderer Stechlust, Räuberei, über die nach Jahren verschiedene Schwarmlust, über das Honigen und Versagen bestimmter Trachtpflanzen im Zusammenhang mit der Witterung, über stärkeres Auftreten von Nosema, Sackbrut, Kalkbrut usw. In dieses Notizbuch gehört auch eine vergleichende Zusammenstellung der Schleuderergebnisse, möglichst in graphischer Darstellung. Gibt es Zusammenhänge zwischen Ertrag und Stellplatz am Stand, Königinnenabstammung, Königinnenalter, Brutbeginn, Stechlust usw.? Aus einem solchen Notizbuch kann man sehr viel lernen. Es kann Anregung geben zu nützlichen Gesprächen mit Nachbarimkern und in Versammlungen.

*c) Eine einfache Buchführung.* Das braucht keine Sache zu sein, wie sie der bilanzfeste Buchhalter eines kaufmännischen Betriebes macht. Aber eine einfache Aufstellung von Ausgaben und Einnahmen gewährt doch einen bald tröstlichen, bald mahnenden Überblick. Für den Berufsimker ist eine scharfe Rechnung unerläßlich.

# VI. Königinnenzucht

Zu einem guten Volk gehört eine gute Königin. Zu einer guten Königin gehören vier Dinge: gutes Erbe, gute Aufzucht, gute Paarung, sicheres Zusetzen. Was wir dazu tun können, soll im folgenden erörtert werden. Zuvor aber sollten wir uns noch mit etwas Grundsätzlichem beschäftigen, was zwar nicht direkt mit der praktischen Zuchtarbeit zu tun hat, worüber aber jeder Imker, der sich mit Zucht betätigt, wenigstens überblicksweise Bescheid wissen sollte.

## 1. Etwas über Namen und Verwandtschaft unserer Bienen

Mit unseren Bienen sind die Bienen gemeint, mit denen wir auf unseren Ständen imkern. Sie stehen in der Natur aber nicht alleine da, sondern haben Verwandte — nähere und weitere. Um diese Verwandtschaftsbeziehungen kennenzulernen, muß man wissen, daß es ein System gibt, in das man die ganze mannigfaltige Pflanzen- und Tierwelt einordnet, und in dem jedem Lebewesen ein ganz bestimmter Platz zugewiesen ist. Die Einordnung erfolgt nach allgemeingültigen und international anerkannten Regeln. Den Anfang dazu hat der schwedische Naturforscher Carl von Linné in seinem berühmten Werk »Systema Naturae« im Jahre 1735 gemacht, worin er jedem Lebewesen (Pflanze oder Tier) zwei Namen gab: einen Gattungsnamen und einen Artnamen. Inzwischen ist dieses hilfreiche System in Einzelbereichen immer mehr ausgebaut und vertieft worden, und es befindet sich auch weiterhin in ständiger Verbesserung und Verfeinerung. Es ist die Aufgabe der *Systematik* oder *Taxonomie,* die Vielfalt der lebendigen Erscheinungswelt übersichtlich zu ordnen und zu beschreiben. Die Grundlage des Systems ist der Begriff der **Art** *(Spezies).* Zu einer Art gehören Tiere (oder Pflanzen), die in Aussehen und Verhalten gleich oder ähnlich sind und die miteinander Nachkommen erzeugen können. Vertreter verschiedener Arten sind dagegen untereinander nicht fruchtbar. Kleinere Merkmals- und Eigenschaftsunterschiede innerhalb einer Art, die in der Regel geographisch bedingt sind, führen zu Unterarten *(Subspezies)* oder *Rassen,* wie man sie in der tierischen Züchtungspraxis gewöhnlich nennt. Nach oben hin werden nach ihrem Äußeren oder ihrem Verhalten ähnliche Arten zu **Gattungen** zusammengefaßt. Noch weiter im System aufsteigend folgen: Familien, Ordnungen und Klassen mit ihren Untergliederungen.

Die von uns gehaltene und gezüchtete Biene gehört zur Gattung »Apis« = *Honigbiene,* und innerhalb dieser Gattung zur Art »mellifera«, welchen Namen ihr bereits LINNÉ gegeben hat. Man spricht auch von der **Westlichen Honigbiene**. Diese Art, **»Apis mellifera«**, ist mit ihren Unterarten von Natur aus erstaunlich weit verbreitet, sie überzieht ganz Europa bis in den höchsten Norden, den vorderen Orient und ganz Afrika. In einigen ausgesuchten Rassen wurde sie außerdem in sämtliche andere Erdteile verpflanzt, wo sie sich bei richtiger Auswahl ganz offenbar ebenso wohl wie zu Hause fühlt.

Beschreibungen von verschiedenen Bienenrassen in ihren jeweiligen Heimatgebieten gibt es schon lange — aber auch ebensoviele Verwechslungen und Unsicherheiten in ihrer Abgrenzung. Erst genaue messende Verfahren in der Körperbeschreibung *(Morphometrie)* unter Heranziehung zahlreicher (bis zu 34) Merkmale und Auswertung der Daten mit modernen statistischen Methoden *(Multivarianzanalyse)* erlaubten eine sicherere Ein- und Unterteilung. (Wir werden im nächsten Abschnitt ein vereinfachtes Verfahren der Merkmalskörung kennenlernen, das wir selbst vornehmen können, und das ausreicht, die für uns wichtigen Rassen und ihre Kreuzungen auseinanderzuhalten). Nach der oben erwähnten aufwendigen Methode, die teilweise noch durch andere moderne Techniken (biochemische und molekulargenetische) ergänzt wird, glaubt man heute die *Westliche Honigbiene* in 25 Bienenrassen einteilen zu können.

Um die Rassen namentlich zu kennzeichnen, setzt man hinter den Gattungs und Artnamen noch einen dritten, den Rassennamen. Als Beispiele nenne ich nur die für unsere züchterische Arbeit drei wichtigsten Rassen: 1. *Apis mellifera mellifera* (Dunkle Europäische Biene, auch Nordbiene oder nur Dunkle Biene genannt), 2. *Apis mellifera carnica* (Carnica-Biene, oft auch einschränkend nach ihren hauptsächlichen Exportländern als Krainer oder Kärntner Bienen bezeichnet) und 3. *Apis mellifera ligustica* (Italiener Biene). Mit diesen drei Rassen werden wir uns im nächsten Kapitel noch im besonderen auseinanderzusetzen haben. Aber eine Spekulation über ihre Entstehung im Zusammenhang mit ihrer natürlichen Verbreitung soll hier noch angeführt werden. Die meisten Rassen der *Westlichen Honigbiene* sind in tropischen, subtropischen und warmgemäßigten Gegenden zu Hause. Allein 14 an der Zahl leben an den Küsten des Mittelmeers. Hier hat es offenbar in der jüngeren Erdgeschichte für die Bienen (wie überhaupt für Tiere und Pflanzen) besonders günstige Lebensbedingungen gegeben. In der jüngsten Eiszeit, als in Mitteleuropa zwischen der nördlichen und südlichen Gletschervereisung nur ein schmaler, lebensfeindlicher Tundragürtel bestand, mußten sich neben vielen anderen Pflanzen- und Tierarten auch die Bienen ans Mittelmeer

zurückziehen. Man darf annehmen, daß um diese Zeit je nach den unterschiedlichen Lebensbedingungen an den verschiedenen Küstenregionen eine rassenmäßige Aufspaltung erfolgte. Als dann vor etwa 10 000 Jahren die Vereisung im Norden zurückging und die Temperaturen anstiegen, zog es die wärmeliebende Tier- und Pflanzenwelt, darunter die Bienen, wieder nordwärts. Von der französischen Mittelmeerküste machte sich die *Dunkle Biene (A. m. mellifera)* auf und wanderte nördlich der Alpen durch ganz Mittel- und Nordeuropa (über die Britischen Inseln und Skandinavien) bis zum Ural. Die *Carnica-Biene (A. m. carnica)*, die sich an der dalmatinischen Küste herausgebildet haben dürfte, zog über die nördliche Balkanhalbinsel ins Donaubecken bis an den Karpatenbogen und drang westwärts in die Täler der Westalpen vor. Die in Italien beheimatete *A. m. ligustica* blieb auf ihr Entstehungsgebiet beschränkt und konnte die Alpen nicht mehr überwinden.
Es würde zu weit führen, wenn wir hier alle übrigen uns bekannten Rassen der *Westlichen Honigbiene* nach Vorkommen, Merkmals- und Verhaltenseigenart beschreiben wollten. Um aber von der Vielfalt der Erscheinungen eine kleine Ahnung zu geben, will ich wenigstens ein paar Verhaltenskuriositäten einiger Vertreter anführen. Z. B. wissen wir von der in Tunesien und Marokko beheimateten *Tellbiene (A. m. intermissa)*, die zwei genetisch festgelegte Brutgipfel besitzt, daß sie erstaunlich viele Schwarmzellen (bis zu 100) produziert und, daß (wie auch bei anderen Rassen im südlichen Mittelmeerraum) die alte Königin erst auszieht, wenn die Jungfern schon geschlüpft sind. Die starke Vermehrungsaktivität ist eine Anpassung an die kurzen Wochen reicher Blüte und die dazwischen liegenden langen Trockenperioden, in denen es leicht zu Völkerverlusten kommt. Berühmt-berüchtigt wurde die *Ostafrikanische Hochlandbiene (A. m. scutellata)*, die, 1957 nach Südamerika gebracht, in der Folgezeit zu der vielgeschmähten »Killerbiene« ausartete, indem sie die vorher dort verbreiteten europäischen Bienen, ohne sich selber wesentlich zu verändern, verdrängte. Zu erklären ist das u. a. mit ihrer enormen Vermehrungsfähigkeit (bis zu 15 Schwärme), der Ausbildung von Wildpopulationen durch Annahme auch minderer Nistplätze, ihrer raschen Verbreitung durch Wanderschwärme und ihrem Eindringen in europäische Völker unter Tötung deren Königinnen. Eine andere Biene von erstaunlicher Eigenart ist die in der südlichsten Spitze Afrikas lebende *Kapbiene (A. m. capensis)*. Die Arbeitsbienen dieser Rasse sind bei Weisellosigkeit in der Lage, weibliche bestimmte Eier zu legen, aus denen sowohl Arbeitsbienen als auch Königinnen hervorgehen können. Die Verdoppelung des Erbgutes der nicht besamten Eier wird durch Verschmelzung zweier Kerne während der ersten Teilungsschritte (Reduktionsteilung) erreicht. Die kurze Verdeckelungsphase der Kapbiene (9,6 Tage

gegenüber 12 Tagen bei der *Carnica)* verhindert das Ausreifen der Varroamilbe und macht die Biene weitgehend varroafest.
Ohne weiter auf das große Rassenarsenal der *Westlichen Honigbiene* einzugehen, sei hier nur noch eine Bemerkung über die *Namensgebung* dieser Biene gemacht. Im deutschen Schrifttum findet man vorwiegend die Art- und Rassenbezeichnung »mellifica«. Erst in neuerer Zeit wird die im Anglo-Amerikanischen gebräuchliche Bezeichnung »mellifera« auch dort immer mehr verwendet. Damit wird aus der honig-»machenden« Biene (facere = machen) die honig-«tragende« (ferre = tragen), was nach der Wortbedeutung natürlich falsch ist. Man meint aber, dem international festgelegten Grundsatz (Prioritätsregel) folgen zu müssen, daß bei mehreren vorhandenen Namen immer die Erstbezeichnung verbindlich sei. Das ist hier freilich nicht nur sachlich falsch, sondern auch noch insofern, als der Erstbenenner CARL VON LINNÉ seinen Irrtum noch selbst erkannt und in »mellifica« berichtigt hat. Man kann die Entscheidung der Taxonomen für die (zeitlich ältere) Namensgebung in diesem Fall nur bedauern.
Die *westliche Honigbiene* ist eine von *neun Honigbienenarten,* die man bis jetzt unterschieden hat. Wenn man mit einiger Wahrscheinlichkeit annehmen darf, daß die Wiege der Honigbiene in Süd- oder Südwestasien gelegen ist, ist es die einzige Art, die sich nach Westen orientiert hat, während sich die anderen Arten im asiatischen Raum herausgebildet haben. Greifen wir ein paar schon länger bekannte Arten heraus: Da ist an erster Stelle die über ganz Mittel- und Ostasien einschließlich des indonesischen und japanischen Inselreichs verbreitete **Östliche Honigbiene (Apis cerana)**. Sie gehört ebenso wie ihr westliches Gegenstück zu den »Höhlenbrütern«, ist im ganzen gesehen (jedoch mit Unterschieden in den bestehenden geographischen Unterarten) etwas kleiner, bildet auch kleinere Völker und erschwert ihre wirtschaftliche Ausnützung durch die Unart, bei geringen Störungen oder Nahrungsmangel Wanderschwärme auszubilden, d. h. sie verläßt im Gegensatz zu den Vermehrungsschwärmen als ganzes Volk ihre Behausung — den Imker vor einem Kasten mit leeren Waben zurücklassend. (Diese Eigentümlichkeit, Wanderschwärme auszubilden, ist übrigens nicht nur dieser Biene zu eigen, sondern kommt allen tropischen Honigbienen zu.) Farblich gibt es Rassenunterschiede zwischen ganz dunkel und gelb. Im Gegensatz zur *Mellifera* weist sie am letzten Hinterleibsring eine vierte Filzbinde auf. Beim Fächeln steht sie mit dem Hinterleib zur Fluglochöffnung, umgekehrt wie *A. mellifera;* auch verwendet sie kein Propolis, und in den Deckeln der Drohnenbrut fällt eine eigenartig aufgeworfene mittlere Pore auf. Sie ist die ursprüngliche Wirtsbiene der Varroamilbe, wird aber durch ihren »arteigenen« Parasiten so gut wie nicht geschädigt. Der *Cerana* sehr ähnlich ist die durch ihre auffällig rötliche Färbung und lange Beinbe-

*Abb. 82: Die für das Zuchtwesen in Deutschland wichtigsten zwei Bienenrassen.*

*Apis mellifera mellifera. Die Deutsche oder Dunkle Biene — auch Nord-Biene genannt — war ursprünglich bei uns heimisch.*

*Apis mellifera carnica. Die Carnica-Biene wurde hauptsächlich aus Kärnten und Krain nach Deutschland eingeführt. Ihre Zucht hat die Nord-Biene schon fast vollständig verdrängt.*

*Gezeichnet von M. Wimmer, Wien*

haarung besonders gekennzeichnete **Rote Honigbiene von Borneo (Apis koschevnikovi)**. Sie scheint auf Borneo und Sumatra beschränkt zu sein. Man könnte an ihrer Eigenständigkeit als Art zweifeln, wenn man nicht festgestellt hätte, daß die Drohnen dieser Biene zu einer anderen Tageszeit ausfliegen als die Cerena-Drohnen.

Andere Honigbienenarten bauen im Freien, wobei sie nur eine einzige Wabe errichten, die sie ständig mit einem dichten Bienenpelz umgeben. Die schon immer als **Riesenbiene** bekannte **Apis dorsata** findet man im tropischen Asien einschließlich Indonesien und den Phillippinen — vornehmlich in den tropischen Regenwäldern. Die hornissengroße Biene mit rostbrauner Behaarung und »rauchig« getönten Flügeln baut ihre riesige, bis über 1 $m^2$ messende Wabe meist exponiert an starken Baumästen oder Felsüberhängen. Durch Trocken- oder Regenzeiten ausgelöste Saisonwanderungen sind für diese Biene typisch. Noch etwas größer als die Riesenhonigbiene ist die **Riesenbergbiene (Apis laboriosa)**, die in den kühlen Hochtälern des Himalaya und in den Bergen Westchinas in 2200 bis 3500 m Höhe gefunden wurde. Die Biene mit dem dunklen Panzer und der hellbraunen dichten Behaarung nistet in der Regel schwer zugänglich unter Felsvorsprüngen, wobei ihre riesige Wabe bis zu 1½ m lang werden kann. In der kalten Jahreszeit suchen die Völker tiefere Lagen auf, wo sie als Schwarmtraube ohne Wabe den Winter verbringen.

Zu den zwergenhaften Arten gehöhrt die Zwerghonigbiene (Apis florea), die wie die *Apis dorsata* über das ganze südasiatische Tiefland – nur noch weiter westlich – bis an die Küsten des Persischen Golfs verbreitet ist. Im Gegensatz zu den Riesenhonigbienen kann sie in den trockensten und heißesten Regionen überleben. Sie ist etwa 10 mal kleiner als die supergroßen Bienenarten, ungefähr von der Größe einer Stubenfliege. Mit ihren goldorangenen Ringen am Hinterleib und der dichten hellen Filzbehaarung erfreut sie den Ästheten. Gerne nistet sie versteckt im Buschwerk. Ihre Wabe – kaum größer als ein Suppenteller – ist im oberen Teil mächtig ausgezogen und fast kugelig verbreitet, wobei sie den als Ansatzstelle dienenden Ast regelrecht umwächst. Bei Störungen setzt sich die Florea nicht zu Wehr, sondern verläßt lieber ihren Nistplatz, um sich woanders anzusiedeln. Eine äußerliche Eigentümlichkeit ist der daumenartige Fortsatz an der Ferse des Drohns, der zur Umklammerung der Königin bei der Paarung dient. Eigenartig ist auch der Begattungsschlauch mit hakenartig gekrümmtem Ende, so daß man annehmen muß, daß die Samenübertragung direkt in die Samenblase erfolgt. Die der *Apis florea* ähnliche und früher meist für eine Unterart gehaltene **Buschbiene (Apis andreniformis)** ist vielleicht noch etwas kleiner als diese. Sie ist ohne die schönen goldenen Ringe uneinheitlich im Aussehen und insgesamt dunkler. Ihr Verbreitungsgebiet sind die Länder und Inseln rund um das Südchinesische Meer.

Wir brauchen hier auf das interessante Gebiet der Apisarten und -rassen nicht weiter einzugehen. Wer mehr darüber erfahren will, sei auf das bebilderte Werk von F. RUTTNER »Naturgeschichte der Honigbienen« im Ehrenwirth Verlag verwiesen. Die Zukunft hält sicher noch weitere Neuentdeckungen bereit.

## 2. Das Erbgut

Gutes Erbe heißt bei der Biene vor allem *erbliche Veranlagung zu hoher Honigleistung.*

Hohe Honigleistung heißt: ein Ertrag, der weit über dem Durchschnitt steht — über dem Durchschnitt des Standes und womöglich auch dem von anderen Ständen in der Umgebung. Die Leistung darf nicht durch irgendeinen glücklichen Zufall zustande gekommen sein, sondern muß sich auf Veranlagung gründen. Sie muß von Vorfahren vererbt und an Nachkommen vererbbar sein.

Wie diese Leistung zustande kommt, bräuchte uns im einzelnen eigentlich gar nicht zu interessieren. Hauptsache, sie ist da und bleibt. Tatsächlich *wissen* wir nur sehr wenig davon, wie eine hohe Leistung entsteht. *Denken* können wir uns einiges: So wird es ein *Frühaufsteher* weiter bringen als ein Späterwachender. Vor allem bei Waldtracht in heißer, trockener Zeit. Da kann ja oft nur in den ersten Morgenstunden eingetragen werden, was durch den Tau der Nacht aufgeweicht wurde. Ein *findiges* Volk wird früher und mehr Trachtquellen entdecken als ein weniger findiges. Ebenso werden sich *Fleiß, flinker Flug, kurzer Aufenthalt im Stock,* gute Reaktion auf *Trachtalarm, Zungenlänge,* gute Füllung der *Honigblase, Wetterfestigkeit,* gute *Orientierungsfähigkeit, geringes Verfliegen, Wachsamkeit* und *Abwehr* gegen Räuberbienen auswirken auf den Honigertrag. Natürlich auch *Brutfreudigkeit* und *rechtzeitige Volksentwicklung,* bei gleichzeitiger *Schwarmträgheit.* Auch ist von Bedeutung, ob ein Volk bei *Schwarmstimmung* unentwegt weiterarbeitet oder ins Lungern gerät.

Leider können wir bis jetzt nur die *Zungenlänge* direkt messen und ihre Wirkung in der Rotkleetracht praktisch bestätigen. Seit man in Erlangen gefunden hat, daß eine Königin, die Bienen mit längerer Zunge erzeugt, auch selber eine längere Zunge hat, kann man schon nach dem Schlüpfen der Jungfern eine Auslese auf Zungenlänge versuchen. Leider fehlen uns noch Verfahren, die übrigen Eigenschaften zu prüfen, die auf die Honigleistung wirken. Aber das scheint ein Wunschtraum zu bleiben. Ist es schon schwer, Leistung theoretisch zu interpretieren, eine praktische Analyse muß wohl immer Flickwerk bleiben. Amerikanische Forscher glaubten, daß sie aus der Geschwindigkeit, mit der gekäfigte Bienen Zucker-

wasser in Wabenstücke einlagern, Rückschlüsse auf die Leistungsfähigkeit der Bienenvölker, denen die Versuchsbienen entstammten, ziehen könnten. Nachprüfungen ergaben indessen, daß sie sich getäuscht hatten. Leistung ist viel zu komplex für solch einen simplen Test.
Außer Honigleistung muß man unbedingt *Sanftmut und ruhigen Wabensitz* für die Nachzucht hoch bewerten. Stecher und Renner kosten Zeit und Ärger und können einem manchmal alles verleiden. Schwer zu behandelnde Völker sollten auf alle Fälle von der Nachzucht ausscheiden und in ihrer Drohnenzahl möglichst eingeschränkt werden, gleichviel, ob ihre übrigen Eigenschaften von Generationen her vererbt oder nur zufällig durch Rassenkreuzung entstanden sind. Kreuzung zwischen Dunkler Deutscher und Carnica-Biene gibt gern Stecher. Rassenkreuzungen enttäuschen in der Nachzucht so oft, daß man sie als einfacher Imker gar nicht versuchen sollte. Ihre manchmal hohe Honigleistung rührt her von einer aufputschenden Wirkung der Rassenkreuzung, die nur in diesem Kreuzungstier zutage tritt. In der Nachzucht verschwindet sie. Also von einem unruhigen Stecher nicht nachziehen, auch nicht, wenn das Volk in der Honigleistung an der Spitze lag! Der Name »Blender« für solche Völker, der ursprünglich im Englischen nur harmlos vom Wort blend = mischen kommt, hat mit Recht bei uns den Sinn von »trügerisch enttäuschendem Prahler« bekommen. Eine ausgezeichnete Zugabe zu Honigreichtum, Ruhe und Sanftmut wäre *Widerstandsfähigkeit gegen Krankheiten.* In Amerika, wo die bösartige Faulbrut verbreitet ist, hat man mit einem gewissen Erfolg Linien mit starkem Putztrieb gezüchtet, die befallene Larven rasch beseitigen. Aber über der Zucht auf Faulbrutfestigkeit scheinen andere gute Eigenschaften zu kurz gekommen zu sein. Bei der *Kalkbrut* meint man eine Erblichkeit feststellen zu dürfen, und möglicherweise gibt es wirklich Abstammungen, die gegen *Nosematose* und *Tartacheenmilbe* weniger anfällig sind als andere. Nicht unberechtigte Hoffnungen setzt man heute auf die Zucht varroatoleranter Völker (s. S. 281).

### a) Die Carnica-Rasse (Abb. 82 unten)

Natur und Mensch züchten nicht nach den gleichen Grundsätzen. Der Natur geht es um Überleben und Fortpflanzung. Dem Menschen um möglichst viel abschöpfbaren Überschuß. Dennoch hat im Fall Biene die Natur in der Carnica-Rasse Eigenschaften ausgelesen und erhalten, mit denen wir arbeiten können. Die Carnica-Biene ist von den Südostalpen ausgehend nach Osten und Süden über den ganzen Balkan verbreitet. Ihre Repräsentanten aus den Carnischen Alpen und den östlich vorgelagerten Landschaften, welche man nach dem ursprünglichen Hauptausfuhrgebiet in der Krain als Krainer Biene bezeichnet, haben sich bei uns besser bewährt als unsere heimische Dunkle Biene, die Mellifera-Rasse (Abb. 82 oben). Die Krainer Biene entwickelt sich im Frühjahr besonders rasch und ist deshalb zur Ausnutzung der Frühtracht, die in unserem Lande eine immer größere Rolle spielt, hervorragend geeignet. Sie zeigt sich außerdem in Sanftmut und ruhigem Wabensitz der einheimischen Nordrasse deutlich überlegen.

Der hier gegebene Steckbrief zeigt die Carnica-Biene in reiner Form. Die deutschen Züchter bemühen sich seit dem 2. Weltkrieg, sie rein zu züchten. Das ist nicht leicht. Man muß bedenken, daß man stets auf die Einfuhr neuen Zuchtmaterials angewiesen war. Die Carnica-Bienen kamen unter den Stammesbezeichnungen *Sklenar, Peschetz, Troiseck* u. a. in unser Land. Wir mußten diese, so gut es ging, vermehren und zu rassereiner Paarung veranlassen. Dabei hatten wir stets mit der Störung durch unsere heimische Nordbiene zu rechnen. Sie konnte bei der beginnenden Umstellung auf die neue Rasse ja nicht einfach ausgerottet werden. Da man sich in Züchterkreisen indessen einhellig der neuen Rasse zuwandte, war es in der Tat möglich, die Mellifera-Rasse weitestgehend zu verdrängen. Sie spielt heute fast nur noch als unerwünschte Einkreuzung in Carnica-Zuchten eine Rolle.

Da vor der Jahrhundertwende — und in Schüben bis in die heutige Zeit — eine dritte europäische Bienenrasse zu uns kam, müssen wir bei der Zuchtauslese auch hierauf achten. Gemeint ist die Italiener Biene (Ligustica-Rasse), die in Italien ihre Heimat hat. Wir müssen diese drei Rassen in ihrer reinen Ausprägung kennen, um Verkreuzungen zu entdecken. Dabei hilft uns die Beurteilung ihrer Verhaltenseigenschaften und noch mehr ihrer Außenmerkmale. Man spricht von der Eigenschafts- und Merkmalskörung. Die Abgrenzung der jüngst hinzugekommenen Mischrasse Buckfastbiene macht noch ihre Schwierigkeiten. (s. S. 215)

*Tabelle 1: Übersicht über die Verhaltensbesonderheiten der für uns wichtigen Bienenrassen*

| **Eigenschaften** | **Carnica** | **Mellifera** | **Ligustica** |
|---|---|---|---|
| Brutbeginn | Frühbrüter | Spätbrüter | Frühbrüter |
| Brutende | frühzeitig | spät | spät |
| Schwarmlust | verschieden | schwarmträge | schwarmträge |
| Winterfestigkeit | gut | gut | mäßig |
| Wabensitz | fest | flüchtig | fest |
| Aggressivität | sanft | stechlustig | sanft |
| Störverhalten | sehr ruhig | unruhig | ruhig |

## b) Eigenschaftskörung

Bedenken wir, was bisher über die Eigenschaften der Carnica-Biene im Vergleich mit der Mellifera-Rasse gesagt wurde. Aus diesen Verhaltensunterschieden ergeben sich bereits recht gute Hinweise auf die Zugehörigkeit von Bienenvölkern zu der einen oder anderen Rasse. Schwierigkeiten gibt es jedoch, wenn wir die Italiener Biene in den Vergleich einbeziehen, was in Tabelle 1 geschehen ist. Man sieht, daß zwischen Carnica und Ligustica im Verhalten große Übereinstimmungen bestehen.

## c) Merkmalskörung

Die Beurteilung der Bienen nach ihren Außenmerkmalen nennt man Merkmalskörung. Sie wurde vor mehr als 50 Jahren durch Prof. GOETZE erarbeitet und für die Imker praktikabel gemacht. Sie wurde anfangs überbewertet, als ob alles Heil nur von ihr käme nach dem Motto: Sorgt nur erst einmal für scharfe Herausarbeitung des äußeren Rassebildes, die Leistung werden wir dann schon noch bekommen. Später wurde die Merkmalsbeurteilung radikal abgelehnt, weil eine feste Koppelung zwischen bestimmten Rassenmerkmalen und Leistung nicht erkennbar war. Heute hat sich der Pendelschlag beruhigt. Das Richtige liegt, wie so oft, in der Mitte: Leistung vor allem zur Sicherung der Dauerleistung, aber Achtung auf Rasse.

Auf welche Körpermerkmale haben wir nun zu achten? Da ist zunächst die

### *Haarfarbe*

Das Äußere der Nordbiene erscheint braun oder besser dunkelbraun bis schwarz, während die Carnica-Biene grau erscheint: »Graue Exzellenz«. Es sind hauptsächlich die Haare der Brust und die auf den Rückenschuppen des Hinterleibs, die den Farbeindruck vermitteln. Es hat sich indessen eingebürgert, die Haarfarbe der Arbeiterinnen bei einer »zünftigen« Körung gar nicht mehr zu beurteilen, sondern dieses Merkmal lediglich bei den Drohnen genau ins Auge zu fassen. Dazu hat GOETZE Farbtafeln geschaffen, auf die man die Drohnen, einen nach dem anderen, legen muß. Sie werden zur Seite gedreht, so daß man über die Haare des Brustrückens auf die darunterliegende Tafel blickt. Man verschiebt den Drohn so lange von einem Feld zum anderen, bis die richtige Farbzuordnung gefunden ist. Norddrohnen sind braun bis schwarz. Carnica-Drohnen rein grau bis braungrau, Ligustica-Drohnen gelb.

Auf den oberen Schuppen des Hinterleibs, insbesondere bei den Arbeitsbienen, fallen quer zum Körper verlaufende Bänder auf, die sogenannten

*Filzbinden* (Abb. 83)

Sie kommen dadurch zustande, daß an diesen Stellen die Haare sehr eng stehen. Unabhängig von der Haarfarbe der Bienen machen sie, physikalisch bedingt, stets einen etwas ins Graue gehenden Eindruck, bei der Carnica-Biene erscheinen sie allerdings mausgrau. Wenn man von der immer nur andeutungsweisen Filzbinde auf der zweiten Rückenschuppe absieht, folgen auf den nächsten Schuppen drei deutliche Binden. Diese sind bei der Mellifera-Rasse relativ schmal, bei den Carnica- (und Ligustica-) Bienen verhältnismäßig breit. Zur genauen Beurteilung zieht man stets die am schönsten ausgebildete mittlere Filzbinde (auf der 4. Rückenschuppe) heran. Ihre Breite mißt man durch Vergleich mit dem dahinterliegenden Rand der Rückenschuppe ohne Filzbinde. Ist die Filzbinde schmäler als dieser Rand, spricht man von schmalen (f), ist sie ebenso breit, von mittleren (ff), und ist sie breiter, von breiten (F) Filzbinden. Filzbinden werden nur bei Arbeitsbienen gemessen.

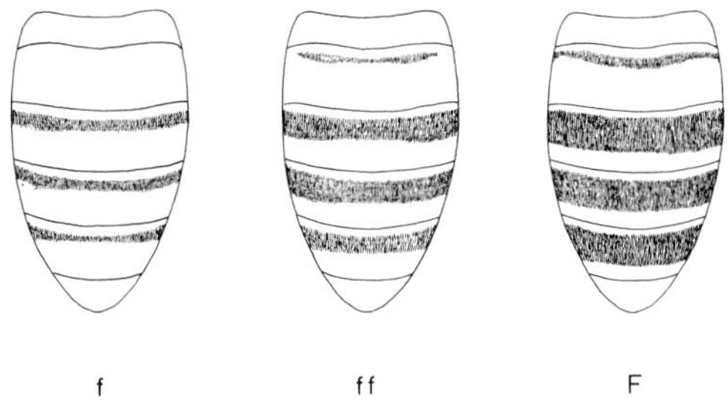


*Abb. 83: Die Filzbinden der Arbeitsbiene sind besonders gut auf der 3., 4. und 5. Rückenschuppe ausgeprägt. Auf der 2. Schuppe befindet sich nur eine Andeutung. Wir beurteilen die Bindenbreite auf der 4. Schuppe und vergleichen sie mit dem filzbindenfreien Rand der Schuppe: f (= schmal), ff (= mittel), F (= breit).*

Als nächstes Merkmal interessiert die

*Haarlänge*

der Arbeitsbiene (Abb. 84). Man bestimmt sie auf der 5. (d. i. die vorletzte) Rückenschuppe. Nordbienen haben lange Haare, Carnica- (und Ligustica)-Bienen kurze. Als Maßstab für die Länge des Überhaares wird allgemein die Breite des zweiten Fußgliedes (= erstes Zehenglied) benutzt. Die Biene wird so gegen eine helle Unterlage gehalten, daß man von der Seite her den Bienenrücken und ein gestrecktes Hinterbein gleichzeitig im Blickfeld hat. Sind die Haare etwa so lang, wie das Zehenglied breit ist,

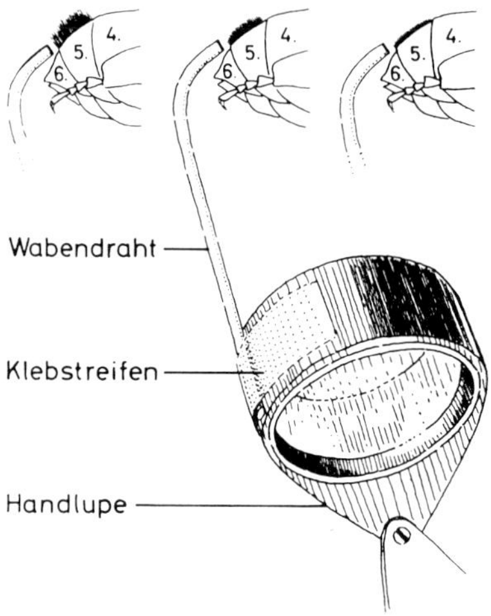


*Abb. 84: Die Haarlänge wird auf der 5. Rückenschuppe bestimmt. Als Vergleichsmerkmal dient die Breite des ersten Zehengliedes des Hinterbeins oder ein Stück Wabendraht von 0,35 mm Stärke. Haare von dieser Länge bezeichnen wir mit m (= mittel). Daneben gibt es die Klassen l (= lang) und k (= kurz).*

spricht man von mittellangen Haaren (m); anderenfalls sind die Haare kurz (k) oder lang (l).

Leichter und sicherer arbeitet man mit folgendem Verfahren: ein Stückchen Draht, das in seiner Stärke genau der Breite des ersten Zehengliedes entspricht (das Zehenglied ist im Durchschnitt 0,35 mm breit, und mein Rähmchendraht hat zufällig auch diese Dicke), wird mit Tesafilm an einer Lupe befestigt und im Bereich der größten Sehschärfe nach innen abgebogen. Die Spitze des Drahtes kann man jetzt direkt an das Überhaar halten und beides miteinander vergleichen.

Man kann die Haarlänge auch im Projektionsverfahren bestimmen. Dabei nadelt man die Bienen der Reihe nach auf einen Weichfaserstreifen und wirft ihr seitliches Schattenbild an die Wand. Als Maßstab dient wieder der Wabendraht, der in gleicher Entfernung an die Wand projiziert wird und dessen Schattenriß man auf einen Karton aufzeichnet. Mit diesem Hilfsmittel, das man nun in die Position der Haare bringen kann, läßt sich die Länge leicht und genau feststellen.

Ein für die Rassenzuordnung nicht ganz so wichtiges, aber dennoch zu beherzigendes Merkmal ist die Körperzeichnung der Arbeiterinnen und Drohnen. Die Grundfarbe des Panzers ist bei allen hier in Frage kommenden Rassen dunkelbraun bis schwarz. Der Hinterleib kann aber typische gelbe Farbzeichen aufweisen. Man spricht von

### *Panzerzeichen* (Abb. 85)

Bei den Arbeitsbienen, die ganz ohne Farbzeichnung sein können (O), beginnen die Zeichen mit mehr oder weniger deutlichen Ecken seitlich an der zweiten Rückenschuppe (E). Die Ecken können zu einem Ring zusammenwachsen (1 R), und auch die nächste und übernächste Schuppe kann gelb sein (2 R, 3 R). Ringe kommen nur bei Italiener-Bienen vor, die dadurch gelb erscheinen. Bei den Krainer-Bienen wünscht man sich möglichst wenig Farbzeichen. Sie haben aber häufig kleine bis große Ecken; allerdings sind diese im Unterschied zum Italiener-Gelb mehr lederbraun, auch ein lederbrauner Ring kann ausnahmsweise vorkommen. Ohne oder höchstens mit ganz kleinen, ebenfalls bräunlichen Ecken sind die Nordbienen. Bei der Körung bleiben kleine Ecken (unter 1 mm$^2$) unberücksichtigt, bzw. werden unter Null eingereiht.

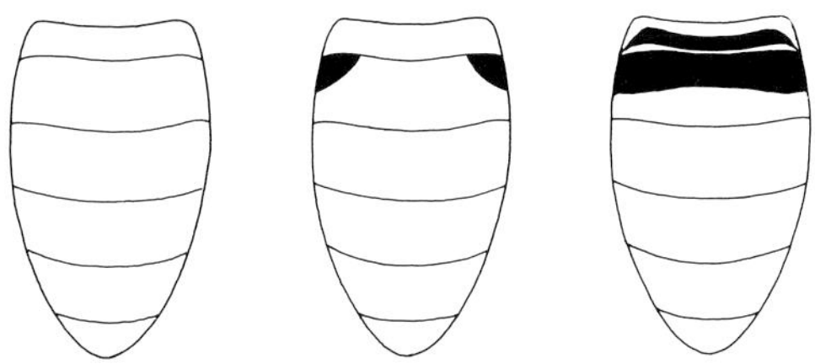


*Abb. 85: Die Panzerfärbung der Biene kann im Hinterleibsbereich — an der 2. Rückenschuppe beginnend — Aufhellungen aufweisen. Sehr kleine Ecken werden vernachlässigt und unter 0 (= keine Zeichnung) eingereiht. Über E (= deutliche Ecken) kann es zur Ausbildung eines Ringes (R) und mehrerer Ringe (1 R, 2 R) kommen. Letzteres ist bei der Italiener-Biene verwirklicht.*

Panzerzeichen anderer Art kommen bei den Drohnen vor. Dort kann sich an den beiden Flanken der zweiten Hinterleibsschuppe ein mehr oder weniger unregelmäßiger gelber Fleck bemerkbar machen. Man spricht von kleinen (i) bis großen Inseln (I), die auch zu einem Ring (1 R) zusammenwachsen können. Während die Mellifera-Drohnen gar kein Zeichen besitzen, können bei den Carnica-Drohnen kleine Inseln auftreten. Die Ligustica-Drohnen haben ein bis mehrere gelbe Ringe.
Das am besten zu bestimmende Rassenmerkmal ist der

### *Cubitalindex* (Abb. 86)

Im netzförmigen Flügelgeäder der Bienen gibt es eine bestimmte Zelle, die man Cubitalzelle nennt. Ihre basale Begrenzungsader wird durch eine abgehende Ader in zwei kleinere Stücke a und b geteilt. Der Cubitalindex (oft auch nur als »Flügelindex« bezeichnet) ist eine Verhältniszahl und gibt an, wie oft die Strecke b in der Strecke a enthalten ist. Man kann das unter Zuhilfenahme einer 6- bis 8fach vergrößernden Lupe schätzen. In der Regel wird der Cubitalindex jedoch gemessen. Dazu gibt es hauptsächlich zwei Wege: das Mikroskop und den Projektor. Beide Male muß man die Flügel zwischen Gläser legen (Objektträger bzw. Diagläser). Es ist wichtig, sie schön auszurichten, um möglichst viele Flügel nebeneinander unterzubringen und auch die Messung zu erleichtern. Man nimmt pro Biene nur jeweils einen Flügel, nach Möglichkeit von derselben Körperhälfte. Damit die Flügel bei der Arbeit nicht wegfliegen, läßt man sie gleich nach dem Abschneiden in ein Schälchen mit Spiritus fallen. Von hier aus überträgt man sie in feuchtem Zustand auf das Glas.

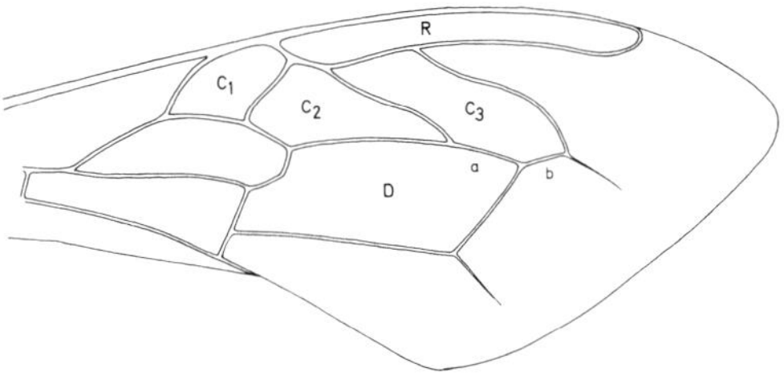


*Abb. 86: Auf dem Vorderflügel der Bienen (hier von der Arbeiterin) wird der Cubitalindex ermittelt. R (= Radialzelle); $C_1$, $C_2$, $C_3$ (= 1., 2. und 3. Cubitalzelle, letztere mit den Strecken a und b); D (= Discoidalzelle).*

Wenn man dem Spiritus etwas Zucker zusetzt, kleben sie besser. Nach Abdecken mit dem zweiten Glas sorgt ein Stückchen Tesastreifen an zwei gegenüberliegenden Rändern der Gläser für festen Zusammenhalt.

Zur Messung unter dem Mikroskop bei 40facher Vergrößerung gibt es einen gewinkelten Spezialmaßstab, der sich auf einem durchsichtigen Meßplättchen befindet, das in das Okular des Mikroskops einzulegen ist. Mit dieser Meßskala lassen sich im gleichen Arbeitsgang die Strecken a und b ermitteln (Abb. 87). Das Meßplättchen erhält man beim Institut für Bienenkunde, 61440 Oberursel/Ts.

Auch bei der Projektion der Flügel an die Wand ist eine etwa 40fache Vergrößerung ideal. Die beiden Meßstrecken lassen sich mit Zirkel und Lineal sehr genau ermitteln. Man kann sich dazu aber auch einen gewinkelten Maßstab nach der Art der Meßskala im Mikroskop herstellen.

Der Begründer dieses Buches entwickelte zur Indexbestimmung ein noch schnelleres Verfahren, wozu ein »Indexfächer« verwendet wird (Abb. 88). Die waagerechten Linien des Fächers entsprechen der Strecke a, die leicht nach oben abgeknickten der Stecke b. Der Winkel zwischen den Linien ist der gleiche wie am Flügel zwischen a und b. Wenn man den auf Pappe aufgezogenen Indexfächer über den an die Wand projizierten Flügel hält, kann man es einrichten, daß die Strecke b genau auf eine der schrägen Linien fällt. Wenn man außerdem darauf achtet, daß die senkrechte Linie des Fächers genau durch den Schnittpunkt der Strecken a und b des Flü-

*Abb. 87: Index-Meßskala für die Bestimmung beider Meßstrecken a und b in einem Arbeitsgang. Die Meßskala wird meistens als Einsatz im Mikroskop verwendet.*

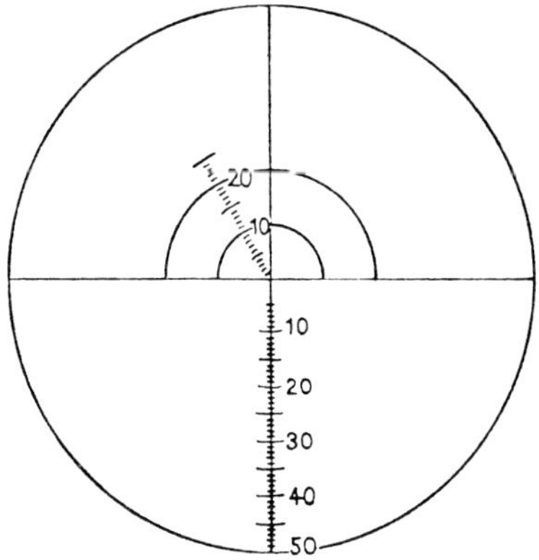


gels verläuft, kommt die Strecke a auf die dazugehörige waagerechte Linie des Fächers zu liegen. An der durch den Endpunkt der Strecke b verlaufenden Geraden kann man unten sofort die Verhältniszahl a : b, also den Indexwert, ablesen. Es ist wichtig, daß man zur Einregulierung von Fächer und Flügel eine passende Entfernung zur Projektionswand wählt und daß bei der Messung stets von der Mitte der Schnittlinien der Aderstrecken ausgegangen wird.

Der mittlere Cubitalindex der Carnica- (und Ligustica-)Biene ist relativ groß, d. h., die beiden Teilstrecken sind sehr unterschiedlich lang. Der Mellifera-Index liegt niedriger, also b ist nicht viel größer als a. Man hat durch zahlreiche Messungen in den originalen Verbreitungsgebieten Standardzahlen für die Rassen entwickelt, wonach die Carnica-Rasse einen durchschnittlichen Index von 2,5 und darüber aufweist, die Mellifera-Rasse von 1,9 und darunter. Die Indizes der Drohnen liegen in jedem Fall etwas niedriger: bei Carnica von 1,8 aufwärts, bei Mellifera von 1,5 abwärts. Zwischen diesen Werten sind Kreuzungen angesiedelt. Aber Kreuzungen können auch vorliegen, wenn die Indizes noch in den jeweiligen Rassenstandard passen. Dann gibt die Anordnung der Einzelmessungen in einer Kurve untrüglichen Aufschluß. Weite Streuung bei unregelmäßi- gem Kurvenverlauf und besonders Doppelgipfeligkeit weisen auf Bastarde hin.

Allerdings hat die Kurvendarstellung der realen Indexwerte ihren Haken. Wenn man auf der Basislinie die Indizes in gleichmäßigen Abständen aufträgt, werden die Kurven im oberen Indexbereich, also bei stark unterschiedlichen Teilstrecken, sehr flach, im unteren Bereich sehr steil. Das hängt damit zusammen, daß die Flügelindizes als Ergebnisse einer Teilung zweier veränderlicher Teilstrecken keine Zahlenfolge mit gleichen,

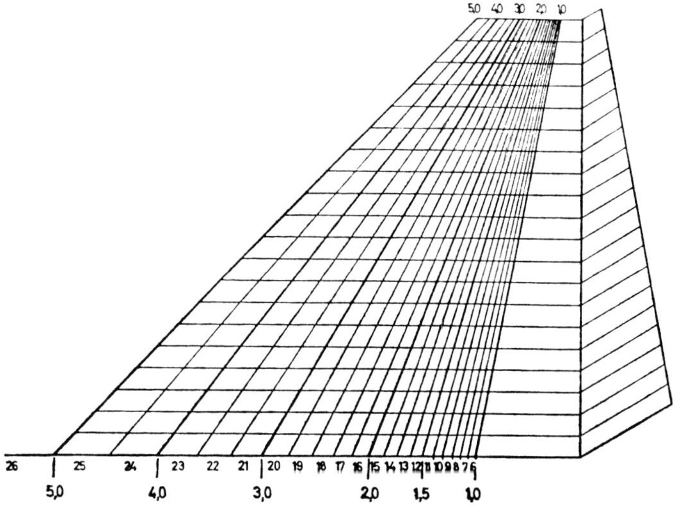


*Abb. 88: Der »Indexfächer« erlaubt eine rasche Bestimmung des Cubitalindex mit der Projektionsmethode. Der Fächer ist hier mit korrigierter Klasseneinteilung wiedergegeben.*

sondern eine mit wachsenden Abständen bilden. Dem kann man bei der graphischen Darstellung Rechnung tragen, indem man nicht einfach die realen Indexwerte auf der Grundlinie des Koordinatensystems abträgt, sondern dafür Indexklassen bildet, wobei die sich ändernden Teilstrecken immer auf eine zahlenmäßig gleichbleibende Gesamtstrecke bezogen werden. Wir nehmen mit Prof. RUTTNER als Klassenabstand eine Änderung von $^1/_{60}$ der gleich 100 gesetzten Gesamtstrecke (a + b) an und erhalten eine Indexskala nach Tabelle 2. Hierzu sind der Einfachheit halber für die unterschiedlichen Klassenweiten gerade Zahlen angegeben. Man kann für die errechneten Indexwerte die zugehörigen Klassenzahlen aus der Tabelle entnehmen und diese an Stelle der realen Werte zur Darstellung der Indexkurve verwenden. Ein vom Deutschen Imkerbund erhältlicher Indexfächer zeigt unmittelbar diese Klassenzahlen an.
Die einfachste Art der Darstellung einer Indexkurve ist die eines Stufendiagramms, welches man durch Einzeichnen der ermittelten Klassenzahlen in ein vorgegebenes Linienraster erhält (Abb. 89).
Seit die EDV-Technik mit dem Einsatz des Computers zur Mehrmalskörung eingesetzt wird, lassen sich mit der Auswertung weiterer bisher weniger gebräuchlicher Körpermerkmale, besonders im Bereich der Flügel, verfeinerte Aussagen über Abstammung, Rein- und Mischerbigkeit, bis zur Erkennung von Stammes- und Linienzugehörigkeit innerhalb der

Rassen wagen. Wieweit und mit welchem Gewinn die computergesteuerten Verfahren künftig in die alte Körtechnik eingreifen, wird sich erweisen.

### *Der Rüssel*

Keines der bisher besprochenen Körmerkmale ist unmittelbar mit der möglichen Honigleistung eines Volkes verbunden. Ein bestimmtes Merkmal jedoch könnte eine Ausnahme machen. Es gibt Blüten mit sehr tief liegenden Nektarien, die von den honigsaugenden Insekten nur dann optimal genützt werden können, wenn diese mit ihrem Rüssel möglichst tief in die Blütenröhre hineintauchen können. Das trifft besonders für den Rotklee zu, der für die langrüsseligen Hummeln eine gute, für die Bienen mit im allgemeinen kurzem Rüssel eine weniger gute bis schlechte Honigpflanze darstellt. Allerdings wissen wir, daß die Rüssellänge bei den

*Tabelle 2: Klasseneinteilung des Cubitalindex nach* F. RUTTNER

| **Realer Indexwert** | **Klasse** | **Realer Indexwert** | **Klasse** |
|---|---|---|---|
| 0,71 | 1 | 2,00 | 16 |
| 0,76 | 2 | 2,16 | 17 |
| 0,81 | 3 | 2,33 | 18 |
| 0,87 | 4 | 2,53 | 19 |
| 0,93 | 5 | 2,75 | 20 |
| 1,00 | 6 | 3,00 | 21 |
| 1,07 | 7 | 3,29 | 22 |
| 1,14 | 8 | 3,62 | 23 |
| 1,22 | 9 | 4,00 | 24 |
| 1,31 | 10 | 4,45 | 25 |
| 1,40 | 11 | 5,00 | 26 |
| 1,50 | 12 | 5,67 | 27 |
| 1,61 | 13 | 6,50 | 28 |
| 1,73 | 14 | 7,57 | 29 |
| 1,86 | 15 | 9,00 | 30 |

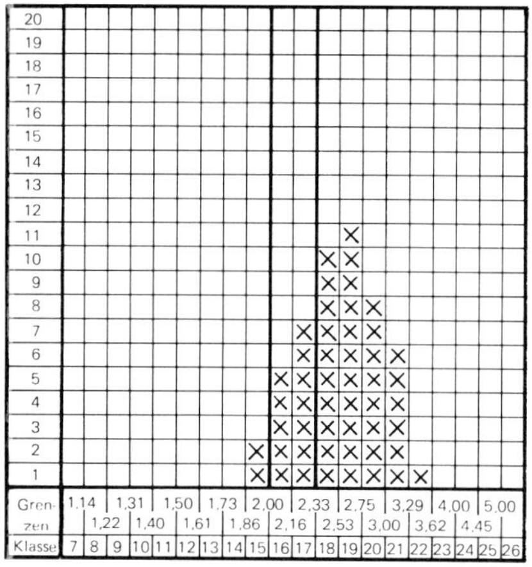


*Abb. 89: Indexkurve einer Carnica-Biene in einfachster Darstellung als Stufendiagramm.*

Bienenrassen nicht gleich ist. Als man in Deutschland in großem Umfang die Carnica-Biene zu züchten begann, fiel auf, daß Völker dieser Rasse in Rotkleeschlägen deutlich mehr Honig brachten als Mellifera-Bienen. Das war so deutlich, daß man nach einem Grund zu suchen begann. Man stellte fest: es war der Rüssel. Carnica-Bienen haben eine mittlere Rüssellänge von 6,5 bis 6,8 mm, Mellifera-Bienen erreichen im Mittel höchstens 6,2 mm. Die Ligustica-Biene entspricht in der Rüssellänge der Carnica-Rasse. So kam es, daß eine Zeitlang die Rüssellänge einseitiges Auslesemerkmal wurde. Heute wird sie, wenn überhaupt, nur noch zusätzlich zur Merkmalskörung hinzugenommen. Es gibt verschiedene Techniken der Rüsselmessung.

1. Nicht die Rüssellänge, sondern die Reichtiefe wird mit Hilfe kleiner Röhrchen mit eingeritztem Maßstab gemessen. Man stellt sie, gefüllt mit Zuckerwasser, in das Bienenvolk und liest nach geraumer Zeit den Stand der Flüssigkeitssäule ab. Auch wenn diese Röhrchen mit 2 mm Durchmesser exakt gebohrt sind, kann die Kapillarkraft zu Verfälschungen der Meßergebnisse führen. Es gibt verschiedene Varianten dieser nach dem Röhrchenprinzip arbeitenden Geräte. Keines ist jedoch im Handel.

2. Der Erstautor dieses Buches hat sich ein eigenes Gerät gebaut (Abb. 90a). Es besteht aus einem langen Kästchen aus Kunststoff mit einer Einschiebeplatte, die sich als schiefe Ebene auf einer Länge von 20 cm um 2 mm von der Decke des Kästchens entfernt — und zwar von 5,5 bis 7,5 mm, dem ungefähren Schwankungsbereich des Bienenrüssels. Die Deckplatte des Kästchens ist mit vielen 2 mm weiten Bohrungen versehen, durch die der darunter ausgestrichene feste Zuckerteig von den Bie-

nen erreicht werden kann. Der Teig muß so fest sein, daß er nicht läuft. So kann das Meßgerät im Stock liegen, wie es mag, die Messung stimmt. 1 mm auf der mit eingeritztem Maßstab versehenen Einschiebeplatte entspricht einem hundertstel Millimeter Reichtiefe. Das Gerät, welches ebenfalls nicht im Handel ist, können sich geschickte Leute unter den Züchtern gegebenenfalls nachbauen.

3. In den Handel gelangt ist ein Rüsselmeßgerät, das H. GONDARSKI, angeregt durch die vorgenannte Apparatur, entwickelt hat (Abb. 90b). Es verwendet zwei schiefe Ebenen und hat einen Schlitz anstelle von Löchern. Dadurch ist den Bienen der Zugang erleichtert, man kann schneller damit arbeiten, aber die Meßwerte sind auch weniger exakt.

*Abb. 90a, b: Rüsselmeßgeräte.*
*a) Meine Eigenkonstruktion (siehe Beschreibung im Text). Die Schrägung der eingeschobenen Platte ist zur Verdeutlichung übertrieben gezeichnet.*
*b) Gerät nach GONTARSKI. Beide Versionen arbeiten nach dem Prinzip der schiefen Ebene und mit Futterteig.*

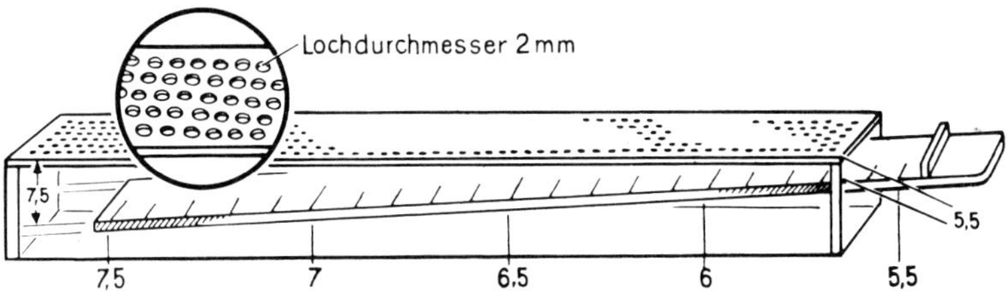

a)

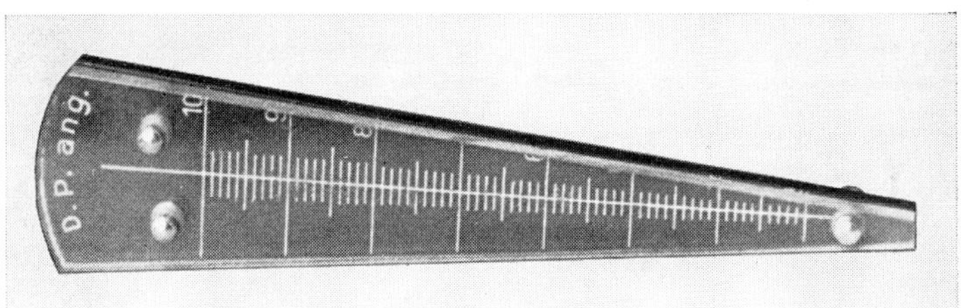

b)

4. Die Reichtiefe ist nicht gleich Rüssellänge. Absolute Werte liefert die direkte Messung nach Dr. BÖTTCHER. Er legt die herauspräparierten Rüssel in Reihe auf Diapositivplatten, projiziert das Bild, wie es mit den Flügeln auch geschieht, an die Wand und mißt dort direkt (Abb. 91). Weil es hier auf das absolute Maß ankommt, projiziert man gleichzeitig einen Maßstab (durchsichtiges Millimeterpapier) mit an die Wand.

## d) Größe und Beschaffenheit der Körproben

Wenn es nur darum geht, die ersten Nachkommen einer jung begatteten Königin zu beurteilen, um nötigenfalls eine Vorauslese zu betreiben, verwendet man zu dieser »Vorkörung« in der Regel nicht mehr als 25 Bienen. Eine Vollkörung eines Volkes mit bereits leistungsgeprüfter Königin umfaßt wenigstens 50 Bienen.

Bei der Körung stellt man den Prozentanteil der Bienen fest, mit dem diese den einzelnen Untersuchungsstufen der Merkmale zugeordnet werden. Nur der Flügelindex erscheint als eine Mittelwertzahl, meist mit angegebenen Grenzbereichen.

Als Körbienen eignen sich wegen der Wichtigkeit der Behaarung nur

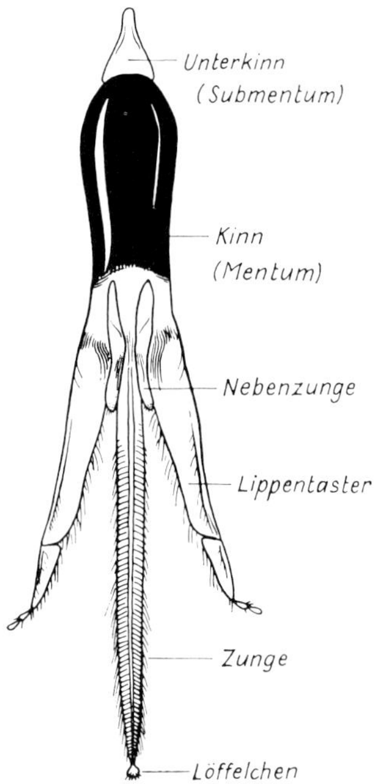


*Abb. 91: Der Arbeiterinnenrüssel wird vom Löffelchen bis zur Spitze des »Unterkinns« gemessen.*

junge Tiere. Man muß sie aus dem Brutnest nehmen, wobei man sie in der Regel in einen Okulierkäfig hineinkehrt. Unter drei Tage alte Tiere haben noch kein voll entwickeltes Haarkleid, weshalb man sie auslesen sollte. Ohne besondere Vorkehrungen (z. B. Wabentasche) läßt sich nicht ausschließen, daß die eine oder andere aus anderen Völkern zugeflogene Biene mit in die Probe gelangt. Deshalb sind 4 %, das sind 2 von 50 Bienen, als Abweicher bei der Beurteilung eines Körergebnisses zulässig.

Leider muß man die Bienen zum Kören abtöten. Dabei sollen sie nicht spucken und nicht koten, damit ihre Behaarung nicht verdirbt. Man kann sie mit einer Schwefelschnitte in einem Topf abschwefeln, oder man legt sie für 24 Stunden in das Gefrierfach eines Kühlschranks.

### e) Beurteilung der Merkmalsbefunde

Um entscheiden zu können, ob eine Bienenprobe der einen oder anderen Rasse angehört oder ob eine Kreuzung vorliegt, muß man eine genaue Beschreibung der Rassen besitzen. Im Laufe der Jahre sind Rassenstandards erarbeitet worden und haben in den Zuchtrichtlinien des Deutschen Imkerbundes ihren Niederschlag gefunden. Wir haben im Vorausgehenden bereits die Buchstabensymbole der einzelnen Unterscheidungsmerkmale kennengelernt. Damit dürfte es uns nicht schwerfallen, die in Tabelle 3 fixierten Rassenbewertungszahlen richtig zu lesen. Die unter den Symbolen angegebenen Zahlen bezeichnen die höchstzulässigen Prozentsätze, die von den Arbeitern und Drohnen bei den einzelnen Merkmalen der jeweiligen Rasse erreicht werden dürfen.

*Tabelle 3: Rassenstandards der* Carnica- *und* Mellifera-Rasse *nach den Zuchtrichtlinien des Deutschen Imkerbundes, Ausgabe 1994 (Die Zahlenwerte geben prozentuale Höchstsätze an)*

**Arbeiterinnen**

| Merkmal | Panzerzeichen | | | Haarlänge | | | Filzbinden | | | Cubitalindex |
|---|---|---|---|---|---|---|---|---|---|---|
| Klasse | O | E | R | l | m | k | f | ff | F | Ø |
| Carnica | 100 | 30 | – | – | 30 | 100 | – | 50 | 100 | über 2,5 |
| Mellifera | 100 | 80 | – | 100 | 70 | – | 100 | 70 | – | unter 1,9 |

**Drohnen**

| Merkmal | Panzerzeichen | | | | Haarfarbe | | | | Cubitalindex |
|---|---|---|---|---|---|---|---|---|---|
| Klasse | O | i | I | R | sch | br | gr | ge | Ø |
| Carnica | 100 | 100 | 10 | – | – | – | 100 | 20 | über 1,8 |
| Mellifera | 100 | 10 | – | – | 50 | 100 | – | – | unter 1,5 |

Der Rassenstandard ist ein Teil der Zuchtrichtlinien, die der *Deutsche Imkerbund* von Zeit zu Zeit in Anpassung an sich ändernde Begebenheiten in der Zucht herausgibt. Dabei ist mit immer neuen Überarbeitungen zu rechnen.

## f) Rein- und Hybridzucht

Die Merkmalskörung, aber auch die Eigenschaftskörung geben uns keine Garantie auf die Leistung. Aber wir brauchen sie, um uns in der Zucht vor Bastarden zu hüten, die uns bei der Beurteilung der Leistung in die Irre führen. Wie genau man es dabei nimmt, ist jedes Züchters eigene Sache. Sehr streng sollte man bei der Auslese aber mit den Eigenschaften Sanftmut und Wabenstetigkeit sein! Das fördert den friedlichen Umgang mit den Bienen.
Was wir hier züchterisch tun, rangiert in der Fachsprache unter dem Begriff der Reinzucht. Reinzucht ist wörtlich die Zucht von Königinnen aus gekörten Völkern (Muttervölkern) und die Paarung mit Drohnen aus Völkern, deren Mütter von einem gekörten »Großmuttervolk« stammen (Drohnenvölker, auch Vatervölker oder Gattenvölker genannt). Muttervolk und Vatervölker gehören der gleichen Rasse an. Die Paarung erfolgt in der Regel auf einer Belegstelle. Reinzucht bringt die Chance der Berechenbarkeit und Kontinuität in unserer Zuchtarbeit. Dennoch ist sie eine Rechnung mit mancherlei Unbekannten. Mit unkontrollierten Bastarden zu arbeiten wäre eine Rechnung *nur* mit Unbekannten; das hat mit Zucht aber nichts mehr zu tun.
Eine ganze Weile setzte man auf die Hybridzucht auch bei den Bienen. Gemeint ist die kontrollierte Kreuzung von ingezüchteten Linien aus verschiedenen Bienenrassen. Die Hybridzucht ist eine moderne Form der Tier- und Pflanzenzucht, die auch an der Biene nicht vorbeigehen konnte. Leider ist die Biene in vieler Hinsicht ein Ausnahmetier. Enge Inzucht wirkt sich bei ihr noch viel abträglicher aus als bei jedem anderen Tier, was mit Besonderheiten ihrer Geschlechtsbestimmung zusammenhängt. Andererseits kann man ihre Paarung nur mit Hilfe der *instrumentellen Besamung* exakt kontrollieren. Das ist eine nicht ganz leichte Technik, deren Anwendung schon durch den organisatorischen, aber auch finanziellen Aufwand Grenzen gesetzt sind. Diese beiden Gründe machen die klassische Hybridzucht mit *kontrolliert ingezüchteten Linien verschiedener Rassen* bei der Biene in der allgemeinen Imkerpraxis so gut wie unmöglich. Wenn man es aber nur auf Kreuzungen mit irgendwelchen unkontrollierten Herkünften zweier verschiedener Rassen abgesehen haben sollte, würden hingegen die Ergebnisse völlig dem Zufall überlassen bleiben. Da man spätestens seit der Verdrängung der Nordbiene durch die Krainer-Biene weiß, daß sich diese beiden Rassen nicht miteinander vertragen (Stechlust, starke Aufspaltung in Eigenschaften und Leistung bei den Nachkommen), glaubte man, wenigstens bei der Kreuzung näher verwandter Rassen wie der Krainer- und Italiener-Biene mehr Erfolg zu haben. Doch die Hoffnungen trogen. Mehrere Bieneninstitute, die in den

letzten Jahren diese Rassenkreuzung unterschiedlich praxisnah herstellten und unter die Lupe nahmen, brachten keine Biene zustande, die reingezüchteten Carnica-Stämmen überlegen gewesen wäre. Dabei muß man noch bedenken, daß von Hybridbienen nicht nachgezogen werden darf, weil der mögliche »Heterosiseffekt«, d. h. eine deutlich registrierbare Leistungssteigerung, bei den Nachkommen verlorengeht. Schuld daran ist die zu erwartende genetische Aufspaltung, die sich u. a. in Leistungsschwankungen und insgesamt in einem Leistungsabbau äußert. Damit dürfte es einleuchten, daß dieser Weg für die Imkerpraxis nicht empfohlen werden kann.

Wenn wir etwas auf diesem Gebiet tun können, dann ist es die Hybridzucht innerhalb einer Rasse — und zwar der Carnica-Rasse, der wir uns verschrieben haben. Wir können dabei von mehr oder weniger durchgezüchteten Stämmen ausgehen. Selbst wenn man Kreuzungen damit nicht ständig neu herstellt, sondern von ihnen weiterzüchtet, wird bei eifriger Leistungsauslese nicht mit einem so gravierenden Abbau der Biene zu rechnen sein, wie das bei Rassenhybriden unvermeidlich ist.

Alles in allem können wir heute nach einer neuerlichen Phase der Experimente mit Rassenkreuzungen sagen: Das Gros der Imker ist bisher mit der Reinzucht der Carnica-Biene gut gefahren, und es besteht kein Anlaß, diese Marschrichtung zu verlassen.

Ein paar Worte sollen hier noch über die *Buckfast-Biene* angefügt werden. Sie hat ihren Namen von der Buckfast-Abtei in Südengland, wo sie BRUDER ADAM durch das Zusammenkreuzen verschiedener, nicht nur europäischer, Bienenrassen erstellt hat. Ihr wird nachgesagt, daß sie trotz ihres Hybridcharakters eine gewisse Stabilität erreicht hätte, die auch in der Nachzucht erhalten bliebe und sogar die Einkreuzung immer neuen Blutes bei konsequenter Nachkommenauslese verkraften würde. Es ist für den Vererbungswissenschaftler schwer, diese Aussagen nachzuvollziehen. Sicher ist, daß es sich hier nicht um eine neue Rasse — etwa eine »Kunstrasse« — handelt, sondern immer noch um ein Rassengemisch. Die Biene ist schon vor Jahren nach Deutschland gekommen und hier fast zu einer Art Modebiene geworden. Solange die offenbar zahlenmäßig wachsenden Buckfast-Imker mit der — übrigens auch betrieblich besonders zu behandelnden — Biene zufrieden sind, wird man sie ihnen nicht ausreden können, auch nicht, wenn sie für die in der Nachbarschaft etablierten Carnica-Züchter wegen der Gefahr möglicher Verkreuzungen alles andere als erwünscht ist.

Daß man heute da und dort auch schon wieder mit der Rückholung der dunklen Nordbiene liebäugelt, gehört zu dem nicht immer glücklichen Veränderungsdrang des Menschen, der, wenn sich ihm nichts anderes bietet, auch wieder das Alte ausgräbt, gleich ob es ihm nützt oder schadet.

## 3. Die Aufzucht

Weiselzellen entstehen in einem Volk:
a) wenn es schwärmen will — Schwarmzellen (SZ)
b) wenn es still umweiseln will — Umweiselungszellen (UZ)
c) wenn es weisellos ist — Nachschaffungszellen (NZ)
Um junge leistungsfähige Königinnen zu bekommen, kann man verschiedene Wege beschreiten. Dabei spielt der Umfang eines Imkereibetriebes eine ebenso große Rolle wie die Art der Völkerbewirtschaftung. Man kann zufällig auftretende Weiselzellen verwerten und man kann gezielt Königinnen züchten. Beides wollen wir hier besprechen.

### a) Verwertung von Schwarm- und Umweiselungszellen

Wenn die Natur züchtet, setzt sie auf Schwarmköniginnen. Diese sind schon als Eier zur Königin bestimmt und erhalten vom ersten Augenblick an das einer Königin zugedachte Futter. Sie entstehen aus einem überschäumenden Kraftgefühl des Volkes. Aber gerade bei diesem großen Eifer geraten den Schwarmbienen neben kräftigen weiblichen Geschlechtstieren mitunter auch kleinere Vertreter. Man findet in schwarmlustigen Bienenvölkern 15 bis 20 Weiselzellen, die man zur Zucht verwenden könnte. Wenn es aber um Zuchtauslese geht, darf man nicht wahllos von jedem schwärmenden Volk Weiselzellen annehmen. Nicht immer ist die erste Forderung nach gutem Erbe erfüllt. Wir verwerten grundsätzlich keine Zellen von einem Volk, das schon mit einer Königin im ersten Jahr nach der Geburt schwärmt. Wir würden mit ihnen die erbliche Schwarmlust auf dem Stand verbreiten. Erst im zweiten, noch besser im dritten Jahr verzeihen wir das Schwärmen. Und wenn das Volk überdurchschnittliche Leistung und einwandfreie Rasse zeigt, sind uns die SZ willkommen. Ein Nachteil: sie sind nicht gleichaltrig. Und wenn das Wetter in der letzten Zeit ungünstig war, weiß man nicht, wie alt die ältesten sind. Nicht immer geht der Schwarm ab, sobald die erste Zelle gedeckelt ist. Weil beim Auszug des Schwarmes noch offene Zellen vorhanden sind, wartet man 2–3 Tage, bis man sie verwertet. Das geht auf verschiedene Weise:
Nicht unterschreiben kann ich die öfter zu lesende Empfehlung, man solle so viele Völker entweiseln, wie man Zellen hat, und die Zellen in diese Völker setzen. Die Folge wäre auf einem geschlossenen Stand, daß nach ein paar Wochen die Hälfte der Völker brutlos und weisellos wäre. Denn es gehen nirgends so viele Königinnen bei der Begattung verloren wie beim Ausflug aus Vollvölkern im geschlossenen Stand. Bei Einzelaufstel-

lung passiert das weniger. — Empfehlen kann man dagegen den *Begattungsableger*. Man braucht dazu Ablegerkästen für 3 oder 5 Waben im Standmaß. Der Magazinimker kann sich auch zu einigen Zargen Spezialböden zimmern. Sie erhalten ein vorderes und, seitlich versetzt, ein hinteres Flugloch oder werden sogar mit vier Fluglöchern nach den verschiedenen Seiten versehen. In dem Kasten lassen sich dann ebenso viele Ableger unterbringen, wenn man sie durch dünne, dicht schließende Schiede voneinander trennt. Das ganze Brutnest des Schwarmvolkes wird alsdann aufgeteilt. Wenn nicht auf jeder Wabe wenigstens eine schöne Weiselzelle ist, schneidet man eine von einer anderen Wabe ein. Auch aus anderen Völkern kann man gedeckelte Brutwaben samt Bienen holen und überschüssige Zellen in sie einschneiden. Je nachdem, wie die Zelle sitzt, schneidet man ein Stückchen Wabe samt der Zelle aus und fügt es etwa in der Mitte der anderen Wabe ein. In die entstandene Lücke setzt man das dort entnommene Wabenstückchen. Die SZ entstehen zumeist am unteren und seitlichen Wabenrand. Im Vollvolk werden sie da genügend warm gehalten. In einem solchen Kleinableger können sie am Rand verkühlen, wenn die Bienen sich auf der inneren Brutfläche zusammenziehen. Man soll deshalb auch noch Bienen von 1 bis 2 Waben dazustoßen, um die abgehenden Flugbienen zu ersetzen. So gibt man also in jeden Ableger eine Brutwabe mit Weiselzelle und in der Regel zwei Deckwaben; eine davon nach Möglichkeit mit Futter und Pollen. Zuckerteig wird in einem Futterschied oder in einem eigenen Futterraum gegeben. Man verteilt die Ableger mit wenigen Metern Abstand voneinander um den Bienenstand.

Der Freilandimker hat die Möglichkeit, seine Begattungsableger zu zweien über dem Honigraum von Wirtschaftsvölkern unterzubringen. Dazwischen legt er ein bienendichtes Gitter, am besten ein Gitter aus Streckmetall. Die durch ein Sperrholzschied getrennten Ableger werden von unten gewärmt, was für die heranwachsenden Weiselzellen von großem Vorteil ist. Man kann die Ableger deshalb auch mit ganz wenig Bienen bilden — praktisch nur mit den ansitzenden Bienen auf der Brutwabe. Natürlich muß jeder Ableger ein Flugloch bekommen. Bei modernen Beuten ist vorne und hinten im Deckel, etwas gegeneinander versetzt, je eine Flugöffnung vorgesehen.

Nach der Begattung nimmt man die Ableger von den Wirtschaftsvölkern herunter und stellt sie für sich auf. Man läßt sie auf drei bis fünf Waben wachsen. Danach kann man unbefriedigende Völker damit umweiseln, oder man zieht die Ableger zu neuen Wirtschaftsvölkern heran.

Es bedarf wohl keiner Erläuterung, weshalb die Verwertung von Schwarmzellen in züchterischer Hinsicht nicht zu empfehlen ist. Um so mehr dagegen ist die Verwertung von Stillen Umweiselungszellen er-

wünscht. Ertappt man ein Volk, das gerade still umweiseln will, ist es geraten, die UZ in Begattungsablegern unterzubringen. Wir erinnern uns: die Umweiselungsköniginnen entstehen wie die Schwarmköniginnen aus Eiern, die von Anfang an für die Entwicklung zur Königin vorgesehen sind. Die Stille Umweiselung macht dem Imker im Gegensatz zum Schwärmen keinerlei Arbeit und hat somit betriebswirtschaftlich erhebliche Vorteile. Sie scheint bis zu einem gewissen Grad vererbt zu werden, was noch mehr für eine sorgfältige Verwertung der UZ spricht. Stille Umweiselungszellen lassen sich wie Schwarmzellen in Begattungsablegern unterbringen. Das Risiko des Verlustes bei den Paarungsflügen ist im Ableger stets geringer als in einem Standvolk.
Man erkennt die Stillen Umweiselungszellen nicht nur daran, daß sie nur als einzelne Zelle oder höchstens zu zweien oder dreien im Volk auftreten, sondern vor allem an ihrem Entstehungsort mitten auf der Wabe, wobei die umgebenden Arbeiterinnenzellen an dieser Stelle häufig etwas verkürzt erscheinen. Dadurch tritt die Weiselzelle um so auffälliger hervor. Wenn man einem Volk die UZ genommen hat, setzt es sofort neue an. Man kann das mehrmals wiederholen und auf diese Weise aus einem Stillen Umweiselungsvolk mehrere vorzügliche Königinnen herausziehen. Eine Massenvermehrung ist das aber natürlich nicht.

### b) Nachschaffungszucht

Wer mehr Königinnen braucht, geht einen anderen Weg. Er trennt ein Volk oder einen Teil des Volkes vorübergehend von seiner Königin. Dann setzen die Bienen Nachschaffungszellen an. Die zünftige Königinnenzucht ist immer eine Nachschaffungszucht. Wir nennen das Volk, das Königinnenzellen pflegen soll, *Pflegevolk.* In der Regel sorgt der Züchter dafür, daß das Pflegevolk die Weiselzellen nicht über eigenen Larven, sondern über den Larven eines anderen, besonders guten, d. h. zuchtwürdigen Volkes ansetzt. Dieses heißt man *Zuchtvolk.* Das Pflegevolk braucht kein hervorragendes Leistungsvolk zu sein. Bei ihm sind mehr gute Volksstärke und Brutlust gefragt. Seine Eigenschaften — erwünschte oder unerwünschte — überträgt es nicht auf seine Pfleglinge.
Wie man das Pflegevolk vorbereiten muß, damit es möglichst viele Weiselzellen und möglichst gute hervorbringt, wird noch beschrieben. Hier gilt es zunächst zu erörtern, in welcher Form man am günstigsten die Arbeiterinnenbrut als Ausgangsstoff für die Königinnenzucht — also den sogenannten *Zuchtstoff* — ins Pflegevolk hineinbringt.

### c) Zur Aufbereitung des Zuchtstoffes

Setzen wir den Fall: wir haben ein starkes weiselloses Volk ohne eigene offene Brut, das uns Königinnen züchten soll. Dabei machen wir es uns ganz einfach und hängen eine Wabe vom Zuchtvolk mit Eiern und Brut in allen Stadien in die Mitte dieses Pflegevolkes hinein. Was passiert? Wir sind geneigt anzunehmen, daß die Bienen weise genug wären, um zu wissen, was für sie das beste ist. Leider aber täuschen wir uns. Ein Bienenvolk ist keine Diktatur, in der man nur aufs Knöpfchen drückt und alles steht in Linie. Es heißt auch bei ihm oft wie in einer Demokratie: Viel Köpf, viel Sinn! Das Alarmgeheul vernehmen wohl alle: Königin verloren! Wir brauchen eine neue Königin! Aber von denen, die sich berufen fühlen, Ersatz zu schaffen, gerät eine an eine allerjüngste, kaum ein paar Stunden geschlüpfte Made. Die Zelle wird erweitert, und allerlei Ammenvolk bemüht sich um das auserwählte Kind, das von frühester Jugend auf die königliche Laufbahn hin erzogen wird und damit zu einem vollwertigen Geschlechtstier heranwächst. Eine andere Pflegebiene beginnt in ihrem Eifer unter Beteiligung weiterer unkritischer Ammen eine Larve mit Königinnenfuttersaft zu versorgen, die schon zwei oder drei Tage auf Arbeiterin hin ernährt wurde. Aus dieser Made kann keine vollwertige Königin mehr werden. Was in der ersten Jugend versäumt wurde, ist versäumt. Man könnte nun eine kluge Rechnung anstellen und versuchen auszuscheiden, was sicher zu spät in Weiselpflege kam. Wir wissen, daß jedes Bienenwesen 3 Tage als Ei lebt und 5 bis 6 Tage als »offene« Larve. Wenn ich 4 Tage nach dem Zuhängen der Wabe nachsehe und schon gedeckelte Weiselzellen finde, breche ich sie aus. Eine Weiselmade wird etwa 5 Tage nach dem Schlüpfen gedeckelt. Wenn ich also nach 4 Tagen die gedeckelten entferne, müßten nach meiner Rechnung die verbleibenden mit höchstens einem Tag in Weiselpflege gekommen sein. Aber wieder kann ich mich verrechnen: Die Bienen nehmen an einer Brutwabe nicht immer alle Nachschaffungszellen gleichzeitig in Pflege, sondern lassen sich dazu mehrere Tage Zeit. Das trifft vor allem dann zu, wenn es sich um eine ältere, schon öfter bebrütete Wabe handelt. Es kann somit vorkommen, daß eine spät gedeckelte Weiselzelle tatsächlich aus einer älteren Arbeitermade stammt, die bei Zuchtbeginn sogar noch als Ei im Volk vorhanden war. Dies ist der eine Grund, weshalb sich die offene Brutwabe nicht als Zuchtstoff eignet. Der andere hat etwas mit der Größe der Weiselwiege zu tun, wie wir noch sehen werden. Außerdem ist noch ein Drittes wesentlich: die Nachschaffungszellen wachsen aus der Wabe heraus — dort, wo es der Zufall will. Es ist schwierig, sie abzuschneiden; oft sind sie zusammengewachsen und schwer voneinander zu trennen. Man sann deshalb auf eine Verbesserung und erfand den

Dabei wird an der Wabe mit junger offener Brut im Zentrum und Eiern in den Außenbezirken bogenförmig ein unteres Stück abgeschnitten. Den Schnitt führt man an der Grenze zwischen Eiern und jüngsten Maden entlang. Man stößt so den Bienen gleichsam die Nase auf die jüngsten Maden. Durch den Schnitt ist der Bau gestört. Das veranlaßt die Bienen, sich mit diesem Rand zu beschäftigen. Dabei geraten sie an die hier liegenden Larven und setzen darüber Weiselzellen an. Erfahrungsgemäß gelingt diese Verführung ausgezeichnet. Sie gelingt so gut, daß wir dem Eifer sogar etwas Einhalt gebieten müssen. Wir zerstören beiderseits jede 2. und 3. Made, indem wir sie mit einem Zündholzkopf zerquirlen. Sonst wird ein großer Teil der Zellen so zusammengebaut, daß wir sie hinterher schwer ohne Beschädigung abschneiden können. Ausgelichtet hingegen kommen die fertigen Zellen schön einzeln zu stehen (Abb. 92).
Der Bogenschnitt verringert die Gefahr, daß die Bienen auch noch über älterer Brut Weiselzellen ansetzen, da sie sich vorwiegend auf die Maden am Wabenrand konzentrieren. Ganz beseitigt ist sie aber nicht. Besonders bei Verwendung dunkler Waben kann es vorkommen, daß einzelne Zellen nachträglich noch über älteren Maden entstehen.
Wer den Bogenschnitt durchführt, sollte deshalb eine junge, erstmals bebrütete Wabe verwenden. Leider wird man eine solche in dem ausgewählten Zuchtvolk nicht ohne weiteres zu der bestimmten Zeit, in der sie gebraucht wird, vorfinden. Wir müssen sie uns deshalb eigens beschaffen. Dazu hängen wir einige Tage vor Zuchtbeginn dem Volk, von dem wir Zuchtstoff haben wollen, eine unbebrütete, wenn möglich honigfeuchte Wabe mitten in das Brutnest. Solche Waben ziehen gewöhnlich die Königin an. Am 4. Tag kann man mit Larven darauf rechnen. Noch sicherer ist aber die Verwendung einer *Absperrgittertasche.* Zwei mit Absperrgittern benagelte Holzrahmen sind unten durch ein Drahtgitterstück von der Breite eines Wabenrähmchens miteinander ver-

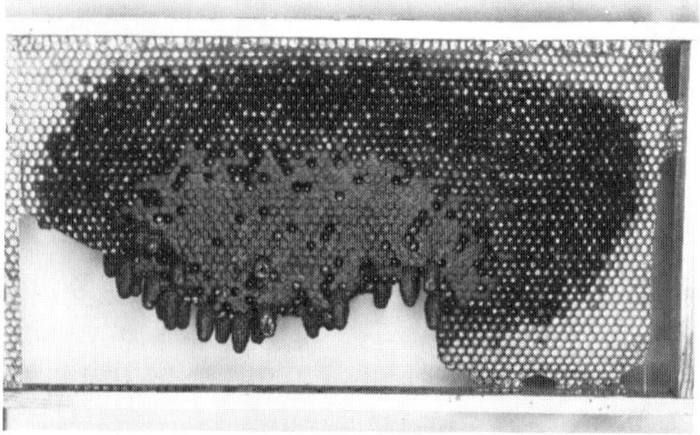

*Abb. 92: Der altbekannte Bogenschnitt ist ebenso wie das Schneiden von Wabenstreifen oder Stanzen von Einzelzellen nur eine Ersatzmethode für das ungleich bessere Verfahren des Umlarvens.*

bunden. Zwischen die beiden Rahmenflügel wird die Zuchtwabe eingezwickt. Dazu kommt die Königin. Oben werden die beiden Rahmen mit einem Klavierhaken über das Rähmchen hinweg miteinander verbunden. Die Königin wird so zur sofortigen Eiablage auf der Zuchtwabe gezwungen.
Die Verwendung einer unbebrüteten Wabe zum Bogenschnitt hat gegenüber der bebrüteten einen sicheren Vorteil: Es hat sich in ausgedehnten Versuchen gezeigt, daß die Arbeiterzellen dunkler Waben infolge der darin befindlichen Kokonhäute nicht so leicht umgebaut werden können wie unbebrütete Zellen. Sie bleiben in der Tiefe enger. Die Weite der Weiselwiege ist aber bis zu einem gewissen Grad mit dem Wachstum der Maden und der Größe der später daraus entstehenden Königinnen verknüpft.

### *Zellstreifen*

Wir können den beim Bogenschnitt unten weggeschnittenen Teil der Wabe mit Wachs an die obere Leiste eines leeren Rähmchens anlöten oder mit Drahtklammern befestigen. Es ergibt sich ein offener Torbogen, an dessen Rand man ebenfalls auf beiden Seiten nur jede 3. oder 4. Larve am Leben läßt. Wer so weit gekommen ist, kann aber auch noch einen Schritt weitergehen. Er kann mit Zellstreifen arbeiten. Dazu schneidet er aus der erstmals bebrüteten Wabe mit jüngsten Larven ein rechteckiges Stück so aus, daß dabei kein Draht zerschnitten wird. Die Lücke kann mit einem anderen Stück Wabe oder Mittelwand ausgefüllt werden. Das Wabenstück zerschneidet man mit einem angewärmten Messer in einreihige Zellstreifen.
Diese Zellstreifen werden nun in einem sogenannten *Zuchtrahmen* befestigt. Als Zuchtrahmen dient ein leeres Rähmchen, in dem 2 oder 3 Holzleisten zwischen den beiden Seitenteilen durch je einen Nagel um die Längsachse drehbar befestigt sind. Diese sogenannten Zuchtlatten können aber auch zum losen Einschieben in waagerechte seitliche Schlitze des Zuchtrahmens konstruiert sein. Für die Befestigung der Wabenstreifen an den Zuchtlatten muß man sich allerdings etwas Besonderes einfallen lassen. Das Ankleben nur mit Wachs ist ziemlich schwierig. Deshalb verwendet man am liebsten Klemmleisten. Man schneidet die Zuchtlatten der Länge nach auf und zwickt die Wabenstreifen mit der oberen Zellreihe zwischen die beiden Hälften. Metallklammern sorgen für festen Halt. Man kann die beiden Leistenhälften auch mit Scharnieren verbinden, um die Wabenstreifen dazwischen festzuklemmen (Abb. 93). Die Streifen sitzen erst dann ganz fest, wenn man sie zusätzlich noch mit etwas flüssigem Wachs an der Seite festklebt.

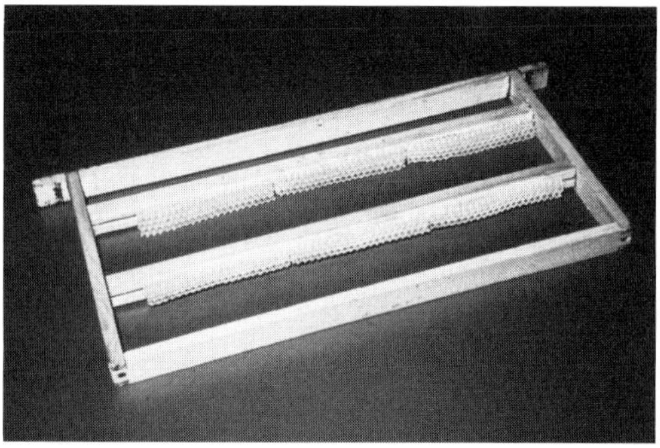

*Abb. 93: Bei der Verwendung von Zellstreifen (hier mehrreihig) sind die Zuchtlatten im Zuchtrahmen häufig als Klemmleisten ausgebildet.*

In den eingeklemmten Zellstreifen zerrühren wir jeweils 2–3 Maden, zwischen denen eine stehenbleibt, so wie wir es beim Bogenschnitt schon gelernt haben. Im Unterschied dazu sind nun aber die Arbeiterinnenzellen, aus denen die Weiselzellen hervorgehen, im Pflegevolk nach unten geöffnet.

Wenn man statt mit jungen Maden aus dem Ei züchten will, damit die Made vom Ausschlüpfen an königliche Pflege erhalte, darf man nicht einreihige Zellstreifen verwenden, sondern muß mit zwei- oder dreireihigen arbeiten. In einreihigen Streifen würden die Bienen in diesem Fall zuwenig Zellen in Pflege nehmen. Man muß dabei sehr viele Eier zerquirlen, um eine zu gute Annahme und das Zusammenbauen der Zellen zu vermeiden. — Warum dieser Unterschied in der Annahme? Vielleicht müssen die Bienen besser Fuß fassen können, um bei der Inspektion der Zellen die sehr empfindlichen Eier nicht zu beschädigen.

### *Einzelzellen und Zellnester*

Statt die Zuchtstoffstreifen als Ganzes zu befestigen, kann man sie auch in einzelne Zellen oder in Zellgruppen zerschneiden. Wenn man mit Maden arbeitet, geht es mit einzelnen Zellen. Bei der Verwendung von Eiern müssen 5–8 Zellen im Verband bleiben. Mit Einzelzellen wäre hier die Annahme gleich Null. Die Zellen und Zellnester werden in die handelsüblichen Klemmstopfen eingezwickt. Diese befestigt man nebeneinander an den Zuchtlatten, indem man sie umgekehrt ganz kurz in flüssiges Wachs taucht und sofort an das Leistenholz anpreßt. In den Zellnestern müssen alle überschüssigen Eier bis auf eines zerquirlt werden. Auf jeden Fall ist wegen des anzustrebenden größtmöglichen Königinnengewichtes auf unbebrütetes Wabenmaterial bei der Zuchtstoffgewinnung zu achten (Abb. 94a–c).

*Abb. 94a–c: Die Zucht aus dem Ei.*

*a) Das Wabenstück mit dem Zuchtstoff wird in Streifen geschnitten.*

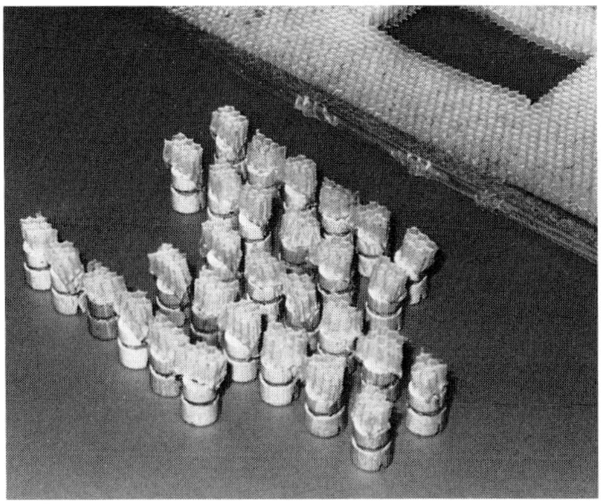

*b) Die Wabenstreifen zerteilt man in Zellgruppen zu je 5–8 Zellen, die an Klemmstopfen festgezwickt werden. In jedem Zellnest bleibt nur ein Ei stehen, die anderen zerquirlt man.*

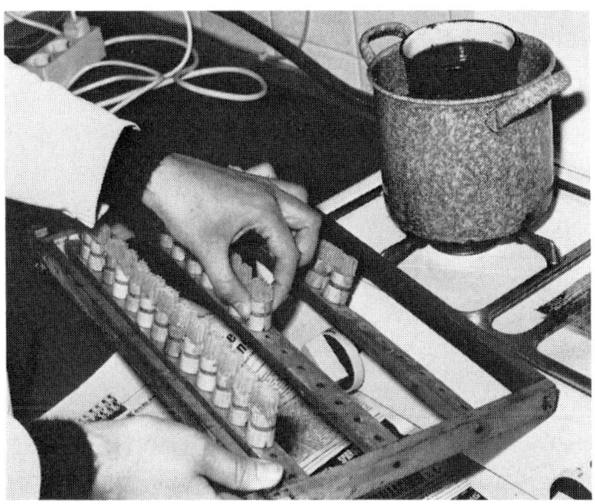

*c) Die Klemmstopfen mit den Zellgruppen werden durch Eintauchen in flüssiges Wachs an den Zuchtlatten der Zuchtrahmen befestigt.*

## *Umlarven*

Die Krönung aller Verfahren zur Zuchtstoffvorbereitung ist jedoch die seit einem halben Jahrhundert als klassisch beschriebene Methode des Umlarvens. Wer es einmal probiert und Erfolg damit gehabt hat, wird für immer dabei bleiben. Verkaufszüchter sind geradezu auf dieses Verfahren angewiesen. Nicht nur, daß es die sparsamste und schnellste Art ist, mit dem Zuchtstoff umzugehen, es ist auch ein in jeder Beziehung vollwertiges Verfahren. Verglichen mit der Zucht aus dem Ei, bringt es gleich gute, wenn nicht bessere Königinnen, zumindest können sie bei richtiger Handhabung des Umlarvens größer ausfallen als bei der Verwendung von »Eistreifen« oder »-nestern«. Das haben eingehende Untersuchungen in Erlangen an abstammungsgleichen Königinnen bei verschiedener Aufzuchtart ergeben. Alle Zweifel, daß die arbeitermäßige Ernährung der Maden vor dem Zuchtbeginn der entstehenden Königin von Nachteil sein könnte, sind unbegründet. Wichtig ist jedoch, daß die zum Umlarven verwendeten Maden das Alter von 1½ Tagen nicht überschreiten. 1tägige Maden sind der ideale Zuchtstoff. Daraus entwickeln sich optimale weibliche Geschlechtstiere. Die notwendige Manipulation ist für die Maden bei einiger Geschicklichkeit des Imkers völlig unschädlich. Wer eine halbwegs ruhige, nicht allzuschwere Hand hat und — mit oder ohne Brille — in 15 cm Entfernung eine jüngste Made gut sehen kann, wird sich damit befreunden können (Abb. 95).

In wenigen Minuten kann man einen Zuchtrahmen mit 30 bis 45 Zellen belarven. Man kann sich aber auch länger dazu Zeit lassen, denn die Maden sind gegen Abkühlung relativ widerstandsfähig. So ist es ohne weiteres möglich, daß man sich von einem Züchter in der Nähe besonders guten Zuchtstoff in Form eines Wabenstückes mit jüngsten Larven be-

*Abb. 95: Beim Umlarven. Jüngste Maden aus einer Wabe eines zuchtwürdigen Volkes werden mit dem Umlarvlöffel in künstliche Weiselbecher aus Wachs übertragen. Die Weiselbecher sind mit Wachs an Holzstopfen und diese an den Zuchtlatten der Zuchtrahmen angelötet.*

schafft. Zu Hause larvt man daraus um. Man kann den Zuchtrahmen aber auch gleich beim Züchter belarven oder belarven lassen und nach Hause transportieren. Die Larven halten das aus, wenn sie nur innerhalb von 6 Stunden ins Pflegevolk kommen. Nur vor Sonneneinstrahlung und Hitze sollte man sie schützen.

### *Wohin larvt man um?*

Erlangen hat zu dieser Frage umfangreiche Versuche gemacht. Es stellte sich heraus, daß das Königinnengewicht von der inneren Weite des Weiselbehälters abhängt. Die Umbettung von Maden in leere Arbeiterinnenzellen, die man zur späteren bequemen Verarbeitung der Weiselzellen mit der Öffnung nach unten in irgendeiner Weise am Zuchtrahmen befestigt, ist unzweckmäßig. Abgesehen davon, daß man solche Zellen auch aus der Zuchtwabe ausschneiden oder ausstanzen könnte, ohne die Made dabei zu berühren, läßt die Größe der darin gezüchteten Königinnen zumindest bei Verwendung von bereits bebrütetem Zellmaterial zu wünschen übrig. Man müßte unbebrütetes Wabenmaterial verwenden, vielleicht sogar unbebrüteten Drohnenbau mit den größeren Zellen. Aber all das hat mit der Praxis wenig zu tun. Die Arbeit des Umlarvens wird zur Plage, wenn man ständig gewärtig sein muß, mit dem Umlarvgerät den dünnen Boden der unbebrüteten Arbeiterinnenzelle oder den noch dünneren der Drohnenzelle zu durchstoßen.

Es ist sicherer und vom Gesichtspunkt der erreichbaren Königinnengröße besser, wenn man es genauso macht, wie ZANDER und andere es uns gelehrt haben. Man züchtet in »künstlichen Weiselnäpfchen«. Der alte Ausdruck »künstlich« ist hier zunächst noch nicht wörtlich zu nehmen. Er bedeutet nur, daß man die Weiselbecher künstlich aus Wachs herstellt. Man kauft oder fertigt sich selber ein Formholz, 9 mm stark, am Ende abgerundet und geglättet, zum Tauchen der Näpfchen. Wir geben in eine kleine Konservendose reines Wachs, stellen sie in eine größere mit Wasser und beides zusammen auf eine Heizquelle, bis das Wachs flüssig ist. Es soll nicht zu heiß werden, sondern eben flüssig sein. Das Formholz haben wir vorher einige Zeit in Wasser gestellt. Wir trocknen es leicht ab, stecken es einen Augenblick etwa 8 mm tief ins Wachs, ziehen es heraus, warten ein wenig, bis es fest ist, tauchen zum zweiten Mal gleich tief ein und zum dritten Mal nur 4 mm (Abb. 96). So wird das Näpfchen zum Grund hin immer stärker. Wir tauchen noch mal in kaltes Wasser und ziehen das Näpfchen mit leichtem Drehen ab. Die Näpfchen löten wir entweder auf eine Leiste, auf der wir zuvor eine Wachsschicht aufgebracht haben, oder besser auf Holzstöpsel, in deren Aushöhlung man etwas Wachs zerlaufen läßt. Dann drückt man das Näpfchen in das erstarrende

*Abb. 96: Tauchen der künstlichen Weiselbecher aus Wachs.*

Wachs. Wenn es schon fest geworden sein sollte, verflüssigt man es wieder mit einem heiß gemachten Haken. Anschließend werden die Stopfen, wie vorne beschrieben, an dem Zuchtrahmen festgeklebt.

Anstelle der künstlichen Weiselbecher aus Wachs verwendet man heute auch *Weiselbecher aus Kunststoff.* Vergleichsversuche mit Wachsbechern haben bezüglich Zellenannahme und Ausbildung der Königinnen keinerlei Unterschiede zu bestimmten Arten von Kunststoffbechern ergeben. In den USA und in Frankreich längst im Einsatz, zogen sie bei uns erst relativ spät (1968) auf Veranlassung der Bayerischen Landesanstalt für Bienenzucht in die Zuchtpraxis ein. Heute beginnen sie bereits die Wachsbecher zu verdrängen. Der Imker sehe jedoch zu, daß er nur durch Institute geprüfte Fabrikate verwendet. Es kommen immer wieder Ausführungen auf den Markt, die von den Bienen abgelehnt werden.

Die Zuchtrahmen mit den Weiselbechern, gleich ob aus Wachs oder aus Kunststoff, müssen vor der Beschickung mit Larven nicht erst zum Eingewöhnen in das Pflegevolk gehängt werden. Das hat man früher geglaubt. Vergleichende Versuche haben jedoch ergeben, daß die Annahme dadurch nicht besser wird.

### *Wie larvt man um?*

Vor allem braucht man ein geeignetes Gerät dazu. Im Handel sagt man dazu Umlarvlöffel. Es gibt verschiedene Ausführungen. Am besten scheint mir der *Schweizer Umlarvlöffel* zu sein. Er hat einen gekröpften Stiel und versperrt damit nicht die Sicht in die Tiefe der Zelle. Das Löffelchen ist besonders schmal und hat genau die Größe, die für eintägige Maden paßt (Abb. 97).

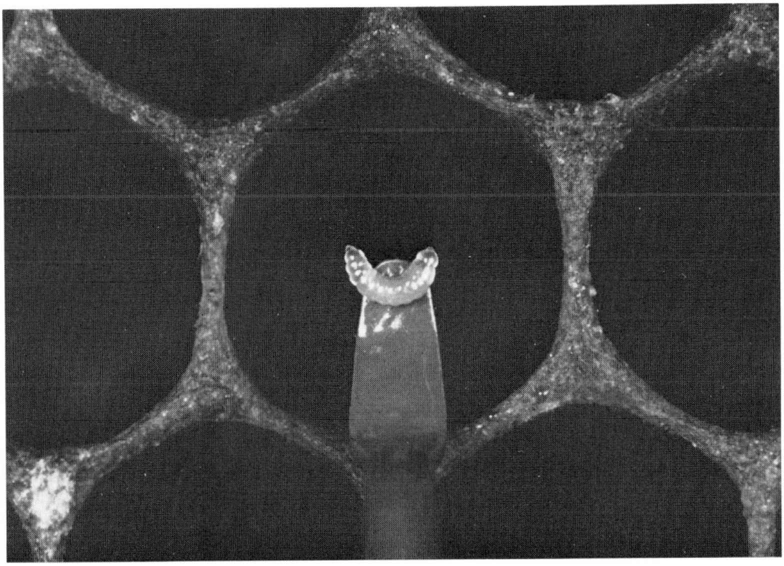

*Abb. 97: Auf dem Umlarvlöffelchen befindet sich eine 1tägige Zuchtmade. Mit den freien Enden läßt sie sich leicht in einen Weiselbecher abstreifen.*

Man kann sich den Umlarvlöffel aber auch selbst herstellen, etwa aus einer Stricknadel, die man glühend macht, mit einem kleinen Hämmerchen am Ende abflacht und etwas einbiegt. Auf einem Schleifstein werden dann die Kanten rund und weich geschliffen. Man kann das Gerät ändern, bis es einem wirklich gut zur Hand steht und die Larven leicht aufnimmt und auch wieder hergibt. Manche verwenden am liebsten ein Zündholz, das sie am freien Ende mit einem scharfen Messer abflachen und leicht einkrümmen. Auch aus einem Federkiel können wir uns durch schräges Zuschneiden ein Umlarvgerät herstellen. Wenn wir das Ende noch etwas abschaben, läßt es sich unter die Larve schieben, ohne den Zellboden zu durchstoßen.

Wir greifen die Larve vom Rücken her auf und streifen sie durch Zurückziehen des Löffelchens wieder ab. Sie kommt dabei im Weiselnapf auf die gleiche Körperseite zu liegen wie in der Arbeiterinnenzelle. Früher meinte man, das muß so sein, damit sie nicht ersticke; wahrscheinlich stimmt das aber gar nicht. Die kleine Menge Futtersaft, die wir mit der Larve zugleich greifen, erleichtert das Abstreifen.

Früher hat man empfohlen, Königinnenfuttersaft aus schwärmenden Völkern zu sammeln und davon vor dem Umlarven einen kleinen Tropfen in die Zelle zu tun (»feuchtes Umlarven«). Manche haben auf das »doppelte

Umlarven« geschworen und tun es heute noch. Dabei werden irgendwelche Larven zunächst trocken in die Becher gelegt, nach einem Tag herausgeworfen und durch die Zuchtmaden ersetzt, die auf den bereits abgelagerten Futtersaft abgestreift werden. Dieses Anfangsfutter sollte den Maden besonders guttun. Ausgedehnte gründliche Untersuchungen in Erlangen haben aber wiederum ergeben, daß auf diese Weise keine »besseren« Königinnen erzielt werden, als wenn man die Zuchtlarven in die trockenen Becher legt. Die längeren Zellen der doppelt umgelarvten Maden täuschen nur einen schwereren Inhalt vor. Wenn man sehr junge Larven auf den Futtersaft der angepflegten (bei der Entfernung bereits 2 Tage alten) Maden legt, entstehen sogar kleinere Königinnen, als wenn man trocken umlarvt. Das nicht zum Madenalter passende Futter könnte die Ursache sein.

### d) Verschiedene Pflegemethoden

Der Zuchtstoff und seine Aufbereitung ist für die Erzeugung guter Königinnen, wie wir gesehen haben, nicht unwichtig, aber bedeutsamer ist noch die Art und Weise, wie die Bienen ihn pflegen. Man kann zur Vorbereitung des Pflegevolkes verschiedene Wege gehen — verschieden nicht nur hinsichtlich des technischen Aufwandes, sondern auch, was die Güte des Pflegeverfahrens angeht.

#### *Der schwarmlustige Pfleger*

Wenn man bei der Durchschau der Völker zur Schwarmzeit auf ein Volk stößt, das eben Weiselzellen angesetzt hat, kann man auf den Gedanken kommen, es zur Weiselpflege zu verwenden. Man muß es genau durchsehen und jede Zelle und jeden Zellenansatz entfernen. Mit der Königin macht man einen kleinen Ableger, wobei man gerne Brutwaben aus einem anderen Volk verwendet. Man möchte dem Schwarm- und zukünftigen Pflegevolk ja möglichst wenig Kraft entziehen. Nachdem man das ganze Volk auf einen Raum zusammengedrückt hat — die Enge des Bienensitzes ist für die Zellenannahme von größter Bedeutung! —, hängt man den Zuchtrahmen in die Mitte.

So ideal ist diese Zuchtmethode aber nicht. Die Bienen setzen nicht nur auf dem eingebrachten Zuchtstoff Zellen an, sondern auch auf der offenen Brut, die sich noch da und dort im Volk befindet. Man muß deshalb 5 Tage nach Zuchtbeginn die Brutwaben auf wilde Nachschaffungszellen kontrollieren. Sie müssen sorgfältig und restlos ausgebrochen werden, anderenfalls kann eine vorzeitig geschlüpfte wilde Nachschaffungskönigin den Zuchtzellen gefährlich werden.

*Die Pflege im 9 Tage weisellosen Volk*

Es ist das vielleicht älteste Verfahren einer gezielten Königinnenzucht. Dabei wird 9 Tage vor Zuchtbeginn die Königin entnommen. Wenn sie noch etwas taugt, macht man mit ihr einen Ableger. Man nimmt den Honigraum ab und engt das Volk ein. Nach 9 Tagen hat es keine offene Brut mehr, aber sehr viele wilde Nachschaffungszellen. Diese müssen restlos ausgebrochen werden, wobei man jede Wabe abschütteln und einzeln kontrollieren muß, damit ja keine Zelle übersehen wird. Dann kommt der Zuchtstoff ins Volk.

Man kann das Verfahren auch etwas abwandeln und statt in einem Volk, das man entweiselt, in einem großen *Sammelbrutableger* züchten. Diesen stellt man aus überschüssigen Brutwaben mehrerer Standvölker neu zusammen. Man verwendet möglichst nur gedeckelte Brutwaben mit allen ansitzenden Bienen. Die Methode hat den Vorteil, daß man kein Wirtschaftsvolk zur Zucht zu opfern braucht und daß durch das Schröpfen der Standvölker gleichzeitig etwas gegen die aufziehende Schwarmlust unternommen wird.

Das Ausbrechen der vielen wilden Nachschaffungszellen ist eine rechte Plage. Außerdem muß man in Kauf nehmen, daß das Volk noch vor der eigentlichen Zucht ein Gutteil seiner Pflegekraft nutzlos verpufft. Deshalb versucht man es heute immer häufiger mit der

*Pflege im frisch entweiselten Volk.*

Dabei herrschen ganz ähnliche Verhältnisse wie im »schwarmlustigen Pfleger«. Man muß ein paar Tage nach Zuchtbeginn auf wilde Nachschaffungszellen kontrollieren, damit es später nicht zu einer Tragödie kommt. Grundsätzlich ist die Annahme schlechter als bei der Zucht im 9 Tage weisellosen Volk, aber man verwendet diese Methode ohnehin nur, wenn man mehrere Zuchtserien aus einem Volk herauszüchten möchte (s. weiter unten: An- und Endpflege). Schon in der zweiten Serie sind die Annahmechancen wieder optimal.

*Das Pflegevolk mit 9 Tage abgesperrter Königin*

Dieses Verfahren ist in biologischer und betriebstechnischer Hinsicht das wahrscheinlich beste Pflegeverfahren, das wir haben. Anstatt 9 Tage vor Zuchtbeginn die Königin ganz herauszunehmen, wird sie über Absperrgitter in den Honigraum gesperrt. Am Tage der Zucht entfernt man sie mit der hier neu erzeugten offenen Brut. Die Waben hängt man anderen Völkern zu, die ansitzenden Bienen bleiben aber im Pflegevolk. Gerade diese tätigen Ammen sind unser wertvollstes Kapital für die Weiselpflege.

Sicherheitshalber werden die Waben des Brutraums sorgsam auf Nachschaffungszellen durchgesehen. Wie gewohnt drängt man das Volk auf einen Raum zusammen und gibt zwei Stunden nach der Entweiselung den Zuchtstoff.
Gefüttert wird nach Zuchtbeginn nicht mehr. Das gilt für alle geschilderten Verfahren. Die Ammen sollen sich auf die Pflege konzentrieren und nicht durch Futterabnahme und -verarbeitung von dieser Aufgabe abgehalten werden. Ich reize die Völker auch vorher nicht. Diese Maßnahme erwies sich nach meiner Erfahrung als überflüssig. Sie verbessert weder die Annahme noch die Pflege der Zellen.

### *Die Zucht im weiselrichtigen Volk*

Das, was der deutsche Züchter darunter versteht, ist eigentlich nicht genau das, was der Name sagt. In einem Volk werden zunächst Brutwaben über Absperrgitter gehängt, so daß nach 9 Tagen alles gedeckelt ist. Dann teilt man das Volk mit einem bienendichten Gitter in zwei Hälften, eine mit der Königin und eine mit ausschließlich gedeckelten Brutwaben. Zu letzterer werden noch möglichst viele Ammenbienen von offenen Brutwaben hinzugekehrt, dann bringt man den Zuchtstoff ein. Nach 24 Stunden sind die Zellen angepflegt. Jetzt kann man das Fliegengitter wegnehmen und durch Absperrgitter ersetzen. Die Bienen pflegen die angenommenen Zellen jetzt weiter, obgleich die Verbindung zur Königin wiederhergestellt ist. Die Königin zieht auch nicht mit einem Schwarm aus, vorausgesetzt, daß das Volk bei Zuchtbeginn nicht in Schwarmstimmung war. Das Absperrgitter bewirkt die Weiterpflege der Königinnenzellen im Zuchtabteil. Dieser Zuchtraum kann je nach Beute und Arrangement neben, über oder unter dem Königinnenraum gelegen sein.
Bei der eigentlichen Zucht im weiselrichtigen Volk wird auch die Anpflege im Volk mit Königin vorgenommen. Trogbeuten mit senkrechtem Absperrgitter eignen sich besonders gut dazu. Wieder gibt es einen Raum mit der Königin und einen Zuchtraum. Hinter oder neben dem Absperrgitter im Zuchtraum sollte eine Futterwabe mit Honig und Pollen hängen. Dann folgen einige offene Brutwaben, zwischen denen man einen Platz für den Zuchtrahmen läßt. Etwa 6 Stunden nach diesem Arrangement dürften hier genügend Ammenbienen versammelt sein, so daß der eingehängte Zuchtstoff einige Annahmechancen hat. Während weisellose Völker mitunter unvernünftig viele Zellen annehmen, mehr, als sie optimal pflegen können, ist die Annahme in weiselrichtigen Völkern immer stark begrenzt. Wahrscheinlich ist die im Volke kreisende Königinnensubstanz, welche ja auch hinter dem Absperrgitter, wenn auch nur vermindert, wirkt, die Ursache für die in der Regel geringe Zahl angenom-

mener Zellen. Durch Vorversorgung der Näpfchen mit Weiselfuttersaft läßt sich die Annahme anscheinend etwas verbessern. Insofern stellt dieses Verfahren eine Ausnahme gegenüber den Pflegemethoden im weisellosen Volk dar. Dort bringt das feuchte Umlarven, eine optimale Vorbereitung des Pflegevolks vorausgesetzt, keinen Annahmevorteil.

### *Getrennte An- und Endpflege*

Man kann die Königinnenzellen bei allen Pflegeverfahren bis kurz vor dem Schlüpfen im Pflegevolk belassen. Man kann sie aber auch gleich nach dem Deckeln, das ist frühestens 5 Tage nach dem Umbetten 1tägiger Larven, herausnehmen und im Brutschrank zur Weiterentwicklung unterbringen (35 °C, 40–60% r. F.). Als natürlicher Brutschrank vermag jedes starke Wirtschaftsvolk zu dienen, in das man den Zuchtrahmen über oder hinter dem Absperrgitter einhängen kann. Ein solches Volk darf nicht schwarmlustig sein. Nur ganz selten, bei außerordentlich guter Tracht, kommt es wohl einmal vor, daß die Bienen die Zellen abtragen. Ich habe es in vieljähriger Praxis mit Dutzenden von jährlichen Zuchten erst einmal erlebt.

Es ist sehr wichtig zu wissen, daß der Inhalt der Zellen in diesem Alter kurz nach der Deckelung sehr empfindlich ist, sowohl gegen Verkühlung als auch, und noch mehr, gegen Erschütterung und Stoß. Man muß den Zuchtrahmen mit den Zellen äußerst behutsam behandeln. 5 Tage später ist das Gegenteil der Fall. Die schlupfreifen Zellen können zu Boden fallen oder einen Tag außerhalb des Volkes zubringen, ohne daß es dem Inhalt schadet. Allerdings müssen die Zellen dann wieder in optimale Brutnesttemperatur zurückkommen, sonst häuten sich die Puppen nicht und sterben ab.

Anstatt die Weiselzellen bis zum Schlüpfen oder auch nur bis zum Deckeln im Pflegevolk zu belassen, kann man auch schon die angebrüteten Zellen, in der Regel 2 Tage nach dem Umlarven, herausnehmen und in den Honigraum weiselrichtiger Wirtschaftsvölker überführen. Man benützt das weisellose Pflegevolk dann nur zur Anpflege, das weiselrichtige Wirtschaftsvolk zur Weiter- und Endpflege. Demgemäß spricht man auch vom *Anpfleger* und *Endpfleger* bzw. *starter* und *finnisher.* Allerdings kann man dem Endpfleger nicht soviel Königinnen zumuten wie dem Anpflegevolk. Erstens fressen die alten Maden ein Vielfaches von dem, was die jungen Maden verzehren, zweitens haben die Ammen des Endpflegers außer den Königinnenzellen die ganze eigene offene Brut zu versorgen, während sich die Ammen des Anpflegevolkes ausschließlich um die Weiselmaden zu kümmern brauchen.

Man muß vor dem Einhängen der angebrüteten Zellen in den Endpfleger

ohnehin einige offene Brutwaben in den Honigraum umgehängt haben, damit genügend Ammenbienen zur rechten Zeit an Ort und Stelle sind. Bei dieser Art der geteilten An- und Endpflege verwendet man Zuchtrahmen mit herausnehmbaren Zuchtlatten. Ein Anpfleger schafft in der Regel einen Zuchtrahmen mit 3 Latten zu je 15 = 45 Maden. Diese verteilt man, soweit sie angenommen sind, auf 3 Endpfleger, wobei jeder einen Zuchtrahmen mit nur einer Latte, also maximal 15 Zellen bekommt. Die Larven in den Zellen sind in diesem Stadium 3 Tage alt (1 Tag beim Umlarven + 2 Tage Anbrütezeit). Sie werden nach 2 weiteren Tagen gedeckelt. Dann kann man eine zweite Latte, wiederum mit 2 Tage angepflegten Weiselzellen, zuhängen und nach 2 weiteren Tagen die dritte. Die beiden Ergänzungslatten stammen aus dem gleichen Anpflegevolk, das auf diese Weise mit je 2 Tagen Abstand 3 Zuchtserien zu je 45 Bechern bekommen hat. Aus einem guten Pflegevolk kann man nun leicht noch 2 weitere Serien, also insgesamt 5 herausholen, ohne daß die Bienen in ihrer Pflegefreude nachlassen. Es sind dann ja auch erst 10 Tage seit dem Zuchtbeginn vergangen, und im Anpflegevolk schlüpfen immer noch neue Bienen. Trotzdem geht die Futterversorgung der Zellen jetzt zurück. Wollte man im gleichen Volk noch weiterzüchten, müßte man wöchentlich Waben mit schlüpfenden Jungbienen zuhängen. In Amerika sind einzelne Verkaufszüchter auf dieses Verfahren spezialisiert.
Für den Fall, daß man keinen Endpfleger verwendet, sondern die im Anpflegevolk bereits gedeckelten Zellen nur zum Wärmen in den Honigraum weiselrichtiger Wirtschaftsvölker oder in einen Brutschrank gibt, muß das Pflegevolk, welches Anbrüter und Endbrüter zugleich ist, erheblich mehr Futtersaft pro Serie produzieren. Es ist damit nur zur Pflege von 2, höchstens 3 Zuchtserien nacheinander in der Lage. Zweckmäßigerweise hält man die dritte Serie schon etwas kleiner, damit die Königinnen auch genügend schwer ausfallen.
Für die Größe der Zuchtserien gibt es ohnehin kein Schema. Sie richtet sich nach der Größe und Pflegekraft des Pflegevolkes. Ein gutes Pflegevolk muß 45 Zellen schaffen. Zwei zusammengeworfene starke Völker schaffen auch das Doppelte. Man kann aber auch in einem weisellosen 5-Wabenableger züchten. Mehr als 10–15 gute Königinnen bringt er aber kaum zustande. In der Regel gibt es gute und schlechte Pfleger. Manche Völker nehmen mehr an, als sie optimal verkraften, andere könnten ein Vielfaches von dem, was sie annehmen, optimal pflegen. So muß der Imker einmal bremsen, damit er genügend große Königinnen bekommt, und einmal bleibt ihm nichts anderes übrig, als zu einem anderen Pfleger überzuwechseln, wenn ein Volk absolut nicht gerne annimmt.

### e) Integrierte Königinnenzucht

Es ist eine alte Erfahrung, daß beim Aufsetzen der Völker im Frühjahr, wenn man Brutwaben in den Honigraum umhängt, vereinzelt Nachschaffungszellen daran entstehen. Die durch Absperrgitter von der Königin getrennten Bienen fühlen sich wohl vorübergehend nicht ganz weiselrichtig, weshalb sie manchmal eine Nachschaffung versuchen. Das kann man züchterisch ausnützen, indem man mit Zuchtlarven versehene Weiselbecher im Honigraum bietet. Im Grunde ist das nichts anderes als die vorne beschriebene Zucht im weiselrichtigen Volk, nur daß man hier bei Wegfall jeglicher die Annahme fördernder Maßnahmen mit noch weniger Zellen rechnen muß. Vor allem zeigt die Erfahrung, daß nur die Hälfte der Völker, in denen man dieses Verfahren anwendet, zur Weiselpflege bereit ist. Nimmt man alle Wirtschaftsvölker dazu her, bekommt man dennoch in der Regel mehr Königinnen, als man im eigenen Betrieb verwerten kann.

G. Stahl, der schon vor Jahren diese primitive, aber wirksame Königinnenaufzucht praktizierte, ging dabei so vor, daß er im Frühjahr Ausschau nach Näpfchen hielt, welche die Bienen sehr häufig an den Wabenrändern ansetzen, ohne unbedingt das Schwärmen im Sinn zu haben. Solche Spielnäpfchen versah er mit 1tägigen Maden aus einem guten Volk und hing sie samt Wabe in den Honigraum. Nach 10 Tagen bildete er mit den angenommenen Zellen aus dem Honigraum heraus Begattungsableger.

In der Erlanger Betriebsweise wurde das Verfahren aufgegriffen und vervollkommnet. Anstatt der zufällig vorgefundenen Spielnäpfchen belarvt man Kunststoffweiselbecher, die man mit etwas Mittelwandwachs an kleinen Blechzungen befestigt. Die Blechzungen werden an geeigneter Stelle in eine Brutwabe eingesteckt und mit dieser beim Aufsetzen der Völker oder später im Honigraum untergebracht. Die zu diesem Zweck eingehängten Brutwaben können offen, gedeckelt oder beides sein. Es hat keinen Sinn, mehr als 3 bis 5 Weiselwiegen pro Volk zu verwenden, da die Bienen ohnehin nicht mehr annehmen würden. Was sie aber ansetzen, versorgen sie in der Regel hervorragend mit Futtersaft.

Die Begattungsableger werden (wegen der bequemen Völkerbearbeitung im 7-Tage-Rhythmus) bereits nach einer Woche gebildet. Man muß aber darauf achten, daß die Zellen, welche erst gerade gedeckelt worden sind und noch einen sehr empfindlichen Inhalt haben, nicht erschüttert werden. Der Aufstellungsplatz für die Begattungsableger ist über dem Honigraum von Wirtschaftsvölkern, von diesen getrennt durch ein bienendichtes Gitter. Die paarweise in einer Zarge angeordneten Ableger fliegen durch Öffnungen im Deckel nach vorne und hinten aus (Einzelheiten siehe im »Wochenend-Imker«).

## f) Gesichertes Schlüpfen

Gleich, ob sich die gedeckelten Weiselzellen im Brutschrank oder in einem Pflegevolk oder im Honigraum eines Endpflegers befinden: wenn sie hier schlüpfen würden und die Königinnen sich begegneten, wäre es um die ganze Zucht geschehen. Eine Königin duldet keine Rivalin. Es kommt zum Kampf, bis nur noch eine Königin übrigbleibt, oder die Erstgeschlüpfte beißt die Zellen auf und tötet darin ihre Schwestern. Wir müssen also dafür sorgen, daß entweder jede Königin in einem eigenen Volk oder Völkchen schlüpft oder hinter einer Schutzwand, die sie vor Angriffen schützt.

Vor dem Einsetzen der Zellen in entweiselte Vollvölker wurde schon gewarnt. Bei der engen Aufstellung im Stand gehen zu viele Königinnen beim Begattungsausflug verloren. Anders ist es bei Ablegern im Standmaß, die man im Gelände verteilt oder bei Freiaufstellung der Völker über deren Honigraum einrichtet. Auch im Begattungsvölkchen kann man die Zellen schlüpfen lassen. Man riskiert allerdings, daß die eine oder andere Zelle nicht schlüpft oder daß eine fehlerhafte Königin schlüpft, die entweder gar nicht zur Begattung fähig ist (z. B. Flügelschaden) oder Mängel aufweist, die der Paarung im Wege stehen.

Sicherer geht man, wenn man die Königin vor der Begattung noch mal sieht. Deshalb setzt man die gedeckelten Zellen 10 Tage nach dem Umlarven in Schutzkäfige, die man in einem Hürdenrahmen zusammenstellt und in das Pflegevolk oder in den Brutschrank zurückgibt (Abb. 98).

Es gibt unterschiedliche Schlupfkäfige (Abb. 99). Wenn die Zellen bereits an Stopfen sitzen, werden sie einfach in die passenden Öffnungen der Käfige gesteckt. Sitzen sie aber an Waben oder Wabenstreifen, dann schneidet man sie mit einem erwärmten Messer ab, steckt sie in die Käfigöffnung und schützt sie durch eine Kappe aus Blech oder Holz auch von oben. Meistens sind die Käfige nur für die Zellen allein gedacht. Lebhaf-

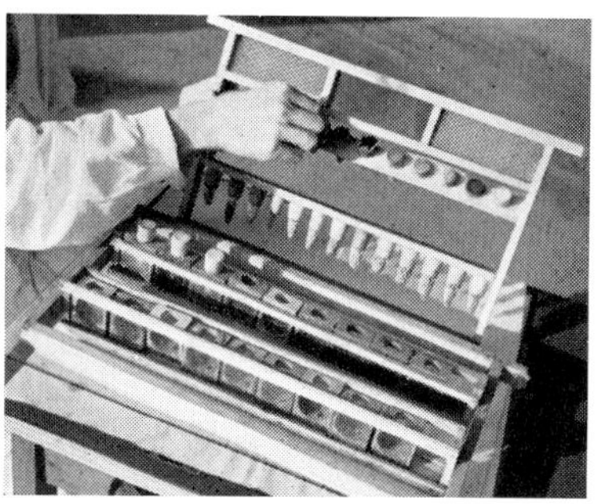

*Abb. 98: Die gedeckelten Weiselzellen werden vom Zuchtrahmen in Schlupfkäfige überführt, um entweder mit einem »Hürdenrahmen« zurück ins Volk oder auf einer Halteschiene in den Brutschrank zu wandern.*

*Abb. 99: Es gibt die verschiedensten Arten von Schlupfkäfigen. Die größeren in der hinteren Reihe dienen der gleichzeitigen Unterbringung von Bienen zur Pflege der schlüpfenden Jungfern.*

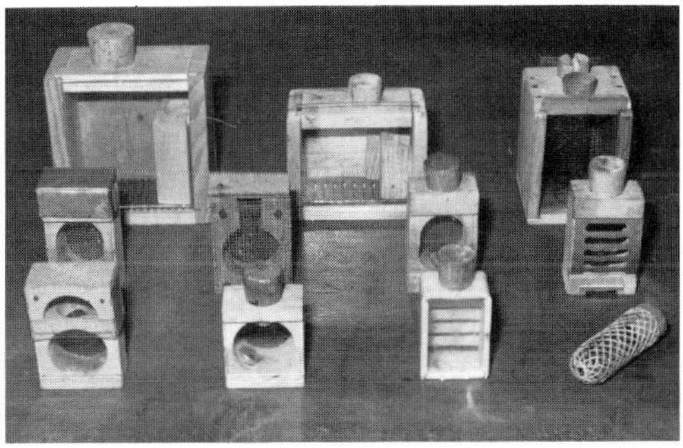

ter sind die frisch geschlüpften Königinnen aber, wenn sie inmitten von Bienen schlüpfen, die sie schon während des Schlüpfens füttern und gleich mit Wärme und Pflege umgeben. Darum benützen manche Züchter etwas größere Käfige, in die man 10 bis 20 Jungbienen gibt. Auch Käfige mit Absperrgitter werden gelegentlich verwendet. Aber mit diesen kann man Enttäuschungen erleben. Es kann sein, daß, etwa durch einsetzende starke Tracht, die Zuchtstimmung der Bienen umschlägt. Dann bringen sie womöglich die Jungfern um. Oder es kann eine besonders klein geratene Königin durch das Absperrgitter schlüpfen und ihre Schwestern töten. Es hat also alles seine zwei Seiten. In der Regel werden die Königinnen doch alsbald durch das Drahtgitter von den Bienen gefüttert. Zur Sicherheit gibt man unten in ein Näpfchen des Käfigs etwas flüssigen Honig als erste Nahrung.
Wichtig ist, daß man die Jungfern nicht länger als einen Tag im Käfig läßt. Man schaut deshalb am 12. Tag nach dem Umlarven nach und bringt die bereits geschlüpften Tiere alsbald in Begattungskästchen. Dauert es doch etwas länger, bis man hierzu Zeit hat, nimmt man wenigstens die leere Zelle aus dem Käfig, damit die Königin etwas mehr Bewegungsfreiheit hat. Vor allem aber muß vermieden werden, daß das Gemüll, welches die Königin beim Abnagen der Zelle herunterfallen läßt, die Futterstelle abdeckt. Länger als äußerstenfalls 3 Tage sollte man die Königin nicht in Einzelhaft lassen — weder im Brutschrank noch im Wirtsvolk.

## 4. Die Paarung

Eine gut aufgezogene Königin mit guter Erbanlage muß auch gut begattet werden. Das heißt, sie soll bei der Begattung erblich wertvollen Samen bekommen und dies in ausreichender Menge. Zur Königinnenzucht gehört notwendig auch eine sorgsame

### a) Auswahl der Drohnenvölker

Jede Arbeitsbiene erhält — wie jede Königin — ihre gesamte Veranlagung zur Hälfte aus dem Erbgefüge, das die Königin dem im Eierstock heranwachsenden Ei mitgibt, und zur andern Hälfte aus dem Erbgefüge des Samenfadens, der sich mit dem Ei verbindet, während es an der Samenblase vorbeigleitet. Das väterliche Erbe ist so wichtig wie das mütterliche. Wir müssen uns also die Völker, die die Drohnen liefern, genauso kritisch ansehen wie das Zuchtvolk, das den Zuchtstoff für die Königinnen stellt. Dabei ist allerdings eines zu bedenken: Der Drohn hat keinen Vater, sondern nur einen Großvater. Mit dem Samen, den seine Mutter in ihrer Samenblase trägt, hat er nichts zu tun. Er stammt ja aus einem unbefruchteten Ei. Der eigentliche Erblieferant ist also *das Volk, aus dem seine Mutter hervorging*. Und hier zeigt sich, wie wichtig unsere Aufschreibungen sind. Denn Abstammung und Leistung dieses großmütterlichen Volkes finde ich in diesen Aufzeichnungen. Vielleicht existiert dieses Großmuttervolk gar nicht mehr. Aber seine Stockkarte muß noch da sein. Steht darauf eine überdurchschnittliche Leistung, dann ist mir zum Teil geholfen. Ich kann das Tochtervolk als Drohnenvolk ins Auge fassen, selbst wenn die Königin dieses Volkes fehlbegattet ist und Leistung und Sanftmut der Arbeitsbienen mich nicht befriedigen sollten.

Die Auswahl des Drohnenlieferanten ist somit, je nachdem, leichter oder schwerer als die des Zuchtstofflieferanten. Habe ich gute Notizen, kann ich gut auswählen. Fehlen sie, tappe ich im dunkeln. Eine Hilfe ist hier die Merkmalskörung. Ich kann mir 50 Drohnen ansehen. Tragen sie einheitlich die Merkmale der Carnica-Rasse, darf ich annehmen, daß die Leistung des Großmuttervolkes echt war. Sie war nicht bedingt durch die aufpeitschende Wirkung einer Rassenkreuzung, sondern kam ehrlich aus erblicher Veranlagung. Ist das Drohnenmaterial aber körperlich sehr uneinheitlich, dann war die Großmutter wohl ein Rassenbastard, und ich darf ihrer Leistung nicht vertrauen. Um keinen Fehlgriff zu tun, werde ich mich auf beides stützen, auf die Notizen über Leistung und Verhalten des Großmuttervolkes und auf die Merkmalskörung der zur Wahl stehenden Drohnen.

### b) Drohnenaufzucht

Wenn wir uns klar sind, von welchen Völkern wir Drohnen wollen, ist die Aufzucht nicht schwer. Schon im Herbst oder im zeitigen Frühjahr können wir den Völkern als zweit- oder drittletzte Wabe eine nicht oder höchstens einmal bebrütete Drohnenwabe einhängen. Ansonsten liegt der

Drohnenwabe ein gedrahtetes Rähmchen mit einem oben angelöteten Mittelwandstreifen zugrunde. Gedrahtet ist das Rähmchen deshalb, weil die von der Drohnenbrut schwere Wabe beim Wandern nicht herunterbrechen soll. Die Drohnenwaben können dennoch auch simple Waben sein, die man lediglich bis zu einem oberen Wabenansatz ausgeschnitten hat.

Man sollte nicht zu frühzeitig Königinnen züchten wollen. Abgesehen davon, daß sie vor der eigentlichen Schwarmzeit recht klein ausfallen, kann es leicht sein, daß auch die paarungswilligen Hochzeiter fehlen. Eine stärkere Drohnenpflege kommt von Natur aus nicht vor Mitte März in Gang. Je nach Witterung und Trachtangebot dauert es auch oft bis in den April hinein. Die Drohnen brauchen nämlich zu ihrer Entwicklung viel Eiweiß. Dazu müssen die Bienen das Pollenangebot der Salweidenblüte optimal nützen können. Sonst kann es leicht vorkommen, daß bereits angesetzte Drohnenbrut wieder aus dem Kasten verschwindet. Denken wir auch daran, daß die Entwicklungszeit der Drohnen mit 24 Tagen über eine Woche länger ist als die der Königinnen und daß es auch bis zur Geschlechtsreife der Drohnen noch über eine Woche länger dauert als bei den weiblichen Geschlechtstieren. Man rechnet mit 12 bis 15 Tagen.

Wenn man mit der Königinnenzucht am 1. Mai beginnt — das ist nach alter Erfahrung der bei uns frühest mögliche Termin dazu —, mag man auch mit den dafür notwendigen Drohnen noch zurechtkommen. Wenn wir nicht genügend Drohnenvölker haben (und es sind immer zuwenig!), können wir in guter Trachtzeit auch versuchen, zusätzliche Drohnen abzumelken. Ein Drohnenvolk schafft kaum mehr als zwei Drohnenwaben gleichzeitig. Wir können eine Drohnenwabe, sobald sie bestiftet bzw. mit Drohnenmaden besetzt ist, einem anderen Volk zur Aufzucht anvertrauen und dem Drohnenvolk einen neuen Drohnenrahmen geben. Wer seine Königin am Stand begatten läßt, wird es grundsätzlich so machen. Er schneidet die Drohnenrahmen der Völker, von denen er keine Drohnen will, jeweils aus und gibt ihnen dafür bestiftete Drohnenrahmen von Völkern, deren Erbe auf dem Stand Verbreitung verdient. Völker, die Drohnen aufziehen sollen, müssen in gutem Zustand sein. Zwar werden die Erbanlagen der Drohnen durch mangelhafte Aufzucht nicht verschlechtert, wohl aber ihre Flugtüchtigkeit, ihre Vitalität, ihre Begattungsfähigkeit, ihre Samenmenge und auch die Lebensfähigkeit der Samenfäden. All das unterliegt, je nach der Aufzucht, erheblichen Schwankungen. Ein richtiger Drohn soll vor Kraft strotzen. Wer je eine größere Zahl von Drohnen auf Stülpfähigkeit und Samenmenge kontrolliert hat, weiß, wie viele Kümmerlinge dabei sind.

## c) Ausreichende Begattung

Vollbegattet ist eine Königin, wenn sie in ihrer Samenblase von 1 mm Durchmesser etwa 5,7 Millionen Samenfäden besitzt. Früher glaubte man, das sei mit einem einzigen Drohn erreicht. Man brachte tapfer Hunderte von Königinnen an einen Ort, an dem man ein paar wenige Drohnenvölker aufgestellt hatte, im Glauben, daß die Königinnen schon alle den richtigen Partner finden würden. Man hat sich, wie wir heute wissen, arg getäuscht. In Wirklichkeit waren sie zumeist von Drohnen der umliegenden Stände begattet worden.
Wenn es sich aber um sogenannte sichere Belegstellen handelte, auf Inseln oder in tief eingeschnittenen Tälern im Hochgebirge, konnte man es auch erleben, daß die Königinnen zwar zu legen anfingen, aber im nächsten Frühjahr schon wieder damit aufhörten oder nur noch Drohneneier erzeugten. Der Same war ihnen ausgegangen.
Heute wissen wir, daß zu einer Vollbegattung im Durchschnitt 8 Drohnen notwendig sind. Man hat auch schon die doppelte Anzahl von Paarungen pro Königin ermittelt. Für die Belegstellen-Königinnen müssen Drohnen im Überfluß vorhanden sein, wenn sie nachhaltig begattet werden sollen. Wie schon erwähnt, müssen diese Drohnen auch zur richtigen Zeit zur Verfügung stehen. Vor Mitte Mai ist schwerlich mit genügend geschlechtsreifen Drohnen zu rechnen.
Das Dilemma einer zu geringen Völkerzahl auf der Belegstelle hat zu vielen Mißerfolgen in der Zucht in früheren Jahren geführt. Heute gilt der Grundsatz: so viele Drohnenvölker wie nur möglich! Die Belegstelle wird ausgeweitet zum Reinzuchtgebiet (s. S. 247).

## d) Begattungskästchen

Ein Dreiwabenableger im Standmaß als Begattungsvolk ist natürlich gut. Aber nur im Kleinbetrieb wird man sich diesen Aufwand leisten. Wer mehr Königinnen braucht, etwa auch zum Verkauf, muß schärfer mit seinem Bienenmaterial rechnen. Und eigentümlicherweise werden die Jungfern in einer kleineren brutlosen Einheit rascher und nicht weniger sicher begattet als in einer größeren mit Brut. Ja man kann fast sagen, je kleiner das Begattungsvölkchen, desto rascher. Der Aufwand an Futter und Bienen ist wesentlich geringer, und wenn eine Königin verlorengeht, ist am Völkchen nicht viel verloren. Nach 1945 hat man an den Begattungskästchen viel herumgebastelt. Das Einwabenkästchen sei unnatürlich, weil es keine Wabengasse besitze. Mindestens 2 Wäbchen sollten es sein oder drei oder vier. Bis heute geht der Streit weiter, und er wird nicht entschieden

werden. Das Begattungsvölkchen ist ein Zwischenaufenthalt für die Königin. Sie bleibt gerade so lange dort, wie sie zu ihrer Begattung braucht. Wenn sie zu normalen Hochzeitsflügen von hier aus in der Lage ist und danach in ihrem Völkchen zur Eiablage kommt, ist alles erreicht, was zu erreichen ist. Und hierfür genügt das *Einwabenkästchen.* Allerdings hat sich gezeigt, daß das früher benützte große EWK im halben Zandermaß kleineren Ausführungen in mehrfacher Beziehung unterlegen war. Über das Kästchen im $\frac{1}{3}$ Normalmaß ist man zum Kleinstkästchen gekommen, das nur einen Innenraum von 11,5 cm (Höhe) × 10 cm (Breite) aufweist. Die Wabe entsteht ohne Rähmchen an einem Mittelwandstreifen, der in eine Nut an der Decke eingelötet wird. Der Bienenraum steht durch eine Öffnung in der Decke in direkter Verbindung mit dem darüber befindlichen 6,5 cm hohen Futterraum. Es gibt keinen besonderen Aufstiegsschacht zum Zusetzen wie bei den größeren Kästchen.
So seltsam es klingen mag: Die Minivölkchen in den Kleinstkästchen haben unter Hochgebirgsverhältnissen auf eingeschneiten Belegstellen ausnahmslos durchgehalten, während unter den gleichzeitig in größeren EWKs aufgestellten Völkchen erhebliche Verluste entstanden sind. Der Grund ist darin zu suchen, daß diese Völkchen beim Einbruch der kalten

*Abb. 100: Einwaben-Begattungskästchen (EWK's). Insbesondere die hier gezeigten Minikästchen, müssen in einem gut isolierten Schutzhaus untergebracht werden.*

*Abb. 101: Mehrwabenkästchen (MWK's) sind meist selbst aus wärmedämmendem Material (Weichschaumstoff oder Bitumenplatten) hergestellt, so daß sie keinen zusätzlichen Wärmeschutz benötigen.*

Witterungsperiode den Kontakt zum Futter verloren und verhungerten, was den Minivölkchen dank der einfacheren Konstruktion ihrer Kästchen nicht widerfuhr.
Allerdings gehört zu den Kleinstkästchen ein gut isoliertes Schutzhaus, dessen Holzgehäuse innen ringsherum mit dicken Styroporplatten ausgekleidet ist. In jedem Schutzhaus stehen 4 Minikästchen, sich gegenseitig wärmend, nebeneinander. Sie haben Ausflug nach 4 verschiedenen Seiten (Abb. 100).
Die Kleinstvölkchen fassen ca. 50 g Bienen. Diese kommen in der Regel mit 300 g Futterteig aus. Natürlich sind sie nur zum Einmalgebrauch bestimmt. Wenn die Königinnen begattet sind, werden die Bienen zu einem Sammelschwarm zusammengeworfen oder einem schwächeren Volk zugeschlagen. Wer *Mehrwabenvölkchen* benützt und dementsprechend mehr Bienen und mehr Futter für jedes Völkchen aufwenden muß, kann sich nur dann einen Vorteil ausrechnen, wenn er diese Völkchen zur Paarung mehrerer Königinnen verwendet. Je nach der Länge der Zuchtsaison mag er 3–4 Königinnen darin nacheinander zur Begattung bringen. Die Völkchen selbst erhalten sich während dieser Zeit durch schlüpfende Bienen. Sie bedürfen gelegentlicher Nachfütterungen (Abb. 101).

### e) Vorbereiten und Besetzen der Begattungskästchen

Ehe man die Begattungskästchen mit Bienen versieht, muß man sie mit Futterteig versorgen. Den Futterteig stellt man aus Puderzucker und Honig her. In der Regel nimmt man einen Teil Honig auf 3 Teile Staubzucker. Wenn der Puderzucker durch längere Lagerung Knollen gebildet hat, müssen wir sie gut zerreiben. Im übrigen geht man vor wie die Hausfrau beim Hefeteigkneten. Man gießt den flüssigen Honig in eine muldenförmige Vertiefung des Zuckers und walkt dann das Ganze mit den Händen durch. Bei großen Portionen empfiehlt es sich aber, einen Spaten zu benutzen und in einem entsprechend großen Holzzuber systematisch im Kreis herum umzustechen, bis die Masse eine teigförmige Beschaffenheit annimmt.
Begattungsvölkchen sind besonders anfällig gegen *Nosematose,* eine ansteckende, besonders heimtückische Darmkrankheit der Bienen. Es wäre deshalb gut, wenn man dem Futterteig ein wirksames Heilmittel gegen diese Krankheit beigeben könnte. Leider ist das einzige hierfür ernsthaft in Frage kommende Präparat *Fumidil B* in Deutschland derzeit nicht mehr erhältlich, weil die Vertreiberfirma CEVA den Zulassungsantrag beim Bundesgesundheitsamt zurückgezogen hat. Das Mittel ist aber nach wie vor in der ganzen übrigen imkerlichen Welt im Einsatz, und seine Wie-

dereinführung auch bei uns ist zumindest nicht ohne Chance. Deshalb soll es hier auch weiter erwähnt werden. Um mit dem pulverförmigen Präparat den Futterteig zu bereiten, schwemmt man es in etwas kaltem Wasser auf und gibt es dem verflüssigten und wieder abgekühlten Honig bei. Man rechnet 1 g *Fumidil* auf 1 kg fertigen Teig. Weiteres siehe im Kapitel über Krankheiten auf Seite 292f.

Honig ist teuer. Wenn man nicht ausgeschleuderten Futterhonig besitzt, wird man sich nach einem Honigersatz umschauen. Einen solchen kann man sich leicht selbst herstellen: 1 kg Kristallzucker + ½ Liter Wasser + 2 g Milchsäure werden 30 Minuten lang auf kleiner Flamme gekocht. Durch Vervielfältigung der Teilmengen mit dem gleichen Faktor lassen sich natürlich auch größere Sirupmengen herstellen. Die Milchsäure erhält man für wenig Geld in jeder Apotheke. Mit dem Invertzuckersirup wird der Futterteig in gleicher Weise wie mit Honig bereitet. Der Futterteig ist etwas »kürzer und trockener« als Honigzuckerteig, läßt sich aber zu allem verwenden, wozu auch dieser gut ist.

Es gibt heute noch eine elegantere Art der Futterteigherstellung ohne Honig, nämlich mit zuckerspaltenden Fermenten. Am besten geeignet erscheint mir zur Zeit das Flüssigenzym »Invertin« der Fa. Merck in Darmstadt, welches über Bäckereinkaufsgenossenschaften zu bekommen ist. Man löst das Enzym in Wasser und vermengt dieses einfach mit dem Puderzucker. Größere Mengen werden mit dem Spaten oder der Teigknetmaschine hergestellt. Der Teig erhält die richtige Festigkeit, wenn man im Verhältnis auf 1 kg Staubzucker 80 ml Wasser und 2 ml Invertin verwendet. Das Ferment bewirkt, daß sich der Rohrzucker teilweise in Frucht- und Traubenzucker verwandelt, wodurch ein Hartwerden des Teiges vermieden wird. Das Invertin muß im Kühlschrank aufbewahrt werden.

Letzten Endes geht es aber auch noch einfacher. Die Firma Südzucker hat auf unsere Anregung hin das Ferment bereits in den gehandelten Puderzucker gemischt. In den »Futterteigzucker« braucht man überhaupt nur die vorne angegebene Wassermenge hineinzuarbeiten und erhält einen gebrauchsfertigen Futterteig, der nicht hart wird. Und wer es schließlich noch bequemer haben will, bestellt sich von der Firma Süd- oder Nordzucker gleich einen fertigen Futterteig, der ohne weitere Behandlung verwendet werden kann.

Zur Vorbereitung der Begattungskästchen gehört außer der Verproviantierung mit Futterteig auch, daß man einen Mittelwandstreifen einlötet. Dazu kann man das Wachs von einer echten Wachskerze oder geschmolzenes Wachs aus einem Töpfchen mit Ausgießtülle verwenden. Nachdem man noch das Flugloch verstopft oder verriegelt hat, geht es an das Füllen mit Bienen. Die Kästchen, gleich, ob Ein- oder Mehrwabenkästchen, werden, je nach ihrer Bauart, nebeneinander aufgestellt oder -gelegt. Der

Deckel zum Bienenraum oder das abnehmbare Glasfenster kommt unmittelbar daneben.
Nun richten wir das Bienenmaterial für die Kästchen her. Wir kehren das Pflegevolk in einen Drohnensiebkasten. Wir haben in Abb. 77 bereits ein Eigenfabrikat eines solchen als »Kunstschwarmkasten« kennengelernt. Komfortabler sind der Marburger und der neue Erlanger Feglingskasten, bei denen der Einkehrtrichter für die Bienen seitlich angebaut und aufklappbar ist. Die Bienen laufen durch das senkrechte Absperrgitter ins Dunkel des Kastens, wobei die Drohnen außen abgesondert werden. Oft muß man mit Rauch oder Wasser etwas nachhelfen. Nachdem sich die Bienen in einer großen Traube an der Decke des Sammelbehälters angehängt haben, ist es leicht, mit einem Schöpflöffel, der gerade die richtige Bienenmenge faßt, ein Begattungskästchen nach dem anderen zu füllen (Abb. 102). Eine Hilfskraft, die sofort den Deckel auflegt oder das Fenster andrückt, kann sehr vorteilhaft sein. Ab und zu übersprüht man die Bienen im Siebkasten mit etwas Wasser, wodurch sie sich enger in der Traube zusammenziehen. Es ist kein Unglück, wenn einzelne Bienen abfliegen. Es handelt sich dabei um ältere, die ohnehin nicht ideal für die Bildung von Begattungsvölkchen sind. Warnen möchte ich vor dem Betäuben mit Lachgas. Die Bienen werden geschädigt, koten leicht und bauen schlechter.
Die Beweiselung der Begattungsvölkchen wird in der Regel im gleichen Arbeitsgang mit dem Füllen durchgeführt. Man verwendet dazu im Falle der Einwabenkästchen stets bereits geschlüpfte Königinnen. Bei Mehrwabenkästchen entweder ebenfalls Königinnen oder Zellen. Bei der Wiederbeweiselung von Mehrwabenkästchen, aus denen schon eine begattete Königin entnommen worden ist, geht es allerdings nur mit reifen Zellen. Königinnen würden hier allzuleicht abgestochen werden. Die Mehr-

*Abb. 102: Beim Füllen von Kleinst-EWK's mit Bienen.*

wabenkästchen enthalten in der Regel ein Loch im Deckel, in das man den Stopfen mit der Zelle nach dem Füllen hineinstecken kann, ohne mit den Bienen weiter in Berührung zu kommen.
In den größeren Einwabenkästchen hat es eine Beweiselungskammer gegeben, in welche man den Schlupfkäfig mit der Königin und einem dicken Futterteigpfropfen am Auslaßloch hineinsetzen konnte. Man hat den leeren Käfig am nächsten Tag wieder entfernt. Die Minikästchen haben jedoch diese Beweiselungskammer nicht. Man verwendet hier mit Vorliebe eine Zusetzpatrone aus Wachs, die man ähnlich wie die Weiselbecher durch Eintauchen eines Formholzes in flüssiges Wachs herstellt. Das Formholz ist nur entsprechend dicker (ca. 2 cm). In die 3–4 cm langen Patronen sticht man mit einer heiß gemachten Stricknadel einige Löcher hinein, durch welche die Bienen rasch Kontakt mit der Königin aufnehmen können. Verschlossen werden die Zusetzpatronen, nachdem man die Königin aus dem Schlupfkäfig hineinbugsiert hat, mit einem Futterteigpfropf. Man wirft sie schon in die Begattungskästchen, noch ehe man die Bienen hineinfüllt. Sie bleiben dann auch, nachdem die Königinnen befreit sind, am Boden liegen, bis man die Völkchen später wieder auflöst.
Die gefüllten Begattungskästchen wandern auf 3 Tage in einen kühlen, abgedunkelten Raum. Die Völkchen sollen sich mit der Königin zu einer Einheit zu sammenfinden und mit dem Ausbau der Rähmchen beginnen. Man achte darauf, daß die Luftschlitze in den Kästchen frei sind.

### f) Aufstellen der Völkchen

Länger als 5 Tage sollte man die Kellerhaft auf keinen Fall ausdehnen, sonst gibt es in den Kästchen Tote. Die Kästchen werden grundsätzlich gegen Abend im Garten oder auf der Belegstelle aufgestellt. Im Schatten von Bäumen und Sträuchern hat man Pfähle in den Boden geschlagen und die Schutzhäuschen daran befestigt (Abb. 103a). Nachdem man die Kästchen hineingestellt hat, darf man nicht vergessen, die Fluglöcher zu öffnen. Mehrwabenkästchen stellt man in der Regel auf eine niedrige Unterlage direkt auf den Boden. Wenn sie paarweise oder zu mehreren gruppiert werden, achte man auf unterschiedliche Ausflugrichtungen (Abb. 103b). Muß man die Völkchen transportieren, geschieht das natürlich nicht im Schutzkasten. Beim Transport im Auto benützt man Lattengestelle, zum Verschicken mit der Bahn gibt es eigene Versandkisten für ganze Kästchenbatterien.
Die Orientierungsflüge der Königin finden zwischen 11 und 17 Uhr statt. Die Begattungsflüge zwischen 13 und 17, meist aber zwischen 14 und 15 Uhr.

a)

b)

*Abb. 103a, b: Auf der Belegstelle stehen die Einwabenkästchen mit ihren Schutzhäuschen auf Pfählen (a). Mehrwabenkästchen stellt man in der Regel direkt auf den Boden (b).*

Nach etwa 10 Tagen hält man Nachschau. Wenn das Wetter gut war, werden die meisten Königinnen in Eiablage sein. Königinnen, die wesentlich länger brauchen, werden uns wahrscheinlich keine besondere Freude machen. Was nach drei Wochen noch nicht in Ordnung ist, nehmen wir auf alle Fälle weg. Allerdings muß man sich vergewissern, ob die Königin nicht etwa auf Wäbchen im Futterraum in Eiablage getreten ist. Man kann das verhüten, wenn man das Futter so rechtzeitig ergänzt, daß kein Platz für Wabenbau bleibt. Man könnte auch ein kleines Absperrgitter vor dem Einstieg zum Futterraum anbringen. Aber manchmal wird ein Völkchen schwächer. Dann wäre es gut, wenn es in kühlen Nächten im kleineren Futterraum Zuflucht finden könnte.

### g) Das Zeichnen der Königin

Vor dem Einbringen in die Begattungsvölkchen werden die Königinnen gezeichnet. Auf Anregung des Erstautoren hat man vor Jahren zu den vier bis dahin gebräuchlichen Farben Blau als fünfte eingeführt. Dadurch wird viel Kopfrechnen erspart. Beim Vierersystem konnte die gleiche Farbe auf allen Jahreszahlen herumrutschen, die im Vierer-Einmaleins vorkommen. Beim Fünfersystem liegen die Farben nun für alle Zeiten fest. Und die Reihenfolge ist gut zu merken, weil die Reihe vom Hellen zum Dunkleren fortschreitet:

| weiß | gelb | rot | grün | blau |
|---|---|---|---|---|
| 1981 | 2 | 3 | 4 | 5 |
| 6 | 7 | 8 | 9 | 1990 |

Wir zeichnen am besten mit großen Opalithplättchen, schon fertig ausgestanzt und mit großen, gut lesbaren Nummern versehen. Wer diese einmal benützt hat, verzichtet gern auf kleinere oder solche ohne Nummern. Es ist ein Märchen, daß die Königin durch das Gewicht oder die Dicke des Plättchens irgendwie behindert würde. Als Klebemittel dient eine Lösung von Schellack in Spiritus oder noch besser farbloser Nagellack. Das beste Handwerkszeug dazu ist ein Zündholz, das wir ganz ähnlich behandeln, wie wir es zum Umlarven gemacht haben. Das leere Ende wird mit einem Messer flach zugeschnitten. Dieses Ende wird in den Lack getaucht und ein kleines, etwa stecknadelkopfgroßes Tröpflein auf den Rücken der Königin aufgetragen und ganz wenig verstrichen. Vorsicht, Kopf und Flügel nicht verschmieren! Dann bringt man den Zündkopf ein bißchen an die Zunge, tupft damit das mit der Nummer nach oben liegende Plättchen auf, setzt es auf den Lackfleck und drückt es leicht an. Die Nummer richtet man nach dem Kopf aus, so daß man sie leicht lesen kann, wenn man der laufenden Königin nachschaut.

*Abb. 104: Eine Königin wird gezeichnet.*

Am besten hält man die Königin beim Zeichnen zwischen Daumen und Zeigefinger, so daß der Kopf vorn heraussieht. Wenn man nicht gerade einen Schraubstock als Finger hat, braucht man nicht ängstlich zu sein (Abb.104). Es gibt aber auch bequeme Zeichennetzchen, unter denen man die Königin auf eine Wabe setzt, um sie durch die Maschen hindurch zu markieren.

## 5. Die Verwertung der Jungmütter

Nach der Begattung der Königin ist natürlich das Wäbchen im Einwabenkästchen schnell bestiftet. Längere Aufenthalte im Begattungskästchen würden für sie Legepausen bedeuten. Selbst im Mehrwabenkästchen mit 3 oder 4 Wäbchen wäre dieser Zeitpunkt sehr bald erreicht. Man hat zwar bisher nicht nachweisen können, daß eine solche Zwangspause im Legegeschäft die jungen Königinnen schädigen würde — trotzdem sollte man sie bald aus den Völkchen entfernen.
Als sicherste Weiterverwendung bietet sich die Einweiselung in einen Ableger oder in einen Kunstschwarm an. Der Aufbau junger Reservevölker, die man später mit alten Völkern, deren Königinnen abgewirtschaftet haben, vereinigt, macht sich in der Regel bezahlt. Die sofortige Einweiselung in Vollvölker dagegen bleibt immer ein Risiko (s. S. 183).

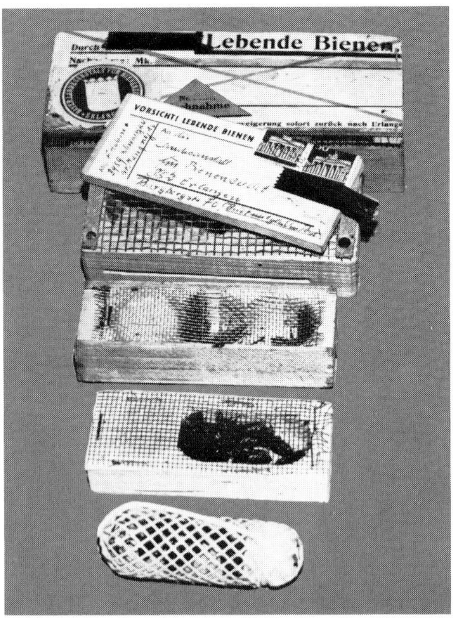


*Abb. 105: Verschiedene Arten von Königinnen-Versandkäfigen.*

Man kann die jung begatteten Königinnen auch über weite Entfernungen versenden. In der Regel verwendet man dazu Käfige, die aus flachen Holzklötzen mit 3 eingebohrten, ca. 3 cm weiten, aneinanderstoßenden Löchern gemacht sind (Abb. 105). Die Bohrungen sind mit einem Drahtgitter überdeckt. Die eine Höhlung dient zur Aufnahme des Futterteigs, die andere, doppeltgroße, ist für die Königin und ihre ca. 10–20 Begleitbienen da. Die Bohrung für den Futterteig wird vor der Aufnahme des Futters mit flüssigem Wachs ausgestrichen, damit die Feuchtigkeit des Teiges nicht in das Holz eindringen kann. Außerdem wird der Teig unter dem Drahtgitter mit etwas Kunststoffolie abgedeckt. Das Ganze wird in einem starken gelochten Kuvert per Post (Einschreiben) verschickt. Neuerdings haben sich auch Lockenwickler zum Versand von Königinnen als brauchbar erwiesen. Man muß schon etwas Erfahrung damit sammeln, vor allem den Zuckerteig in der richtigen Konsistenz verwenden, wenn die Königinnen eine lange Reise antreten sollen.
Ehe man die Sendung zur Bahn bringt, spritzt man ein paar Tropfen Wasser über die Bienen. Dasselbe wird sofort nach der Ankunft der Königinnen am Bestimmungsort getan. Ein eigener Wasservorrat braucht indessen nicht mitgegeben zu werden.
Auf diese Weise können Königinnen mit ihren Begleitbienen 8 Tage und notfalls die doppelte Zeit ohne Schaden unterwegs sein.

## 6. Reinzuchtgebiete

Ob einer nun selber züchtet oder sich noch nicht daran wagt, an einer Aufgabe kann und soll jeder mithelfen, an der Schaffung eines Reinzuchtgebietes in seiner Umgebung. Leider sind unsere Inlandsbelegstellen alle mehr oder weniger unsicher. Die nun sicher erkannte Mehrfachpaarung mit durchschnittlich acht Drohnen, die Vorliebe der Drohnen für bestimmte Plätze, der zu geringe bienenfreie Umkreis der Belegstellen sind schuld daran, daß der Prozentsatz der wirklichen Reinpaarungen erschreckend gering ist. Dagegen hilft nur ein möglichst großer Reinzuchtgürtel um die Belegstelle, der nicht groß genug sein kann. Das kann nur erreicht werden, wenn sämtliche Völker des Umfeldes auf die Zuchtrichtung der Belegstelle umgeweiselt werden. Nach den Richtlinien des Deutschen Imkerbundes sollen bei Landbelegstellen in einem Umkreis von wenigstens 6 km nur Völker mit den gewünschten Drohnen fliegen. Wer von den hier ansässigen Imkern nicht züchtet, kann sich Zellen — gedeckelte oder offene — von Züchtern besorgen und auf seinem Stand in Begattungsablegern unterbringen. Auf diese Weise trägt auch er zum Aufbau der Belegstelle bei.

# VII. Ernte und Pflege des Honigs

Sie säen in Mühsal und ernten in Freude. Die Bauern, auch die Imker. Die Bienen sind daheim oder am Wanderplatz mit schweren Bäuchen angekommen. Es muß was drin sein. Man lüpft ein wenig den Honigraum oder die ganze Beute. Jawohl, es wiegt. Aber ist der Honig auch schon reif zum Schleudern? Eine Gewissensfrage. Denn unreif geschleuderter Honig enthält noch zuviel Wasser. Er würde leicht in Gärung geraten. Nach der Honigverordnung darf Honig höchstens 21 % (DIB: 18 %) Wasser enthalten. Das ist schon reichlich weitherzig, denn bei diesem Wassergehalt ist bereits Gärung möglich. Es vergärt zwar nur ein ganz kleiner Bruchteil des Zuckers, aber das reicht, um den Honig unansehnlich im Aussehen und schlecht im Geruch und Geschmack zu machen. Heide- und Kleehonige dürfen sogar 23 % (DIB: 21,4 %) Wassergehalt besitzen.
Eine alte Regel sagt: Der Honig ist reif, wenn die Hälfte oder wenigstens ein Drittel des Inhalts der Wabe gedeckelt ist. Nicht immer bekommen wir volle Waben. Aber es gibt auch Fälle, wo man nicht auf genügendes Deckeln warten kann. Zum Beispiel bei guter Waldtracht. Da stürzt sich das ganze Bienenheer mit solcher Wucht in die Arbeit draußen, daß darüber die Hausarbeit vernachlässigt wird. Da hilft man sich mit der Stoßprobe. Man hält die Wabe mit beiden Händen etwas schräg nach unten und macht einen kräftigen Ruck, wie wenn man den Honig herausschleudern wollte. Spritzt dann wirklich etwas heraus, muß man noch warten. Auch das gilt nur für Waben aus dem Honigraum. Brutwaben werden immer spritzen, solange die Tracht nicht zu Ende ist. Der frisch eingetragene Nektar wird ja zunächst weitgehend im Brutraum abgelagert. Man muß aber manchmal schleudern, während die Tracht noch weitergeht. Es ist sogar angenehmer, nicht nur, weil das ein Zeichen für ein gutes Jahr ist, sondern auch, weil nach Trachtschluß die Bienen ihren Schatz energischer verteidigen und schon nach wenigen Völkern wegen unerträglicher Räuberei die Arbeit zur Qual machen können. Dann ist es vorbei mit dem »Ernten in Freude«. Nun, es ist also soweit. Wir können schleudern. Was tun wir jetzt?

## 1. Das Schleudern

Wir reden zuerst mit der Hausfrau, ob sie Zeit hat, zu helfen. Denn so gern man sonst allein ist bei der Arbeit an den Bienen, zum Schleudern ist Hilfe kaum zu entbehren. Wenn sie also gerade Waschtag hat, warten wir lieber. Im übrigen wird die sonst nicht immer bienenfreundliche Eheliebste auffallend mild gesinnt und hilfsbereit, wenn es ans Schleudern geht. Besonders wenn sie hinterher den Honig selber verkaufen darf.

Zum zweiten: Wir sorgen dafür, daß Schleuder, Gefäße und Geräte sauber und in Ordnung sind. Wichtig ist die Befestigung der Schleuder, damit sie bei der Arbeit nicht davonläuft. Das tut sie vor allem gern, wenn sie mit ungleich schweren Waben beschickt wird. Am besten schraubt man sie am Boden an. Wo das nicht geht, heftet man sie auf ein Brettgestell, auf das man sich beim Drehen stellt. Durch das Gewicht wird sie weitgehend am Schlagen und Wandern verhindert.

*Welche Schleuder* schafft man sich an? Es gibt *Sternschleudern* und *Korbschleudern*: Erstere haben ein Fassungsvermögen von einem bis mehreren Dutzend radial angeordneten Waben. Man findet sie nur in großen Betrieben und hauptsächlich in honigreichen Ländern. Sie sind nichts für zähe Honige und ungünstig, wenn unbebrütete Waben geschleudert werden sollen. Bei uns sind vornehmlich *Korbschleudern* gebräuchlich, die drei, vier oder sechs Waben fassen. Eine Schleuder mit Handkurbel ist nur auf einem kleinen Bienenstand zu empfehlen. Von 20 Völkern aufwärts kommt nur eine 6-Wabenschleuder mit Motorantrieb in Frage. Sie sollte außerdem als *Selbstwendeschleuder* eingerichtet sein, was bedeutet, daß man die Waben nicht von Hand von einer auf die andere Seite drehen muß, sondern daß sie bei Änderung der Schleuderrichtung von selbst die Seite wechseln. Um Wabenbruch zu vermeiden, schleudert man zuerst eine Seite halb, dann die andere Seite ganz und schließlich die erste Seite ebenfalls ganz aus.

Der Schleuderraum muß bienendicht und sauber sein, gleich, ob er an den Stand angebaut ist, oder ob Küche, Waschküche oder sonst ein Raum

*Abb. 106: Als Entdeckelungsgeräte sind das Entdeckelungsmesser (oben) und die Entdeckelungsgabel — hier mit gebogenen Zinken — am weitesten verbreitet.*

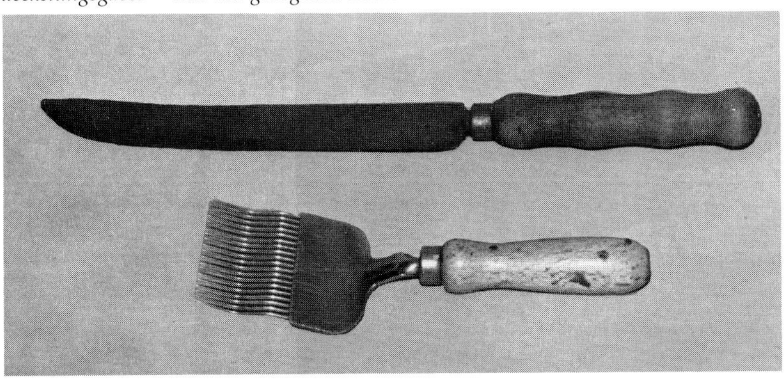

dafür herhalten müssen. Eine nahe Wasserstelle ist empfehlenswert, sowie die Möglichkeit, den Schleuderraum zu heizen. Selbstverständlich trägt man zum Schleudern saubere Kleidung. Vorteilhaft ist eine faserfreie, kräftige Kombination aus weißem Leinen.
Zum Entdeckeln hat sich wohl zu Recht die *Entdeckelungsgabel* bei uns stärker durchgesetzt als das *-messer*. Besonders der weniger Geübte arbeitet mit der Gabel leichter und schneller. Unter den verschiedenen Fabrikaten ist die Form mit doppelt gebogenen Zinken am meisten zu empfehlen (Abb. 106). Wer mit dem Messer entdeckelt, muß in jedem Fall wenigstens zwei davon haben. Das Entdeckelungsmesser mit leicht aufgebogener Spitze muß ständig im Wasserbad gut warm gehalten werden, sonst ist es nicht zu gebrauchen.
Entdeckelt wird über einer Pfanne aus Weißblech oder Kunststoff (Abb. 107). Da hinein gehört ein Gittereinsatz, welcher das Deckelwachs aufnimmt und den Honig auf den Pfannenboden durchsickern läßt. Größere Vorrichtungen dieser Art werden als Entdeckelungstisch bezeichnet (Abb. 108 Mitte). Die entdeckelten Waben bleiben in einem großen Behälter hängen, bis sie in die Schleuder eingebracht werden können. Für Betriebe über 100 Völker darf man bereits an eine halbautomatische Entdeckelungsmaschine denken, wie sie in Abb. 108 hinten abgebildet ist. Mit diesem Gerät werden beide Wabenseiten durch Vorbeiziehen an zwei rotierenden Wellen mit beweglichen Metallzungen auf einmal entdeckelt. Es bedarf mit Gabel oder Messer nur noch kleinerer Korrekturen. Lange hat es gedauert, bis wir in der Bundesrepublik eine brauchbare Entdeckelungsmaschine bekamen. Heute hält der Handel schon mehrere Geräte dieser Art bereit.
Wer Heidehonig erntet, braucht noch ein Spezialgerät, um das zähe, fast gallertartige Produkt aus den Waben zu bekommen. Ein kleiner bis mitt-

*Abb. 107: Beim Entdeckeln über der Entdeckelungspfanne.*

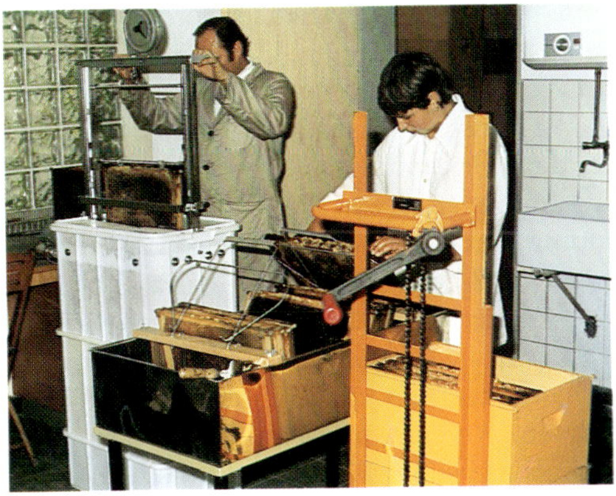

*Abb. 108: Größere Betriebe leisten sich einen Entdeckelungstisch, an dem man gegebenenfalls auch zu zweit arbeiten kann (Bildmitte). Die nächste Stufe ist eine halbautomatische Entdeckelungsmaschine (hinten). Ganz vorne sieht man einen Handwindenstapler, der zum Bewegen der honigschweren Magazine im Schleuder- und Lagerraum dient.*

lerer Imkereibetrieb wird sich keine halbautomatische und zweiseitig arbeitende Lösmaschine zu diesem Zweck leisten können. Es gibt aber kleine Stippgeräte, die einer Bürste ähneln, deren »Borsten« auf Federn gelagerte Metallstifte darstellen. Man drücke diese Vorrichtung von Hand in die entdeckelte, waagerecht liegende Wabe, ohne dabei die Mittelwand zu beschädigen. Die Gewinnung von Heidehonig kann sich zu einer sehr mühsamen Arbeit auswachsen (Abb. 109).

Ähnliches kann mit Waldhonigen passieren. Es ist noch nicht geklärt, weshalb spät geerntete Honigtauhonige manchmal den gefürchteten »Zementhonig« abgeben, der sich durch einen hohen Anteil an dem Dreifachzucker *Melezitose* unangenehm auszeichnet. Solchen Honig kann man manchmal gar nicht so früh schleudern, wie er in der Wabe kristallisiert. Ein noch so großer Honigsegen ist keiner, wenn er nicht aus der Wabe geht. Es gibt viele Vorschläge, wie man diesen Honig ernten kann, aber das allein schon ist ein Zeichen, daß nichts wirklich Überzeugendes dabei ist. Wenn man rechtzeitig merkt, daß solcher Honig hereinkommt,

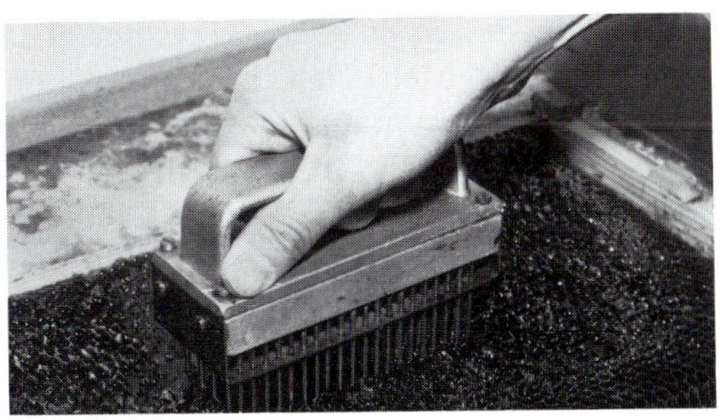

*Abb. 109: Heidehonig geht oft erst nach dem »Stippen« mit einem Lösapparat aus der Wabe.*

muß man ihn sofort zu schleudern versuchen. Wenigstens einen Teil wird man gewinnen können. Der Honig ist grobkörnig und geht nicht durch das Feinsieb. Bringt man nichts heraus, kann man die Waben über Nacht in Wasser stellen und dann in einem Seitenabteil oder in einer Zarge unter dem Brutraum den Völkern zurückgeben. Wenn die Bienen den Honig umtragen, reichern sie ihn noch einmal mit Fermenten an, und der Honig wird schleuderbar. Eine Plage für den Imker ist es allemal. Wenn nicht gar zu viel Melezitosehonig anfällt, hebt man die Waben lieber über den Winter auf und gibt sie den Bienen im Frühjahr als Reizfutter.
Das Deckelwachs enthält auch nach dem Abtropfen noch Honig. Es gibt Schleudereinrichtungen dafür, die sich aber nur in ganz großen Imkereien lohnen. Wenn man es von den Bienen ausfressen lassen will, muß man mit Räuberei am Bienenstand rechnen. Besser wäscht man es in einem Eimer aus und verfüttert das Honigwasser. Das muß aber bald geschehen, damit es nicht sauer wird. Das zurückbleibende Wachs wird zu Klößen zusammengeballt. Später kann man es im Wachsschmelzer auslassen.

## 2. Das Sieben und Klären

In der Regel wird der Honig gleich beim Herauslaufen aus der Schleuder gesiebt, indem er durch ein *Doppelsieb* mit einem groben und einem feinen Einsatz in den Honigeimer läuft (Abb. 110a). Das ist oft mühsam und geht nicht schnell genug, besonders wenn es sich um zähen Waldhonig handelt. Dann läßt man ihn besser zunächst ungesiebt in den Behälter laufen und besorgt das Sieben anschließend. Rasch geht es mit dem *Siebkorb,* den man anstelle des Wabenkorbes in die Schleuder einsetzen kann. Er besteht nur aus einem einzigen, sehr feinen zylindrischen Sieb. Der Honig wird hindurchgeschleudert. Leider gehen auch viele kleine Wachspartikelchen mit hindurch. Brauchbar ist auch das *Lunzer Honigsieb.* Hier stehen 2 zylindrische Siebe ineinander in einem Behälter. Der Honig wird in das innere gröbere Sieb geschüttet. Er drückt nach außen durch beide Siebe und wird aus einem oberen Hahn abgelassen (Abb. 110b).
Jeglicher durch Metallsiebe gegangene Honig bedarf noch des *Klärens,* d. h., man muß ihn in den Lagerungsbehältern einige Tage stehenlassen. Dann schöpft man die obere Schicht aus Schaum und kleinen Fremdkörpern ab, bevor man ihn in kleinere Gebinde zum Verkauf abfüllt. Würde man das nicht tun, darf man sich nicht wundern, wenn man die Oberfläche des Honigs nach dem Festwerden mit kleinen hellen und dunklen Wachsteilchen gespickt vorfindet. Wer das Klären des Honigs partout nicht abwarten möchte, kann ihn gleich nach dem Passieren des Doppel-

*Abb. 110a, b: In kleinen Betrieben bevorzugt man zum Sieben des Honigs das Doppelsieb mit zwei verschieden feinen Einsätzen. Es wird zwischen den Ausflußhahn der Schleuder und den Honigauffangbehälter geschaltet (a). Mehr leistet das Lunzer Honigsieb mit zwei in einem Sammelbehälter ineinander gestellten Siebzylindern (b).*

siebs durch ein feines Nylongewebe (im Fachhandel als *Seihtuch* erhältlich) laufen lassen. Diesen Honig kann man dann sofort abfüllen.
Der größere Imker freilich siebt heute den Honig in der Regel überhaupt nicht mehr. Er arbeitet mit zwei oder mehreren Klärfässern, die unten einen Quetschhahn zum Ablassen des Honigs haben (Abb. 111). Man kann sich Honigimportfässer aus einer Abfüllstelle beschaffen und entsprechend einrichten, oder man benutzt gleich — was besser ist — im Fachhandel dafür angebotene Edelstahlfässer. Die Fässer gehören in einen warmen (Schleuder-)Raum. Nach Möglichkeit heizt man auch die Nacht über. Der Honig wird, so wie er aus der Schleuder kommt, nur durch ein

*Abb. 111: Größere Imkereien verzichten heute völlig auf das Sieben. Sie reinigen den Honig, indem sie ihn lediglich in größeren Fässern klären lassen. Der saubere Honig wird durch einen unten an dem Klärbehälter angebrachten Quetschhahn abgelassen.*

sehr grobes Sieb in eines der Fässer geschüttet. Er klärt in 1 bis 2 Tagen und kann dann im fertigen Zustand aus dem Faß direkt abgefüllt werden. Nachdem der Honigspiegel bis auf $1/3$ der Faßhöhe abgesunken ist, schäumt man tüchtig ab und füllt neuen Honig aus der Schleuder nach. In der Zwischenzeit ist der Honig auch in einem zweiten und dritten Faß geklärt und wartet auf das Abfüllen.

## 3. Die Lagerung

Zur Lagerung wie auch für den Verkauf in größeren Mengen eignen sich 12,5 kg fassende Honigkübel aus lebensmittelechtem Plastik (Abb. 112). Zentnerkübel mit Gummiring im Deckel und Schnellverschlüssen sind, wenn solide gearbeitet, teuer, aber auch haltbar und so gut wie luftdicht, was für die Lagerung des Honigs von Bedeutung sein kann. Sofern man Honig nicht in dafür im Fachhandel vorhandenen Behältern aufbewahrt, muß man sich vor Geschirren aus Eisenblech (Schwarzblech) und vor verzinkten Behältern in acht nehmen. Die Säuren im Honig gehen mit diesen Metallen Verbindungen ein, die im ersten Fall zu häßlichen Verfärbungen des Honigs führen, im zweiten sogar giftig für den Menschen sind.
Bei den meisten Gefäßen, in die der Honig abgefüllt wird, ob aus Glas, aus Plastik oder Metall, muß man annehmen, daß sie nicht wirklich luftdicht schließen. Darum muß Honig in einem trockenen Raum mit nur mäßigem Temperaturwechsel aufbewahrt werden. Sonst saugt die Oberfläche Wasser an, wird dünn und kommt in Gärung. Immer wenn die umgebende Luft mehr als 60 % relative Feuchte aufweist, nimmt Honig Wasser auf. Und 60 % hat die Luft morgens und abends meistens, aber auch sonst sehr oft.

*Abb. 112: Zum Lagern des Honigs gibt es eigene Gefäße. Man sollte auch wirklich diese Behälter dazu benutzen und nicht irgendwelche, den Honig möglicherweise schädigende Notbehelfe.*

*Feinsteif?* — Manche Frühjahrshonige, vor allem aus Raps, kristallisieren von Natur aus schmalzartig »feinsteif«. In dieser Form läßt er sich leicht streichen, ohne zu laufen. Wo viel Raps angebaut wird, sind die Käufer so sehr an diese Art Honig gewöhnt, daß sie meinen, aller Honig müßte so sein. Aber leider trifft das nicht zu. Die Imker kommen dem Wunsch ihrer Kunden entgegen, indem sie den Honig rühren. Das muß geschehen, wenn er eben anfängt zu kristallisieren. Man benutzt dazu einen dreikantigen Holzstab *(Dreikantstab)*, mit dem man eng an der Wand des Honiggefäßes entlangfährt. Dort beginnen sich nämlich die ersten großen Kristalle auszubilden, und die gilt es zu zertrümmern. Das muß man an mehreren Tagen wiederholen, dann erhält der Honig die gewünschte feinkristalline Beschaffenheit. Ähnliches erreicht man auch mit einem Metallstab, der eine Fußplatte mit eingestanzten Löchern besitzt. Die Platte wird im Honig auf und nieder bewegt. Diese Einrichtung eignet sich auch gut zum Mischen verschiedener Honige, was manchmal vorteilhaft sein kann. Wenn man seinen Honigvorrat auf viele Kübel verteilt hat, kann man zum Rühren des Honigs eine Heimwerkerbohrmaschine mit Reduziergetriebe und *Rührspirale*, *Rührflügel* oder *Doppelquirl* einsetzen (was alles im Fachhandel zu bekommen ist). Das spart Zeit und Kraft.

Man kann darüber streiten, ob es richtig ist, die Käufer grundsätzlich zur feinsteifen Form des Honigs zu erziehen. Es handelt sich um eine *äußere* Qualitätsverbesserung, auch besteht ein gewisser Einfluß auf die Geschmackskomponente, aber unbeeinflußt bleibt der *innere (gesundheitliche) Wert* des Honigs. Für den Imker bedeutet die Prozedur des Rührens jedoch eine spürbare Mehrbelastung.

Zuletzt ist es wichtig, daß man den richtigen Zeitpunkt zum Abfüllen in die kleineren Verkaufsgebinde trifft. Versäumt man ihn, muß man den kandierten Honig verflüssigen und alles neu beginnen.

*Wie macht man Honig flüssig?* — Honig darf nicht über 40 °C erwärmt werden. Man braucht also eine schonende Art des Erwärmens. Der Handel bietet dazu an: 1. Wärmeschränke, in die man je nach Größe einen oder zwei Honigkübel stellen kann, 2. einen Honig-Tauchwärmer, d. i. eine Art großer »Tauchsieder«, dessen auf 40 °C erhitzte Heizröhren langsam durch den kandierten Honig im Honigeimer gleiten und ihn dabei verflüssigen, und 3. Thermotöpfe, speziell zur Honigverflüssigung. Ebensogut kann man aber auch einen im Haushalt üblichen Einkochtopf mit stufenloser Temperaturschaltung benützen. Er ist in der Regel sogar billiger (Abb. 113a). Mit dem Thermotopf wird der Honig im Wasserbad erhitzt. Das ist zweifellos eine besonders schonende Art der Honigverflüssigung. Sie geht außerdem rascher vor sich als bei Luftheizung.

Ausnahmsweise kann man Honig beim Verflüssigen auch höher, z. B. auf 70 °C, erhitzen. Wenn es nur kurz geschieht und der Honig schnell wie-

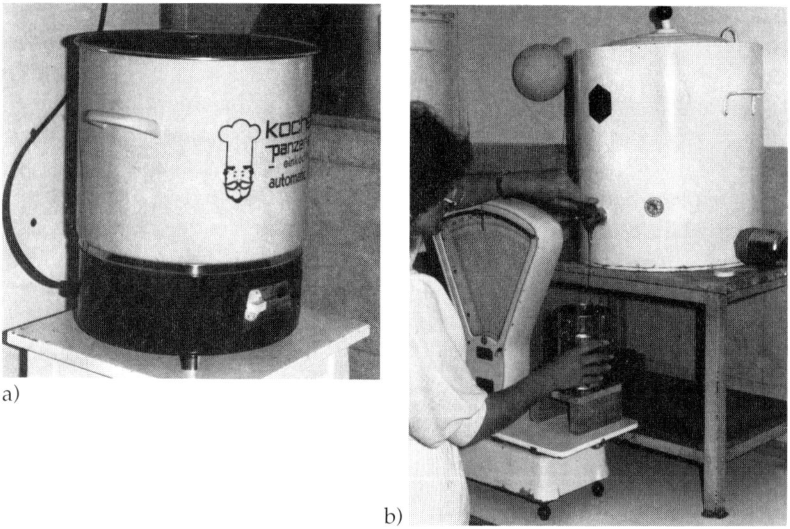

a) b)

*Abb. 113a, b: Zur Wiederverflüssigung des Honigs eignet sich der in vielen Haushalten verwendete Einkochtopf mit stufenloser Temperaturschaltung. Der Honig wird darin im Wasserbad relativ schnell und schonend erhitzt (a). Wenn sich das Abfüllen über längere Zeit hinzieht, empfiehlt sich die Verwendung eines Thermoabfülltopfs mit Wassermantel (b).*

der abgekühlt wird, nimmt er keinen Schaden. Das schafft ein Gerät, das der Bienenfachhandel unter der Bezeichnung *Melitherm* anbietet. Sein wesentlicher Bestandteil ist eine flache Heizspirale, die aber nicht durch den Honig hindurchgleitet, sondern umgekehrt, der Honig muß die Heizspirale passieren, die über dem Siebboden eines Edelmetallgefäßes angebracht ist. Der Honig wird gleichzeitig gereinigt und kann mit einem Nylonseihtuch auch noch gefiltert werden, so daß dieses praktische Gerät gleich zwei wichtige Funktionen auf einmal erfüllt.

*Wie und wo hinein füllt man ab?* Ist der Honig wieder flüssig, kommt er in einen *Honigabfülltopf* mit Quetschhahn (Abb. 113b) und wird von dort in kleinere Gefäße verteilt. Wir haben vor allem die vom DEUTSCHEN IMKERBUND geschaffenen und empfohlenen 250, 500 und 1000 g fassenden *Imker-Honiggläser*, die seit Jahrzehnten beste Dienste für die Herausstellung des deutschen Honigs tun (Abb. 114). Wenn immer möglich, wird man sie verwenden. Daneben gibt es Honigeimerchen in verschiedenen Größen aus lebensmittelecht beschichtetem Blech oder unzerbrechlichem Kunststoff. Auf keinen Fall sollte man Honig in Gurken- oder Herings-

*Abb. 114: Der Honig sollte stets in einer anziehenden Verpackung zum Verkauf kommen. Das Imker-Honigglas des Deutschen Imkerbundes bürgt für höchste Qualität seines Inhalts und ist von großer Werbewirksamkeit.*

gläser abfüllen. Das wäre für den Honig kein gutes Renommee. Wer seinen Honig selbst vermarktet — und das sollte das Bestreben jedes Imkers sein —, muß es in einer ansprechenden und werbewirksamen Weise tun.

# VIII. Umgang mit Waben und Wachs

Die Wachsarbeiten des Imkers erstrecken sich auf das Aufbewahren und Auslassen von Waben und auf das Gießen und Einlöten von Mittelwänden.

## 1. Aufbewahrung der Waben

Nach Trachtschluß entnimmt man die Waben des Honigraums und die bienenleeren Waben des Brutraums. Dabei scheidet man alle Waben aus, die für eine Verwendung im nächsten Jahr nicht mehr taugen. Das sind:

a) Waben, deren Rähmchen durchgebogen, geknickt oder wegen ausgebrochener Nagellöcher nicht mehr strapazierfähig sind.

b) Überalterte, durch viele Brutfolgen schwarz und schwer gewordene Waben. Für den Brutraum kommen nur Waben in Betracht, die zwar bebrütet, braun, aber gegen das Licht gehalten noch durchscheinend sind. Für den Honigraum gehen noch Waben, die diese Grenze überschritten haben. Sie brechen dann nicht so leicht beim unvorsichtigen Schleudern. Aber weil alte Waben auch Nosematräger sind, sollte man sie nicht zu dunkel werden lassen.

c) Waben, die schlecht eingelötet und dadurch ungleichmäßig, wellig ausgebaut oder mit viel Drohnenbau verpflastert sind.

d) Zweifelhaft sind Waben, die unvollständig ausgebaut, nicht bebrütet und von den Bienen an den Zellrändern mit einem dunklen Besatz (Kittharz? Schmutz?) überzogen wurden. Man hatte vielleicht einem schwachen Schwarm zuviel Mittelwände zugemutet oder sie bei Trachtlosigkeit nach Abklingen des Bautriebes, etwa im Juni, noch zugehängt. Man liest öfters, solche Waben würden im nächsten Jahr nicht angenommen. Mir wurden sie noch immer angenommen, besonders wenn sie vor dem Zuhängen leicht mit Zuckerwasser übersprüht wurden. Wer ihnen nicht traut, schmelze sie ein.

Die für gut befundenen Waben müssen also aufbewahrt werden — und die ausgeschiedenen auch, bis man Zeit hat, sie einzuschmelzen oder an eine Wachsfirma einzusenden. Sie brauchen Schutz vor Staub, vor Mäusen, Wachsmotten und, wenn sie honignaß sind, vor räuberischen Wespen und Bienen.

Vor Staub: Staub taugt weder für den Honig noch für die Brut. Darum mag das früher teilweise übliche Aufhängen im Stand oder in einem

Schuppen bequem gewesen sein, auch wirksam gegen Wachsmotten, hygienisch war es nicht.
Vor Mäusen: Sie naschen gern Honig und Pollen und fühlen sich wohl in einem Nest zwischen Waben.
Vor Wespen und Bienen: Diese riechen Honigreste und finden jede Ritze, jedes Schlupfloch unter Garantie, sei es ein Riß im Holz, ein Astloch, ein Schlüsselloch, eine ungenau schließende Tür. Findet nur eine einen Zugang, ist bald die volle Räuberei im Gang, draußen und drinnen. Die Wespen sind noch findiger, noch gewandter und auch schlanker. Und mit den Waben gehen sie um — eben wie Räuber. Sie zerstören die Zellen oft bis auf die Mittelwand. Der Schrank oder der Zargenstapel, worin Waben aufbewahrt werden, muß gut schließen. Notfalls hilft man mit Klebestreifen nach.
Das Schlimmste, was den gelagerten Waben widerfahren kann, ist wohl die Heimsuchung durch Wachsmotten (s. S. 302f.). Gegen diese Wachszerstörer gibt es verschiedene Mittel. Am weitesten verbreitet ist das Abbrennen von »Schwefelschnitten«, die man in der Drogerie erhält. Je nach Größe des Raumes, in dem die Waben aufgehoben werden (Wabenkammer, Wabenschrank, gestapelte Leermagazine), und Dicke der Streifen läßt man entweder nur ein Bruchstück oder gleich mehrere Streifen abglimmen. Man braucht dazu ein geeignetes offenes Gefäß oder einen »Schwefeltopf«, wie ihn der Fachhandel bereithält. Der auszuräuchernde Raum muß gut abgedichtet sein, und man achte darauf, daß sich genügend Abstand zu den Waben und zur Wand bzw. zum Deckel des Wabenbehälters befindet. Brandgefahr! Es gibt heute allerdings an Stelle des Abbrennens eine weit ungefährlichere und elegantere Methode des Einsatzes von Schwefel zur Wachsmottenbekämpfung, nämlich die Verwendung von komprimiertem *Schwefeldioxid aus der Sprühdose.* Der »Flüssigschwefel« wird durch Knopfdruck über ein Anschlußröhrchen am Sprühkopf in den zu behandelnden, nach außen gut abgedichteten Raum gesprüht — je nach Rauminhalt in einem kleineren oder größeren Stoß — und damit ist die Sache schon erledigt. Die Spraybomben erhält man ebenfalls im Bienenfachhandel.
Grundsätzlich muß man wissen: Schwefeldioxid tötet nur die Maden der Wachsmotten, nicht die Eier, weshalb man in der wärmeren Jahreszeit, wenn sich die Maden entwickeln, häufiger schwefeln muß.
Ganz unglücklich wäre ein Versuch, mit irgendwelchen Insektengiften, die man in Gartenzentren bekommt, den Wachsmotten auf den Leib zu rücken. Diese Mittel können sich im Wachs festsetzen und die Bienen töten, sobald sie mit den Waben in Berührung kommen. Von der Verunreinigung des Wachses und der Gefahr für den eingetragenen Honig gar nicht zu reden! — Das früher zur Bekämpfung der Wachsmotten häufig

verwendete Paradichlorbenzol (»Imkerglobol«) ist in dieser Hinsicht auch sehr fragwürdig geworden. Es ist verdächtig, krebserregend zu sein, und deshalb auch aus dem Fachhandel verschwunden.
Unbedenklich für den Menschen ist der Einsatz von *Bacillus thuringiensis* gegen die Wachsmotte. Die besonders im Ausland unter verschiedenen Namen gehandelten Präparate *(B 401, Certan)* werden mit Wasser verdünnt auf die Waben gesprüht. Wenn die Mottenlarven die Bakteriensporen aufnehmen, sterben sie ab.

## 2. Das Auslassen des Wachses

### a) Trockenschmelze

Man muß grundsätzlich unterscheiden zwischen bebrütetem und unbebrütetem Wachs. Unbebrütetes Baurahmenwachs, soweit es in Betrieben mit Hinterbehandlung noch anfällt, kann man trocken und ohne Druck auslassen. Dazu eignet sich der *Sonnenwachsschmelzer* (Abb. 115).
Enthalten die Baurahmen Drohnenmaden, darf man sie nicht so liegenlassen. Die Maden sterben, faulen und stinken. Läßt man sie von Hühnern ausfressen, wird viel Wachs verschmutzt und verdorben. Bessere Arbeit machen die Meisen. Sie picken die Maden heraus, ohne das Wachs zu beschädigen. Man kann die Waben aber auch in Wasser tauchen und die Maden herausschütteln. Wenn man die Waben dagegen dem Sonnenwachsschmelzer anvertraut, muß man später eine harte Kruste von der Unterlage wegkratzen.
Mit Altwaben ist die Wachsausbeute im Sonnenwachsschmelzer sehr schlecht. Es bleiben zu große, wachshaltige Rückstände. Es gibt aber elektrisch beheizte Geräte, bei denen man gleichzeitig einen Druck auf das

*Abb. 115: Der Sonnenwachsschmelzer funktioniert nur im Sommer gut. Er ist hauptsächlich zum Auslassen von Baurahmenwachs gedacht.*

schmelzende Wabenmaterial ausüben kann. Solche *Elektro-Trockenwachs-schmelzer* eignen sich auch für Altwaben.

### b) Naßschmelze

Zur Not kann man auch Deckelwachs noch im Sonnen- oder Elektrowachsschmelzer auslassen. Aber hier beginnt schon der Verlust. Denn an den Deckelchen hängen noch Zellteile, die Puppengespinst enthalten und damit Wachs aufsaugen. Man wundert sich, wieviel Trester auf dem Ablaufblech zurückbleibt und wie schwer und fettig er ist vom festgehaltenen Wachs. Man läßt Deckelwachs also besser naß aus.
Unverantwortliche Verschwendung aber wäre es, bebrütete Waben trocken auszulassen. Das Wachs schmilzt, schlüpft in die von ausgeschlüpften Bienen zurückgebliebenen Gespinstkokons und wird durch Kapillarkraft festgehalten. Hier kommt also nur ein Naßverfahren in Frage, bei dem sich die Kokons mit Wasser vollsaugen und so das Wachs nicht mehr festhalten können.
Wer es ganz gut machen will, weicht seine Waben erst einige Tage in Regenwasser ein, damit die Gespinste sich vollsaugen. Es ist aber nicht so leicht, durch Untertauchen Wasser in die luftgefüllten Zellen zu bringen. Auslegen und mit Gießkanne und Brause eingießen ist wirksamer. Aber wer macht sich in unserer hastigen Zeit schon soviel Arbeit?
Wer keinerlei Auslaßgerät hat, steckt die zerbrochenen Waben in einen Jutesack, diesen in einen Waschtopf oder Kessel mit Holzrost und legt so viele Steine darauf, daß der Sack unter Wasser bleibt. Das geschmolzene Wachs dringt durch die Poren des Sackes nach oben, die Trester bleiben im Sack. Man schöpft das Wachs ab, gießt es in eine Schüssel mit heißem Wasser und umhüllt diese warm. Am nächsten Tag wird der Kuchen entnommen. Das Wachs hat sich geklärt, auf der Unterseite hat sich eine krümelige Schicht aus Pollen und Schmutz angesetzt. Die wird abgekratzt.
Hat man nur eine Sackfüllung, kann man auch den Schmelztopf stehenlassen, bis der Wachskuchen fest geworden ist. Aus einem Topf mit geraden Wänden bringt man den Kuchen allerdings kaum heraus, ohne ihn zu zerschlagen. Und das geht nur, wenn der Kuchen höchstens einige Zentimeter dick ist.
Wer keinen geeigneten Waschtopf oder Kessel besitzt oder wer Krieg mit der Hausfrau vermeiden will, beschafft sich eine Einrichtung, die ausschließlich ihm und seinen Bienen gehört. Etwa den *Münchener Reinwachsschmelzer*, der mit Dampf arbeitet.
Aber über eines muß man sich im Klaren sein: Auch beim Naßverfahren bekommt man nur einen Teil des Wachses heraus. Nach meinen Wägun-

gen beim Münchener Schmelzer aus einer Wabe etwa soviel, wie man mit der Mittelwand hineingesteckt hat. Das sind etwa $^{2}/_{3}$ des wirklichen Wachsgehaltes. Will man eine höhere Ausbeute, muß man mit Druck arbeiten.

### c) Naßschmelze mit Druck

Wer nur Waschtopf und Sack besitzt, kann während des Kochens auf dem Herd etwa mit einem Kartoffelstößel auf dem Sack herumdrücken. Die Wirkung ist beschränkt. Und leicht bringt man Wachs auf den Herd, das in Brand geraten kann. Besser ist es, man kocht die Waben im Topf oder Kessel, schöpft dann erst den Brei in einen Sack und setzt diesen außerhalb der Kochstelle unter Druck. Eine Vorrichtung dazu kann man sich anfertigen in Form der *Knüppelpresse* (Abb. 116). Man legt den Sack auf den mit schräg abfallenden Rillen versehenen Arbeitstisch und walkt mit einem Rundholz kräftig darüber. Das Ergebnis ist gut, aber die Arbeit reichlich mühsam.

Leichter und mit sehr guter Ausbeute arbeitet man mit einer *Schraubpresse.* Bei der *Rinnenpresse,* die auch unter dem Namen Böhlingsche Honig- und Wachspresse bekannt ist, werden drei kräftige Hartholzbohlen zu einer Rinne zusammengeschraubt, etwa 120 cm lang und im Lichten 30 cm breit und 25 cm hoch. Ungleich hohe Füße geben ihr eine Neigung zum Auslauf (Abb. 117). An der Auslaufseite ist ein hölzerner Preßklotz mit einem durchgehenden Schraubenbolzen aufklappbar befestigt. Gegenüber befindet sich ein beweglicher Eisenbogen mit langer Schraubenspindel. Zuerst legt man einen kräftigen Sack, am besten aus Nylon, in die Presse.

*Abb. 116: Die alte Knüppelwachspresse ist auch heute noch brauchbar. Zwar ist die Arbeit mit ihr anstrengend, aber sie wird durch eine gute Ausbeute belohnt.*

*Abb. 117: Die eine Zeitlang vergessene Rinnenpresse von Böhling ist mit Recht in Erlangen wieder zu Ehren gekommen. Für einen geschickten Bastler ist der Selbstbau, soweit es die Holzteile betrifft, nicht allzu schwer. Für Beschaffung und Anbau der Schraubenspindel muß man einen Schlosser oder Schmied zu Hilfe rufen.*

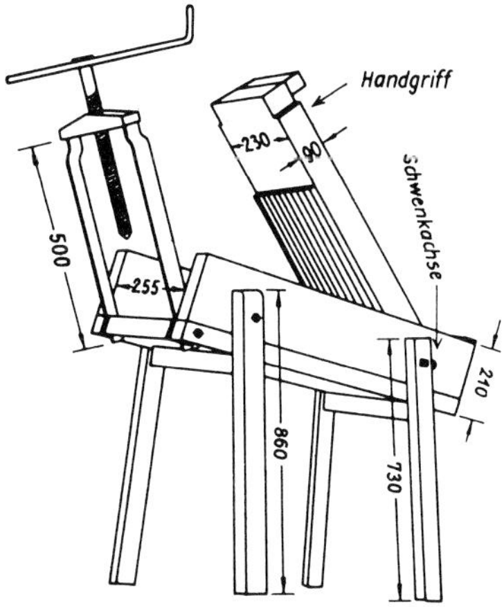


Dann füllt man mit einem Schöpflöffel die kochende Wabenmasse in den Sack und schlägt ihn, ohne zuzubinden, oben um. Danach drückt man den Preßblock darauf, klappt die Spindel darüber und zieht sie an, so stark es geht. Durch nochmaliges Auflockern und Nachpressen verbessert man die Ausbeute. Bei der Naßschmelze mit Druck holt man aus einer Wabe mehr Wachs heraus, als man mit der Mittelwand hineingesteckt hat, und darauf kommt es ja schließlich an.

Übrigens, wer sich das Neudrahten der Rähmchen ersparen will, schneidet die Waben nicht aus, sondern steckt nach amerikanischem Vorbild gleich die ganze Wabe ins kochende Wasser. Schon nach wenigen Sekunden kann man die Rahmen herausziehen und den Inhalt mit leichtem Ruck herausschütteln. Man braucht dann beim Einlöten der neuen Mittelwand nur den Draht etwas nachzuziehen.

## 3. Das Klären des Wachses

Wer seine Mittelwände selbst gießt, kann das Wachs unter Umständen so verwenden, wie es aus dem Schmelzer läuft. Es schmilzt in kleineren Brocken sogar leichter als in Form eines großen Blocks. Wer es aber verkaufen oder gar auf Ausstellung geben will, muß es noch einmal sorgfältig klären. Denn es enthält noch Pollen und sonstige kleine Verunreinigungen. Man gibt es mit Wasser in einen nach oben sich erweiternden Emailletopf (Eisen verfärbt das Wachs!) und macht es flüssig. Schaum und aufsteigende Unreinheiten entfernt man mit einem flachen Löffel. Dann

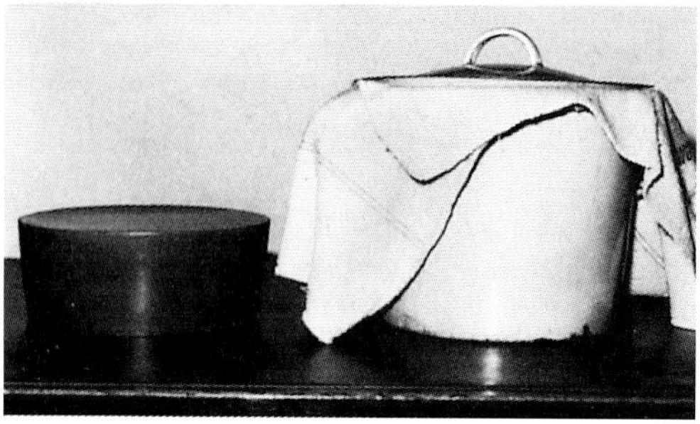

*Abb. 118: In dem mit Decken umhüllten Klärtopf soll das Wachs langsam abkühlen, damit der »Wachsboden« (links im fertigen Zustand) keine Risse bekommt.*

stellt man den Topf, mit Decken warm umhüllt, an einen ruhigen Platz, damit das Wachs möglichst langsam und ohne Störung abkühlt. Bei zu rascher Abkühlung könnte der erkaltende Wachsblock Risse bekommen. Nachdem man ihn aus dem Formtopf herausgestürzt hat, schabt man noch die schaumig-grieselige Schicht ab, die sich unten angesetzt hat — und darf sich schließlich an dem gelungenen Werk erfreuen (Abb. 118). Man wird sich trotzdem vom Mittelwandhersteller noch einen kleinen Abzug gefallen lassen müssen, denn auch dort gibt es beim neuen Umschmelzen noch etwas Abfall.

## 4. Das Gießen von Mittelwänden

Für einen Kleinimker lohnt sich die Anschaffung einer Mittelwandpresse kaum. Von 30 bis 40 Völkern aufwärts kann das Gießen von Mittelwänden indessen wirtschaftlich werden, vor allem, wenn man den Wabenbau eifriger erneuern will. Aber auch dann wird man es sich noch überlegen, ob man sich neben Beruf und Bienenarbeit auch noch diese Mühe aufladen soll. Allerdings könnte heute der Gedanke an die Rückstandsproblematik beim Bienenwachs, hervorgerufen durch die chemische Bekämpfung der Varroamilbe, zu einer mehr positiven Einschätzung der arbeitsaufwendigen Selbstherstellung von Mittelwänden führen.
Wer selber gießen will, braucht einen geeigneten Raum. In der Küche wird man damit, wie schon beim Wachsauskochen, unweigerlich mit der Hausfrau in Konflikt geraten, denn ganz ohne Kleckserei geht es nicht ab. Dann braucht man natürlich eine geeignete Gießform, eine sogenannte *Mittelwandpresse.* Nach wie vor am besten geeignet ist die gute alte Gießform aus Metall, auch wenn es heute billigere und ebenfalls brauchbare Pressen aus Kunststoff gibt. Außer der Presse benötigt man einen Topf für das Wachs und eine niedrige, regulierbare Wärmequelle. Niedrig, damit man die Gießform beim Abschütten des überschüssigen Wachses nicht hoch-

zuheben braucht, regulierbar, damit das Wachs nicht zu heiß und nicht zu kalt wird (Elektrokochplatte). Weiter braucht man einen Topf für das Lösmittel und einen Schöpflöffel fürs Wachs. Besonders praktisch ist ein nach beiden Seiten schwenkbarer »Gießknecht«, mit dessen Hilfe man überschüssiges Wachs und Lösmittel ohne große Anstrengung zurückgießen kann (Abb. 119).
Zunächst muß man dafür sorgen, daß die (Metall-)Presse absolut sauber ist. Vor allem dürfen keine Wachsreste in der Gießform sein. Nötigenfalls beseitigt man solche mit heißer Sodalösung und Bürste. Bei der Herstellung der Mittelwände schüttet man als erstes reichlich Lösmittel in die Presse. Man hebt und senkt den Deckel, damit das Mittel in alle Rillen der Form eindringt. Dann gießt man es wieder ab und schöpft in einem Streich das für die Mittelwand benötigte Wachs in die Presse. Die Menge bekommt man durch Probieren bald heraus. Man senkt den Deckel rasch unter gleichmäßigem Druck, wartet einen Augenblick, neigt den Gießknecht und schüttet das überschüssige Wachs in den nebenstehenden Schmelztopf zurück. Wenn das Wachs abgekühlt ist, fährt man mit einem stumpfen Messer am Rinnenrand der Presse entlang, um das Wachs an dieser Stelle abzulösen. Beim vorsichtigen Hochheben des Deckels bleibt die Mittelwand an ihm haften. Man löst sie über einer dafür vorgesehenen Zuschneideplatte vorsichtig ab und bringt sie mit Hilfe einer Metallschablone und eines Schneiderädchens auf das richtige Wabenmaß. Die zugeschnittenen Mittelwände werden unter Dazwischenlegen je eines saugfähigen Blattes Papier gestapelt.

*Abb. 119: Zum Gießen der Mittelwände stellt man die Presse nach Möglichkeit auf einen »Gießbock«. Das ist ein Holzgestell, das sich schräg nach beiden Seiten abkippen läßt. Lösmittel und überschüssiges Wachs können dadurch aus der Presse abgegossen werden, ohne daß man sie zu heben braucht.*

Besonders wichtig ist, daß beim Gießvorgang die Mittelwand nirgends an der Form hängenbleibt, sonst passiert es an der gleichen Stelle sofort wieder. Darum muß die Presse von Fett- und Wachsresten wirklich sauber sein. Ein gutes Lösmittel ist deshalb unerläßlich. Man kann ein wenig schäumendes Spülmittel, z. B. Pril verwenden, oder man stellt sich ein Speziallösmittel her aus 1 Liter Wasser, $^1/_2$ Liter hochprozentigem Spiritus und $^1/_4$ Liter flüssigem Honig.
Die in jüngster Zeit auf den Markt gekommenen Gußformen aus Kautschuk oder mit Kunststoff beschichteten Prägeplatten bedürfen zum Pressen keines Lösmittels mehr. Das bedeutet einen großen arbeitstechnischen Vorteil. Nicht jedes dieser Fabrikate ist indessen tauglich. Eine Nachfrage bei einem Bieneninstitut, das solche Geräte getestet hat, kann sich lohnen.

## 5. Befestigung der Mittelwände

Das Einfügen der Mittelwände in die Rähmchen erfordert drei Vorgänge: Lochen, Drahten und Einlöten.
Bevor man die Löcher für den Draht ins Rähmchenholz bohrt, muß man sich entscheiden, ob man senkrecht oder waagerecht drahten will. Die Regel ist die senkrechte Drahtung. Nur wenige drahten waagerecht. Ich habe es versucht und keinen Vorteil dabei gefunden. Es soll besonders gerade Waben geben. Wenn man die Drähte aber nicht ganz straff anzieht, erreicht man das Gegenteil. Bei senkrechter Drahtung braucht man je vier Löcher im Ober- und Unterteil des Rähmchens. Die beiden äußeren etwa in 2 cm Abstand vom Seitenteil, die beiden anderen in gleichmäßiger Entfernung voneinander zur Mitte hin.
Bohren kann man mit Drillbohrer, mit einem einfachen Pfriem oder einem gekauften Locher. Mit Pfriem und Drillbohrer ist es mühsam, und es besteht die Gefahr, daß man die Löcher nicht gleichmäßig in die Mitte des Holzes bringt. Der Locher hat einen festen Anschlag und arbeitet mit Hebeldruck rasch und genau. Es gibt Einrichtungen, mit denen sich alle 4 Löcher in den Längsleisten auf einmal bohren lassen. Dabei läuft über die Antriebsräder von 4 nebeneinander in einer Ebene angebrachten Drehachsen ein Antriebsriemen. Durch einen kleinen Motor (Heimbohrmaschine) werden die an den Achsen angebrachten Dreikantnadeln gleichzeitig in Bewegung gesetzt. Es muß nur noch ein Führungstisch für die Rähmchen angebaut sein. Das Ganze ist, ohne Bohrmaschine, verhältnismäßig preiswert im Fachhandel zu bekommen.
Unnötig ist das Eindrücken von Metallösen. Denn man braucht den Draht gar nicht so fest anzuziehen, daß er ins Holz schneidet. Er braucht nicht

zu »singen«. Man schlägt am Rähmchenoberteil seitlich in der Nähe der äußersten Löcher je ein kleines Flachkopfnägelchen nicht ganz ein, zieht, bei einem äußeren Loch beginnend, den Draht senkrecht auf und ab bis zum gegenüberliegenden äußersten Loch, wickelt das Ende um das Nägelchen, schlägt dieses nun vollends ein, zieht nun rückwärts den Draht mäßig stramm, wickelt ihn um das andere Nägelchen, schlägt dieses vollends ein und reißt das Ende des Drahtes durch rasches Hinundherbewegen ab. Würde man es mit Zange oder Schere abzwicken, würde man sich an dem dabei stehenbleibenden kleinen Endchen die Finger zerstechen.

Diese vorbereitenden Arbeiten macht man am besten schon im Winter. Es ist immer mißlich, wenn man im Frühjahr Mittelwände zuhängen will und dann erst mit dem Drahten beginnen muß.

Die Mittelwand muß etwas kleiner sein als die Lichte des Rähmchens. Sie dehnt sich in der Wärme des Bienensitzes noch etwas und würde sich bei sattem Anliegen bauchen. Damit sich das in Grenzen hält, arbeitet man nicht in der Kälte. Mittelwände, die über Winter trüb geworden sind, legt man etwas in die Sonne oder hält sie über den Herd.

Seitlich genügt ein Abstand von 3 bis 5 mm. Der obere Abstand sollte nicht mehr als 5 mm betragen. In der Regel läßt man die Mittelwand unten anstehen. Ließe man unten einen Spalt, würde dieser von den Bienen nicht zugebaut werden. Man verwende aber keine extra dünnen gewalzten Mittelwände. Sie halten dem Zug der Bienen nicht stand und bauchen dann gerne aus. Solche Mittelwände müßte man beim Einlöten oben anstehen lassen. Gegossene Mittelwände sind am kräftigsten, brechen allerdings in der Kälte leicht. Gewalzte Mittelwände sind schmiegsamer, aber sie verziehen sich in der Wärme leichter als die gegossenen. Normalstarke Qualität gewalzter Mittelwände kann man aber durchaus auch unten anstoßen lassen, wenn man den immerhin notwendigen oberen Spalt zum Ausdehnen nicht zu groß macht.

Manche Imker lassen die Mittelwand nicht im Brutraum ausbauen, sondern im Honigraum. Die Bienen bauen die Wabe dann auch am unteren Rähmchenholz an. Gebaut wird aber nur bei guter Tracht. Außerdem muß man solche Waben wieder in den Brutraum zurückhängen, wo sie zum Bebrüten hingehören. Ein neuer Arbeitsgang. Dabei hängt man auch den eingetragenen Honig wieder in den Brutraum zurück, wo wir ihn nicht haben wollen. Schleudert man solche unbebrüteten Waben, besteht hohe Bruchgefahr. Es hat also alles seine zwei Seiten. Ich lasse lieber im Brutraum ausbauen und hänge dann die mehrmals bebrüteten Waben mit gedeckelter Brut in den Honigraum. Dann werden die Waben doch noch nachträglich unten angebaut und dadurch widerstandsfähiger für das Schleudern.

Anlöten kann man kalt mit dem österreichischen Wellenrädchen. Das herkömmliche Löträdchen wärmt man auf einer Spiritusflamme an. In beiden Fällen braucht man ein passendes Brettchen als Unterlage für die Mittelwand. Das gedrahtete Rähmchen wird darübergelegt. Rascher und müheloser geht es mit einem elektrischen Lötgerät. Behelfsmäßig kann man ein Bügeleisen oder einen Kocher in den Stromkreis einschalten. Doch wer nicht gut Bescheid weiß mit elektrischen Basteleien, lasse die Finger davon. Man benutze lieber einen Transformator, der den Lichtstrom in Niederspannungsstrom von 8 bis 15 Volt umsetzt. Beim elektrischen Einlöten braucht man nicht unbedingt ein Lötbrett. Man kann die Mittelwand auch oben auf die Drähte legen und einsinken lassen. Man legt dabei das Unterteil des Rähmchens etwas höher, damit die Mittelwand beim Einsinken nicht vom Oberteil wegrutscht oder umgekehrt. Ich pflege dabei zu zählen, um nicht durch Gedankenlosigkeit den rechten Augenblick zu verpassen. Sollte aus irgendeinem Grunde der Draht nicht überall gleichmäßig eingebettet sein, kann man leicht mit dem Fingernagel nachhelfen, solange der Draht noch warm ist. Die fertig eingelöteten Rähmchen legt man nicht, sondern stellt sie, damit sich die Mittelwände nicht durchbiegen.

Übrigens, wenn man die Rähmchen nicht frisch gedrahtet, sondern aus alten Waben das Wachs vorsichtig ausgeschnitten oder ausgeschmolzen hat, ohne die Drähte zu verletzen, ist es meist nötig, den Draht etwas nachzuspannen. Man fährt mit einem Pfriem unter den Draht, ähnlich wie beim Stricken mit der Nadel unter die Wolle. Dann dreht man den Pfriem um 180°. Es entsteht eine winzige Öse, und der Draht ist gespannt.

# IX. Krankheiten, Schädlinge und Vergiftungen

Dies ist kein Buch über Bienenkrankheiten, und so wird man hier auch keine erschöpfende Darstellung dieses umfangreichen Sachgebietes erwarten dürfen. Dazu möge man sich die »Bienen-Pathologie« von K. WEIß, Ehrenwirth Verlag, München, oder, wenn man die Sache wissenschaftlich angehen will, »Krankheiten der Bienen« von ZANDER/BÖTTCHER, Ulmer-Verlag, Stuttgart besorgen. Aber jeder Imker, auch der Anfänger, sollte so viel über dieses Gebiet wissen, daß er nicht hilflos ist, wenn er merkt, daß mit seinen Bienen etwas nicht stimmt.

## 1. Vorbeugen ist besser als Heilen

Das gilt auch für die Bienen. Aber wie vorbeugen? — Nun, jeder weiß, ein schwacher Organismus ist anfälliger für Krankheiten als ein starker. Auch ein schwaches Bienenvolk. Also *starke Völker!* Starke Völker in den Winter. Mit der Winterkälte fertig zu werden, ist eine Anstrengung. Je weniger Bienen zur Erhaltung der nötigen Wärme beitragen, desto mehr trifft es die einzelne Biene. Folge: sie muß mehr zehren. Folge wiederum: ihr Darm wird mehr belastet und überlastet. Es kann zum Koten im Stock kommen und damit zu verheerender Ausbreitung der nie fehlenden Nosemasporen.

Jeder weiß: *Arbeit erhält gesund.* — Das gilt für das Sommervolk. Arbeitslosigkeit bedeutet enges Zusammensitzen der Bienen im Stock und damit leichte Übertragung von Krankheitserregern von Biene zu Biene. Arbeit bringt Leben und Brut ins Volk, und durch erhöhten Bienenumsatz scheiden auch die kranken Bienen früher aus. Natürlich kann man wenig tun, wenn die Bienen bei schlechtem Wetter zu Hause sitzen müssen, aber gegen aufgezwungenes Nichtstun bei Trachtlosigkeit kann Wandern helfen. Wenn auch das nicht möglich ist, sollte man rechtzeitig ans Füttern denken. Auch diese künstliche Tracht bringt Bewegung, Ausflug, Umtrieb und damit natürliche Abwehrkraft gegen Krankheit. Sehr wichtig ist auch eine zugfreie und trockene Aufstellung der Völker im Winter. Schattige Waldstände fördern die Bienenkrankheiten.

Jeder weiß auch: *Reinlichkeit schützt die Gesundheit.* Alte verschmutzte Waben sind Krankheitsherde für Nosema und Brutkrankheiten. Also bauen lassen! Flotte Wabenerneuerung. Alle undurchsichtigen Waben in den

Schmelztopf. Und das Bauen selber ist schon als natürliche Lebensbetätigung gesund für die Bienen. Den Rähmchen tut ein Kochbad vor der Wiederverwendung gut, und die Beute kann es vertragen, wenn sie von Zeit zu Zeit ausgekratzt, mit Sodabrühe ausgewaschen oder mit der Lötlampe ausgeflammt wird. Vor Feuer kapitulieren sogar die sonst fast unsterblichen Faulbrutsporen.
Auch den Imkerhänden soll öfteres Waschen mit Seife durchaus nicht schaden. Sonst tragen sie alles von Stock zu Stock.
Und zuletzt: *Trau, schau, wem!* Beim Einfangen fremder Schwärme, beim Kauf von gebrauchten Beuten, von Völkern und Königinnen!

## 2. Reglementierte Krankheiten

Es gibt nach den gegenwärtigen Bestimmungen (*Bienenseuchenverordnung* vom 24. Nov. 1995) nur noch eine Bienenkrankheit, die bei ihrem Auftreten oder auch nur, wenn Verdacht dazu besteht, der Behörde gemeldet werden muß: das ist die *Bösartige Faulbrut*. Zwei andere Krankheiten, die früher angezeigt werden mußten, nähmlich die Tracheenmilben- und die Brutmilbenkrankheit (*Acarapiose* und *Varroatose*) sind aus der Anzeigepflicht entlassen worden. Im ersten Fall muß, in den anderen beiden Fällen kann sich das Veterinäramt einschalten. Wenn bei der Bösartigen Faulbrut die Völker schon so schwach sind, daß sich eine Behandlung nicht mehr lohnt oder wenn es zunächst nur ein einziges oder wenige Völker erwischt hat, kann die Abtötung sinnvoll sein. Der Imker erhält dann eine Entschädigung. Tritt die Bösartige Faulbrut auf, wird über die kranken und umliegenden Bienenstände bis nach der Sanierung eine Sperre verhängt (s. S. 282). Bei der Tracheen- und Brutmilbe schreibt die Verordnung nur eine Behandlungspflicht vor, welche bei Bedarf von der Veterinärbehörde überwacht und beeinflußt werden kann.
Natürlich muß die Krankheit, ehe etwas angeordnet wird, erst einmal sicher nachgewiesen sein. Soweit dies nicht am Bienenstand mit der notwendigen Sicherheit gemacht werden kann, stehen dafür Untersuchungsstellen zur Verfügung, an die man Bienen-, Waben- und Gemüllproben senden kann. Das sind in den einzelnen Bundesländern unterschiedliche Einrichtungen, z. B. Veterinäruntersuchungsämter, Landesuntersuchungsämter für das Gesundheitswesen und andere dazu beauftragte Stellen. Man erfrage die jeweils zuständige Stelle über die Veterinärbehörde, den Seuchensachverständigen oder den Imkerverein. In Bayern sind es die Landesuntersuchungsämter für das Gesundheitswe-

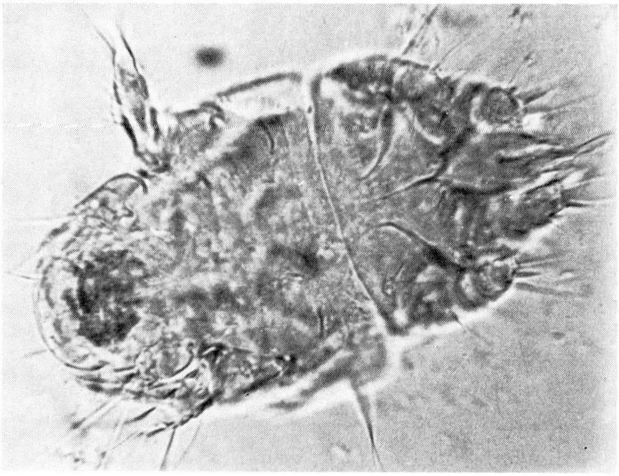

*Abb. 120: Tracheenmilbe (Acarapis woodi). Hier stark vergrößertes Weibchen. Die natürliche Länge beträgt beim Männchen 0,10 mm, beim Weibchen 0,10–0,18 mm.*

sen, Fachbereich Veterinärmedizin, in Südbayern 85764 Oberschleißheim, Veterinärstr. 2 und in Nordbayern 90419 Nürnberg, Heimerichstr. 31. Die Untersuchungen sind kostenlos.

### a) Tracheenmilbenkrankheit (Acarapiose)

Die den Spinnen verwandten Milben sind in 180 Familien auf der Erde verbreitet. Die größten sind die Zecken oder Holzböcke. Zu den kleineren gehört die im Obstbau gefürchtete »Rote Spinne«. Auch die Erreger von Krätze, Räude, Kräuselkrankheit der Reben und noch anderen Erkrankungen von Pflanzen und Tieren sind Milben. Sie haben als Larven 6, als erwachsene Milben 8 Beine. Das Kopfbruststück ist mit dem Hinterleib verschmolzen. Sie beißen, saugen und stechen.
Auch im Bienenstock treten Milben auf. Wenn aus aufbewahrten Pollenwaben der Inhalt krümelig-mehlig herausrieselt, sind die der Mehlmilbe ähnlichen *Pollenmilben* daran schuld.
Weitaus schädlicher ist die im Körper der Biene schmarotzende Milbe *Acarapis woodi* (Abb. 120). Sie wurde 1920 in England entdeckt. Auf sie führte man das große Bienensterben auf der Insel Wight 1904 zurück, das dann auf ganz England übergriff. Die Krankheit erhielt den schlichten Na-

men »Milbenseuche«. Leider ist sie nicht die einzige durch Milben verursachte Krankheit der Bienen geblieben. Seit aus dem Fernen Osten die gefährliche Brutmilbe *(Varroa)* nach Europa vorgedrungen ist, muß man in der Namensgebung der beiden Milbenkrankheiten einen Unterschied machen.

Die Tracheenmilbe ist nur 0,1 mm groß. Trotzdem kann sie nur in die erste, weiteste Atemöffnung an der Brust der Biene eindringen. Diese ist zwar durch einen Kranz steifer Haare geschützt. Aber in den ersten 8 Tagen der Jungbiene sind die Borsten noch so weich, daß die Milbe sich durchzwängen kann, obwohl es »gegen den Strich« geht. Ihren Nachkommen fällt es auch bei der älteren Biene nicht schwer, herauszukommen und auf andere Bienen überzuklettern, weil der Ausweg »mit dem Strich« geht.

Das eingedrungene Weibchen bleibt im Hauptgang der ersten Luftröhre, durchsticht die Wand, saugt Blut und vermehrt sich durch Eier, aus denen nach 2 bis 3 Wochen wieder geschlechtsreife Weibchen werden. Durch gemeinsame Weitervermehrung wird die Luftröhre verstopft. Dabei entsteht ein dunkler Schorf in der Röhre, an dem man die Milbenseuche erkennen kann. Inzwischen wandern Weibchen aus, klammern sich an die Haarspitzen der Biene und lauern auf eine vorüberkommende Biene, auf die sie übersteigen können, um das üble Spiel auch mit dieser zu beginnen. Gelingt ihnen das nicht, gehen sie in Kürze zugrunde. Darum wird die Acarapiose nicht durch Waben oder Beuten übertragen, sondern nur durch lebende Bienen, die durch Verfliegen oder durch die Arbeit des Imkers, etwa durch Bezug von Königinnen oder Ablegern aus einem verseuchten Stand, ins Volk gelangen. Einfangen unbekannter Schwärme und Wandern in verseuchte Gebiete sind weitere Wege der Ansteckung. Auch Räuberei auf verseuchten Bienenständen.

### *Woran erkennt man die Acarapiose?*

Im Anfangsstadium leider überhaupt nicht. Später durch Unruhe und zeitweiliges Aufbrausen des Volkes im Winter und Abflug einzelner Bienen auch bei Kälte. Wenn das Volk nicht schon im Winter eingegangen ist, krabbeln beim Reinigungsflug viele Bienen am Boden, sammeln sich zu Häufchen und versuchen vergeblich abzufliegen. Die Flügel sind häufig eigenartig verspreizt. Das gleiche Bild erscheint im Sommer nach längerem Schlechtwetter.

Will man in der Diagnose sichergehen, muß man Bienen an eine Untersuchungsstelle einsenden. Man nimmt je Volk etwa 30 Bienen aus dem Wintertotenfall und packt sie in eine Zündholzschachtel oder einen anderen kleinen Behälter, der stabil genug ist, um die Bienen nicht zu

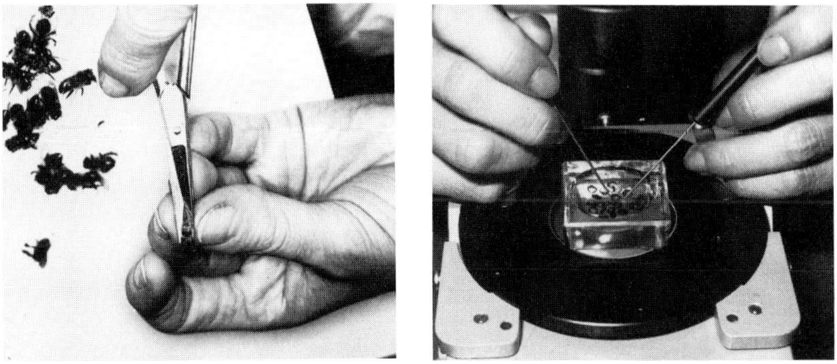

*Abb. 121a, b: Zum mikroskopischen Nachweis der Tracheenmilbe wird eine Scheibe von der Vorderbrust der Biene abgeschnitten (a). Die präparierten Chitinringe kommen zur Betrachtung unter das Binokular, wo sich die vermilbten Tracheenstämme mit dunklen Verkrustungen ausweisen (b).*

drücken, aber auch luftdurchlässig, weil andernfalls der Inhalt rasch verwesen würde.
Will man selbst untersuchen, braucht man schon einige Übung (Abb. 121a, b). Man muß am vorderen Ende der Bienenbrust ein kleines Scheibchen abschneiden und es zur Herauslösung der Muskulatur in Kalilauge legen. In dem mit Wasser ausgespülten Brustring liegen sodann die beiden vorderen Tracheenäste frei. Um hier Verschorfungen zu erkennen, ist 25fache Vergrößerung notwendig, und die liefert nur ein Mikroskop, am besten ein binokulares. Dem Interessierten sei als Anleitungshilfe die »Bienen-Pathologie«, Ehrenwirth Verlag, München, empfohlen oder der Besuch eines einschlägigen Kurses an einem Bieneninstitut.

### *Bekämpfung*

Für die chemische Bekämpfung hat man jahrelang das von der Firma CIBA GEIGY entwickelte Folbex (mit dem Wirkstoff *Chlorbenzylat)* verwendet. Nachdem von derselben Firma das Mittel Folbex VA (mit dem Wirkstoff *Brompropylat)* gegen die »neue« Bienenkrankheit *Varroatose* auf den Markt kam, stellte sich dessen Wirksamkeit auch gegen die Tracheenmilbe heraus. Das Mittel wurde wie das alte Folbex in Form von Räucherstreifen angewendet, von denen man in 6 aufeinanderfolgenden Wochen je einen Streifen pro Volk in einem dafür freigemachten Beutenteil bei geschlossenem Flugloch abglimmen lassen mußte. Nachdem man das alte Folbex wegen Bedenken, daß bei seinem Einsatz schädliche Rückstände in den Honig gelangen könnten, gegen das neue VA ersetzt hatte, ist auch dieses — obgleich vom Bundesgesundheitsamt immer noch anerkannt — weitgehend aus dem Handel verschwunden. Das hat zumindest zwei wichtige Gründe: Erstens mußte man damit rechnen, daß auch die neue Version des Präparats, das sich ja als Räuchermittel überallhin in Volk und Kasten fein verteilt, zu merklichen Rückständen im Wabenwachs und letztlich im Honig führen kann. Gleiches trifft auch für die *Berovacid*-Räucherstreifen der Firma ALVETRA-GmbH zu, die als Brompropylat-Präparat mit dem Folbex VA direkt zu vergleichen sind. Und zweitens ist die in den 50er und 60er Jahren besonders in Süddeutschland weit verbreitete und für die Bienenvölker häufig tödlich verlaufende Acarapiose in den letzten Jahren immer harmloser und seltener geworden, so daß man gegenwärtig bei uns in Deutschland kaum noch medikamentös dagegen vorgehen muß. Warum? — darüber kann man nur spekulieren. Vielleicht hat die natürliche und künstliche Zuchtauslese mit dem Verschwinden der anfälligen Völker zu einer gewissen Toleranz gegenüber der Krankheit geführt. Bemerkenswerterweise tritt dieselbe Krankheit in Nordamerika, nachdem sie erst vor wenigen Jahren dort eingeschleppt worden ist, ebenso gefährlich und völkervernichtend auf wie seinerzeit in Deutschland und macht den Amerikanern bei der Bekämpfung entsprechend große Schwierigkeiten.

Wir haben zum gegenwärtigen Zeitpunkt kein weiteres *amtlich zugelassenes* Medikament gegen die Acarapiose, was, solange sich die Krankheit »ruhig verhält«, auch kein Unglück ist. Aus der langen Reihe früher gegen die Krankheit eingesetzter Mittel, will ich — und sei es nur des geschichtlichen Aspektes wegen — wenigstens noch das ehedem höchst erfolgreich angewandte Senfölpräparat *Apimilbin* erwähnen. Es ist ein Verdampfungsmittel und besteht aus 98 (Volumen-)% Isopropyl- oder Methylalkohol und 2 (Volumen-)% Allylsenföl. Es wurde in ca. 100 ml fassenden Gläschen mit einem 5 mm dicken gedrehten Filterpapierdocht, der 5–10 mm aus dem durchbohrten Fläschchenverschluß herausragte, an geeigneter Stelle im Bienenkasten untergebracht. Die Wirksamkeit des Mittels lag in seiner Anwendung über längere Zeit begründet. Für eine Behandlung ließ man den Inhalt von wenigstens drei Fläschchen verdunsten, was je nach Temperatur, Größe des Bienenvolkes und Stellplatz im Bienenkasten 8 bis 10 Wochen dauerte. — Auch *Thymol* sei als Milbenbekämpfungsmittel noch genannt. Es wird in feinkristallinem Zustand in Leinwandsäckchen gepackt und während der Wintermonate auf den Bienensitz gelegt. Seine Wirkung ist bewiesen, scheint aber nicht ganz so gut wie die der vorgenannten Präparate zu sein.

Und schließlich ist da noch eine gute Nachricht: Es sieht ganz danach aus, als ob die für die Bekämpfung der *Varroatose* bei uns zugelassene *Ameisensäure* (s. unten) auch gegen *Acarapis woodi* wirkt. Erste Erfolgsmeldun-

*Abb. 122: Varroa jacobsoni* OUDEMANS. *Weibchen von der Rückenseite, ca. 1,7 mm breit.*

gen kamen aus Nordost-Mexiko, wo eine viermalige Anwendung von je 20 ml 70%iger Ameisensäure, jeweils am späten Nachmittag dem Volk verabreicht, hervorragend gegen die Krankheit gewirkt haben soll. Auch andere Erfolgsmeldungen sind inzwischen bekannt geworden.

### b) Brutmilbenkrankheit (Varroatose)

In den siebziger Jahren wurde aus den östlichen Ländern eine andere Milbenkrankheit der Bienen bei uns eingeschleppt. Die Milbe mit dem Namen Varroa jakobsoni Oudemans ist von schildförmiger Gestalt, als weibliches erwachsenes Tier braun und mit ca. 1,7 mm Breite etwas breiter als lang (Abb. 122). Das Weibchen lebt im Sommer nur kurzzeitig blutsaugend auf der Biene, wobei es sich mit Vorliebe in die Schuppentaschen des Hinterleibes hineinzwängt. Zur Eiablage begibt es sich in die deckelungsreifen Brutzellen. Hier legt es nach der Deckelung in reichlich eintägigem Abstand mehrere Eier. Aus dem ersten schlüpft in der Regel ein Männchen, weiblich bestimmte folgen. Die Entwicklungszeit der Milben beträgt gut eine Woche. Das Mutterweibchen beißt ein Saugloch in den hinteren Teil der Bienenmade, aus dem es sich mit ihren Nachkommen während der Maden-, Vorpuppen- und Puppenzeit der Biene mit deren Blut versorgt. Die Zahl der sich bis zur Paarungsreife entwickelnden Nachkommen eines Weibchens hängt von der Dauer der Verdeckelung der Zelle ab und ist in Drohnenbrut mit ca. 14 Tagen Verdeckelungszeit gegenüber Arbeiterbrut mit nur 12 Tagen entsprechend größer. In Drohnenbrut können maximal 4 bis 5, in Arbeiterbrut nur 2 bis 3 fortpflanzungsfähige Weibchen entstehen.

a) b)

*Abb. 123a, b: Die Entwicklung des Varroa-Parasiten vollzieht sich auf der Bienenbrut, und zwar auf den Vorpuppen und Puppen, deren Blut den heranwachsenden Tieren zur Nahrung dient (a). Die Bienenbrut überlebt, doch schlüpfen die Bienen häufig in verkrüppeltem Zustand (b).*

Außerdem wird Drohnenbrut etwa 10 mal häufiger befallen als Arbeiterbrut.

Die Paarung der Milbenweibchen mit den kleineren, weichhäutigen, weißen Männchen erfolgt noch in der Zelle (Geschwisterpaarung, falls die Zelle nicht mehrfach befallen wurde). Mit den schlüpfenden Bienen verlassen die Weibchen ihre Brutstätte, um nach durchschnittlich einer Woche, aber auch früher oder später, eine neue Brutzelle aufzusuchen. Die Männchen sterben bald nach der Paarung ab.

Nicht alle Weibchen sind fruchtbar. Bei unseren europäischen Bienenrassen legt nahzu der vierte Teil der in die Zellen eingedrungenen Milbenweibchen überhaupt keine Eier, und nicht alle Nachkommen der fruchtbaren Milben erreichen die Paarungsreife. Offenbar räumen die Bienen auch manche der (stark) parasitierten Zellen aus. Für die Vermehrungsrate der Milben in einem Bienenvolk können Rassenzugehörigkeit der Bienen, klimatische Faktoren, die Jahreszeit, Drohnenfreudigkeit des Volkes,

Umfang der Infektion und anderes mehr eine Rolle spielen, so daß es schwer ist, verbindliche Angaben bzw. Voraussagen dazu zu machen. Erstaunlich ist die hohe Ansteckungspotenz dieser Krankheit. Offenbar genügt eine verflogene befallene Biene oder ein Drohn, um mit großer Sicherheit die Milbe von einem Volk in das andere zu übertragen. Der Bienenverflug auf dem Stand und von Stand zu Stand ist offenbar viel größer, als wir bisher annahmen. Fast immer ist der ganze Stand befallen. Natürlich reist die Milbe auch mit durchgegangenen Schwärmen und besonders mit dem Wanderimker. Trotzdem gibt es bei Varroabefall keine gesetzliche Einschränkung der Bienenwanderung mehr, da die Krankheit ohnehin heute schon auf allen Ständen verbreitet ist.

### *Wie erkennt man die Varroatose?*

Häufig sind die schlüpfenden Bienen verkrüppelt und kurzlebig (Abb. 123b). Wenn einem solche Bienen bei der Volksdurchsicht auffallen, ist die Krankheit in der Regel schon sehr weit gediehen. Die Völker erleben möglicherweise den Herbst nicht mehr. Soweit kann es bereits zwei bis drei Jahre nach dem Erstbefall sein. Der Zusammenbruch scheint durch *Sekundärinfektionen*, die zu ähnlichen Erscheinungen wie bei der *Gutartigen Faulbrut* (S. 284ff.) führen oder *Septikämien* und *Virosen* (S. 294f.) auslösen können, noch beschleunigt zu werden. Oft sterben die Völker schlagartig am Ende des Jahres ab. Die ersten Anzeichen findet der aufmerksame Imker in der Regel im Gemüll. So enthält das für die Überwachung der Volksgesundheit in mehrfacher Hinsicht bedeutsame Wintergemüll gegebenenfalls auch Milben, die in der kalten Jahreszeit von den Bienen abgefallen sind. Wenn man das getrocknete Gemüll auf einer hellen Unterlage ausbreitet, sieht man die Brutmilbe schon mit unbewaffnetem Auge. Eine 4- bis 8fach vergrößernde Lupe verschafft Gewißheit. Man kann die Varroamilben nämlich mit der »Bienenlaus« *(Braula coeca)* verwechseln, die aber etwas plumper ist und nur drei Beinpaare hat. — Wer unsicher ist, kann das Gemüll aber auch — für jedes Volk einzeln in kleinen Tütchen oder als Sammelprobe in größeren Behältern — an eine der amtlichen Untersuchungsstellen schicken (s. S. 270). Dort hat man für die Varroafahndung spezifische Aufbereitungsverfahren entwickelt.
Noch aufschlußreicher als das Wintergemüll ist das Sommer- und Herbstgemüll. Wenn man um die Zeit der Auffütterung der Völker einen Gitterrahmen mit 3 mm Maschenweite (»Varroagitter«) auf den Beutenboden legt, sammeln sich die während dieser Zeit besonders reichlich abfallenden Milben — dunkelbraune fertige und hellgelbe bis weiße un-

vollkommen entwickelte Stadien — darunter an. Die Bienen können ihnen mit ihrem ausgeprägten Putztrieb unter dem Gitter nicht beikommen. Den Gitterrahmen kann man auch im Winter verwenden, um Gemüll und Varroamilben beim Reinigungsausflug der Bienen im Kasten zurückzuhalten. Wegen der auf das Gitter fallenden Wintertoten funktioniert das Verfahren aber nicht immer nach Wunsch.
Für das Erkennen der Krankheit kann sich im Frühjahr auch die Kontrolle von gedeckelten Drohnenzellen als nützlich erweisen. Sie enthalten in der Regel 10mal mehr Milben als Arbeiterinnenbrutzellen.

### *Bekämpfung*

Solange man kein wirksames chemisches Mittel zur Bekämpfung der Varroatose hatte, war man vornehmlich auf *betriebstechnische Maßnahmen* angewiesen, die auch heute noch angewendet werden — hauptsächlich um den Einsatz von chemischen Bekämpfungsmitteln zu reduzieren. Hierher gehört der verstärkte Einsatz des Baurahmens im Frühjahr. Häufig benutzt man zwei Baurahmen, die man wechselweise ausschneidet, um mit der gerade gedeckelten Drohnenbrut möglichst viele Milben aus dem Volk zu entfernen. Besonders einschneidend in die Volksentwicklung ist das mehrmals aufeinanderfolgende Absperren der Königin auf eine Wabe. Durch den allmählichen Rückgang der Brut im Volk sind die Milben für ihre Vermehrung immer mehr auf diese eine »Fangwabe« angewiesen, welche jeweils gleich nach der Deckelung entfernt und vernichtet wird. Abgesehen von der vielen Arbeit, die diese nicht ganz korrekt als »Bannwaben-Verfahren« bezeichnete Maßnahme bereitet, und ihrer Widersprüchlichkeit zu dem allgemein-hygienischen Gesichtspunkt der Erzielung starker Völker reicht sie für eine wirksame Bekämpfung der Krankheit für sich allein nicht aus.
Bei der Suche nach Medikamenten gegen die Brutmilbe steht — wie bei der Chemotherapie der Bienenkrankheiten ganz allgemein — die Frage nach der Rückstandsbildung im Honig ganz vorne. Aus einer Vielzahl möglicher Substanzen kristallisieren sich immer nur wenige heraus, die die Chance haben, vom Bundesgesundheitsamt zugelassen zu werden. Als erstes nahm diese Hürde das schon bei der Abhandlung der Tracheenmilbenkrankheit erwähnte Räuchermittel *Folbex VA.* Die Anwendung erfolgte wie dort, nur genügten hier vier Begasungen, die im Abstand von 4 Tagen vorgenommen wurden. Kunstschwärme und Begattungsableger, die noch keine offene Brut hatten, wurden nur zweimal im Abstand von 24 Stunden behandelt. Das Mittel steht indessen, wie schon erwähnt, heute nicht mehr allgemein zur Verfügung.
Als gut wirksam hat sich die in Form der Illertissener Milbenplatte zuge-

lassene *Ameisensäure* erwiesen. Da die Ameisensäure schon von Natur aus in geringen Mengen im Honig vorkommt, ist ihre Anwendung am wenigsten problematisch. Die mit 60%iger Ameisensäure getränkten Weichfaserplatten werden am Abend bei geöffnetem Flugloch je nach Größe des Volkes in ein oder zwei Exemplaren über oder unter den Bienensitz gelegt. Sie können schon am nächsten Tag wieder entfernt werden. Wenn Ameisensäure als einziges Mittel eingesetzt werden soll, empfiehlt sich eine mehrmalige Wiederholung der Behandlung nach jeweils 3–6 Tagen. Die Temperatur sollte nicht unter 12° und nicht über 24°C liegen. Die Wirkung ist nicht immer gleich gut, aber Ameisensäure ist das einzige Mittel, das auch in die Zellen hinein auf den Parasiten wirkt. Man setzt sie im Frühjahr vor der Tracht, oder noch lieber nach dem Abräumen der Völker im Frühherbst, ein. Obgleich bisher die Anwendung der Ameisensäure nur in Form der Illertissener Milbenplatte amtlich zugelassen ist, gibt es noch andere Arten ihres Einsatzes, die ebenso wirksam, wenn nicht noch wirksamer sind. Bekannt ist die nach ihrem Entwickler benannte »Krämerplatte«, eine 12 mm starke Weichfaserplatte, die, mit einer größeren Menge hochprozentiger Ameisensäure getränkt, in einen Plastikbeutel eingeschweißt ist. Ehe man sie auf quergestellten Leistchen über die Waben legt, muß man auf einer oder auf beiden Seiten Löcher in die Folie stanzen, deren Zahl sich nach der Größe des Volkes und Beutenvolumen richtet. Damit wird eine Langzeitwirkung erreicht. Inzwischen sind verschiedene Verdunstungsvorrichtungen (Dispenser oder Applikatoren) entwickelt worden, die den gleichen Zweck verfolgen. Das gilt nicht nur für den Einsatz von Schwammtüchern, die in Haushaltsgeschäften zu bekommen und einfach zu handhaben sind. Man tränkt sie mit 60%iger Ameisensäure (etwa aus einer großvolumigen Spritze), wobei man 2–3 ml pro Wabe rechnet. Das präparierte Tuch wird über oder unter dem Volkssitz plaziert. Die Behandlung ist in Abständen mehrmals zu wiederholen. — Beim Umgang mit Ameisensäure, auch mit der auf 60 % verdünnten, muß man sich mit Gummihandschuhen vor Verätzungen schützen.

Von der Rückstandsproblematik her besonders günstig ist der Einsatz der (amtlich noch nicht zugelassenen) *Milchsäure* gegen die Krankheit. Man verwendet die im Handel erhältliche Mischung der L(+)- und D(–)-Form. Die Säure muß 15%ig auf beide Seiten jeder einzelnen mit Bienen besetzten Wabe des Volkes gesprüht werden, damit der Spritzstrahl viele Bienen trifft. Die Behandlung muß mehrmals und möglichst im brutarmen Spätsommer erfolgen. Sie ist arbeitsaufwendig und nicht von überzeugender Wirkung.

Die Anstrengungen mit harmlosen, die Bienenprodukte, besonders Wachs und Honig, nicht belastenden Behandlungsweisen, wie z. B. der

Einsatz von Thymol, von verschiedensten ätherischen Ölen, Wärmebehandlung u. dgl., zum Ziele zu kommen, sind enorm, aber bisher offenbar nicht durchschlagend. Auf Einzelheiten einzugehen, müssen wir uns hier verkneifen.

Nach ihrer amtlichen Zulassung Mitte der 80er bzw. Anfang der 90er Jahre schoben sich die Mittel *Perizin* von den BAYER-Werken (mit dem Wirkstoff *Coumaphos)* und *Apitol* der Firma CIBA-GEIGY (mit dem Thiazolin-Derivat Cymiazol als Wirkstoff) bei der Varroabehandlung in den Vordergrund. Das in Ostdeutschland entwickelte *Cekafix* der Firma Chemie AG BITTERFELD besitzt wie Perizin einen Phosphorsäuretester als Wirkstoff. Die beiden letztgenannten Mittel sind inzwischen aus dem Handel wieder verschwunden. Der Vorteil dieser Mittel ist ihr Einsatz in relativ geringer Aufwandmenge, was mit ihrer *systemischen Wirkungsweise* zusammenhängt. Das heißt, daß die Mittel nach Aufnahme durch den Mund der Biene über deren Blut an die an ihnen schmarotzenden Milben gelangen und diese töten. Für die Bienen selbst sind die Mittel verträglich. Zur Anwendung träufelt man die Präparate in wässriger Verdünnung zwischen die Wabengassen und befeuchtet damit die Bienen. Sie nehmen die Flüssigkeit auf und verteilen sie auf dem Weg des *sozialen Futteraustauschs* im ganzen Volk. Wenn die Mittel voll wirken sollen, müssen sie in der brutlosen Zeit angewendet werden. Bis dahin ist bereits der Winter ins Land gezogen. Die Bienen nehmen keinen Schaden, wenn die Prozedur bei Temperaturen nicht unter 5 °C vonstatten geht.

Seit Januar 1994 gibt es in Deutschland ein weiteres zugelassenes Bekämpfungsmittel gegen die Varroatose: das *Bayvarol* der Firma BAYER. Es entstammt der Gruppe der *Pyrethroide,* das sind synthetisch hergestellte Abkömmlinge des insektizid wirkenden *Pyrethrums,* einer Substanz, die von bestimmten Chrysanthemenarten gebildet wird. Mittel dieser Art (wie z.B. das *Apistan* mit dem Wirkstoff *Fluvalinat*) sind in den USA und verschiedenen europäischen Ländern schon länger erfolgreich im Einsatz. *Bayvarol* enthält den Wirkstoff *Flumethrin,* der als Kontaktgift auf die Milben wirkt. Er ist in Plastikstreifen eingearbeitet, die in dicht belaufene Wabengassen mitten in das Volk eingehängt werden müssen. Ein normal starkes Volk bekommt vier solcher Streifen, Ableger weniger. Beim Darüberlaufen »beschmutzen« sich die Bienen mit dem Mittel und verteilen es durch Körperkontakt weiter im Volk. Zweckmäßigerweise werden die »Strips« nach dem herbstlichen Abschleudern in die Völker gebracht und erst nach vier bis sechs Wochen wieder daraus entfernt. Damit erreicht das Mittel auch die mit der schlüpfenden Bienenbrut freiwerdenden Milben. In der Zwischenzeit kann man die Völker für den Winter auffüttern.

*Warum so viele Bekämpfungsmethoden und -mittel?* Der eine Grund ist sicher die Suche nach dem immer Besseren, ein anderer hängt mit der Gefahr zusammen, daß bei allen parasitären Krankheiten die Gefahr besteht, daß der Erreger **resistent** (widerstandsfähig) gegen ein einziges (bestes!) Mittel werden kann und dieses nach einer gewissen Zeit nicht mehr wirkt. Deshalb ist bei unausrottbaren Krankheiten ein Wechsel der einzusetzenden Mittel angezeigt. — Bei aller Bequemlichkeit (und augenblicklicher Notwendigkeit) des Einsatzes von Chemie gegen die Varroatose sollte man nicht vergessen, daß dies keine Dauerlösung des Problems sein kann, sondern, daß das Wunschziel eine gegen Varroa widerstandsfähige Biene sein muß, die über Auslese und Zucht zu erreichen, jeder Anstrengung wert sein sollte.

### c) Bösartige Faulbrut (Amerikanische Faulbrut)

Sie ist besonders verbreitet in Amerika, deshalb ihr beziehungsreicher Zweitname! Der Amerikaner WHITE hat 1904 den Erreger, *Paenibacillus larvae*, entdeckt. Er gerät mit der Nahrung in die Junglarve, entwickelt sich aber erst richtig in der Streckmade und verwandelt sie in einen kaffeebraunen fadenziehenden Brei, der auf der unteren Seite der Zelle zu einem rauhen Schorf eintrocknet. Den Schorf sieht man, wenn man die Wabe schräg von oben her betrachtet. Er reicht nicht ganz bis zum Zellrand. Dadurch kann man ihn unterscheiden von Kotflecken, die vom Zellrand her in die Zelle

*Abb. 124: Auf einem bestimmten Entwicklungsstadium der Bösartigen Faulbrut läßt sich der Inhalt befallener Brutzellen fadenförmig ausziehen.*

hineinragen. In Waben mit ausgelaufener Brut bleiben die kranken Zellen mit eingesunkenem, oft durchlöchertem Deckel stehen. Wenn man mit einem Zündholz hineinfährt, kann man die Faulbrut leicht an dem lang fadenziehenden Schleim erkennen (Abb. 124). Der Geruch ist leicht faulig, nicht unangenehm. Volle Sicherheit bringt die Untersuchung an einem Bieneninstitut oder einer Veterinäruntersuchungsstelle.

### *Ausbreitung*

Faulbrut entsteht immer nur durch Ansteckung von einem faulbrutkranken Volk. Die Übertragung kann stattfinden durch verflogene Bienen oder Drohnen, durch Räuberei in einem kranken Volk, durch Kauf verseuchter Waben, Beuten oder Geräte, durch Füttern mit faulbruthaltigem Honig (Auslandshonig!). Leicht geraten die Bienen an ungespülte Honiggefäße in der Nachbarschaft, oder sie bringen Honig mit Faulbrutsporen aus weggeworfenen ungereinigten Behältern von Müllkippen mit nach Hause.

Die Sporen des Faulbruterregers bleiben jahrzehntelang lebens- und ansteckungsfähig, und es sind ihrer unvorstellbar viele. Ein einziger Faulbrutschorf enthält etwa 2,5 Mrd. Sporen.

### *Bekämpfung*

Nachdem der Faulbrutverdacht beim Landratsamt gemeldet wurde und sich als richtig bestätigt hat, wird auf Vorschlag des Amtsveterinärs eine Sperre von wenigstens 1 km um den Faulbrutstand angeordnet. Bienen, Waben und Einrichtungsteile dürfen weder heraus noch hinein. Die in diesem Bereich aufgefundenen befallenen Völker werden entweder abgeschwefelt oder saniert. Die Heilung faulbrutbefallener Völker ist zwar mühevoll, aber möglich. Nach der Seuchenverordnung ist als Heilverfahren für befallene Völker die Kunstschwarmbildung vorgeschrieben. Man führt sie entweder im Herbst nach der Einstellung der Brut durch oder im Frühjahr, bevor noch nennenswert Brut erzeugt worden ist. Im Herbst ist es in der Regel aus Witterungsgründen leichter, denn zum Bauen bedarf es Brutnesttemperatur, die ein Bienenvolk, noch dazu, wenn es geschwächt ist, nicht bei jedem Wetter ohne weiteres aufzubringen vermag. Nach üblichem Verfahren kehrt man das ganze Volk in einen Kunstschwarmkasten und stellt diesen für 2–3 Tage in den Keller. Man gibt jedoch kein Futter, damit die Bienen das in der Honigblase mitgenommene Futter verdauen und später nichts mehr davon ablagern können. Es ist möglich, Kunstschwarmkiste und Kellerhaft zu umgehen und das Volk gleich in eine neue, gereinigte und entseuchte Beute an seinem alten Platz abzukehren. Es kommt, wie sonst ein Kunstschwarm, ausschließlich auf Mittelwände. Gleichzeitig wird Zuckerwasser, gegebenenfalls mit einem Heilmittel, gereicht. Natürlich bauen die Bienen nicht sofort, wie nach einer Kellerhaft. In beiden Fällen müssen sich ja die Wachsdrüsen erst ausbilden, ehe sie Wachs produzieren können — und das dauert eben ein paar Tage.

Alles Wabenwerk der befallenen Völker wird ausgelassen. Durch einfaches Einschmelzen gehen die Sporen noch nicht zugrunde. Man muß das Wachs anschließend auf 160° C erhitzen. Dabei darf im Schmelztopf kein Wasser sein. Schon der Wassergehalt des Wachses führt zu einem Aufschäumen des Wachses bei Erreichung der Kochtemperatur. Man sollte daher einen möglichst großen Formtopf verwenden, damit das Wachs nicht überlaufen kann. Erst wenn das Wachs wieder unter 100 °C abgekühlt ist, gibt man etwas Wasser zu, um den Wachsblock später aus der Form herauszubringen. — Wer sein Wabenwerk an eine Mittelwandfabrik gibt, tut das mit dem Vermerk »Faulbrutwachs«. Dann wird es dort bienensicher gelagert. Die wachsverarbeitende Fabrik sorgt bei der Wachsgewinnung für eine automatische Entseuchung alles einkommenden Rohmaterials.

Im Frühjahr verwendet man zum Erweitern und Aufsetzen der Völker auf einem Faulbrutstand, der saniert werden soll, nur Mittelwände. Bei schlechtem Wetter muß man sich auf Füttern einstellen, bei gutem Wetter ist dagegen nicht einmal mit einer Honigeinbuße zu rechnen!

Nach der Verordnung brauchen nur die befallenen Völker behandelt zu werden. Da die Krankheit unerkannt aber auch bereits in anderen Völkern des Standes vorhanden sein könnte, wird man auch für diese etwas tun. Am meisten empfehlenswert ist es, ebenfalls Kunstschwärme mit ihnen zu machen. Einfacher wäre eine Heilmittelbeigabe zum Winterfutter. Allerdings ist über das Bundesgesundheitsamt kein Mittel gegen die Bösartige Faulbrut zugelassen, so daß ein Medikamenteneinsatz nur auf Grund besonderer tierärztlicher Entscheidung möglich ist. In den einzelnen Bundesländern gibt es hierzu unterschiedliche Auffassungen und Regelungen. Auch sei nicht verschwiegen, daß namhafte Bienenwissenschaftler heute leidenschaftlich gegen die Anwendung von Heilmitteln bei der Bösartigen Faulbrut Stellung nehmen, was unter dem Aspekt größtmöglicher Reinhaltung des Honigs von jeglicher Art von Belastungsstoffen auch verständlich ist. Dennoch muß auch gesagt werden, daß die medikamentöse Behandlung der Amerikanischen Faulbrut in Verbindung mit den angeführten biotechnischen Verfahren über viele Jahrzehnte mit bestem Erfolg zur Anwendung kam und noch kommt.

Das bei uns bekannteste Mittel gegen die bösartige Faulbrut ist *Sulfathiazol*. Es ist als humanmedizinisches Mittel ganz aus Apotheken verschwunden. Als Mischpräparate gibt es es noch für Tiere, über die Firma MERCK kann man es rein beziehen. Für den Einsatz bei Bienen kommen auf 4 l Zuckerwasser 0,5 g des Wirkstoffs, nicht des Präparats (!), was bei der Dosierung zu berücksichtigen ist. Gegeben wird das Heilmittel im gesamten Winterfutter. Aber auch Antibiotika lassen sich wirksam gegen die Krankheit einsetzen. In Amerika ist *Terramycin* das favorisierte Medikament. Es wird entweder vermischt mit Puderzucker über die Waben gestreut oder im Zuckerwasser angewendet (siehe hierzu S. 286).
Beide Mittel sind für Mensch und Tier unschädlich, aber trotzdem wird man peinlich darauf achten, daß nichts davon in den Frühjahrshonig gelangt. Vor der neuen Ernte sollten ohnehin keine größeren Futtervorräte mehr in den Völkern sein. Wenn aber doch, sind sie zu entfernen. Das verlangt das Reinheitsgebot unseres deutschen Honigs.
Honig aus Faulbrutvölkern ist im übrigen ohne weiteres marktfähig, da die Faulbrutsporen auf den Menschen keinerlei Wirkung ausüben. An Bienen darf man den Honig aber keinesfalls verfüttern.

*Desinfektion der Beuten*

Die Kästen der faulbrutbefallenen Völker sind mit heißer Sodalösung (5%ig) oder mit kalter Ätznatron- oder Kalilauge (2–3%ig) zu schrubben und mit reinem Wasser gut nachzuspülen. Dasselbe hat mit den Rähmchen zu geschehen. Vorsicht: Gummihandschuhe und Schutzbrille! Wenn man will, kann man alles auch noch mit der Lötlampe hinterher abflammen.

## 3. Nicht reglementierte Krankheiten

Diese sind gegenüber den amtlich überwachten Krankheiten bei weitem in der Mehrzahl. Um etwas Ordnung hineinzubringen, teilen wir sie in Brutkrankheiten und Krankheiten der erwachsenen Bienen ein. Die Brutkrankheiten sind samt und sonders ansteckend. Unter den Krankheiten der erwachsenen Bienen gibt es ansteckende und nicht ansteckende. Beginnen wir mit den Brutkrankheiten:

### a) Gutartige Faulbrut (Europäische Faulbrut)

Über die Ursache der Gutartigen Faulbrut bestehen unter den Gelehrten immer noch Meinungsverschiedenheiten. Es handelt sich wohl um ver-

*Abb. 125: Am Grund der Zellen liegende Schorfe sind bei der Gutartigen Faulbrut glatt und glänzend. Die befallenen Zellen sind noch nicht gedeckelt.*

schiedene Erreger, die ähnliche Erscheinungen hervorrufen *(Bacillus alvei, Melissococcus pluton u.* a.). Für den Praktiker ausschlaggebend ist, daß sie in der Regel die *offene* Brut, die Rundmaden also, zum Absterben bringen, während die Bösartige Faulbrut erst an der *geschlossenen* zu bemerken ist. Die Rundmaden werden schlaff, verfärben sich gelblich bis braun und liegen dann im Zellhintergrund am Boden (Abb. 125). Der zerfallene Körperinhalt ist nicht fadenziehend, sondern mehr wässerig, weißlich, mit feinen Körnchen durchsetzt. Der Geruch ist manchmal säuerlich, manchmal ekelhaft stinkend. Darum redet man auch von *Sauerbrut* oder von stinkender Faulbrut. Der Schorf ist glatt und glänzend.

### *Bekämpfung*

Nicht selten treten die Bienenschäden bei der Gutartigen Faulbrut erst im Sommer hervor. Sie verschwinden dann vielfach von selbst wieder. Darum »Gutartige« Faulbrut! In Zweifelsfällen sollte man aber immer ein Stückchen Brutwabe an eine Untersuchungsstelle schicken.

Wird Gutartige Faulbrut konstatiert, kann man es bei leichten Fällen darauf ankommen lassen, ob Selbstheilung eintritt. Man behält das Volk im Auge. Sollten die am Zellboden liegenden dunklen Schorfe mehr werden, entfernt man stärker befallene Waben. Wichtig ist gute Pflege. Starke Völker werden weniger befallen. Man wird darum schwächere Völker vereinigen.

Das bei Bösartiger Faulbrut übliche Kunstschwarmverfahren kann auch hier mit Erfolg angewandt werden. Auch gibt es ein Heilverfahren —

nicht mit Sulfathiazol, das hier versagt, sondern mit Antibiotika wie *Terramycin, Streptomycin* und *Erythromycin.* Die Mittel sind aber bei uns amtlich nicht zugelassen, so daß man sie nur über tierärztliche Verschreibung anwenden darf. Grundsätzlich gelten hinsichtlich der medikamentösen Bekämpfung der Krankheit dieselben Bedenken wie bei der Amerikanischen Faulbrut — infolge der relativ geringeren Gefährlichkeit und der Chance zur (biotechnisch unterstützten) Selbstheilung — gewiß in noch verstärktem Maße. Sollte dennoch eine tierärztlich kontrollierte Behandlung anstehen, gelten folgende Hinweise: Beim Terramycin rechnet man 125 mg Wirkstoff auf 1 Liter Zuckerwasser 1:1, beim Erythromycin, das früher als Apimycin verkauft wurde, bis zur doppelten Menge. In den Handelspräparaten ist der Wirkstoff in der Regel verdünnt enthalten. Man muß also darauf achten, wieviel Wirkstoff sich in den Präparaten befindet, und danach dosieren. Es empfiehlt sich, die Mittel in etwas Wasser zu lösen, ehe man sie zur ganzen Futtermenge hinzugibt. Auch darf das Zuckerwasser nicht wärmer als 25 °C sein, da Antibiotika durch Hitze zerstört werden. Sie sind weder in der Zuckerlösung noch in dem von den Bienen verarbeiteten Futter lange haltbar. Man reicht den kranken Völkern nach der letzten Honigernte an mehreren Abenden $^1/_2$ bis 1 Liter Heilfutter. Aber noch wirksamer scheint es zu sein, wenn man die genannten Heilmittel einfach unter Puderzucker mischt und diesen in halbwöchentlichen Abständen auf die Oberträger der Brutrahmen streut. Die Bienen nehmen dieses Futter sehr gut auf.

### b) Kalkbrut und Steinbrut

Diese auch unter dem Namen »Hartbrut« bekannten Krankheiten werden durch Pilze verursacht, welche in Form von Sporen durch Mund und Körperoberfläche in die Rundmaden eindringen. Die Maden sterben im Streckmaden- oder Puppenstadium und verwandeln sich zu trockenen, harten Mumien.

Relativ häufig ist die *Kalkbrut.* Ihr Erreger ist der Schimmelpilz *Ascosphaera apis.* Als erstes werden zumeist die Drohnenlarven befallen, manchmal *nur* diese. Die Krankheit tritt besonders in feuchten Jahren auf, auch trifft man sie häufig auf feuchten Ständen. Auf den allmählich erhärtenden Brutstadien, welche gelblich bis lederfarbig erscheinen, entwickeln sich die Pilzsporen und bilden graue bis schwarze Flecken. Die Mumien liegen locker in den Zellen und klappern beim Schütteln in der Wabe. Die Bienen können sie leicht daraus entfernen und tragen sie häufig zum Flugloch hinaus (Abb. 126). Meist bleibt der Befall in mäßigen Grenzen und verschwindet ohne Bekämpfung von selbst wieder. Sollten hart-

*Abb. 126: Das Bodenbrett eines kalkbrütigen Volkes kann mit Kalkbrutmumien übersät sein.*

näckige Fälle auftreten, entfernt man die befallenen Waben und schmilzt sie ein. Warmhalten und Füttern können zur Überwindung der Krankheit helfen. Gelegentlich wird man wohl auch an eine Umweiselungsaktion mit Königinnen anderer Herkunft denken, da nicht ausgeschlossen ist, daß es eine gewisse erbliche Empfänglichkeit bei den Bienen für die Krankheit gibt. Der angeborene Putztrieb mag hierbei eine Rolle spielen.

Äußerst selten kommt die *Steinbrut* vor, und es gibt wohl nur wenige Imker und Bienenwissenschaftler, die je mit ihr zu tun hatten. Sie wird durch den sehr gefährlichen Pilz *Aspergillus flavus* verursacht. Die steinharten Mumien bilden an ihrem Vorderende einen hellgrünen, auch bräunlich bis graugrünen Sporenrasen aus, der letztlich die Zelldeckel durchdringt (Abb. 127). Die Steinbrutmumien sitzen fest in den Zellen. Die Bienen mühen sich vergeblich, sie zu entfernen, und nagen dabei häufig die Zellwände ringsherum ab. Dabei können sie sich selbst anstecken und an dem Pilzbefall zugrunde gehen. Man sollte auf Bienen achten, die müde vor dem Kasten auf dem Boden umherkriechen und gelbgrüne Sporenrasen zwischen ihren Hinterleibsringen erkennen lassen.

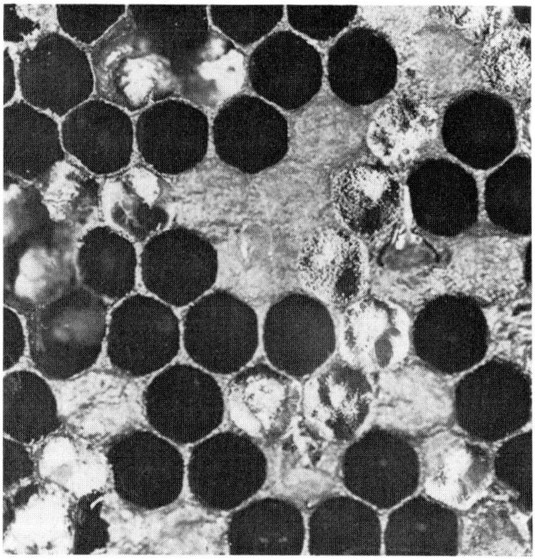

*Abb. 127: Das Pilzgeflecht der Steinbrut wächst aus den fest in den Zellen eingesponnenen Mumien heraus, durch die Zelldeckel hindurch und bildet hier einen bräunlich-grünen Sporenrasen aus.*

Der Erreger der Steinbrut kann (als einzige Bienenkrankheit) auch dem Menschen gefährlich werden. Er ruft unangenehme Entzündungen im Bereich der Mund- und Nasenschleimhäute hervor. Man sollte sich deshalb unbedingt durch ein vorgebundenes feuchtes Tuch schützen.
Sollte man es wirklich einmal mit dieser gefährlichen Krankheit auf dem Bienenstand zu tun bekommen, wird man nicht lange fackeln. Man wird Volk und Wabenbau verbrennen. Der Kasten ist sorgfältig zu desinfizieren, wie wir es bei der Bösartigen Faulbrut getan haben.

### c) Sackbrut

Auch diese Krankheit ist relativ selten. Sie wird durch einen Virus, den *Sackbrutvirus* (SBV), verursacht. Viren sind noch kleiner als Bakterien und nur mit dem Elektronenmikroskop zu erkennen. Der Sackbrutvirus gelangt schon in den ersten Lebenstagen mit dem Ammenfutter in die Larven. Er befällt die verschiedensten Gewebe. Erst im Vorpuppenstadium wird die Krankheit für den Imker feststellbar. Die Streckmaden vermögen sich nicht in Puppen umzuwandeln, sondern blähen ihre Haut mit viel Flüssigkeit über der darunterliegenden Puppenhaut auf. Dadurch entsteht ein sackartiges Gebilde, das man in dieser Form mit einer Pinzette unverletzt aus der Zelle herausziehen kann (Abb. 128 rechts). In diesem Stadium ist die befallene Made äußerst ansteckend. Das trifft nicht

*Abb. 128: Ehe die von dem Sackbrutvirus befallenen Larven zur typischen »Häkchenbrut« eintrocknen (li.), durchlaufen sie ein Stadium, in dem sie sich wie ein unförmiger Sack aus der Zelle ziehen lassen. Die Haut ist noch fest, der Inhalt zu Brei zerfallen (re.).*

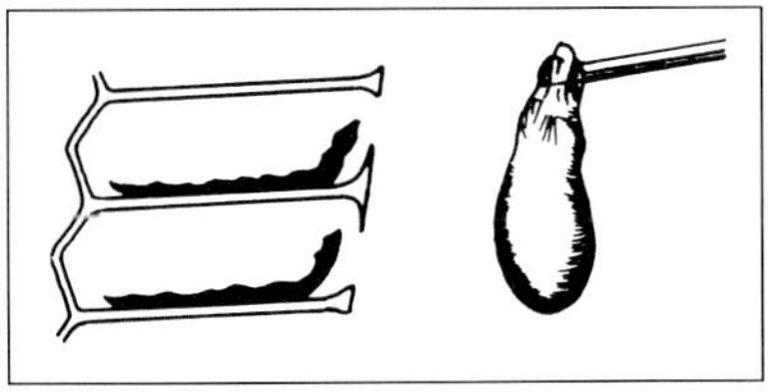

mehr zu, wenn sie später in der Zelle eingetrocknet ist und an der unteren Zellwand einen langgestreckten dunklen und leicht abnehmbaren Schorf ausbildet. Das Charakteristische daran ist das aufgebogene Kopfende. Man spricht deshalb auch von der »Schiffchen-« oder »Häkchenbrut« (Abb. 128 links). Da die Zellen beim Absterben der Insassen bereits gedeckelt sind, ist das äußere Bild mit eingefallenen, rissigen Zelldeckeln gelegentlich dem der Bösartigen Faulbrut ähnlich.
Eine Übertragung der Krankheit von Volk zu Volk ist hauptsächlich durch den Austausch von Brutwaben mit relativ jungen Befallsstadien möglich. Leider hat man noch kein sicheres Mittel gegen diese Krankheit gefunden und muß sich deshalb mit allgemeinen hygienischen Maßnahmen behelfen. Die befallenen Brutwaben sind auszuscheiden und einzuschmelzen. Reizfüttern regt den Putztrieb der Völker an. In hartnäckigen Fällen kann Kunstschwarmbildung notwendig werden. Häufig verschwindet die Sackbrut aber auch, ohne daß man etwas tut.

### d) Nosematose

Wir kommen zu den erwachsenen Bienen und ihren ansteckenden Krankheiten. Bei weitem am gefährlichsten ist die *Nosematose.* Seit ältester Zeit kennen die Imker den Frühjahrsschwund der Bienenvölker. Seine hauptsächliche Ursache wurde aber erst zu Beginn dieses Jahrhunderts durch Prof. ZANDER entdeckt. Dabei handelt es sich um ein zu den Einzellern *(Protozoen)* gehörendes Lebewesen, das den Namen *Nosema apis* ZANDER erhielt. Dieses Mikro-Sporentierchen lebt und vermehrt sich in der Wand des Mitteldarms der Biene. Es schädigt die Darmzellen und stört die Verdauung der befallenen Tiere. Diese sind zu keiner normalen Brutpflege mehr in der Lage und sterben frühzeitig ab. Die Dauerformen des Erregers, welche sich als *Nosemasporen* in den Darmwandzellen bilden, gelangen mit dem Kot der Bienen nach außen. Man findet sie überall, wo Bienen verkehren: auf den Waben und Rähmchen, im Honig und Pollen, an den Beutenwänden, an der Bienentränke. Sie werden von den Bienen durch den Mund aufgenommen und keimen im Mitteldarm aus.

Über einen »Polfaden«, der sich an die Darmwand heftet, dringen die Keimlinge in die Schleimhautzellen ein, wo sie sich vermehren und zuerst zu kugeligen, dann zu ovalen Gebilden heranwachsen und ihr Zerstörungswerk vollbringen.
Das Bienenvolk schein zunächst gesund. Kommt es aber im Jahresverlauf — besonders im Frühjahr — durch ungünstige Witterung oder andere Mißlichkeiten zu einem längeren Brutstopp und können die Bienen längere Zeit nicht ausfliegen, vermag die Krankheit plötzlich seuchenhaft aufzutreten. Die Bienen koten im Stock ab, und es kommt zu einer massiven Infektion der Jungbienen. In Nosemajahren können ganze Stände zusammenbrechen. In anderen Jahren bleibt dagegen der Schaden wieder in erträglichen Grenzen.
Der Nosemabefall geht auch in günstigen Jahren niemals auf Null zurück. Ein »eiserner Bestand« gelangt in den Winter. Nach einem kühlen, regnerischen Spätsommer ist der Winterbefall größer, ohne daß zunächst die Bienen Schaden zu nehmen scheinen. Im Winter steht die Entwicklung des Nosemaerregers still. Gefährlich wird es aber dann im Frühjahr.

### *Wie erkennt man Nosema?*

Die alte Bezeichnung »Frühjahrsschwindsucht« gibt schon einen Hinweis. Es fehlt an Bienen, die die manchmal schon recht umfangreich angesetzte Brut ernähren können. Die Bienen koten im Stock und vor dem Flugloch, krabbeln langsam mit dicken Hinterleibern am Boden vor den Völkern umher und sammeln sich flügelzitternd zu kleinen Träubchen. Aber das alles kann auch täuschen und zu Verwechslungen mit anderen Krankheiten *(Acarapiose, Paralyse)* Anlaß geben.
Zumindest hochgradigen Befall kann man mit bloßem Auge feststellen. Man nimmt die tote Biene zwischen die Finger, faßt mit einer Pinzette oder mit den Fingernägeln der anderen Hand die Hinterleibsspitze und zieht behutsam den ganzen Darmtrakt heraus. Bei hochgradigem Befall ist der geringelte Verdauungsteil, das erste Stück nach der Honigblase, weiß. Stark nosemahaltiger Bienenkot ist nicht rein gelb oder braun, sondern hat einen weißlich grauen Stich. In diesen Fällen liegt also sicher ernsthafte Nosemaerkrankung vor. Aber leider kann man umgekehrt nicht mit Sicherheit auf Freiheit von Nosema schließen, wenn der Darm noch bräunlich und durchsichtig ist.
Sicherheit gibt die *mikroskopische Untersuchung*. Dazu gehört ein gutes Mikroskop mit mindestens 400facher Vergrößerung. Die vielfach angebotenen Kleinmikroskope sind Zeit-, Material- und Geldverschwendung. Brauchbare Mikroskope findet man heute schon in manchen Schulen. Auch mancher Verein hat sich eines geleistet oder könnte es sich leisten.

Freilich muß der Umgang mit einem so feinen Instrument gelernt sein. Am besten lasse man sich von einem Kundigen oder mit Hilfe von Fachliteratur einweisen. Zum Mikroskopieren braucht man Objektträger (das sind ca. 1 mm dicke und 7,5 × 1,5 cm große Glasstreifen) und dazu Deckgläschen (quadratische, etwa 0,17 mm starke Glasplättchen mit 18 mm genormter Seitenlänge). Diese Dinge bekommt man schachtelweise abgepackt in Handlungen für Laborbedarf.
Man kann entweder den auf Rähmchen und an der Kastenwand abgesetzten Bienenkot oder die Bienen selbst untersuchen. Zuerst der Kot: Dazu kratzt man mit einem Messerchen etwas von der Unterlage ab, bringt es auf den Objektträger und verrührt mit einem Tropfen Wasser. Dann legt man das Deckgläschen darüber, drückt es etwas an und bringt das Ganze auf den Objekttisch des Mikroskops. Nun orientiert man sich zunächst mit der kleinsten Vergrößerung über die Verteilung der Masse, rückt eine durchsichtige, dünn mit Pollenschalen belegte Stelle in die Mitte des Gesichtsfeldes, dreht das passende stärkere Objektiv herein und stellt scharf. Die Nosemasporen sind etwa 0,006 mm lang und halb so breit. Sie fallen durch ihre starke Lichtbrechung auf (Abb. 129b).
Nicht immer verraten sich nosemabefallene Bienenvölker durch unverhältnismäßig starkes Koten, deshalb muß man in der Regel die Bienen selbst auf Krankheitsbefall untersuchen. Üblich ist es, Bienen aus dem Wintertotenfall dazu herzunehmen, aber auch krabbelnde Bienen vor

*Abb. 129a, b: Zur Untersuchung von Bienen auf Nosemabefall zerreibt man ihre Hinterleiber mit etwas Wasser in einer Porzellanschale und gibt von der Brühe einen Tropfen auf den Objektträger (a). Nach Abdecken mit einem Deckgläschen kommt das Präparat unter das Mikroskop (b). Im Bild sind die Sporen bei 1000facher Vergrößerung gezeigt. Für Routineuntersuchungen genügt indessen die Vergrößerung 1:400.*

a) b)

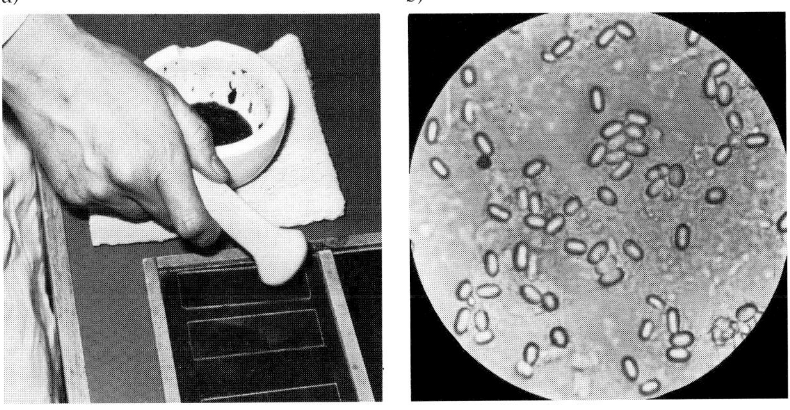

dem Stand oder am Flugloch abgefangene Pollensammlerinnen im Frühjahr kommen in Frage.
Man kann die Bienen einzeln untersuchen, indem man den geringelten Verdauungsdarm oder ein Stück davon auf den Objektträger bringt und mit einer Nadel oder einfach durch reibendes Andrücken des Deckglases zerquetscht. Rascher bekommt man einen Überblick, wenn man gleich 20 bis 25 Hinterleiber mit ebenso vielen Tropfen Wasser in einen Eierbecher gibt und mit einem Kochlöffelstiel kräftig zerreibt. Fachmännischer sind Reibschale und Pistill! Ein Tropfen der dunklen Brühe kommt auf den Objektträger (Abb. 129a). An der mehr oder weniger dichten Lage der Sporen kann man die Stärke des Befalls schätzen. Bei stärkstem Befall liegen sie fast wie Pflastersteine aneinander, bei mittlerem weniger dicht, bei schwachem nur vereinzelt.

### *Bekämpfung der Nosema*

Vieles ist über eine ordentliche Völkerführung zu erreichen. Schwache und kranke Völker wird man im Frühjahr auflösen. Sie würden, anstatt zu erstarken, ja doch nur weniger werden. Im Frühjahr und Sommer kann man durch Wanderung in gute Trachtlagen den Bienenumsatz fördern und damit die Völker gesund erhalten. Auch kann Fütterung in trachtloser Zeit notwendig werden. Wichtig ist eine fortgesetzte Verjüngung des Standes, wobei es Wege gibt, die alten Bienen, als die besonderen Nosematräger, auszuschalten. Im übrigen spielt hierbei alles eine Rolle, was im Abschnitt »Vorbeugen ist besser als Heilen« gesagt wurde.
Zum Glück haben wir auch ein gut wirkendes Heilmittel gegen die Krankheit, oder besser, wir hatten eines: das Antibiotikum *Fumidil B.* Das Schicksal dieses segensreichen Nosemaheilmittels in der Bundesrepublik wurde schon auf Seite 240 geschildert, und auch warum in diesem Buch der Hinweis auf seinen Einsatz in der Völkerpflege noch nicht gestrichen ist. In den handelsüblichen Fläschchen mit 25 g Inhalt befinden sich 0,5 g des Wirkstoffes *Fumagillin,* das andere ist Trägersubstanz. Wie alle Antibiotika ist das Präparat hitzeempfindlich und muß trocken und im Dunkeln aufbewahrt werden. Zur leichteren Verarbeitung empfiehlt es sich, das Pulver zuerst mit einer Gabel in eine kleine Menge kalten Wassers einzuschlagen, ehe man es in das abgekühlte Zuckerwasser oder in den zur Herstellung des Futterteiges verflüssigten und wieder abgekühlten Honig einmischt. Man rechnet 1 g des Präparats auf 1 l Zuckerwasser oder 1 kg fertigen Zuckerteig.
Stark angeschlagene Völker, die aber mit junger Königin noch Entwicklungschancen haben (Reservevölker), kann man im Frühjahr durch wiederholtes Übersprühen der besetzten Brutwaben mit heilmittelhaltigem,

dünnem Zuckerwasser zu retten versuchen. Die Bienen lecken sich und die Waben trocken und nehmen dabei das Heilmittel auf. Wenn die gleichzeitig aufgenommenen Nosemasporen im Mitteldarm auskeimen, wird ihnen durch Einwirkung des Heilmittels der Garaus gemacht. Die Sporen selbst vermag das Mittel nicht zu töten.

Weniger geschwächte Bienenvölker bringt man durch Verfüttern von flüssigem oder teigförmigem Heilfutter wieder auf die Beine. Nach nassen Vorjahren und bei ungünstigem Vorfrühlingswetter — wenn beispielsweise die Völker bereits gut in Brut waren und durch einen Kälteeinbruch noch einmal über längere Zeit vom Fliegen abgehalten wurden — kann man auch vorbeugend etwas tun. Dann empfiehlt es sich, zu Beginn der Salweidenblüte jedem Volk einen Heiltrunk von 1 bis 2 l Zuckerwasser mit Fumidil B zu verabreichen. Bis zum Beginn der Obstblüte haben die Bienen diesen Futterstoß längst aufgebraucht.

Es hat wenig Sinn, das Heilmittel dem Winterfutter der Bienen beizugeben; hier baut es zu rasch ab. Aber man kann nach regenreichen Sommern eine Spätsommer- und Herbstreizfütterung mit fumidilhaltigem Zuckerwasser oder Futterteig durchführen, um die Völker auf niedrigem Befallsgrad in den Winter zu bringen.

Fumidil B ist für die Bienen und für den Menschen ungefährlich. Auch hat man ein Nachlassen der Wirkung durch Resistenzbildung bestimmter Nosemastämme bei den Bienen bisher noch nicht feststellen können. Trotz dieser günstigen Zeichen wird man das Heilmittel — wie alle anderen bei der Behandlung von Bienenkrankheiten in Frage kommenden Medikamente — nur dann einsetzen, wenn es wirklich notwendig ist.

Nach dem vorne Gesagten sind Waben aus nosemakranken Völkern Träger von Nosemasporen, in denen sich der Erreger dieser Krankheit verkapselt hat. Nicht immer ist die Ansteckungsgefahr für die Bienen durch äußere Anzeichen in Form von Ruhrflecken auf dem Wabenwerk erkennbar. Meist sieht man den Waben gar nichts an. Deshalb ist es nicht falsch, alle außerhalb der Völker befindlichen Waben vorsorglich gegen diese heimtückische Krankheit zu behandeln. Das geschieht mit hochprozentiger *Essigsäure.* Am besten stellt man sie in flachen Glasschalen zwischen die mit den Waben aufgetürmten Magazine. Etwas Filterpapier oder Watte in den Schalen beschleunigt die Verdunstung. Den Essigsäuredämpfen sind die Nosemasporen nicht gewachsen. Um auch bei Futterwaben volle Wirkung zu erzielen, müssen diese freilich vor der Begasung ausgeschleudert werden. — Geeignet und billig ist 60%ige »technische Essigsäure« welche man in Drogerien erhält. Leider greift die Säure auch Metalle an, so daß die Drahtung der Rähmchen und metallene Abstandvorrichtungen vorzeitig rosten. Essigsäure ist ätzend, und man darf sie bei der Anwendung nicht auf die Haut bringen (Gummihandschuhe!).

Essigsäuredämpfe haben überdies auch eine ausgezeichnete fungizide Wirkung. Sie verhindern den *Pollenschimmel.* Auch greifen sie die Dauerstadien der *Amöbenruhr* an. Leider reicht die Essigsäurebehandlung der Waben in der Regel nicht aus, um auch Wachsmotten restlos zu töten, und keinesfalls werden durch Essigsäure Faulbrutsporen getötet.

### e) Amöbenruhr

Diese Krankheit tritt meist mit der Nosema gekoppelt auf und beschleunigt und verstärkt die dort erwähnten Krankheitssymptome. Dünnflüssiger, oft schwefelgelber und besonders übelriechender Kot der Bienen kann Hinweise geben. Verursacht wird die Krankheit durch ein zu den *Amöben* gehörendes Urtierchen, *Malpighamoeba mellificae,* das sich in den Harnkanälchen *(Malpighischen Gefäßen)* der Bienen vermehrt und Dauerzysten bildet. Die Kanälchen können dadurch regelrecht verstopft werden, was zu Stoffwechselstörungen der Bienen und Verkürzung ihrer Lebensdauer führen kann. Die mit dem Kot ausgeschiedenen Dauerzysten stecken die Bienen durch Aufnahme über den Mund an. Man kann sie mit dem Mikroskop im »Nosemapräparat« finden, vor allem wenn man frischen oder schnell eingetrockneten Wintertotenfall untersucht. Die Zysten sind etwas größer als die Nosemasporen und kreisrund. Ein spezifisches Mittel gegen die Krankheit ist bisher nicht bekannt.

### f) Blutkrankheiten (Septikämien)

Durch das Luftröhrensystem, durch Gelenkhäute und Verletzungen des Bienenkörpers gelangen gelegentlich Bakterien in das Bienenblut und vermehren sich dort. Das Blut ist dann nicht klar wie bei gesunden Bienen, sondern milchig trüb. Die darin nachweisbaren Bakterien sind unspezifisch und sozusagen überall zu finden. Meist sind die solcher Art befallenen Bienen bereits anderweitig erkrankt, etwa an Varroatose, Acarapiose, Nosematose, Amöbenruhr u. dgl., und zeigen dann die entsprechenden Krankheitsbilder. Die sekundär hinzukommende Blutvergiftung beschleunigt nur noch den Krankheitsverlauf. Ausnahmsweise vermag die Blutvergiftung der Bienen aber auch als Primärkrankheit aufzutreten und das Bienenvolk zu schwächen. Ein deutlicher Hinweis auf das Vorhandensein der Krankheit ist der Umstand, daß Bienen nach ihrem vorzeitigen Tod beim Anfassen leicht in ihre Einzelteile zerfallen. Das deutet auf einen raschen inneren Zerfall hin. Oft machen die Bienen auch infolge teilweisen Haarausfalls einen zerzausten und struppigen Eindruck.

In der Humanmedizin bekämpft man Blutvergiftung mit Antibiotika. Möglicherweise wirken sie auch bei den Bienen.

### g) Bienenvirosen

Die bekannteste und hauptsächlich durch den englischen Bienenforscher BAILEY entdeckte Bienenvirose fällt bei uns unter den Sammelbegriff der *Schwarzsucht.* Man sollte sie aber etwas genauer präzisieren und die Bezeichnung »*Paralyse*« oder »Ansteckende Schwarzsucht« dafür verwenden. Der Erreger ist eindeutig erkannt. Es ist das *Chronische Bienen-Paralyse-Virus* (CPV), das sich unter dem Elektronenmikroskop als rundliches bis längliches Körperchen entpuppt. Um sich von seiner Winzigkeit von 20–60 Nanometer (nm) eine Vorstellung zu machen, muß man wissen, daß ein Nanometer die Größe eines Millionstel Millimeter hat.
Was man nicht genau weiß, ist, wie der Erreger in den Bienenkörper gelangt. Man nimmt an, daß es über die Körperoberfläche geschieht, und zwar durch kleine Wunden, abgebrochene Haare u. dgl., aber auch beim Futteraustausch, insbesondere bei der Fütterung der Brut, könnte eine Übertragung erfolgen. Viren vermehren sich nur im Gewebe, nicht etwa im Blut. Bei der elektronenmikroskopischen Untersuchung findet man das CPV häufig im Fettkörper, in den Kopf- und Brustdrüsen, im Gehirn und in den Nervenknoten. Die befallenen Bienen können noch einen völlig gesunden Eindruck machen, häufig aber krabbeln sie flügelzitternd auf dem Boden vor den Völkern umher. Sie haben einen dicken Hinterleib, der von einer prallen, mit klarer Flüssigkeit gefüllten Honigblase herrührt. Auch erscheinen sie wie gelähmt (paralysiert!) und haben meistens ihre Haare eingebüßt (Schwarzsucht!). Mitunter häufen sich die Toten auf dem Boden vor den Stöcken. Wie bei der Blutvergiftung der Bienen scheinen Kombinationen mit anderen Krankheiten nicht selten zu sein.
In den letzten Jahren wurde bei den Bienen noch eine ganze Reihe anderer Viren nachgewiesen, die teilweise bestimmte Krankheitserscheinungen hervorrufen, teilweise aber auch ganz harmlos zu sein scheinen. Wir müssen uns hier Einzelheiten darüber versagen.
Gegen Bienenviren sind keine wirksamen Heilverfahren bekannt.

### h) Waldtrachtkrankheit

Mysteriös ist die Ursache dieser Krankheit. Sie tritt meist im Hochsommer oder noch einmal im Herbst auf. Sicher ist, daß sie mit der Tracht zu-

*Abb. 130: Zwei schwarzsüchtige Bienen flankieren ein gesundes Tier.*

sammenhängt, und sicher spielen Besonderheiten der Waldtracht dabei eine Rolle.
Daß die kranken Bienen Haarausfall bekommen und dadurch schwarz und glänzend aussehen, ist zwar häufig, aber nicht zwangsläufig (Abb. 130). Die Krankheitssymptome sind im übrigen dieselben wie bei der Paralyse, aber der Paralyse-Virus wird nur selten gefunden. Statt dessen kann man gelegentlich bestimmte Bakterien im Blut nachweisen. Im übrigen kann man sich als weitere Ursachen ziemlich alles vorstellen: Pollenmangel, Pilze, Wassermangel, schädliche Bestandteile im Honigtau (z. B. hoher Mineralgehalt) oder sonst etwas. Manche Völker sind stärker befallen als andere, weshalb man eine unterschiedliche erbliche Bereitschaft für die Krankheit annimmt.
Die Waldtrachtkrankheit scheint nicht im Sinne einer Seuche ansteckend zu sein. Da sie in ihrer typischen Ausprägung mit Haarausfall und schwarzen Bienen einhergeht, wird sie dem »Sammelsurium Schwarzsucht« zugeordnet. Im Unterschied zur Paralyse könnte man hier von der »Nicht ansteckenden Schwarzsucht« sprechen.
Es gibt zwei Möglichkeiten für den Imker, auf das Auftreten der »Nicht ansteckenden Schwarzsucht« zu reagieren. Entweder er wandert mit seinen Bienen an einen anderen Platz, am besten aus dem Wald hinaus (die Krankheit verschwindet dann meist rasch) — oder er wappnet sich mit Geduld. Irgendwann hören die Erscheinungen einmal auf. Trotz offenbar großer Verluste fangen sich die Völker in der Regel wieder. Wenn die Schwarzsucht nicht zu spät im Jahr auftritt, kommen sie auch über den Winter. Im nächsten Frühjahr ist oft nichts mehr davon zu merken, daß die Völker krank waren. Ein Heilmittel gegen die Krankheit besitzen wir nicht.

### i) Ruhr und Maikrankheit

Die *Ruhr* tritt in der Regel im zeitigen Frühjahr in Form großer brauner Kotflecken auf Waben, Rähmchen und an der Kastenvorderwand als »Ruhrschorf« in Erscheinung. Das Volk strömt einen unangenehmen Geruch aus. Normalerweise kann der Darm der Biene erstaunlich viel an unverdaulichen Nahrungsresten bei sich behalten, und das bemerkenswert lang. Gewöhnlich reicht es, bis ein warmer Tag im Spätwinter einen Reinigungsausflug gestattet. Aber manchmal hält es die Biene auch nicht solange aus und kotet dann oft noch im Stock. Die Überlastung kann ihren Grund haben in rückstandreichem Winterfutter: Honigtau, Heidehonig, Fruchtsäften, Salz- oder Teebeimengungen oder auch gutgemeinten Invertierungshilfen wie Zitronensäure usw. Der Grund kann auch in Störungen liegen, die zu stärkerer Zehrung reizen: bei Sturm schlagende Äste, Holzhacken, Vögel, Mäuse, Katzen, Hühner, Zugluft, Stockfeuchte, vereistes oder durch tote Bienen verstopftes Flugloch. Aber auch Störungen im Volk selbst, wie Weisellosigkeit, Nosema, Tracheenmilbenbefall u. dgl., beunruhigen die Bienen.
Auch hier ist Vorbeugen besser als Heilen! Vor dem Einfüttern Wald- und Heidehonig herausnehmen, Brutwaben zur Seite rücken, Leerwaben dazwischenhängen, nur reinen Zucker füttern. Störungen fernhalten. Es ist sicher gut, wenn man den Reinigungsausflug bei 8–10 °C durch Entfernen der Blenden und weites Öffnen der Fluglöcher fördert. Bekleckerte Waben sollte man baldigst entfernen.

Die *Maikrankheit* tritt zwar mit Vorliebe um die Zeit des Wonnemonats auf, kann aber auch noch später im Sommer erscheinen. Sie hat mit der Pollenzehrung der Jungbienen etwas zu tun. Die Bienen sind nicht in der Lage, sich zu entleeren. Der prall mit Pollenresten gefüllte Enddarm drückt sie zu Boden, wo sie schwerfällig umherkrabbeln und oft in Massen sterben. Wenn man die einzelne Biene am Hinterleib drückt, kommt eine dicke gelbe Kotwurst zum Vorschein.
Man kennt den Grund für diese Misere sehr gut. Es ist ganz einfach Wassermangel. Mit Maikrankheit ist immer dann zu rechnen, wenn das stark brütende Volk mit vielen Jungbienen infolge schlechten Wetters ein paar Tage lang nicht ausfliegen kann. Zur Zeit der »Eisheiligen« kommt das am häufigsten vor.
Wenn man die Anfänge erkennt oder ein besonderes Gespür dafür besitzt, kann man mit einer dünnen Zuckerwasserfütterung (1 :3) das Unheil abwenden. Die Therapie ist also einfach, man muß nur rechtzeitig zur Stelle sein.

### k) Anderes

Ein Lehrbuch über Bienenkrankheiten müßte noch manches andere bringen. Ich nenne nur etwa *Pollen-* und *Nektarvergiftungen, Mißbildungen* und *Anomalien* der Bienen, *spezifische Krankheiten* bei Königinnen und Drohnen. Hier würde das alles zu weit führen, weshalb uns diese Hinweise genügen müssen.

## 4. Allerlei Schädlinge

Erwähnen dürfen wir aber noch einige *Schädlinge* und *Feinde* der Bienen — teils wegen ihrer Gefährlichkeit, teils ihrer Kuriosität wegen.

### a) Schädlinge der Bienen

Unangenehm können *Mäuse* im Winter werden. Sie suchen im Bienenstock Wärme und Futter. Honig ist ihnen willkommen. Ihr Nest bauen sie häufig auf den Waben neben der Wintertraube.
Besonders gefährlich sind *Spitzmäuse.* Sie interessieren sich stark für Brustfleisch von Bienen. Die Hinterleiber tragen sie auf ihren Abfallhaufen in der Ecke.
Mäuse fängt man mit Gift und Fallen. Spitzmäuse gehen nicht an Mehl oder Körner, sondern nur an Fleisch. Gegen beide hilft ein Stück Drahtgitter mit 6 mm Maschenweite vor dem Flugloch. Es geht auch mit Absperrgitter, wenn man die Stäbe senkrecht stellt.
*Spechte* wittern Insekten hinter Holz. Auch Bienen im Stock. In Waldesnähe können sie ganz schöne Löcher in die Beuten hauen. Ein Schutznetz aus Nylon vor der Flugfront hält sie ab.
Auch vor *Meisen* schützt ein solches Netz. Es muß allerdings zeitig angebracht werden, damit sich die Bienen daran gewöhnen. Übrigens gehen gar nicht alle Meisen an Bienen. Es sind nur einzelne, die sich darauf spezialisieren. Ob man sie durch zeitiges und ständiges Füttern mit Speck oder Kugeln aus Fett und Sonnenblumenkörnern ablenken kann, ist fraglich.
Nur selten kommt es vor, daß *Kröten und Eidechsen* sich auf Anlaufbrettern breitmachen und mit Bienen mästen. Häufiger treten Insekten als Bienenschädlinge auf. Der schlimmste unter ihnen ist der *Bienenwolf* (Abb. 131). Er gehört zu den Grabwespen, nistet in 40 cm tiefen Röhren in der Erde und kann in halbgeselliger Gemeinschaft größere Bodenflächen an sandigen, sonnigen und wenig bewachsenen Halden besiedeln und

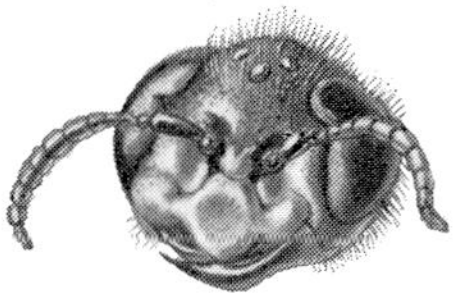

*Abb. 131: Der Bienenwolf ist der schlimmste Bienenjäger. Sein runder Kopf mit der typischen Zackenkrone zwischen den Fühlern besitzt scharfe Kiefer.*

dann erheblichen Schaden anrichten. Die Männchen sind harmlos. Die Weibchen gehen auf Jagd nach Bienen, überfallen sie auf Blüten oder erhaschen sie im Flug und betäuben sie mit einem Stich. Die Beute tragen sie, in charakteristischer Weise unter sich haltend, heim und lagern 3 bis 6 betäubte Bienen nebeneinander in ihrer Brutkammer. Nachdem sie noch ein Ei an der letzten Biene abgelegt haben, verschließen sie die Brutstätte. Die ausschlüpfende Larve ernährt sich vom Muskelfleisch der Bienen. Die Bienenwolfweibchen selbst stillen ihren Hunger ebenfalls mit Bienen. Sie pressen ihnen Blut und Honigblaseninhalt aus und tun sich daran gütlich.

Die Bekämpfung dieses Bienenschädlings ist schwierig. Da er auf die Bienen angewiesen ist, könnte man ihn durch Wegwandern der Bienen auszuhungern versuchen. Auch das Auffüllen seiner Niststätten mit Schotter, Lehmüberschichtungen und dgl. könnte man in Erwägung ziehen.

Die Schädlichkeit unserer *sozialen Wespen* gegenüber den Bienen ist umstritten. Nur Hornissen, die immer seltener werden, fangen Bienen im Fluge. Die kleineren Gelbröcke holen nur tote Bienen vom Boden vor den Bienenstöcken weg oder — noch häufiger — nur deren Brüste, von denen sie mit ihren scharfen Kiefern Kopf, Hinterleib, Beine und Flügel abschneiden. In Wespenjahren, meist nach trockenen Sommern, können sie sehr unangenehm werden, indem sie in kleine Ableger oder in spät aufgestellte Begattungsvölkchen eindringen und räubern. Daß sie am Ende des Sommers zur Reduzierung der Honigtauerzeuger beitragen, ist eine Verleumdung.

Ihre Bekämpfung ist nur im Frühjahr lohnend. Mit Fangflaschen, die mit Fruchtsaft, saurem Bier oder gezuckertem Essigwasser gefüllt sind, fängt man die Königinnen und verhindert mit jeder erledigten Königin ein späteres Wespennest. Schwieriger ist es, im Sommer und Herbst die Nester ausfindig zu machen. Hornissen sind geschützt! Den Wespen, wenn sie

*Abb. 132: Der Ölkäfer (hier ca. 3mal vergrößert) tut in erwachsenem Zustand keiner Biene etwas zuleide. Aber seine winzigen, nur 3 mm langen Erstlarven (links) lauern den Bienen auf den Blüten auf. Wegen der Klauen an ihren Füßen werden sie Triungulinen genannt.*

sehr lästig werden, könnte man durch Besprühen des Nesteingangs mit einem Insektizid zu Leibe rücken oder, wo es das Umfeld erlaubt, das Nest abzubrennen oder mit Schwefel auszuräuchern versuchen. Beides sind keine optimalen Lösungen.

*Ameisen* können lästig werden. Kleine Arten nisten sich in der Füllung doppelwandiger Beuten ein und tragen den Inhalt zernagt heraus. Andere überfallen Begattungsvölkchen oder auch ganze Bienenvölker. Der kleinen Arten wird man sich erwehren durch Ameisenfreßlack, durch eine Mischung von 1 Teil Borax und 2 Teilen Puderzucker, durch Auslegen von Asche oder Zement. Nicht vernichten aber wird man die schutzwürdigen Roten Waldameisen. Denn sie sind unsere besten Freunde. Sie sichern uns die Waldtracht durch Pflege ihrer Milchkühe, der Honigtauerzeuger. Man wird bei der Wanderung die Völker etwa 50 m von ihren Nestern entfernt aufstellen.

Nur selten hört man von Schäden, die durch die Larven des *Ölkäfers* oder Maiwurms, die sogenannten Triungulinen, angerichtet werden (Abb. 132a, b). Sie sitzen auf Blumen und hängen sich an die besuchenden Bienen, bohren sich wohl auch zwischen den Hinterleibsringen ein und saugen das Blut. Die Bienen werden aufgeregt, möchten die Schmarotzer abschütteln, sind dazu aber nicht in der Lage und gehen an Erschöpfung zugrunde.

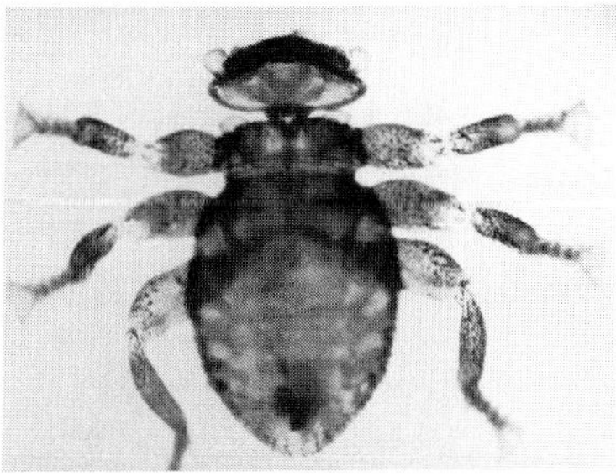

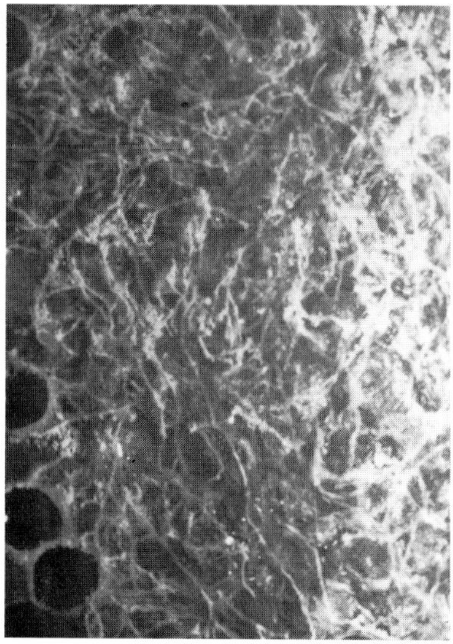

*Abb. 133a, b: Die Bienenlaus (hier ca. 10fach vergrößert), eine ihrer Flügel verlustig gegangene Fliege, hat Ähnlichkeit mit der Varroamilbe. Sie ist aber gedrungener und hat nicht 8, sondern nur 6 Beine (a). Die Larven der Bienenlaus ziehen ihre Fraßgänge in Form von feinen weißen Linien über die gedeckelten Honigwaben (b).*

Mehr als Lästling denn als Schädling muß man die *Bienenlaus* bezeichnen (Abb. 133a, b). Das stecknadelkopfgroße Tier ist in Wirklichkeit eine flügellose Fliege. Sie reizt die Biene durch Kratzen am Mund zur Abgabe von Futter. Auf der Königin kann eine ganze Herde von Bienenläusen sitzen. Wenn die Königin gefüttert wird, betätigen sie sich als Mitesser.
Die Königin befreit man durch kräftiges Anblasen mit Zigarrenrauch. Wenn man am Abend unter das Volk einen Karton mit einem halben Teelöffel Naphthalin schiebt, liegen die Läuse früh tot darauf. Man verbrennt sie.
Harmlos ist der oft auf dem Beutenboden anzutreffende *Bücherskorpion,* der so elegant rückwärts laufen kann (Abb. 134). Er nützt durch Verzehren von Milben, Bienenläusen und Wachsmottenlarven mehr, als daß er schadet. Man läßt ihn gewähren.

*Abb. 134: Oft begegnen wir dem kaum 4 mm großen Bücherskorpion im Bienenstock. Er ist kein Schädling, sondern eher nützlich, da er kleines Ungeziefer vertilgt.*

## b) Vorratsschädlinge

Zu den Bienenschädlingen, die es nicht auf die Bienen selbst, sondern auf die Waben oder Vorräte abgesehen haben, gehört der harmlose *Totenkopfschmetterling,* der gelegentlich in ein Bienenvolk eindringt. Er büßt seine Honiggelüste meist mit dem Tod. Man findet dann das abgenagte Skelett auf dem Bodenbrett.

Kaum Schaden richtet der *graugebänderte Speckkäfer* an. Er nistet sich im Wabenschrank auf Pollenwaben ein, noch lieber auf Waben mit abgestorbener Brut, die man auszuschneiden vergaß.

Auf den Pollen haben es auch mancherlei Milben, *»Pollenmilben«,* abgesehen. In der Regel werden sie nur in gelagerten Waben gefährlich, vor allem in feuchter Umgebung. Die Milben fressen sich in die Pollenzellen hinein und wandeln den Pollen in ein grobes Pulver um, das aus den Zellen rieselt (Abb. 135). Das alles läßt sich vermeiden, wenn man die Waben trocken lagert. Aber auch mit Schwefeln der Waben kann man Schaden abwenden.

Unangenehm kann auch der *Pollenschimmel* werden. Dieser durchwuchert mit seinem Mycel den Pollen und verwandelt den Zellinhalt feucht aufgehobener Waben zu festen, dicht verfilzten Pfropfen. Nach Art der Schimmelpilze bilden sich vornehmlich im Frühjahr Sporen aus, die verstäuben und für die Verbreitung des Pilzes auf andere Waben sorgen. Wieder ist Schwefeldampf wirksam. Der Vorbeugung dient eine trockene Lagerung der Waben.

Bei weitem die gefährlichsten Schädiger des Wabenwerkes sind die

### *Kleine und Große Wachsmotte*

Diese silbergrauen (Kl. WM) bzw. graumelierten (Gr. WM) Kleinschmetterlinge dringen in die Bienenstöcke und in Lagerräume für Waben ein

*Abb. 135: Von Pollenmilben befallene Wabe.*

*Abb. 136: Große Wachsmotte mit melierten Flügeln.*

und legen dort ihre Eier paketweise in Spalten und Ritzen, mitunter auch an den Waben selbst ab. Die nach einigen Tagen schlüpfenden »Rankmaden« fressen sich durch das Zellgefüge, indem sie ihre Gänge tunnelartig mit Gespinst umgeben.

Besonders die *Große Wachsmotte* (Abb. 136) leistet Gewaltiges an Spinnarbeit. Bei starkem Wachsmottenbefall können gelagerte Waben regelrecht miteinander verfilzen (Abb. 137a). Die Maden verpuppen sich in länglichen, zähwandigen Seidenkokons, wobei die *Große Wachsmotte* mit Vor-

*Abb. 137a, b: Das Gespinst der Großen Wachsmotte kann lagernde Waben regelrecht miteinander verfilzen (a). Zum Verpuppen nagen die Larven schiffchenartige Mulden aus dem hölzernen Untergrund (b).*

a)

b)

liebe muldenartige Vertiefungen aus der Holzunterlage herausnagt, um ihren Kokon darin zu verankern (Abb. 137b).
Die Gespinsttunnel der Kleinen Wachsmotte laufen häufig am Wabenboden entlang. Wenn sich Bienenbrut in den Zellen befindet, wird sie nach oben geschoben. Die Bienen verlängern die Zellen, und es entsteht die sogenannte »Röhrchenbrut« (Abb. 138).
Die Wachsmotten treiben hauptsächlich in der warmen Jahreszeit ihr Unwesen. Unter günstigen Umständen dauert die Entwicklung vom Ei bis zum Schlupf der Schmetterlinge bei der *Großen Wachsmotte* 7 Wochen, bei der *Kleinen* 14 Wochen — ansonsten beliebig länger. Den Winter überstehen die Schmetterlinge ruhend in allen Entwicklungsstadien, um dann mit der wärmeren Jahreszeit wieder auf den Plan zu treten.
In den Völkern können sich die Bienen der Wachsmotten in der Regel selbst erwehren; nur schwache Völker sind mitunter dazu nicht in der Lage. Außerhalb des Volkes sind die Waben den Motten indessen schutzlos preisgegeben, wenn man keine Vorkehrungen dagegen trifft. Über die Bekämpfung der Wachsmotte lese man auf S. 259 nach.

## 5. Vergiftungsschäden

Zu den ärgsten Schädlingen der Bienen gehören auch die Menschen. Ich will hier nicht vom Imker reden, der sein Handwerk schlecht versteht und manchem hoffnungsvollen Volk zum Schicksal wird. Ich denke vielmehr an die Gefahr, die den Bienen aus der Land- und Forstwirtschaft droht. Wenn dort Schädlinge bekämpft werden, bedeutet das Alarm für die benachbarten Imkereien.
Glücklicherweise haben wir in der Bundesrepublik eine *Bienenschutzverordnung*, welche die Ausbringung von Pflanzenschutzmitteln in amtlicher

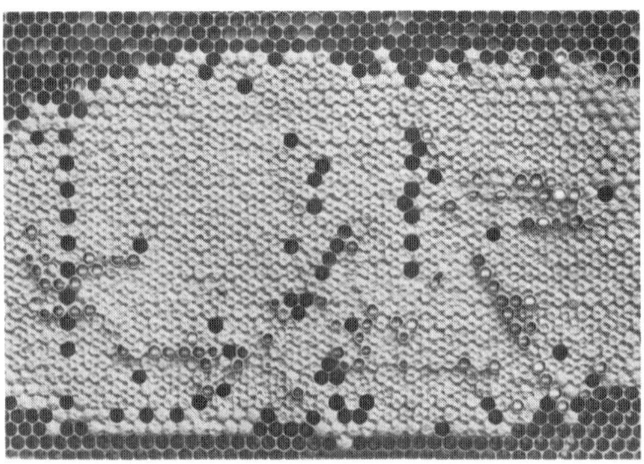

*Abb. 138: Die Larven der Kleinen Wachsmotte minieren auf der Wabenmittelwand. Dadurch werden bei bebrüteten Waben die Bienenlarven nach oben geschoben und nach dem Strecken unvollständig gedeckelt. Es entsteht die »Röhrchenbrut«.*

Weise regelt. Im Normalfall dürfte kein Bienenschaden auftreten. Wenn es trotzdem dazu kommt, liegt in der Regel eine Panne vor. Auf alle Fälle sollten durch Unkenntnis bedingte Schäden vermieden werden. Der Imker kann selbst dazu beitragen:

1. Er wird als Bauer und Obstbauer selber die Vorschriften der Verordnung über Bienenschutz im Pflanzenschutz vorbildlich beachten.
2. Er wird seinen lieben Mitbürgern auf die Finger sehen und sie über die bestehenden Vorschriften aufklären.
3. Er wird sich vor allem für bienenungefährliche Mittel interessieren und andere darauf hinweisen.
4. Er wird sich einsetzen für die natürliche Bekämpfung der Waldschädlinge durch Ameisen. (Damit fördert er zugleich die Waldtracht!)
5. Er wird notfalls sich nicht scheuen, Sünder für den angerichteten Schaden haftbar zu machen. Erfahrungsgemäß wirkt sich die Buße eines einzelnen Schädigers heilsam auf die ganze Gegend aus.

## Bienenschädliche Pflanzenbehandlungsmittel

Chemie ist für uns Imker im allgemeinen ein Buch mit sieben Siegeln. Es hat darum keinen Sinn, vom chemischen Aufbau der Pflanzenschutzmittel zu reden. Es ist auch unmöglich, alle zur Zeit im Handel befindlichen Mittel aufzuzählen, weil ständig neue aufkommen. Man tut gut daran, bis zum Erweis des Gegenteils von jedem Gift zunächst anzunehmen, daß es

*Abb. 139a, b: Alle neu erscheinenden Schädlingsbekämpfungsmittel werden zuerst im Labor (a), dann im Zelt (b) und schließlich noch im Feldversuch auf ihre Bienengefährlichkeit überprüft.*

a)

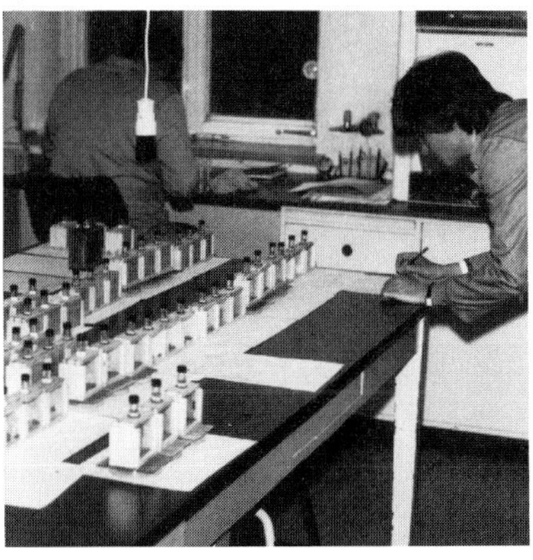

b)

auch für Bienen giftig ist. Da die Fabriken verpflichtet sind, auf Verpackung und Gebrauchsanweisung anzugeben, wenn ein Mittel bienenschädlich ist, halten wir uns praktisch an diese Angaben. Wenn ein Mittel den Bienen nicht schadet, werden die Hersteller von selbst nicht versäumen, das anzugeben.
Alle neu in den Handel kommenden Schädlingsbekämpfungsmittel müssen amtlich auf ihre Gefährlichkeit für Bienen geprüft werden (Abb. 139 a, b). Man kann sich durch genaues Lesen des auf die Packung Aufgedruckten sicher über die Giftigkeit der Mittel informieren.

## Vorsichtsmaßnahmen des Imkers

Um Schäden zu verhüten, wird der Imker vor allem vom ersten Frühjahr an eine stets funktionierende *Tränke* bei seinem Stand unterhalten, damit die Bienen nicht gezwungen sind, ihren Durst an giftnassen Pflanzen zu stillen. Auch am Wanderstand!
Er wird Beuten mit *Lüftungseinrichtung* haben, damit er seine Völker notfalls für einige Stunden einsperren oder abtransportieren kann.
Wo im Verband eine *Versicherung* für Giftschäden besteht, wird er ihr beitreten. Dann wird er auch entschädigt, wenn der Giftsünder nicht entdeckt wird.

## Was tun, wenn ...

... man vermuten muß, daß Bienen durch Schädlingsmittel vergiftet wurden? Wenn also die Völker schlagartig zusammenbrechen, oder wenn die heimkehrenden Trachtbienen von den Heimbienen angefallen und hinausgeworfen werden, oder wenn Bienen vor dem Stande taumeln, umfallen, sich mit schwirrenden Flügeln im Kreise drehen oder mit krampfartig zuckenden Beinen auf dem Rücken liegen? Gerade durch solche Krämpfe unterscheiden sich vergiftete Bienen von solchen, die an Nosema oder Milben eingehen.
Wichtig ist vor allem, daß man den Verdacht bestätigen und beweisen kann. Zunächst braucht man Zeugen. Da der Schaden ohnehin angezeigt werden muß, ist eine Amtsperson in Gestalt eines Polizisten von Nutzen. Der versteht aber in der Regel nichts von Bienen, so daß man auch noch einen Fachmann braucht (Vereinsvorsitzender oder Fachberater für Bienenzucht), um eine objektive Schätzung des Schadens zu bekommen. Auf alle Fälle wird man das zuständige Pflanzenschutzamt verständigen, das einen Beamten schicken kann. Besonders wirksam wäre es, wenn man den vermeintlichen Schädiger an den Stand zitieren könnte.

Zum sicheren Nachweis des Giftschadens — damit man auch vor Gericht damit Bestand hat — bedarf es der *amtlichen Untersuchung* der toten Bienen und nach Möglichkeit auch der Pflanzen, die vermutlich mit dem Gift behandelt worden sind. Ganz ideal wäre noch eine Probe der verwendeten Spritzbrühe.
Folgendes ist zu beachten:
1. Man nimmt die Proben in den ersten 24 Stunden nach Feststellung des Schadens.
2. Man sammelt — staub- und schmutzfrei — mindestens 800–1000 (ca. 100 g) tote Bienen vor dem Stand oder in den Beuten. Sie müssen luftdurchlässig verpackt werden, also nicht in Behältnisse aus Blech oder Plastik.
3. Von dem vermutlich begifteten Feld nimmt man Blüten und Pflanzen und wickelt sie in Pergamentpapier, nicht in Zeitungspapier. Bienen und Pflanzen packt man zusammen in ein Paket, aber so, daß sie nicht durcheinandergeraten können.
4. Nicht im gleichen Paket darf man Proben vom Spritz- oder Stäubemittel unterbringen, falls man solche bekommen kann. Es könnte etwas von dem Gift an Pflanzen oder Bienen kommen, dann wäre die ganze Arbeit umsonst gewesen.
5. Nicht vergessen, auf jede Probe gut leserlich den Absender zu schreiben. Anschrift: Biologische Bundesanstalt (Untersuchungsstelle für Bienenvergiftungen), Messeweg 11/12, 38104 Braunschweig.
6. Die vom Vereinsvorstand erhältlichen Fragebögen sind auszufüllen und an die aufgedruckte Adresse zu senden.
7. Wird die Vergiftung durch die Untersuchung der Proben bestätigt, muß der Täter bei Gericht verklagt werden, um die Rechtsgrundlage für die Entschädigung zu schaffen.
8. Bei aller Abneigung, die wir Imker gegenüber der chemischen Schädlingsbekämpfung besitzen, sollten wir doch erkennen, daß man ohne sie nicht immer auskommen kann. Tragisch ist nur, daß wir mit unseren Bienen aufgrund gelegentlicher Pannen bei solchen Maßnahmen zu Leidtragenden werden können. Es ist ein erfreuliches Zeichen, daß man sich immer mehr um *bienenungefährliche* Mittel bemüht und allenthalben auch einen *integrierten Pflanzenschutz* anstrebt, in dem neben der Chemie mechanische, pflegerische und biologische Maßnahmen ihren Stellenwert haben. Wir dürfen damit rechnen, daß mit den Jahren Giftschäden bei Bienen nicht zu-, sondern weiter abnehmen werden.

# X. Die wichtigsten Trachtpflanzen

**Tracht** ist ein Wort, das von Imkern unzählige Male in den Mund genommen wird, denn von der Tracht hängt der Honigertrag ab. Genaugenommen, ist Tracht das, was die Bienen an Nahrung aus der pflanzlichen Umwelt mit nach Hause bringen. Daran sind nicht nur die Pflanzen selbst, sondern eine Menge anderer Faktoren, wie Boden, Höhenlage, Klima, Wetter usw. beteiligt. Die Spender der Tracht, die Trachtpflanzen, bilden die **Bienenweide.** Bienenweide und Tracht sind also zwei verschiedene Dinge. Meist aber nimmt man es nicht so genau und vermengt aus Bequemlichkeit beide Begriffe miteinander.
Es gibt viele Pflanzen, die von den Bienen beflogen werden. Nur wenige bringen einen merklichen Ertrag, und hauptsächlich von solchen soll hier die Rede sein. Wir haben schon im Kapitel über den Honig gelernt, daß die Rohstoffquellen des Honigs einerseits Nektar, andererseits Honigtau sind. Während die Bienen mit dem Einsammeln von Honigtau offenbar keinen besonderen pflanzenbiologischen Zweck erfüllen, ist der Beflug der Blütenpflanzen infolge der damit verbundenen Bestäubungsarbeit für die Pflanzen lebensnotwenig. Außerdem liefern die meisten Blütenpflanzen mit ihrem überreichlich produzierten Pollen ein für die Bienen unentbehrliches Sammelprodukt.
Die Bedeutung einer Blütenpflanze als Rohstoffquelle für den Honig wird meist mit dem *Zuckerwert* angegeben. Er errechnet sich aus Menge und Konzentration des von einer Blüte abgeschiedenen Nektars und gibt die in 24 Stunden von der Blüte in mg gelieferte Zuckermenge an. Hauptsächlich für Kulturpflanzen gibt es auch noch den »Tracht«- oder »Honigwert«, der sich aus dem Zuckerwert der mittleren Blütenzahl einer Pflanze und der mittleren Pflanzenzahl je Flächeneinheit errechnet, und in Zucker- oder Honigmenge in kg je Hektar angegeben wird.
Durchwandern wir also, mit dieser Vorinformation ausgerüstet, das Trachtpflanzenjahr und beginnen wir mit der

## 1. Frühtracht

Sie meldet sich mit Vorfrühlingspflanzen, die für die Bienen vor allem als Pollenspender wichtig sind. Selbst wenn sie nebenher auch Nektar liefern, haben es die Bienen jetzt hauptsächlich auf den Blütenstaub abgesehen, den sie zum Aufbau ihrer Brutnester am nötigsten brauchen. Es fängt an mit *Hasel, Ulme, Pappel, Erle, Kornelkirsche* und vor allem mit den vielen

*Abb. 140: Weiden sind die besten Frühjahrs-Pollentrachtpflanzen für die Bienen. Die verschiedenen nacheinander aufblühenden Arten reichen mit ihrem Pollenangebot bis an die beginnende Obsttracht heran.*

Weiden(Salix-)arten, die man wegen ihrer Wichtigkeit für die Bienen oft sogar als eigenständige *Weidentracht* hervorhebt (Abb.140). Durch unterschiedliche Blühzeit der einzelnen Arten kann sich die Tracht über Wochen hinziehen. Eine solche Reihenfolge nacheinander aufblühender Weidenarten wäre etwa: Medemsweide *(Salix medemii),* Küblerweide (*S. smithiana),* Salweide *(S. caprea),* Reifweide *(S. daphnoides),* Balsamweide *(S. balsamica),* Purpurweide *(S. purpurea),* Lorbeerweide *(S. petandra),* Bruchweide (S. *fragilis).* Außerdem gibt es noch viele andere Arten und Kreuzungen. Dann sind da die zahlreichen Garten- und Wildpflanzen des Frühlings, die den Bienen Pollen liefern, wie etwa *Schneeheide, Christrose, Winterling, Schneeglöckchen, Krokus, Leberblümchen, Sternkraut, Huflattich, Taubnesseln usw., usw.* Wenn man die Bienen auf und in den Blüten beobachtet, könnte man meinen, sie würden sie zerreißen vor lauter Eifer.

## Obst

Die erste Honigtracht liefert in der Regel die Obstblüte. *Kirsche, Süß- und Sauerkirsche. Apfel, Birne,* daneben Beeren, *Johannis-, Stachel-, Himbeeren,* sind die für Bienen und Imker ergiebigsten Obsttrachten.

Nach BEUTLER, MAURIZIO und anderen wird ein Zuckerwert von einem Gramm pro Tag erreicht bei

| | | | |
|---|---|---|---|
| Süßkirsche | durch | 600– 2000 | Blüten |
| Sauerkirsche | durch | 800 | Blüten |
| Apfel | durch | 500– 1400 | Blüten |
| Birne | durch | 3300–20000 | Blüten |
| Pflaume | durch | 700– 7500 | Blüten |
| Pfirsich | durch | 750– 2000 | Blüten |
| Aprikose | durch | 1200– 3300 | Blüten |
| Johannisbeere | durch | 1400– 2000 | Blüten |
| Stachelbeere | durch | 200– 1000 | Blüten |
| Himbeere | durch | 260– 1000 | Blüten |

Nach russischen Angaben bringt ein Hektar:

| | | |
|---|---|---|
| Apfel | 20 kg | Honig |
| Eberesche | 40 kg | Honig |
| Himbeere (angebaut) | 50 kg | Honig |
| Himbeere (Wald) | 70 kg | Honig |

Zur Zeit der Obstblüte sind die Völker noch am Anfang ihrer Aufwärtsentwicklung. Sie bauen und legen schöne Honigkränze an, aber nicht immer reicht die Obstblüte allein zu einer Schleuderung aus. Dazu tragen manche frühblühende Wild- und Ziersträucher bei. Die wichtigsten *Weidenarten* sind inzwischen schon abgeblüht. Dasselbe gilt für andere der

*Abb. 141: Löwenzahn unter blühenden Kirschbäumen.*

*Abb. 142: Blühende Rapsfelder. Raps ist wohl die derzeit ausgiebigste Frühtrachtpflanze.*

vorne genannten Pollenspender. Jetzt kommen *Traubenkirsche, Mandelbäume, Japanische Quitte* und andere nicht sonderlich ausgiebige Gartensträucher dazu. Lohnend können aber *Ahornbäume* sein, z.B. *Berg-, Feld-* und *Spitzahorn,* die jetzt blühen. Besonders wichtig für den Frühjahrshonigertrag und manchmal ausschlaggebend aber ist der

### Löwenzahn (Taraxacum officinale, Korbblütler)

Er blüht mit dem Obst zusammen (Abb. 141) und kann, wenn er nicht von den Landwirten bekämpft wird, eine ausgiebige Tracht abgeben — besonders im Allgäu und anderen Grünlandgebieten. Reiner Löwenzahnhonig ist etwas für Liebhaber. ZANDER sagt vom Löwenzahnhonig, er ist »hellgelb bis gelb, meistens recht fest und körnig. Der Geschmack ist zuweilen so brennend, daß der Honig unserer Zunge widersteht.«

### Raps (Brassica napus, Kreuzblütler)

Nachdem der Rapsanbau wegen der Vorliebe der Konsumenten für andere Fette und Öle schon einmal stark zurückgegangen war, hat er allenthalben wieder zugenommen (Abb. 142). Die heute gebräuchlichen Rapssorten sind weitgehend frei von der bitteren Erucasäure. Der Trachtwert des Rapses hängt stark vom Wetter und von der Bodenbeschaffenheit ab. Nach MAURIZIO sind für 1 g Zucker 1250–2000 Blüten notwendig. IOIRISCH gibt je ha einen Ertrag von 50 kg Honig an. Der Honig ist schmalzartig, weich und weiß, sehr süß und ohne hervorstechendes Aroma. Wegen seines hohen Anteils an Traubenzucker kristallisiert er, wie alle Kreuzblütlerhonige, sehr rasch. Man muß deshalb rechtzeitig schleudern. Beim deutschen Verbraucher ist er nicht besonders beliebt. Darum schleudert man ihn am besten mit Obst zusammen. Das Obst gibt Farbe und Geschmack, der Raps die schmalzig-weiche Beschaffenheit. Eine gute Mischung gibt der sehr süße Rapshonig mit dem säuerlichen Honig der Luzerne. Gut gedeiht der Raps auf tiefgründigem Boden, reich an Humus, Kalk und sonstigen Nährstoffen. Günstig für seine Entwicklung wie für den Imker ist mildes, feuchtes Küstenklima. Sommerraps wird im zeitigen Frühjahr gesät. Sein Honigertrag scheint unsicherer zu sein als der von Winterraps.

## 2. Übergangs- und Sommertracht

Von der Frühtracht zur Sommertracht überleitend, spielen noch eine Rolle: Spitz- und Bergahorn, Faulbaum, Roßkastanie, Robinie (falsche Akazie), Sommer- und Winterlinde, Hederich, Esparsette, Zottelwicke, Brombeere, Heidel- und Preiselbeere, Wiesensalbei. Manchmal ergänzen sich einige davon so glücklich, daß es zu einer Schleuderung zwischen Raps und Sommertracht reicht. Wo die Bestände nicht sehr groß sind, wird ihr Ertrag entweder von den Bienen selber verbraucht oder geht mit in die Ernte aus der Sommertracht ein. So ist es oft schwer zu sagen, ob man z. B. Esparsette, Himbeere, Robinie, Linde zur Früh- oder zur Sommertracht zählen soll. Der Weißklee blüht praktisch von Mai bis Oktober. Hier einige Bemerkungen zu einigen dieser Trachtpflanzen.

### Robinie (Robinia pseudacacia, Schmetterlingsblütler)

Die Blüte erfriert leicht. Manchmal kommen die Blütentrauben noch zum Vorschein, aber vor dem endgültigen Aufblühen fallen die Blüten ab. In guten Jahren kann man an Orten mit größerem Bestand Akazienhonig ernten. Der Zuckerwert ist gut. Zu 1 g Zucker genügen 1000 Blüten. IOIRISCH nennt einen Hektarertrag von 1700 kg. Der Honig bleibt wegen seines hohen Fruchtzuckergehalts lang flüssig, sieht golden aus, kristallisiert aber sehr hell, lieblich, aber ohne ausgesprochenes Aroma. In Geschäften angebotene Akazienhonige stammen zumeist aus Osteuropa.

*Abb. 143: Linden werden von Bienen und Hummeln immer gut beflogen. In manchen Gegenden mit umfangreichen Lindenbeständen reicht es zur Ernte eines mehr oder weniger reinen Lindenhonigs.*

### Roßkastanie (Aesculus hippocastanum, Roßkastaniengewächse)

Sie spielt in Städten als Anlagen- und Alleebaum gelegentlich eine merkliche Rolle für den Imker. Schon 500 bis 1000 Einzelblüten ergeben 1 g Zucker. Er ist im Nektar hier überwiegend in Form von Rohrzucker vorhanden. Bei einseitiger Roßkastanientracht soll es in seltenen Fällen zu einer Lebensverkürzung der Bienen kommen, wofür man Saponinanteile im Nektar verantwortlich macht. Der Pollen ist jedoch gut verträglich.

### Linde (Tilia, Lindengewächs)

Die Linde wird sehr unterschiedlich beurteilt (Abb. 143). Sie wird fast durchweg eifrig beflogen. Nach den Untersuchungen ist der Zuckergehalt sehr gut. Für 1 g Zucker am Tag sind notwendig: bei der Sommerlinde *(Tilia platyphyllos)* 130 bis 1200 Blüten, bei der Winterlinde *(Tilia cordata)* 300 bis 3000, bei der holländischen *(Tilia vulgaris)* 1000, bei der Silberlinde *(Tilia tomentosa)* 200 bis 1400, bei der Krimlinde *(Tilia euchlora)* 400 bis 2400. Das sind gute Werte. Dennoch merken viele Imker, in deren Bereich sich Lindenalleen befinden, kaum etwas im Honigraum. Vermutlich wird in Süddeutschland selten die Baumzahl von 20 Linden je Volk erreicht, die nötig wäre, um Lindenhonig ernten zu können. Aus

Rußland wird ein Ertrag von 1000 kg Honig je Hektar Lindenwald angegeben. Lindenhonig ist hell und arm an Pollen, aber reich an Fermenten. Nicht selten findet man unter blühenden Lindenbäumen tote Bienen und Hummeln in großer Zahl. Die vermeintliche Giftwirkung der Linden, insbesondere der ausländischen Silberlinde, wurde in neueren Untersuchungen nicht bestätigt, eher scheinen die Insekten beim Sammeln in den Linden an Entkräftung einzugehen.

### Faulbaum (Frangula alnus, Kreuzdorngewächs)

Wer frühzeitig, etwa schon Ende Mai, die Fichte anwandert, tut gut daran, einen Platz zu wählen, an dem sich auch Faulbaum, Himbeeren oder Brombeeren befinden. Faulbaum liebt Feuchte. Die unscheinbaren Blüten werden eifrig beflogen. Zahlenmäßig scheint ihr Trachtwert noch nie festgestellt worden zu sein. Es wird auch schwierig sein, weil gleichzeitig viele andere Sträucher blühen.

### Esparsette (Onobrychis viciifolia, Schmetterlingsblütler)

Sie blüht von Mai bis Juli. Etwa 4000 Blüten ergeben 2 g Zucker. Durch die große Zahl der Blüten und die lange Blütezeit wird sie zu einer ausgezeichneten Trachtpflanze. Nach russischen Angaben 100 bis 600 kg Honig je Hektar. Leider ist ihr Anbau zurückgegangen. Meist verdrängt durch Luzerne, der sie den Weg gebahnt hat. Sie ist als Futterpflanze sehr langlebig, hält sich auch an Rainen und auf spät gemähten Wiesen über viele Jahre. Es gibt einschürige und zweischürige Sorten. Die zweischürigen sind wertvoller. Sie blühen schon im ersten Jahr, und auch der Neuaustrieb blüht wieder, bei den einschürigen nicht.
Für den Anbau ist wichtig: sie liebt Kalk, begnügt sich aber mit flachgründigem Boden, Trockenheit verträgt sie besser als Feuchte. Der Same sollte nicht mehrere Jahre gelagert werden, da die Keimfähigkeit schon im zweiten Jahr stark zurückgeht.

### Zottelwicke (Vicia villosa, Schmetterlingsblütler)

Zu gleicher Zeit mit Esparsette, Mai bis Juli, blüht auch die Zottelwicke *(Vicia villosa)* und ist also auch eine frühe Sommertrachtpflanze. Leider trifft man sie nur noch selten an — und auch nicht mehr in großen Beständen, die ergiebig genutzt werden könnten. Sie braucht eine Trägerpflanze, an der sie sich aufranken kann, z. B. Winterroggen, der im Frühjahr grün verfüttert wird. Kalkhaltiger Sandboden ist ihr am liebsten.

### Salbei (Salvia pratensis, Lippenblütler)

Wiesensalbei blüht ebenfalls von Mai bis Juli. Etwa 1600 Blüten liefern 1 g Zucker. Der Bestand wechselt von Jahr zu Jahr. Darum ist der Trachtwert nach Fläche nicht zu ermitteln. Die für medizinische Zwecke angebaute *Salvia officinalis,* echter Salbei, hat in Rußland 650 kg Honig je Hektar gegeben.

### Hederich (Raphanus raphanistrum, Kreuzblütler)

Er tritt in zwei Formen, mit hellgelber oder weißer Blüte, auf; Blütezeit Juni bis August. In manchen Gegenden vertreten durch den gelbblühenden *Ackersenf, Sinapis arvensis,* dessen Blütezeit etwas früher endet, auch meist als Hederich bezeichnet. Hederich war früher für viele Imker *die* Sommertracht. Obwohl der Zuckerwert (viel Traubenzucker) für Ackersenf sehr niedrig liegt — 20000 Blüten geben erst 1 g —, so war doch eben einst die ganze Flur damit durchsetzt. Heute wird er stark bekämpft.

### Weißer Senf (Sinapis alba, Kreuzblütler)

Gut als Pollen- wie als Nektarpflanze ist der angebaute, im Juni–Juli gelb blühende »weiße« Senf. Er blüht schon 6 Wochen nach der Aussaat und blüht wochenlang. 2500 Blüten ergeben 1 g Zucker. Er ist anspruchslos, will allerdings keinen sauren Boden, ist für Wärme dankbar.
Zur Körnergewinnung sät man ab März 10 bis 15 kg in Reihen 25 bis 40 cm. Der Same wird gemahlen verwendet zu Speisesenf, der den Appetit anregt und die Fettverdauung fördert. Auch zu Senfpflastern, die bei Rheuma und sonstigen Beschwerden die Blutzirkulation steigern. Zur Grünfuttergewinnung sät man dichter, 18 bis 30 kg je Hektar. Auch als Stoppelfrucht zu Grünfutter oder Gründüngung ist er gut, oft gemischt mit Erbsen und Wicken. Für den Imker bei passendem Herbstwetter unübertroffen durch seine lang anhaltende reiche Pollenspende.

### Rotklee (Trifolium pratense, Schmetterlingsblütler)

Er ist an sich mit seiner 8 bis 10 mm langen Blütenröhre eine Hummelpflanze. Obwohl für 1 g Zucker 5000 bis über 30000 Blüten nötig sind, kann er durch die große Zahl der Blüten doch eine ausgezeichnete Tracht bieten, wenn entweder wetterbedingt die Blütenröhren kürzer bleiben oder der Nektar höher steigt oder die Biene einen etwas längeren Rüssel hat. Das ist bei Krainern, Italienern und Kaukasiern der Fall.
Der Rotklee liebt Feuchte, Kalk, tiefgründigen schweren Lehm. Sand und humusreicher Boden sagen ihm weniger zu. Er gedeiht auf vielen Böden, die sich für Luzerne nicht eignen.

### Weißklee (Trifolium repens, Schmetterlingsblütler)

Er blüht den ganzen Sommer durch, ist dankbar für öfteres Abmahen oder Abweiden. Unterbleibt es, wird er gern auf feuchtem Grund zu naß und fault. Zu 1 g Zucker sind 7000 bis 80000 Blüten nötig. Aber die Menge der Blüten macht es. 100 kg Honig je Hektar gibt Ioirisch an. In Norddeutschland ist Weißklee eine wichtige Tracht. Im Süden eine Zugabe. Der Honig ist hell, ohne Besonderheiten, wie Rotkleehonig. Wo bei Straßenbauten neue Wegränder und Raine angelegt werden, sollte man dafür sorgen, daß dem Grassamen auch Weißklee beigemischt wird. Es gibt ein schöneres Bild und nützt den Bienen. Nach meiner Erfahrung lassen die Straßenwärter da mit sich reden.

### Phazelia (Phacelia tanacetifolia, Wasserblattgewächs)

In Nordamerika gibt es etwa 100 Arten von Phazelia. Ein halbes Dutzend hat sich als Zierpflanzen in unsere Gärten verirrt. Bedeutung für die Bienen hat eine angebaute Art, die als Büschelkraut oder Büschelschön bezeichnet wird (Abb. 144). 500 bis 1000 kg Honig gibt sie nach Ioirisch je Hektar. Sie blüht je nach Aussaat von Juni bis Oktober 4 bis 6 Wochen lang. Als Stoppelfrucht kann sie sich allerdings mit Senf an Raschwüchsigkeit nicht messen. Bei großer Trockenheit versiegt der Nektar. Doch ist sie im allgemeinen auf allen Böden zu verwenden. Wichtig ist genügend Feuchte während der Entwicklung. Vom zeitigen Frühjahr an kann man säen, vor einer Zweitfrucht, als Überfrucht zusammen mit Klee, als Stoppelfrucht mit Wicken oder Senf oder auch für sich allein zur Futtergewinnung. Läßt sich auch silieren. Zur Samengewinnung Saat bis Ende April. Ernte 3 Wochen nach Abblühen, wenn die unteren Samen reif sind.

*Abb. 144: Phazelia ist eine hochwertige Futterpflanze für die Landwirtschaft und eine ebensolche für die Bienen.*

Nach dem Dreschen kann man durch den Kleereiber noch Samen aus der Spreu gewinnen. Bei den derzeit üblichen Flächenstillegungen sollte der Landwirt an Phazelia denken.

### Weißer und gelber Steinklee, Riesenhonigklee (Melilotus albus, M. officinalis, M. altissimus, Schmetterlingsblütler)

Vom Juni/Juli bis in den September blühen die verschiedenen Steinkleearten, der kleinere gelbe manchmal schon im Mai (Abb. 145). Für *M. officinalis,* den echten Steinklee, mit 30 bis 90 cm der niedrigste von ihnen, nennt IOIRISCH 200 kg Honig je Hektar wild, 600 kg angebaut. Der höhere und besonders blütenreiche weiße bringt kaum weniger. Steinklee wächst, wie schon sein Name sagt, auch auf schlechtem, steinigem oder kiesigem Untergrund, sofern er nur kalkhaltig ist. Wo man mit Luzerne kein Glück mehr hat, kann Steinklee noch einen guten Ertrag bringen. Er dringt mit seinen Wurzeln in die Tiefe und schließt den Boden auf. Man kann ihn systematisch zur Bodenverbesserung verwenden, so daß ein zunächst ungeeigneter Boden luzernefähig wird. Der zweijährige Steinklee unterdrückt Unkräuter, sammelt Stickstoff und lockert und bereichert den Boden durch seine rasch verrottenden Wurzeln.
Steinklee kann im zeitigen Frühjahr in Roggen, Weizen, Hafer und Gerste, aber auch für sich allein gesät werden. Auch aufzulassende Felder

*Abb. 145: Riesenhonigklee (hier die gelbe Varietät) wird feldmäßig angebaut, findet sich aber auch oft verwildert auf Ödflächen, Bahndämmen, in aufgelassenen Steinbrüchen und Sandgruben oder, wie hier, am Waldrand.*

kann man mit Steinklee ansäen und so noch durch die Bienen zusätzlich nutzbar machen. Die Grünmasse im ersten Jahr ist nicht geringer als bei Luzerne. Bei früher Entfernung der Überfrucht oder bei Alleinsaat ist schon im ersten Jahr ein zweiter Schnitt möglich. Doch darf man nicht zu tief mähen, damit der zweite Ausschlag Platz zum Ansetzen hat. Im zweiten Jahr zwei Grünschnitte oder ein Schnitt und der zweite zur Samengewinnung. An den bitteren Cumaringeschmack der grünen Pflanze gewöhnt sich das Vieh, beim Dörren geht der Bitterstoff zum großen Teil in die Luft. Man kann mit 6 bis 16 dz Samen vom Hektar rechnen. — Wo Schafe weiden, ist Steinklee an Rainen und Gräben schlecht aufzubringen. Schafe haben — zum Unterschied vom Rindvieh — vor dem bitteren Steinklee keine Hemmungen.

## 3. Honigtautracht

Für Imker, die in Waldgebieten leben oder sie anwandern können, ist der Honigtau die wichtigste Sommertracht. Er erscheint auf Nadelholz und Laubholz und geht, wie wir im Kapitel Honig erfahren haben, ausschließlich auf tierische Vermittler zurück (Abb. 146a, b). Es sind Spezialisten, die der Insektenordnung der Schnabelkerfe (Rhynchoten) angehören und durch stechend-saugende Mundteile ausgezeichnet sind. Als Honigtauerzeuger kommen hauptsächlich Schildläuse *(Coccinen)*,

*Abb. 146a, b: Zwei Beispiele aus der großen Anzahl honigtauerzeugender Pflanzenläuse. a) Das Weibchen der Großen Fichtenquirlschildlaus (Physokermes piceae), hier mit einem sich bildenden Honigtautropfen, erreicht ausgewachsen eine Größe von 7–8 mm (gegenüber 2,5–4,5 mm der kleineren Art Ph. hemigryphus). Fühler und Beine sind zu kleinen Stummeln zurückgebildet und erlauben den erwachsenen Weibchen keine Fortbewegung mehr. Der Uneingeweihte könnte das Gebilde für einen Teil der Pflanze, etwa eine Knospe, halten. b) Junge Rindenlauskolonie auf der Fichte. Bevorzugter Sitzort der Läuse sind die Maitriebe, auf die sie von ihrem Geburtsort, auf den vorjährigen Trieben, überwandern. Manche Arten fühlen sich aber auch auf vorjährigen und älteren Zweigen wohl.*

Blattläuse *(Aphiden)* mit ihren Untergruppen und seltener Zikaden *(Auchenorrhynchen)* und Blattflöhe *(Psyllinen)* in Frage. Indem sie dem Pflanzensaft einen Teil der Nährstoffe entziehen, verändern sie ihn. Honigtau ist nicht nur ein Filtrat, sondern ein Verarbeitungserzeugnis der Pflanzensauger, so wie der Honig ein solches der Bienen ist. Bei der Umwandlung verhalten sich nicht alle Läuse gleich. So kann Honigtau von der gleichen Pflanze, aber von verschiedenen Pflanzensaugern, unterschiedlich in der Zusammensetzung sein. Daher kommt es wohl auch, daß z. B. Blatthonig von der Eiche einmal von den Bienen verschmäht und ein andermal gesammelt wird. Er stammt eben von verschiedenen Bearbeitern. Ebenso kann Blatthonig von Birnbäumen oder Zwetschgenbäumen tropfen, und die Bienen rühren ihn nicht an.

## Fichte (Picea abies, Kieferngewächs)

Die Fichte oder Rottanne ist der wichtigste Nadelholzbaum Mitteleuropas. Sie steigt in den Alpen bis 2000 m auf, wird bis 500 Jahre alt, bis 50 m hoch und 2 m dick. Die Nadeln sind kantig, 2,5 cm lang und stehen spiralig rings um den Zweig. Als Flachwurzler ist der Baum gefährdet durch Sturm und Trockenheit. Forstlicher Umtrieb in 70 bis 120 Jahren. Das Holz wird vielseitig als Nutzholz verwendet, die Rinde zum Gerben, die Nadeln zu Rheumabädern, die langen dünnen Wurzeln zum Binden von Bienenkörben. Allerlei Spielarten der Fichte dienen als Ziergehölz. Auch sie werden von Honigläusen befallen. So kann man im Vorgarten Tiere und Trachtverlauf studieren.

Die *Fichtenquirlschildlaus (Physokermes spec.)* dürfte die ergiebigste und zuverlässigste Honigtaulieferantin der Fichte sein. Sie wird vielfach auch von den Wanderimkern nicht erkannt, weil sie unbeweglich ist und knospenartig an den jüngsten Zweigquirlen sitzt. Sie ist von rosa bis braunroter Farbe. Das knospenähnliche Gebilde ist der aufgetriebene Leib des Weibchens. Darin gibt es eine Bruthöhle, in der sich zahlreiche Eier befinden. Im August schlüpfen rötliche Larven aus dem Muttertier. Die Männchen setzen sich an der Unterseite der Nadeln fest. Die Weibchen wandern unter die Knospenschuppen der diesjährigen Triebe, häuten sich im Oktober und überwintern als sogenannte Zweitlarven. Im nachfolgenden März (April) wandeln sich die weiblichen Zweitlarven zu fertigen Tieren. Diese nehmen an Größe zu und wachsen über die Quirlschuppen hinaus. Sie beginnen im April (Mai) mit der Honigtauproduktion. Weiterwachsend verfärben sie sich kirschrot und werden jetzt von den Männchen, die sich inzwischen aus Zweitlarven zu geflügelten Imagines entwickelt haben, begattet. Im Juni (Juli) werden die nunmehr 8 (bzw. 6) mm großen Weibchen dunkelrotbraun. Sie bilden in ihrem Inneren zahlreiche Eier aus und beenden die Honigtauproduktion.

Die Fichtenquirlschildlaus gibt es in zwei Arten. Die kleinere Art *(Ph. hemicryphus)* entwickelt sich grundsätzlich in der gleichen Weise wie die größere *(Ph. piceae)*, nur 4 Wochen später. Sie ist in ihrer Honigtauproduktion sogar noch ausgiebiger. Im Schnitt rechnet man, daß eine Quirlschildlaus insgesamt 0,50 ml Honigtau produzieren kann. Wenn man das mit vorhin genannten Zahlen bei Blüten vergleicht, sieht man, daß eine einzige Quirlschildlaus Hunderte, ja Tausende von Blüten aufwiegt. Oft sieht man den durch einen Schlitz des Leibes herausquellenden Honigtau als klaren Tropfen an den Zweigen funkeln. Obwohl die Quirlschildlaus nur eine einzige Generation jährlich in die Welt setzt, liefert sie doch einen großen, wenn nicht den größten Teil der Fichtentracht.

Ein anderer wichtiger Honigtauerzeuger der Fichte entstammt der Gruppe der Blattläuse, und hier wiederum der Unterabteilung der Rindenläuse *(Lachniden)*. Es ist die *Große Schwarze Fichtenrindenlaus (Cinara piceae*, früher *Lachnus grossus* genannt).

Sie wird 4 bis 5 mm groß, sitzt in größeren oder kleineren Gruppen zwischen den Nadeln und saugt an der Rinde der dünnen Zweige. Anfang Juni, manchmal auch erst im Juli liefert sie eine gute Tracht. Sie mag uns das Beispiel abgeben für die Entwicklung der Honigläuse, die mehr als eine Generation im Jahr hervorbringen. Ihre Vermehrung wird von beiden Seiten her geregelt: durch die Lebensgesetze des Tieres und durch die Lebensgesetze seiner Wirtspflanze. Eine ausschlaggebende Rolle spielt das Wetter.

Im Spätherbst legen begattete Weibchen widerstandsfähige Wintereier. Aus diesen gehen im zeitigen Frühjahr die Stammütter hervor. Aus diesen kommen ohne Begattung, also durch Jungfernzeugung, im Laufe des Jahres 7 Generationen Läuse. Es sind zuerst alles Weibchen — in der Regel flügellos —, nur in der 3. Generation (Ausbreitungsgeneration) haben die Weibchen Flügel. Alle Läuse werden lebend geboren. Ihre Entwicklung wird im Frühjahr durch einen hohen Eiweißgehalt des Pflanzensaftes, der mit dem Nadelaustrieb und der Blüte der Bäume zusammenhängt, begünstigt. Im Juni sinkt der Eiweißgehalt stark ab und erreicht im Juli–August seinen Tiefstand. Entsprechend sinkt die Vermehrung der Rindenläuse. Ein nochmaliger geringerer Anstieg des Eiweißes ermöglicht die letzten Generationen. Jetzt endlich sind auch geflügelte Männchen dabei. Sie begatten die Weibchen, und diese legen Eier — die Wintereier.

Außer der Großen Schwarzen Fichtenrindenlaus finden sich noch andere Rindenläuse auf der Fichte, etwa die Rotbraun Bepuderte Fichtenrindenlaus *(Cinara pilicornis),* die Stark Bemehlte Fichtenrindenlaus *(Cinara costata),* die Grüngestreifte Fichtenrindenlaus *(Cinara stroyani)* und die Graugrün Gescheckte Fichtenrindenlaus *(Cinara pruinosa).* Sie zeigen alle einen ähnlichen Entwicklungsverlauf und sind mit ihrem Einfluß auf die Fichtentracht von bienenwirtschaftlicher Bedeutung.

Ob der Wald honigt oder nicht, hängt vom Massenauftreten der Läuse ab, wobei der jahreszeitlich unterschiedliche Eiweißgehalt des Pflanzensaftes eine Rolle spielt. Mächtige Populationen kommen zustande, wenn mehrere Generationen sich überschneiden, wenn also neue Generationen auftreten, während die älteren noch in großer Zahl am Leben sind. Das ist im Juni der Fall.

Wichtig für die ganze Jahresentwicklung ist das Wetter im Frühjahr. Naßkaltes Wetter zu der Zeit, da aus den Eiern die Stammütter entstehen, ist ungünstig. Auch die wichtigen ersten Tochtergenerationen sind dankbar für trockenes Wetter.

Die Tracht wird begünstigt durch Hitze bei Tag und Kühle mit Taubildung bei Nacht. Dadurch wird der eingetrocknete Honigtau aufgelöst und damit, manchmal unerwartet plötzlich, in großer Menge den Bienen zugänglich.

Von Bedeutung sind auch die Feinde und Freunde der Honigläuse. Larven von Florfliegen und Marienkäferchen verzehren große Mengen. Eine einzige Florfliegenlarve bis zu 50 am Tag.
Umgekehrt werden die Honigläuse von Ameisen, besonders von der Roten Waldameise, gehegt und gepflegt und natürlich auch gemolken. In der Nähe von Ameisennestern ist die Honigtautracht deutlich vermehrt, trotz der mitzehrenden Ameisen. Die Imker sollten sie also schützen.
Die Honigtauflecken finden sich auf der Blattoberfläche, oft auf niedrigem Gesträuch unter den Bäumen. Das wird oft als Beweis für eine Honigtauentstehung ohne Honigläuse betrachtet. In Wirklichkeit sorgen die Läuse dafür, daß sie nicht selbst in ihrem eigenen Erzeugnis verkleben. Sie schleudern die kleinen Tröpfchen mit energischen Bewegungen ihres Hinterleibs von sich. Wenn viele Tröpfchen von einer immer am gleichen Platz sitzenden Laus nach unten fallen, gibt es dort einen großen Tropfen, der flächig ausläuft. Man könnte dann meinen, die Pflanze hätte ihn ausgeschwitzt.

## Tanne (Abies alba)

Tannentracht gibt es nicht so oft wie Fichtentracht, aber sie ist dann meist reichlich. Oft so reich und anhaltend, daß man vorzeitig mit den Bienen abwandern muß, damit sie sich nicht zu Tode schaffen. Schuld an dieser Tracht ist die *Grüne Tannenhoniglaus* (*Cinara pectinatae,* früher *Lachnus pichtae*). Alle 4 bis 6 Jahre liefert sie eine Großtracht. Die Laus ist bis 5 mm groß. Trotzdem wird sie oft nicht erkannt, weil sie durch ihre grüne Farbe und zwei weiße Streifen auf dem Rücken den Tannennadeln gleicht, an deren Grund sie saugt. Immer einzeln. Die Tracht kann sich bis in den September hinziehen. Überwinterung als Ei auf der Nadelunterseite. Entscheidend ist gutes Wetter im Frühjahr während der Entwicklung der ersten Generationen.
Außer der Grünen Tannenhoniglaus kann auch eine schwarze Art, *Todolachnus abieticola,* eine Rolle spielen.

## Kiefer (Pinus silvestris)

Dieser besonders häufige Baum unserer Wälder, der in verwandten Arten (Bergkiefer, Latsche) in den Alpen bis in die Hochgebirgsregion hinaufklettert, honigt relativ selten, aber dann manchmal außerordentlich gut. Die Große Braune Kiefernrindenlaus (*Cinara pinea,* früher *Lachnus pineti* genannt) ist neben einigen anderen Läusen die Vermittlerin. Kiefernhonig fällt Ende Juni, anfang Juli an, kann aber auch im Spätherbst noch einmal überraschend auftreten.

### Lärche (Larix decidua)

An ihr liefert die Warzigborstige Lärchenrindenlaus *(Cinara laricis)* einen Honigtau, der reich an *Melezitose* ist. Die Folge ist oft ein Honig, der nicht aus den Waben will. Diesen *Zementhonig* gibt es aber nicht nur von der Lärche. Er kann fast bei jeder Nadel-Honigtautracht — verursacht durch ganz verschiedene Läuse — auftreten, wobei man noch nicht recht weiß, warum. Um den Honig herauszubringen, wird u. a. empfohlen, die Waben in warmes Wasser zu tauchen und noch einmal von den Bienen bearbeiten zu lassen (s. S. 000).

### Eiche (Steineiche, Quercus petraea, Stieleiche, Qu. robur, Buchengewächse)

Auf ihr kommt in Borkenrissen in starken Gruppen die Eichenstammschildlaus *(Kermes quercus)* vor, eine Schildlaus, deren Erzeugnis im Mai–Juni eingetragen werden soll. Zur gleichen Zeit können die Rindenläuse *Lachnus roboris* und *Schizodryobius longirostris* auf der Eiche honigen. Außerdem sind noch honigende Blattläuse bekannt.

### Ahorn (verschiedene Arten, vor allem Bergahorn, Acer pseudoplatanus, und Spitzahorn, Acer platanoides, Feldahorn, Acer campestre, Ahorngewächse)

Welche von den vielen auf Ahorn vorkommenden und teilweise auch heute noch schwer zu identifizierenden Blattlaus-Arten für die im Mai bis Juni nach heißem, schwülem Wetter reichlich produzierten Honigtaumengen verantwortlich sind, ist nicht immer leicht zu ermitteln. Es sind hauptsächlich Ahornborstenläuse der Gattung *Periphyllus* und Ahornzierläuse *(Drepanosiphum spec.)*.
Auch **Rotbuche, Weißbuche, Linde, Hasel, Weiden** u. a. können Honigtau liefern, wenn man auch nicht damit rechnen darf, daß jeder beobachtete gute Lausbesatz einen ergiebigen Bienenflug auslösen muß. Grundsätzlich stellt die Honigtautracht besonders im Süden Deutschlands einen wichtigen Ertragsfaktor dar, aber auch in waldreichen Gegenden des Nordens ist sie in den letzten Jahren immer bedeutender ge-

worden. Waldhonig wird von den Kunden wegen seines würzigen Geschmacks und seiner nicht so stark hervortretenden Süße gegenüber dem qualitativ völlig gleichwertigen Blütenhonig häufig bevorzugt. Wir können nur hoffen, daß uns der Wald erhalten bleibt und das »Waldsterben« unserer Tage nicht weitergeht. Es ist auch für unsere Bienen ein Verhängnis.
Nur skizzenhaft konnte die Waldtracht hier behandelt werden. Zu einer ausführlichen Darstellung bräuchte es ein ganzes Buch. Im Ehrenwirth Verlag, München erschien »Waldtracht und Waldhonig in der Imkerei«. Von ersten Fachleuten wird darin alles erzählt, was man heute über Erzeuger, Erzeugung und Gewinnung des Waldhonigs auf Grund ernsthafter wissenschaftlicher Bemühungen und praktischer Erfahrung weiß. Gleich hier soll als Gegenstück auch noch das »Trachtpflanzenbuch« von Maurizio/Schaper aus demselben Verlag genannt werden. Es beschäftigt sich mit den Lieferanten von Blütenhonig unter den Bienenweidepflanzen, wobei es durch Gründlichkeit und viele schöne Farbaufnahmen besticht.

## 4. Spättracht

### Luzerne (Medicago sativa, Schmetterlingsblütler)

Aussicht auf Luzernehonig besteht zum zweiten Schnitt Mitte Juli–Anfang August. Leider ist der Luzerneanbau für Futter- und Samengewinnungszwecke stark zurückgegangen. Dabei ist bekannt, daß die fränkische Luzerne wertvoller ist als die ungarische oder amerikanische. Die Luzerne will tiefgründigen, nahrhaften Boden. Da sie eine tiefe Pfahlwurzel bildet, gedeiht sie auch auf Böden, die oberflächlich leicht und sandig sind, in der Tiefe aber Lehm oder Mergel führen. Blüte und Samenansatz hängen stark vom Wetter ab. Feucht gewachsene Luzerne schießt üppig ins Kraut und bringt wenig Blüten. Dann mähen auch die Samenbauern vorzeitig, und es bleibt wenig für die Bienen übrig. Starke Hitze begünstigt das Honigen. Die Luzerne muß duften. Der Honig fließt dünn, fast wäßrig aus der Schleuder, kristallisiert aber bald. Der etwas säuerliche Geschmack ist dem einen angenehm, dem anderen nicht. Deshalb wird Luzernehonig oft mit anderen Honigen verschnitten. Durch vorausgehende Honigtautracht bekommt er Farbe und Geschmack.

*Abb. 147: Sonnenblumenfelder verschönern im Spätsommer auch bei uns immer häufiger das Landschaftsbild.*

## Sonnenblume (Helianthus annuus L.)

Die ursprünglich in Amerika heimische Pflanze wird seit dem 17. Jahrhundert auch in Europa kultiviert. Sie dient der Ölgewinnung und fand vor allem in Osteuropa weite Verbreitung. Neuerdings wird sie auch in Deutschland feldmäßig angebaut (Abb. 147). Die Pflanzen wachsen schnell und brauchen einen kräftigen, stickstoffreichen Boden und viel Sonne. In entsprechend großen Anbaugebieten läßt sich Sonnenblumenhonig ernten. Er ist dottergelb, stark aromatisch und erinnert äußerlich an Löwenzahnhonig.

## Bärenklau (Heracleum sphondylium, Doldengewächs)

Er blüht von Juni bis Oktober auf feuchten Wiesen. Ertragszahlen sind mir nicht bekannt. In Südbayern jedenfalls, in »Moosgegenden«, gilt er als gute Tracht. Er fließt ähnlich dünn wie Luzernehonig aus der Schleuder, kristallisiert weich, feinkörnig, mattgelb. Der stark aromatische herbe Geschmack ist nicht jedermanns Sache. Mischung mit Wald- und Heidehonig mildert ihn. Der Fermentwert ist sehr gut. Mit Bärenklau zusammen findet sich oft die auch gut honigende Kohldistel (Cirsium oleraceum). Das »Moos« lohnt vielfach auch eine Wanderung.

**Heidekraut (Calluna vulgaris, Heidekrautgewächs)**

Die Lüneburger Heide erlaubte jahrhundertelang eine sehr eigenwillig ausgeprägte und dabei krisenfeste Imkerei. Heute ist das leider nicht mehr so. Nicht nur, daß die Heideflächen in beängstigender Weise abgenommen haben, überhaupt scheinen die Bedingungen für ein gedeihliches Heidewachstum ungünstiger geworden zu sein. Soweit sich das nicht klimatisch erklären läßt, ist möglicherweise das abgesunkene Grundwasser schuld, oder es fehlt der Verbiß durch *Heidschnucken,* was zu einer Vergreisung des Heidekrauts führt.

Trotzdem verspricht die Heide, die außer im Lüneburger Gebiet auch noch in manch anderen Gegenden Deutschlands vertreten ist, einen ansehnlichen Ertrag. Sie stellt immer noch die wichtigste Herbsttracht — vor allem zum Wandern — dar. Die Blüte beginnt zum Teil schon im Juli und dauert bis zum September. Man pflegt aber erst Mitte August anzuwandern und bleibt etwa drei Wochen. Die Heide »frißt« Bienen, erzeugt aber auch Jungvolk, was vom gesundheitlichen Standpunkt nur zu begrüßen ist.

Die sulzige Form des Heidehonigs erschwert allerdings das Schleudern sehr. Er muß vorher durch einen Lösapparat in der Wabe gelockert werden. Der Geschmack des rötlichgelben, später ins Bräunliche übergehenden, grob kristallisierenden Honigs ist scharf und eigen. Vorliebe oder Ablehnung sind Geschmacksache.

Bei der Überwinterung der Bienenvölker auf dem mineralienreichen Heidehonig droht nach langen Wintern Ruhr. Man nimmt ihn deshalb, so gut es geht, heraus. Im Frühjahr jedoch bieten aufgerissene Heidewaben einen kräftigen Anreiz zur Brut.

## 5. Gärten, Parkanlagen und Friedhöfe

Diese Orte sind zwar keine Honiggruben, aber dennoch in der Regel kleine Paradiese für die Bienen. Irgend etwas blüht immer — gleich zu welcher Zeit im Jahr — gleich, ob Blumen, Stauden oder Sträucher. Wenn auch keine eigenständige Tracht dort zu erwarten ist, so können die Bienen mit ihren Besuchen in diesen Gefilden doch allemal die Lücken zwischen den ausgiebigen Honigtrachten füllen. Vor allem Pflanzen mit ungefüllten Blüten sind treue Lieferanten für Honig und Pollen. Das sollten wir bei der Anlage unserer Haus- und Ziergärten besonders bedenken (Abb. 148). Dann wird uns jeder Gang durch diese Blumenwelt mit dem emsigen Treiben unserer Immen darin doppelte Freude bereiten.

*Abb. 148: Ein »Bienengarten«! (Bild des alten Bienengartens der Bayerischen Landesanstalt für Bienenzucht Erlangen in der Raumerstraße)*

# XI. Aus der Geschichte der Bienenzucht im europäischen Blickfeld

## 1. Von den Anfängen bis zur Jetztzeit

Die Nutzung der Biene durch den Menschen geht wahrscheinlich bis auf die Zeit seiner Menschwerdung zurück — ganz gleich, wann und wo man diese ansetzen will. Der schonende Umgang mit den Bienen — gemeint ist das Bemühen, ein Bienenvolk auszunehmen, ohne es zu zerstören — ist jüngeren Datums, wenn auch niemand genau sagen kann, wann die Menschen damit angefangen haben. Eines der ältesten Zeugnisse der Auseinandersetzung mit den Bienen ist ein Wandgemälde in der Aranahöhle in Valenzia in Spanien, das man wahrscheinlich mehr als 10 000 Jahre, also in die ausgehende letzte Eiszeit zurückdatieren kann. Auf einer Art Strickleiter macht sich ein Mensch an einem Bienenvolk zu schaffen, das sich hoch oben in einer Felsenhöhle oder einem Baumstamm eingenistet hat. Ein Gewirr von Punkten muß man als Bienen deuten. Weiter unten ist ein zweites menschliches Wesen erkennbar, das vielleicht beim Abtransport der Waben helfen soll (Abb. 149).

### a) Im alten Orient

In der »Literatur« taucht die Biene zuerst bei den Völkern des Orients auf. In *altindischen* Mythen, den »Vedas« (mehr als 4 000 Jahre alt), sind Biene und Honig wiederholt erwähnt. Die Götter heißen dort »Madara«, das sind »Nektargeborene«. Ebenso ist in alten Schriften der *Ägypter* (Papyri) häufig von der Biene die Rede. Die Ägypter scheinen schon viel vom Staate der Bienen gewußt zu haben, denn das Bild der Bienenkönigin ist in der ägyptischen Hieroglyphenschrift ein Symbol für Herrschaft, für Ägypten und den König von Ägypten, während das Bild der Biene sie selbst bezeichnet oder für Honig verwendet wird. Sicher betrieben die alten Ägypter schon 2 000 Jahre v. Chr. richtige Bienenzucht. Die Beuten bestanden aus geflochtenem Rohr, mit Lehm verschmiert, oder aus gebranntem Ton, wie heute noch.

In der *heiligen Schrift* der Hebräer wird an vielen Stellen vom Honig gesprochen. Johannes hat sich von Heuschrecken und wildem Honig ernährt. In *Talmud* sind bereits Kenntnisse über die Entwicklung und das Schwärmen der Bienen enthalten, und es wird von verschiedenen Bienenwohnungen aus Stroh und Rohrgeflecht berichtet. Auch im Koran der

*Abb. 149: Honigentnahme nach der Höhlenzeichnung aus der Steinzeit in Bicorp/Spanien.*

Mohammedaner fehlt die Biene nicht. In der 16. Sure heißt es: »Der ewige, allbarmherzige Gott lehrte auch die Biene, indem er sagte: Baue deine Häuser in Felsen und Berge und in die Bäume der Wälder mit solcher Kunst, wie die Menschen zu bauen gewöhnt sind. Fliege aus zu allen Blüten und Früchten, welche der Herr dir angewiesen. Aus ihrem Leibe kommt nunmehr der köstliche Honig, verschieden an Farbe, aber eine wahre Arznei für den Menschen«.

### b) Bei den Griechen und Römern

Bei dem hohen Kunstsinn dieser Völker nimmt es nicht wunder, daß sich frühzeitig viel Phantasie in die Betrachtung des Bienenvolks mischte. Doch sticht ein Mann mit scharf ausgeprägtem Sinn für naturwissenschaftliche Wahrhaftigkeit heraus. Der große griechische Gelehrte Aristoteles (384–322 v. Chr.) hat in seiner Tierkunde Buch V und IX über

die Biene berichtet. ARISTOTELES weiß bereits um die 3 Bienenwesen und ihre Funktion, er ahnt die Arbeitsteilung, schreibt von den wichtigsten Bienenkrankheiten und über die Bedeutung von Honig und Pollen für die Ernährung der Biene. Diese Erkenntnisse kann er nicht ohne das Vorhandensein einer geeigneten Bienenwohnung gewonnen haben — möglicherweise sogar mit mobilen Wabenbau (s. S. 351). Bei all dem fundierten Fachwissen mag man ihm gelegentliche phantastische Anwandlungen vergeben: »Der Honig fällt aus der Luft« oder »Das Wachs kommt von den Blumen«. Die praktische Bienenzucht war nach geschichtlichen Zeugnissen zu dieser Zeit bereits als Haus- und Gartenbienenzucht entwickelt.
Die *römische* Bienenzucht hat ohne Zweifel von der griechischen viel gelernt. Es gibt um die Zeit von Christi Geburt eine Reihe bedeutender römischer Schriftsteller, die im Rahmen meist mehrbändiger landwirtschaftlicher Werke ausführlich über die Biene schreiben (VARRO, COLUMELLA, VIRGIL, SENEKA, PLINIUS u. a.). Sie schöpfen jedoch das meiste aus ARISTOTELES oder ergehen sich in Phantastereien. Mit besonderer Vorliebe vergleichen sie den Staat der Bienen mit der menschlichen Gesellschaft. Dabei tut sich dichterisch besonders kunstvoll VERGIL hervor. COLUMELLA zeichnet in einem seiner 12 der Landwirtschaft gewidmeten Bücher (De re rustica) die römische Bienenzucht vielleicht am umfassendsten, wobei wir auch viel über die äußerst vielfältigen Bienenwohnungen erfahren, die es damals schon gegeben hat (s. S. 343).

### c) Altgermanische Zeit

An Schriftstellern wie im alten Rom, die über die Bienenzucht hätten berichten können, fehlt es im Norden. Älteste, die Bienen betreffende schriftliche Zeugnisse finden sich aber in der überlieferten Gesetzgebung. So sind im westgotischen Gesetz (470 n. Chr.) Regelungen zum Schwarmeigentum enthalten, und im salischen Gesetz (490 n. Chr.) Einlassungen zum Bienendiebstahl. Soweit Berichte der Römer auf die Bienenzucht der germanisch-slawischen Völker zu sprechen kommen, ist hauptsächlich von der hier heimischen Waldbienenzucht die Rede. Man hat sich anfänglich wohl auf das Ausrauben wilder Bienenvölker beschränkt, ehe es zu einer bienenschonenden Arbeitsweise im Zeidelwesen gekommen ist. Auch war die Klotzbeute nicht unbekannt, und im westgermanischen Raum war neben dem Rutenstülper vor allem der Strohkorb im Gebrauch (s. S. 346). — Eine besondere Bedeutung scheint schon in ältester Zeit der Met gehabt zu haben, den man geradezu als ein germanisch-slawisches Getränk betrachten darf.

### d) Das Zeidelwesen

Wissenschaftlich und literarisch war das Mittelalter (ca. 500–1500) in bezug auf die Biene wenig fruchtbar. Wenn man nicht fabulierte, griff man höchstens auf die Erkenntnisse von ARISTOTELES zurück. Dagegen nahm die praktische Bienenzucht mit der wachsenden Bedeutung der christlichen Kirche und deren großem Wachsbedarf einen mächtigen Aufschwung. Die Mönche selbst betrieben Bienenzucht in ihren Klostergärten und unterrichteten die Bewohner der Umgebung in der Bienenwirtschaft. Klosterbauern mußten ihren Zins auch in Honig und Wachs abliefern.

KARL DER GROSSE, der um die Landwirtschaft in seinem Lande sehr bemüht war, förderte die Bienenzucht, wo er konnte. Er richtete auf seinen eigenen Domänen Bienenzucht ein. Auch forderte er die Lehensträger kaiserlicher Pfründe zur Bienenhaltung auf. Jeder Bauer mußte 4 Bienenvölker halten. Bei mehr als 10 Völkern bekam er für jedes weitere einen Gulden.

Die großen Wälder Nord- und Nordosteuropas brachten eine eigene Form der Bienenwirtschaft hervor: die *Waldbienenzucht*. Dabei handelt es sich nicht mehr um die rücksichtslose Ausbeutung wilder Bienenvölker, sondern um eine hochentwickelte Bienenbehandlung, die allein oder neben der Hausbienenzucht betrieben wurde.

Besondere *Bienenbäume* wurden mit Beil und Meißel eigens ausgehöhlt. Die Höhlung lag 3–4 m über der Erde und hatte ein gegen Süden oder Südosten gerichtetes Flugloch. Die gegenüberliegende Öffnung war mit einem Brett verschlossen. In solche Bäume zogen die Schwärme entweder von selbst ein, oder sie wurden eingeschlagen. Zum Arbeiten an den Bienenvölkern stieg man auf eine Leiter, oder man zog sich mit einem Seil in die Höhe (Abb. 150). Bei der Housernte des Honigs wurden die Waben unter Zuhilfenahme eines langen Holzspatels herausgebrochen. Dabei verfuhr man immer so vorsichtig, daß das Bienenvolk nicht in Gefahr kam, zu verhungern. Mitunter wurden die Bienbenbäume über der eingebauten Höhlung auch entwipfelt.

Die Waldbienenzüchter nannte man Zeidler (zidalari = althochdeutsch Bienenzüchter). Manche Gebiete waren für die Zeidlerei besonders berühmt, wie der Nürnberger Reichswald, das Fichtelgebirge, die Görlitzer Heide. Meist handelte es sich um kaiserliche oder fürstliche Besitztümer, und die Zeidelweiden wurden als Lehen vergeben. Die Zeidler mußten dafür Honig- und Wachsabgaben an die Herrschaft entrichten. Das Nutzungsrecht der Zeidelweiden war meist erblich. Wenn die Herrschaft einen Beutenbaum abhauen ließ, bekam der Zeidler die Klotzbeute oder durfte einen neuen Baum aushöhlen. Der grundherrliche Forstmei-

*Abb. 150: Waldbienenzucht, wie sie in den waldreichen Gegenden im Norden und Osten Europas während des Mittelalters bis ins 17. Jahrhundert und vereinzelt noch lange danach betrieben wurde. Rechts und links je ein Bienenbaum (Beutenbaum) mit Zeidelzeichen und einem am Bienenvolk arbeitenden Imker. Links oben: Zeidler beim Begutachten des Wabenbaus unter Verwendung eines langstieligen Holzspatels. Rechts oben: Beim Öffnen der Beute mit Hilfe des Zeidelbeils. Mitte: Nürnberger Zeidler in Zunfttracht, mit Armbrust und Pfeilen bewaffnet. Die abgebildeten sackartigen Beutel und der am Boden stehende Korb dienen zum Ablassen der in luftiger Höhe ausgeschnittenen (gezeidelten) Honigwaben. Mit der am linken Baum lehnenden Gabel werden die geernteten Waben angespießt und in den Transportbehälter (daneben stehendes Holzschaff) geschichtet, ohne sich die Hände dabei verschmieren zu müssen.*

ster, der gelegentlich auch als Zeidelmeister Vorstand der Zeidlergemeinschaft war, zeichnete die Zeidelbäume mit besonderen Zeichen (Kreuze, Dreiecke usw.).
Den Zeidlern waren besondere Privilegien zugebilligt. Sie allein durften neben den Förstern im Wald Bienen halten. Sie galten als Waldbeamte und durften eine Armbrust tragen, mußten aber dem Kaiser im Kriegsfall dienstbar sein. Die Zeidler hatten ihre eigene Gerichtsbarkeit. Das Zeidlerrecht war streng. Im Strafkodex der Zeidelordnung von 1398 aus dem Fichtelgebirge heißt es: Wer einen fremden Immen erbricht, soll wie ein Kirchenräuber angesehen werden. Wer beim Auf- oder Abstieg von einer Beute ertappt wird, zahlt 10 Pfund Heller, desgleichen wer eine umgefallene Beute wegnimmt, Linden oder Salweiden abhaut, einen Schwarm wegträgt, wenn derselbe an den Zeidelwald gekommen ist. In anderen Gegenden (Pommern) wurde der Diebstahl von Bienen sogar mit dem Galgen bestraft.
Die Anfänge des Zeidelwesens lassen sich bis ins 10. Jahrhundert verfolgen, im 14. und 15. Jahrhundert erlebte das Zeidelwesen seine Blüte. In den östlichen Ländern Europas hielt es sich länger als in Deutschland.

### e) Abstieg und neuer Aufschwung bis 1800

In den Wirren des *30jährigen Krieges* und der nachfolgenden Zeit erlitt die Bienenzucht einen schmerzlichen Rückgang. Die ganze Landwirtschaft lag tief danieder. Dazu kam, daß die Produktionsgüter aus der Bienenzucht an Bedeutung verloren. Mit der Einführung der Reformation sank der Bedarf an Wachskerzen. Zur Beleuchtung fanden bald Petroleum und Gas Verwendung. Durch die Kolonisation ferner Länder und mit dem Anwachsen des überseeischen Handels kamen bald fremdes Wachs und Honig ins Land. Außerdem wurde der Honig als Süßungsmittel allmählich durch Rüben- und Rohrzucker verdrängt.
Aber auf wissenschaftlichem Gebiet bahnt sich jetzt ein neuer Aufstieg an. Mit GALILÄI, MALPIGHI und LEEUWENHOEK beginnt Anfang des 17. Jahrhunderts die experimentelle Naturwissenschaft.
Der erste deutsche Bienenforscher in diesem Sinne war NIKOLAUS JAKOB aus Sprottau in Schlesien, wahrscheinlich Müller von Beruf. Sein Werk »Gründlicher und nützlicher Unterricht in der Wartung der Bienen« erschien 1568 zu Görlitz und wurde mehrere Male bis 1773 neu aufgelegt. Jakob hatte bereits klar erkannt, daß Arbeiter- und Weiseleier die gleichen sind, daß die Königin außerhalb des Stockes begattet wird, ihre Exkremente aber innerhalb der Beute abgibt. Er berichtete auch schon davon, daß die Bienen nur von Früchten naschen, die schon angebissen sind.

Ein Menschenalter später trieb der niederländische Naturforscher JEAN SWAMMERDAM anatomische Studien mit den Bienen und machte den ersten verbürgten Kunstschwarm, wobei im Restvolk eine neue Königin nachgezogen wurde.
Hundert Jahre danach, um die Mitte des 18. Jahrhunderts, beschäftigte sich der sächsische Pfarrer GOTTLOB SCHIRACH (Abb. 151) mit der künstlichen Vermehrung der Bienenvölker. Er machte die Entdeckung, daß die Bienen aus Arbeiterinnenmaden bis zu 3 Tagen Königinnen ziehen können und begründete darauf das erste Verfahren der Bildung von Brutablegern. Wenn man die Wabenstücke mit auslaufender Brut, auf denen gleichzeitig Eier vorhanden waren, mit jungen Bienen in eine neue Beute brachte, zogen sich die Bienen eine Königin nach. Diese Art der Bienenvermehrung war lange Zeit als »Schirachscher Betrug« bekannt. Weniger ist bekannt, daß sich auch der Franzose RÉAUMUR, der Erfinder des Thermometers, mit der Bienenzucht befaßt und einen Band seines Werkes »Mémoires pour servir l'histoire naturelle des insectes« ausschließlich der Biene gewidmet hat. Sein Werk ist vielen späteren Forschern Vorbild geworden.
Ein tüchtiger Praktiker mit großem Einfluß auf die Imker der damaligen Zeit war der nassauische Pfarrer CHRIST. 1780 schrieb er seine Anweisung zur nützlichen und angenehmsten Bienenzucht. Vielleicht ist er in unserem Kulturkreis der erste Vertreter der Magazinbienenzucht. Seine Beuten aus Stroh oder Holz bestanden aus einzelnen Zargen. Bei der Vermehrung schnitt er mit einer Klaviersaite einfach die oberen Ringe ab (s. S. 350).
Zu den bedeutendsten Bienenforschern des ausgehenden 18. Jahrhunderts gehörte der Schweizer FRANZ HUBER. Frühzeitig erblindet, machte er seine Untersuchungen mit Hilfe seiner Gattin, seiner Nichte und seines treuen Dieners BURNENS. Er legte seine Beobachtungen in dem Hauptwerk »Nouvelles observations sur les abeilles« 1792 nieder. Da findet sich Beachtenswertes über die Sinne der Bienen, den Ursprung des Wachses, den Bau der Waben, die Entstehung der Buckelbrut. Huber erkannte das männliche Geschlechtsglied in der Scheide der Königin. Zu seinen Beobachtungen schuf er sich eine Beute, die aus einzelnen nebeneinandergestellten und von zwei Stockschrauben zusammengehaltenen Rahmen bestand und auf beiden Seiten ein Glasfenster hatte. Diese Hubersche »Schließrahmenbude« ist eigentlich der erste Rähmchenstock (s. S. 352).
Ein Zeitgenosse Hubers war der österreichische FREIHERR VON EHRENFELS. Er bewirtschaftete gegen 1000 Bienenvölker auf seinen Gütern bei Wiener-Neustadt — meist in Strohkörben. Aus seinem Buch »Bienenzucht nach Grundsätzen der Theorie und Erfahrung« spricht eine ausgezeich-

nete Beobachtungsgabe. Schon damals mahnte er, »daß man sich den Bienenstock in der Natur zum Vorbild nehmen solle, denn jede Spekulation, die der Bienennatur widerspreche, werde in der Praxis fehlschlagen«. Das gilt es heute wie damals zu beherzigen!

### f) Blütezeit der Bienenwissenschaft und -praxis im 19. und beginnenden 20. Jahrhundert

Im Vordergrund steht die überragende Persönlichkeit des Pfarrers Dr. JOHANNES DZIERZON aus Lowkowitz in Schlesien (1811–1906) (Abb. 151). Er ist, wenn auch nicht der Entdecker, so doch eifrigster Verkünder des Mobilbetriebs. Er verwendete in seinen von vorne und hinten zugänglichen Beuten Leistchen mit Wachsanfängen, an denen die Bienen Waben errichteten, die nach oben nicht angebaut wurden, und schuf damit in Mitteleuropa die Vorstufe des beweglichen Rähmchens. (In Amerika hatte etwa zur gleichen Zeit der Bienenpfarrer LORENZO LANGSTROTH den »bee space« (das heißt: Bienenabstand = von den Bienen nicht bebaubarer Zwischenraum) entdeckt und gleichzeitig das bewegliche Rähmchen erfunden.) DZIERZON beschäftigte sich auch mit Zucht- und Vererbungsversuchen, wobei er die Italienerbiene benutzte. Mit ihrer Hilfe konnte er die Jungfrauengeburt der Drohnen klar aufzeigen. Er mußte seine Lehre gegen härteste Anfechtungen verteidigen.

Freiherr AUGUST VON BERLEPSCH (1815–1877) (Abb. 151) war zuerst ein scharfer Gegner DZIERZONS, wurde aber bald zu seinem eifrigsten Schüler. Bei der rührigen Ausübung der praktischen Imkertätigkeit auf seinem Gut in Seebach bei Langensalza entwickelte er das Wabenstäbchen DZIERZONS weiter zum Rähmchen. Er konstruierte die weitbekannte Berlepschbeute und schrieb eines der bedeutendsten Imkerlehrbücher seiner Zeit: »Die Biene und die Bienenzucht in honigarmen Gegenden nach dem gegenwärtigen Standpunkt der Theorie und Praxis« (Die Biene und ihre Zucht in beweglichen Waben) (Erstauflage 1860), später mit seinem Schüler W. VOGEL zusammen das nicht weniger weit verbreitete Buch »Die Bienenzucht nach ihrem jetzigen rationalen Standpunkte« (Erstauflage 1875). Von ihm stammt der bekannte Satz: »Vor allem lernt Theorie, ihr Imker, sonst bleibt ihr praktische Stümper euer Leben lang«.

Eine außerordentlich bedeutsame Erfindung der Imkerpraxis des 19. Jahrhunderts ist die künstliche Mittelwand aus Wachs. Der Schreinermeister JOHANNES MEHRING aus Frankenthal in der Pfalz und der Graveur SCHOBER teilen sich darin. MEHRING machte die Erfindung in der Eichstädter Bienenzeitung 1857 erstmalig bekannt. Er schrieb außerdem ein originelles Buch über »Das neue Einwesensystem als Grundlage der Bienenzucht«. Darin bezeichnete er eine Zusammenschau von Arbeiterinnen, Königin, Drohnen und Wabenbau als »Bien«.

Die künstliche Mittelwand eroberte in kurzer Zeit die Welt. Jetzt war es möglich, den Bienen vorzuschreiben, was und wie sie bauen sollten. Man gewann dadurch saubere Arbeiterinnenwaben, die man auf Grund einer anderen epochemachenden Erfindung nun auch bei der Honiggewinnung nicht mehr zu zerstören brauchte, sondern als großen wirtschaftlichen Wert in Vorrat halten konnte. Diese Erfindung machte der österreichische Major FRANZ EDLER VON HRUSCHKA. Er führte auf der 14. Wanderversammlung der deutschen, österreichischen und ungarischen Imker 1865 in Brünn die erste primitive Honigschleuder vor. Die Freudenkundgebung, welche sie dort auslöste, war ein Ausdruck für die Erfüllung eines echten Bedürfnisses.

Ein Mann, der die ganze Schule nicht minder berühmter Imker um sich versammelte, war FERDINAND GERSTUNG, Pfarrer in Oßmanstedt in Thüringen (1860–1925). Gerstung war ein vorzüglicher Beobachter. Er beschreibt den Wechsel der Brutgenerationen mit dem typischen konzentrischen Brutbild. Er erkennt die Kugelform des Brutkörpers und fordert leidenschaftlich, daß das Brutnest und die Brutnestordnung nicht gestört werden. Gerstung beobachtete die Tätigkeit der erwachsenen Bienen und entdeckte die Grundzüge der Arbeitsteilung. Er vertrat die Auffassung, daß das Bienenvolk ein Organismus sei. Aus seiner Beobachtung der häufigen Fütterungen der Bienen untereinander und der Brut glaubte er schließen zu müssen, daß das Volk ständig ein Futtersaftstrom durchkreise. Wenn er hier auch irrte, so kam er damit doch zu einer überraschend einfachen Erklärung des Schwärmens, nämlich durch Futtersaftstauung in den Ammenbienen. Diese einseitige Auffassung ist freilich heute überwunden. GERSTUNG beschäftigte sich auch als Konstrukteur einer Ständer- und einer Lagerbeute, wobei er das relativ große Rähmchen 26–41 cm verwendete. Von ihm stammen der »Thüringer Glasballon« als Futtergefäß und die Verwendung von Wachstuch und Abstandsbügel. Sein bekanntestes Werk war das »Grundgesetz der Brut- und Volksentwicklung des Biens«.

*Abb. 151: Vier Großmeister der Bienenzucht. Oben links: Der sächsische Pastor ADAM GOTTLOB SCHIRACH (1724–1773) praktizierte als erster die künstliche Vermehrung durch Ablegerbildung und berichtete darüber in vielen Abhandlungen und in seinem vielgelesenen Buch: »Melitto-Theologia. Die Verherrlichung des glorwürdigen Schöpfers aus der wundervollen Biene.« Dresden 1767. Oben rechts: Der oberschlesische Pfarrer Dr. JOHANNES DZIERZON (1811–1906) war mit seinem enormen apistischen Wissen eine Art Bienenpapst seiner Zeit. Er entdeckte die Jungfrauengeburt der Drohnen und verteidigte sie mit Hilfe der Zoologen v. SIEBOLD und LEUKART gegen zahlreiche Widersacher aus Praxis und Wissenschaft. Er gab mit seinen »Wabenstäbchen« den Anstoß zum beweglichen Bau. Unten links: AUGUST FREIHERR VON BERLEPSCH (1815–1877) schloß das Dzierzonstäbchen*

*zum Rähmchen. Er betrieb als erster in Deutschland die Rähmchenbienenzucht, konstruierte die dreietagige Berlepschbeute und (als Vorläufer des deutschen Bienenhauses) einen passenden vielfächerigen Pavillon dazu. Das zu sehen und zu bewundern, pilgerten ganze Imkerströme in seinen Heimatort Seebach bei Langensalza. Unten rechts: Am Anfang unseres Jahrhunderts glänzte Prof. ENOCH ZANDER (1873–1957) als Bienenwissenschaftler und -lehrer. Zahlreiche wissenschaftliche und populäre Zeitungs- und Buchveröffentlichungen wiesen ihn als letzten wahren Polyhistor auf bienenkundlichem Gebiet aus. Die Entdeckung des Nosemaerregers ist sein bekanntestes, aber gemessen an seinen fleißigen Studien in Königinnenzucht und Behandlungspraxis, Bienenbiologie, -pathologie, -botanik, Honig- und Wachskunde, Pollenanalyse usw. nur ein kleines Teilchen im Mosaik seines umfassenden apistischen Werkes.*

Wenn Gerstung ein Gegner jeglicher Veränderungen im Brutnest war, und geradezu von der »Heiligkeit des Brutnestes« sprach, so hat der kaiserliche Rechnungsrat EMIL PREUHS aus Potsdam etwa zur gleichen Zeit zum erstenmal das heute allgemein verbreitete Umhängen von Brutwaben in den Honigraum geübt und in seinem vielgelesenen Buch »Meine Betriebsweise und ihre Erfolge« (1. Auflage 1899) bekannt gegeben. PREUSS, der mit Hinterladern imkerte, sperrte außerdem seine Königinnen zur Schwarmzeit mit Hilfe eines senkrechten Absperrgitters auf wenigen hinteren Waben ab. PREUHS führte auch als erster das Tränken der Bienen im Frühjahr im Stock durch, wobei er allerdings die Bienen mittels eines Drahtvorbaues an der Kastenvorderwand völlig vom Ausfliegen abhielt.
Eine besondere Verneigung verdient der Lehrer HEINRICH FREUDENSTEIN aus Marbach bei Marburg, der den Imkern die Zuckerüberwinterung beibrachte. Er mußte deshalb in den Anfangsjahren dieses Jahrhunderts schärfste Angriffe über sich ergehen lassen, mit dem Erfolg, daß seine Gegner und alle, die nach ihm kamen, schließlich seinem Beispiel folgten.
Letzter Stern am vergangenen Bienenhimmel und gleichzeitig aufsteigender Komet der neuen Periode, welche die gründliche wissenschaftliche Durchdringung der Bienenzucht mit sich bringt, ist Prof. Dr. ENOCH ZANDER (1873–1957) (Abb. 151). Er hat in Erlangen wohl das erste ausschließlich der Biene gewidmete Institut der Welt aufgebaut. Seine bienenkundlichen Arbeiten sind äußerst vielseitig und zahlreich. Er ist der Entdecker des Nosemaerregers, er lieferte mit seinen Schülern die wissenschaftlichen Grundlagen der modernen Königinnenzucht. Sein bienenkundliches Handbuch in 6 Bänden ist Standardwerk für die gesamte Bienenkunde, und in seinem pollenanalytischen Alterswerk hat er der Honigforschung und Herkunftsbestimmung ein unschätzbares Hilfsmittel an die Hand gegeben.

## g) Die Jetztzeit

Es ist nicht möglich, hier eine ins einzelne gehende Darstellung des gegenwärtigen Standes der Bienenforschung und Bienenzucht zu geben oder gar auf die vielen um die Bienenwissenschaft und -praxis verdienten Namen und alle damit verbundenen neuen Erkenntnisse einzugehen, doch will ich versuchen, ein grobes Bild zu entwerfen.
Es steht fest, daß die eifrig gepflegte Forschungsarbeit an und mit den Bienen seit Mitte dieses Jahrhunderts mit gravierenden Einsichten belohnt wurde. Bei der an Zahl immer mehr zunehmenden Institutionen, die sich

weltweit mit den Bienen beschäftigen, darf das auch nicht wundernehmen. Einen besonderen Anstoß auf dem Gebiet der *Sinnesphysiologie* und *Verhaltensforschung* bei den Bienen gab zweifellos die Schule KARL VON FRISCHS in Deutschland. Über Gesicht, Geruch, Geschmack und die anderen erstaunlichen Sinnesleistungen der Biene und über ihr Orientierungsverhalten wissen wir heute mehr als von irgend einem anderen Tier. Staunen und Bewunderung in der ganzen Welt hat die Aufklärung der Nachrichtenübermittlung unter den Bienen, ihre »Tanzsprache«, erregt, die im Tierreich einmalig ist.
Einen ähnlichen Schneeballeffekt wissenschaftlicher Arbeiten und Erkenntnisse hat die Entdeckung der *Königinnensubstanz* durch den Engländer C. G. BUTLER auf dem Gebiet der Pheromone im Bienenvolk ausgelöst. Wissenschaftler in der ganzen Welt haben sich außerdem mit der strittigen Frage der *Kastenentstehung* bei den Bienen beschäftigt und Antworten gefunden.
In Mode kam der neue Ausdruck der *Bienenpysik,* die sich zur Aufgabe setzte, alle kleinklimatischen Verhältnisse in der Umwelt der Bienen (besonders im Bienenkasten) zu überprüfen, wodurch alte Ansichten und Erfahrungen über pflegliche Erfordernisse wissenschaftlicher Klärung zugeführt werden konnten. Und genau dasselbe hat man auf dem Gebiet der praktischen Königinnenzucht verfolgt, wobei im Rahmen der *Aufzuchtforschung* alles untersucht wurde, was von innen oder außen auf die Ausbildung der Geschlechtstiere einzuwirken vermag. Die Königinnenaufzucht erhielt dadurch eine sichere wissenschaftliche Grundlage.
Auf züchterischem Gebiet erwuchsen durch die Entdeckung der *Mehrfachpaarung* und des Flugverhaltens von Königinnen und Drohnen neue Erkenntnisse über das Belegstellenwesen, und vor allem erhielt die *künstliche Besamung* der Königin endlich den ihr gebührenden praktischen Stellenwert.
Auf Vorarbeiten besonders russischer Wissenschaftler begann G. GOETZE schon in den 30er Jahren ein System der *Merkmalsuntersuchung* zur Erkennung der Bienenrassen aufzubauen, das in der Folgezeit akribisch verfeinert wurde. Dadurch wurde eine verläßliche Klassifizierung der Weltbienenrassen, verbunden mit der Feststellung ihrer Verbreitungsgebiete, möglich. Auch in der lange stagnierenden Artenforschung bei den Bienen gab es Fortschritte.
Die *Honiguntersuchung* war bestrebt, ihre Methoden zu verfeinern. Fortschritte in den chemischen und physikalischen Untersuchungsmethoden und der Ausbau der Pollenanalyse kamen der Qualitätspflege dieses wertvollen Produkts zugute.
Auf dem Gebiet der *Bienenkrankheiten* ist die Wissenschaft vor allem durch die in kurzer Zeit weltweit sich verbreitende Varroatose in biologischer

und behandlungstechnischer Sicht gefordert worden. Die Abwägung des Einsatzes von Heilmitteln für diese und andere Bienenkranheiten gegen die Gefahr der Verunreinigung der Bienenprodukte durch unerwünschte Rückstände führte zu wertvollen und wichtigen Grundlagendiskussionen, die vornehmlich auf das Bemühen um alternative Behandlungsmethoden hinausliefen. Um Bienenschäden durch *Schädlingsbekämpfungsmaßnahmen* zu verhindern, befaßten sich diverse Untersuchungsstellen mit Mittelprüfungen, wobei es darauf ankam, Mittel zu finden, die möglichst nur dem Schädling, nicht aber den Bienen und Nutzinsekten gefährlich werden.

Im Bereich der Bienenpraxis wurde nicht immer sinnvoll experimentiert, doch ist das Erfreuliche ein immer stärkeres Streben nach Vereinfachung der Methoden. Die Handhabung der Imkerpraxis steht heute auf einem hohen Niveau; Kenntnisse und Fähigkeiten der Imker sind zweifellos in der jüngeren Zeit erheblich gestiegen. Und was längstens fällig war: Die Weltbeute, das Magazin, setzt sich jetzt endlich auch in Mitteleuropa — wenn auch traditionsbedingt in verschiedenen Variationen — vorbehaltlos durch.

Trotz aller dieser Fortschritte in Bienenwissenschaft und -praxis hat die Wirtschaftlichkeit der Bienenzucht vor und nach dem letzten Weltkrieg sehr gelitten. Damals war vor allem die Intensivierung der Landwirtschaft schuld, wodurch die Bienenweide merklich gechmälert wurde und die Bienen durch rigorose Maßnahmen der chemischen Schädlingsbekämpfung häufig zu Schaden kamen. Diese Zeit ist überwunden. Abgesehen davon, daß man gelernt hat, mit Giften vorsichtiger und sparsamer umzugehen, sind den Bienen durch den Rückgang der Landwirtschaft mit Brachlegung immer größerer Kulturflächen, durch Anlage von Feuchtgebieten und andere naturschützerische Maßnahmen neue Chancen eröffnet worden. Rapsanbau und Sonnenblumenfelder erschlossen neue Trachtquellen. Andererseits gibt die mißliche Lage des Waldes auch in imkerlicher Hinsicht berechtigten Anlaß zur Sorge. Dennoch ist das Problem gegenwärtig nicht die Honigernte, sondern der Honigabsatz. Das starke Angebot des billigen Auslandshonigs wirkt sich auf die Imkereien in unserer witterungsmäßig weniger begünstigten gemäßigten Zone äußerst mißlich aus. Gemessen an der Nachkriegszeit ist die wirtschaftliche Lage der Bienenbetriebe eher schlechter als besser geworden. Viele Imkereien sind von echten Existenzsorgen bedroht. Es ist der Schuß Idealismus und Liebe, die zur Tätigkeit des Imkers gehört, und es ist die innere Befriedigung, die der Imker in der Beschäftigung mit den Bienen erlebt, was ihn auch in der heutigen schweren Zeit nicht völlig mutlos werden läßt.

## 2. Entwicklungsgeschichte der Bienenwohnung

Während im vorausgehenden Abriß der Bienengeschichte das Thema Bienenwohnung nur berührt werden konnte, soll hier eine kurze historische Zusammenschau dazu versucht werden.

### a) Naturbehausung der Bienen

Von der natürlichen Behausung der Bienen ausgehend, scheint es nicht schwer zu sein, einem alten, eingefleischten Irrtum zu begegnen. Es wird immer behauptet, daß die Urheimat der Bienen der Wald sei, und somit die Urform der Bienenwohnung der hohle Baum oder, davon abgeleitet, die Klotzbeute. Das ist in dieser Unbedingtheit sicher nicht richtig. Es gab im Laufe der Erdgeschichte große Gebiete, die nicht Waldland waren, sondern Wüste, Steppe, Weide oder Heide, und die dennoch Bienen beheimateten. Die Herrscher Ägyptens hatten schon in der ersten Dynastie (3000 v. Chr.) in ihrem Wappen neben dem Zeichen für Schilf auch das für die Biene. Ägypten war aber kein Waldland, weder Ober- noch Unterägypten. Ebenso war Palästina, das in der Bibel das Land genannt wird, »in dem Milch und Honig fließen«, nicht Wald-, sondern Weideland. Von dort sind uns aus früher Zeit keine von Menschenhand gefertigten Bienenwohnungen bekannt. Die Bienen müssen also in Erd- und Felshöhlen gehaust haben — oder auch einmal in einem ausgedörrten Kadaver eines Tieres, was die Lösung Samsons Rätsels des Bienenvolks im Leib eines Löwen wäre, bzw. die Jahrhunderte weitererzählte Fabel, daß aus der Leiche eines Stiers Bienen hervorgehen würden, erklären könnte.
Die Urheimat der Bienen ist nicht allein der Wald, sondern jedes Gelände, das der Biene Wohnung und Nahrung bieten kann — ob sich die zum Nisten notwendige Höhle nun in einem Baum, in einer Felsspalte oder in einem Bodenüberhang befindet. Wichtig ist nur, daß die Höhle Schutz vor Wind und Wetter bietet.

### b) Urform im Süden — die liegende Röhre

Schon bevor der Mensch als Bauer seßhaft wurde, verstand er es, sich aus Ruten, Wurzeln oder Ranken (z. B. von der Waldrebe) allerlei Gefäße für seine Vorräte zu flechten. Durch Verschmieren mit Lehm oder Kuhmist oder einem Gemisch aus beiden gelang es ihm, sie dicht zu machen. Durch zufälliges Verbrennen eines solchen Gefäßes, wobei der Überzug als gebrannte Schale übrigblieb, mag er auf die Töpferei gekommen sein. Leicht

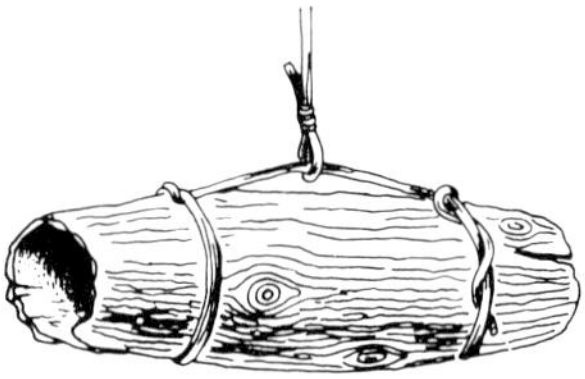

*Abb. 152: In Bäumen aufgehängte Rindenröhren der Afrikaner sind neben den liegenden Tonröhren der alten Ägypter die urtümlichsten uns bekannten Bienenwohnungen.*

kann der Einzug eines Schwarmes in ein solches Gefäß die Anregung zur Hausbienenzucht gegeben haben. Jedenfalls sind die ältesten uns bekannten von Menschen angefertigten Bienenwohnungen die liegenden Tonröhren der Ägypter, die diese zu ganzen Stapeln oder Mauern zusammenfügten. Bis in unsere Zeit ist die liegende Röhre aus Rinde, Geflecht oder Holz die allgemein gebräuchliche Bienenwohnung in Afrika (Abb. 152). Die Gewohnheiten heute lebender primitiver Völker stimmen oft überein mit den Gewohnheiten der Menschen, die vor 20 000, 30 000 oder 60 000 Jahren lebten und durch Zeichnungen oder durch erhaltene Geräte von sich Kunde gaben. Wir dürfen also annehmen, daß die liegende Röhre mit einer Länge von 80 bis 100 cm und einem Durchmesser von 20 cm die Urform der Bienenwohnung des Südens darstellt. Das gilt auf alle Fälle für die Welt südlich der Linie von Gibraltar bis zur Halbinsel Kamtschatka in Ostasien.

### c) Der griechische Korb

Ägyptens Nachfolger als Kulturzentrum war Griechenland. Von dem griechischen Philosophen ARISTOTELES (388 bis 322 v. Chr.) haben wir die erste Schrift über Bienen. Aber sein Interesse galt der Biene als Lebewesen, nicht so sehr der imkerlichen Praxis, so daß wir von ihm wenig über die zu seiner Zeit gebräuchlichen Bienenwohnungen erfahren. Man kann vermuten, daß ähnlich wie in Ägypten in erster Linie Tonröhren ver-

*Abb. 153: In dem nach unten verjüngten Griechischen Korb hingen die Waben bereits an Leisten oder Stäbchen.*

wendet wurden. Daneben gab es aber wahrscheinlich auch schon einen Beutentyp, von dem der Griechenlandreisende GEORGE WHELER 1682 berichtete. Es handelt sich um einen sich nach unten verjüngenden Weidenkorb mit darübergelegten Leistchen, an denen die Waben hingen (Abb.153). Der Geistliche DELLA ROCCA von der Insel Syra im Archipel schließt in seinem Buch »Traité complets sur les abeilles« Paris 1790 aus dem frühen Vorhandensein dieser Beute, daß man seinerzeit auch schon die Volksvermehrung durch Teilung in Griechenland gekannt habe. Darin folgen ihm auch andere, spätere Bienenschriftsteller. Zumindest dürfen wir annehmen, daß die bewegliche Wabe schon vor über 2 000 Jahren in einem vergessenen Winkel Europas vorhanden war, bevor sie um die Mitte des vorigen Jahrhunderts wieder erfunden wurde. Die Weltgeschichte ist reich an versäumten Gelegenheiten.

### d) Römische Formen

Nach Griechenland kam Rom zu politischer und kultureller Bedeutung. Wenn man den bekannten römischen Schriftstellern aus der Zeit kurz vor und nach Christi Geburt folgt, die sich im Rahmen ihrer landwirtschaftlichen Schriften ausführlich über die Bienenzucht in ihrem Land ausgelassen haben, waren damals schon Bienenwohnungen der verschiedensten Gestalt (viereckig, rund, bauchig, tonnenförmig, liegend und stehend) in allgemeinem Gebrauch. Sie waren unterschiedlich im Material — *rund,* wenn sie aus Ton, Rinde, Kork, Weidengeflecht, Schilfrohr oder einem Baumstrunk gefertigt waren, *viereckig,* wenn Bretter oder aufgespaltene Ferulstengel als Baustoff dienten. (Das gemeine Steckenkraut, *Ferula communis,* ist im ganzen Mittelmeergebiet daheim und wird 2 bis 5 m hoch. Der starke holzige Stengel wurde und wird zu allerlei Hausgerät, wie Schemeln, Stühlen, Spazierstöcken, im alten Rom auch zu Prügelstöcken für Sklaven verwendet.) So auch zu Bienenkästen! Die Ferulbeuten wurden innen und außen mit Kalk, Kuhmist oder Tonerde bestri-

*Abb. 154: Altrömische Beute aus Ferulstengeln. Sie war durch Ansatz neuer Glieder beliebig erweiterungsfähig.*

chen, um den Bienen bei Hitze und Kälte ein angenehmes Zuhause zu bieten. Das Schilf konnte zu runden, weintonnenartigen Behältern, aber auch zu viereckigen Kästen verarbeitet werden. Letztere erweiterte man durch Ansetzen neuer Glieder (Abb. 154).
Bei Ausgrabungen in Pompeji fand man topfartige Bienenstöcke aus Ton mit Deckel und Türen, die sich von hinten und oben behandeln ließen und schon eine Art Mobilbetrieb gestattet haben müssen.
Columella (* 40 v. Chr.) bewertet die verschiedenen Beuten. Vor allem soll man sie selber machen und nicht kaufen. Er hatte wohl Erfahrungen mit Faulbrut! Die besten seien die aus Kork oder Schilf. Sie seien im Sommer kühl und im Winter warm. Die irdenen dagegen im Sommer heiß und im Winter kalt. Dazwischen liegen die aus Weidengeflecht, die aus Brettern und die hohlen Baumklötze. Die Fluglöcher soll man nur so groß machen, daß eine Biene durch kann, damit keine Eidechsen und sonstiges Ungeziefer eindringen können. Bei stärkeren Völkern öffne man lieber mehrere kleine als ein großes Flugloch. Die in Norditalien vorkommenden stehenden Beuten hält er für weniger gut als die liegenden von Süditalien und Sizilien. Auch die in Mauern fest eingebauten verwirft er. Er will sie beweglich, damit man sie gut handhaben, verkaufen und mit ihnen auch in bessere Trachtgebiete wandern kann.

### e) Der Rutenstülper

In Südfrankreich, bei den Basken, in Serbien und Bosnien findet man bis heute den Rutenstülper. Man sieht ihn auf Bildern aus früheren Jahrhunderten und darf auf weiteste ursprüngliche Verbreitung schließen. Die Methode seiner Flechtarbeit deutet auf hohes Alter, das weit in die vorchristliche Zeit zurückreicht. Besonders einfach war das Herstellungsverfahren in Waldgegenden. Aus einem jungen Tannen- oder Fichtenstämmchen wird der obere Teil ausgeschnitten bis auf einen passenden Astkranz. Um diese Äste als Rippen wird ein spitz zulaufender Korb geflochten, meist aus Waldrebenranken. Man beginnt am engsten Teil, das heißt am Stämmchen, und legt soweit nötig im erweiterten Teil zusätzlich Äste als Rippen ein. Ein Stück des Stämmchens bleibt als Handgriff stehen. Man kann aber auch das ganze Stützgerüst aus kräftigen Ruten herstellen, indem man sie oben bündelt und die nach unten aufgespreizten Enden mit Flechtwerk verbindet. Zuletzt wird der Korb mit Lehm und Kuhdung verschmiert und mit dem breiten offenen Teil auf den Boden gestellt. Daher der Name Stülper. Als Wetterschutz kann er eine Haube aus Gras oder Stroh bekommen.
Die Korbflechtkunst ist ältestes Kulturgut. Schon Nomadenstämme, die

*Abb. 155: Rutenstülper auf einer alten Darstellung, die wohl einen Bienensegen bedeuten soll.*

sich noch keine feste Behausung leisteten, fertigten sich eine aus Zweigen geflochtene Wand und lagerten hinter diesem Windschirm. Auch beim Bau einfacher Hütten bediente man sich der geflochtenen und mit Lehm verschmierten Wand. Der Name Wand kann vom gotischen »vandus« = Rute kommen. Viele Hütten primitiver Völker sehen aus wie vergrößerte Rutenstülper (Abb. 155).

### f) Die slawische Klotzbeute

Prof. L. ARMBRUSTER hat glaubhaft dargelegt, daß die Waldbienenzucht, auch Zeidlerei genannt, die Besonderheit des slawischen Kulturraums war. Aus dieser Waldbienenzucht ging die Klotzbeute hervor.
Im einfachsten Fall handelt es sich um ein aus einem gefällten Baum herausgeschnittenes Stück Stamm, in dessen natürlicher Aushöhlung sich das wilde Bienenvolk befand. Das Stammstück konnte man zu Hause aufstellen (Abb.156). Als nächsten Schritt höhlte man intakte Stammstücke aus, wie man es bei den Bienenbäumen machte. Wie dort bekam die Öffnung ein Verschlußbrett, das beim »Zeideln«, das heißt beim Ausschneiden der Honigwaben, abgenommen wurde. Neben diesen Hinterbehandlungsklötzen gab es auch solche, die nur oben und unten eine Öffnung hatten. Sie standen auf einer Steinplatte oder einem Brett und konnten durch Kippen von unten betrachtet werden. Zur Honigentnahme entfernte man das obere Abdeckbrett. Eine solche stehende Röhre konnte man auch dauernd umlegen und nach Belieben von der einen oder anderen Seite behandeln.
Wenn man will, kann man von der Klotzbeute alle aus Brettern zusammengezimmerten Beuten ableiten, die in vielfacher Gestalt im mittelal-

*Abb. 156: Stehende Klotzbeuten (entnommen aus Hortus sanitatis, 12. Kap., Straßburg um 1500).*

terlichen Europa verbreitet waren — gleich ob es sich um mächtige *Schrankbeuten* oder um kleinere stehende oder liegende Konstruktionen handelte. Und letztlich mag man sogar auf diesem Wege beim liegenden *Krainer Bauernkasten* landen, der eine aus leichten Brettchen gezimmerte, von vorne und hinten zugängliche Art Schachtel darstellte, die man zu Stapeln aufschichtete. Man konnte sie noch vor wenigen Jahrzehnten in Niederösterreich antreffen.

### g) Der germanische Strohkorb

Der Strohkorb ist Eigentum der Germanen. Er soll um die Zeit von Christi Geburt am Rhein entstanden sein. Man wird den Rutenstülper als einen Vorfahren betrachten dürfen. Als die Germanen seßhafte Bauern geworden waren, drängte sich das warme und leicht zu verarbeitende Stroh von selbst als Material zur Herstellung von Bienenwohnungen auf. Das Rutengeflecht konnte da nicht mithalten. Man kann verfolgen, wie sich der Strohkorb in Germanien ausbreitete. Im Hin und Her zwischen Germanen und Slawen drang er im Grenzgebiet auch in den slawischen Kulturraum ein, in dem die Klotzbeute vorherrschte.
Strohkörbe gab es je nach Gegend und Landschaft in verschiedenen Größen und Formen — walzenförmige, zwiebelförmige, breitbauchige, glockenförmige — alles konnte man finden (Abb.157). Am bekanntesten wurde indessen eine Form, die man heute noch als *Lüneburger Stülper* kennt. Es ist ein aus dicken Strohsträngen zusammengenähter Zylinder

mit gewölbter Kuppel. Das Flugloch liegt oben am Beginn der Wölbung. Diese Beute hat im Zusammenhang mit der *Heidebetriebsweise,* die sich möglicherweise schon im Mittelalter entwickelte, große Bedeutung und weite Verbreitung erlangt. Erstmals beschreibt 1578 ELDINGEN die Lüneburger Korbimkerei in seinem Buch »Wahrhaftiger Bericht von Art und Eigenschaften der Ihmmen oder Bienen genandt«. Andere Autoren folgten. Am anschaulichsten schildert die Vorgänge der hannoversche Hauptlehrer G. LEHZEN in seiner Schrift »Die Hauptstücke aus der Betriebsweise der Lüneburger Bienenzucht« 1880. Danach werden die Völker in den Strohkörben in einem überdachten Schutzunterstand, der ein Viereck mit einer offenen Seite bildet und als *Lagd* bezeichnet wird, überwintert. Es gehen etwa 80 Völker hinein. Durch frühe Fütterung oder Wanderung in die Obsttracht drängt man sie zum Schwärmen, wozu sie wieder auf den Winter- und Heimatstand gebracht werden. Mit dem Vor- und zwei bis drei Nachschwärmen — gelegentlich auch noch einem aus dem Vorschwarm ausgezogenen »Heidschwarm« — wird eine Vermehrung auf

*Abb. 157: Ein Immenschneider beim Zeideln an einer der vielen Strohkorbformen der alten Zeit.*

das drei- bis vierfache erreicht. Der nicht erweiterbare, raumbegrenzte Strohkorb erleichtert dieses Vorhaben. Man läuft den Schwärmen nicht nach, sondern nimmt sie in Fangsäcken vom Flugloch ab. Mit den Völkern kann man zu ihrer Erstarkung Zwischenwanderungen in verschiedene Trachten (früher Buchweizen) vornehmen, bis sie schließlich und endlich in der Heideblüte landen. Nach dem Abernten zu Hause, wozu man die Völker »abtrommelt«, d. h., die Bienen von den Waben herunter in einen leeren Korb treibt, wird die Völkerzahl wieder reduziert auf den ursprünglichen Stand. Früher schwefelte man die überschüssigen Völker ab, in späterer Zeit verkaufte man sie. Der Heidehonig wurde als *Scheiben-*, *Preß-* oder *Stampfhonig* geerntet. Das Bestechende an dieser Betriebsweise ist die Schematik, mit der sie durchgeführt wurde. Sie hielt sich bis vor wenigen Jahrzehnten. Heute, da die Heidegebiete immer kleiner werden, ist sie so gut wie verschwunden.

### h) Zwei- und Mehrraumbeuten

Im 17. und 18. Jahrhundert kam neue Phantasie in die Bienenbehandlung. In der Frage der besten Bienenwohnung reifte immer mehr die Erkenntnis, daß Beuten, die aus zwei oder mehr trennbaren Abteilen bestehen, für Mensch und Biene vorteilhafter seien als die ungeteilte Einraumbeute. Die Begründung hierfür und gleichzeitig Vorschläge, es besser zu machen, liefert uns der Churfürstl. Bayerische Landesbienenmeister ANTON KORSEMKA in seinem Buch »Unterricht von der Bienenzucht in Bayern« von 1771. Er wendet sich besonders scharf gegen die Störung des Brutnests durch das Zeideln, insbesondere gegen das Ausbrechen von Honigwaben aus dem noch mit Brut besetzten Wabengefüge in den kompakten Bienenkästen oder -körben. Er baute sich deshalb eigene, nicht allzu große Strohkörbe, die er außerdem hinten mit einem Fensterchen versah (Abb. 158). »Sie müssen zu unserem Endzweck oben keinen Gupfen haben, sondern ganz platt seyn.« Sie haben oben ein 7 Zoll weites Loch, für das ein Strohdeckel vorhanden ist. Ist der Korb vollgebaut, wird ihm ein anderer untergesetzt. Die Bienen bauen dann durch die Öffnung hinunter in den neuen Korb. Notfalls wird noch ein dritter oder gar ein vierter Korb untergesetzt. Sieht man durch das Fenster, daß der obere mit Honig vollgetragen ist, hebt man ihn ab. An seine Stelle kommt ein leerer Korb und der volle wieder obenauf. Damit dies ohne Störung der Bienen geschehen kann, steht jeder Korb auf einem zweckmäßig eingerichteten Bodenbrett mit verschließbarem Durchgang. Will man ernten, schneidet man an einem guten Flugtag, wenn viele Bienen draußen sind, mit einem Draht den vollen Korb von seinem Bodenbrett los. Sein Bodenbrett bleibt

*Abb. 158: Aufeinandergestellte Körbe des bayerischen Bienenmeisters KORSEMKA. Vorläufer des Magazins von Pfarrer CHRIST, der mit Brettern nachmachte, was KORSEMKA mit Stroh praktizierte.*

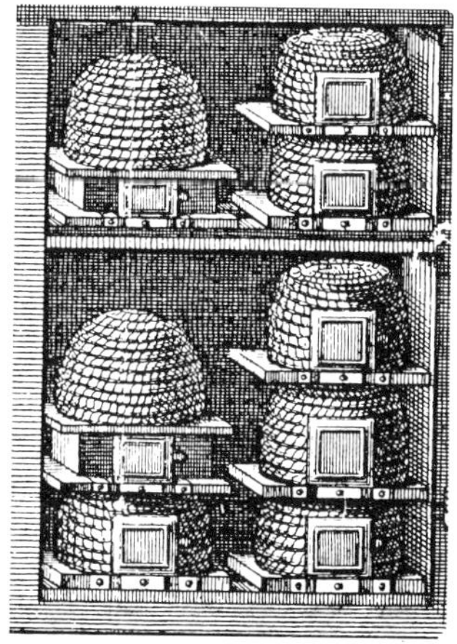

auf dem unteren Korb, und die Öffnung wird mit einem Brettchen geschlossen. Den vollen Korb trägt man abseits, läßt die Bienen abfliegen und schneidet dann ungestört die Honigwaben aus. Sollte sich zufällig die Königin darin befinden, fängt man sie und läßt sie durchs Flugloch zu ihrem Volk einlaufen. Ein voller Korb gibt 30 bis 40 Pfund Honig. Wird er heuer nicht voll, läßt man ihn stehen bis zum nächsten Jahr. Besser Geduld als verhungerte Völker.
So wie die Körbe kann man auch Kästen und Stöcke übereinandersetzen. Doch geht KORSEMKA darauf nicht näher ein, weil »Stöcke und Kästen nicht so gemein als Körbe sind«.
KORSEMKA war nicht der erste, der auf die mehrräumige teilbare Beute kam. Wir haben uns von ihm nur die Begründung für das Abgehen von der Einraumbeute sagen lassen.
Schon hundert Jahre früher, um die Mitte des 17. Jahrhunderts, hatte der Engländer MEW seine achteckige Magazinbeute konstruiert (Abb. 159/li.),

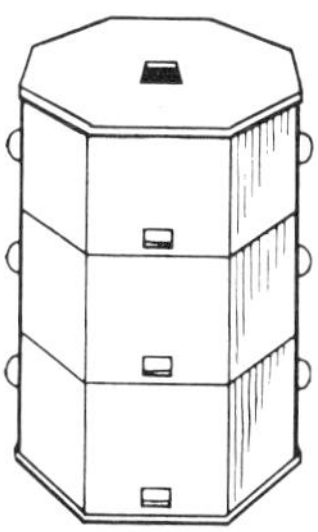

*Abb. 159: Stehende Mehrraumbeute des Engländers MEW. Daneben liegende Mehrraumbeute aus Holland.*

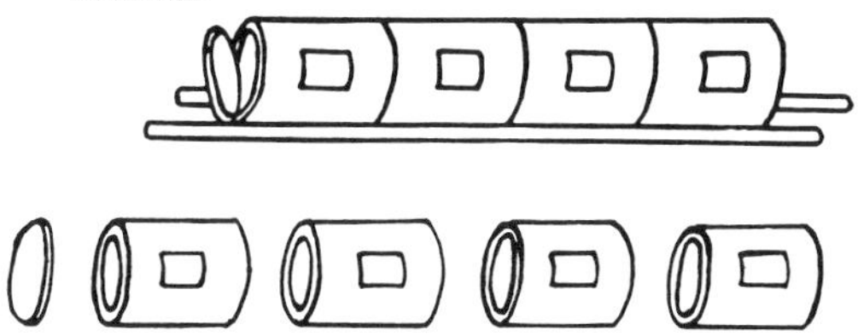

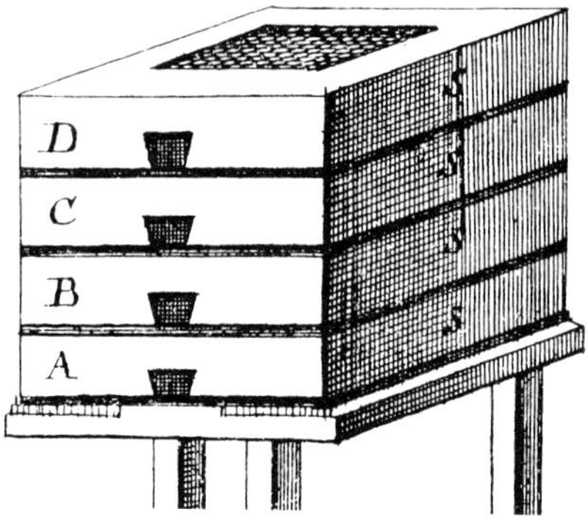

*Abb. 160: Aufeinandergestellte Bauernkästen* JANSCHAS.

Dr. BROWNES eine ebensolche runde, und in Holland gab es eine liegende Mehrraumbeute (Abb. 159/rc.).

Etwa zur gleichen Zeit, als KORSEMKA seine Körbe aufeinandersetzte, tat in Österreich ANTON JANSCHA das gleiche mit seinen Bauernkästen (Abb. 160). Am meisten Schule aber machte der nassauische Pfarrer J. L. CHRIST, dessen Buch »Anweisung zur nützlichsten und angenehmsten Bienenzucht für alle Gegenden« 1779 zum erstenmal herauskam. Sein Magazin war niedrig wie der Bauernkasten, aber es war nicht langgestreckt, sondern quadratisch. Und die Oberseite bot eine weit größere Öffnung als Durchstieg zum nächsten Magazin. Die Öffnung war mit einem festen Holzrost überdeckt, an dem die Waben Halt fanden. Christ setzte 3 bis 8 solcher Magazine aufeinander und gab ihnen Bodenbrett und Deckel. Die Magazine hatten keinen Falz, sondern saßen stumpf aufeinander (Abb. 161). So konnte man die ausgebauten Magazine leicht trennen, indem man einen Draht durchzog. Die Rückseite hatte ein Fensterchen, das mit einem Holztürchen abgedeckt war.

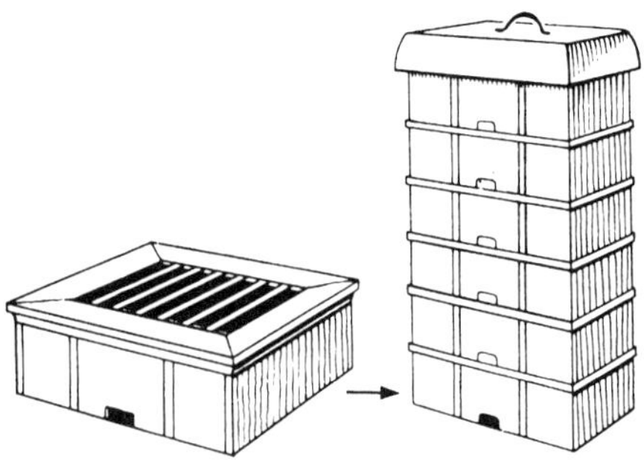

*Abb. 161: Das sehr bekannt gewordene Holzmagazin von Pfarrer* CHRIST. *Trotz der über jedes Magazin gelegten Holzstäbchen fand er den letzten Schritt zur beweglichen Wabe noch nicht.*

### i) Die bewegliche Wabe

Das Christsche Magazin fand große Verbreitung. Mit ihm arbeitete zunächst auch der Mann, an dessen Namen sich in Europa die Einführung der beweglichen Wabe knüpft: Pfarrer JOHANNES DZIERZON, geb. 16.11.1811 zu Lowkowitz in Oberschlesien, gest. 26.1.1906. Statt des festen Rostes legte er 1845 bewegliche Stäbchen auf das Magazin. Um die seitlich angebauten Waben mit dem Messer von der Wand lösen zu können, nahm er die Hinterwand ab. So konnte er die Wabe am Stäbchen hängend herausnehmen. Später kehrte er mit dieser Methode der Wabenstäbchen zum massiven, stapelbaren Holzkasten mit hinterer Tür zurück. Der Holzersparnis und Wärme wegen richtete er Zwillingsbeuten ein.
Vollendet wurde diese Idee des beweglichen Wabenbaus durch DZIERZONS anfänglichen Gegner Baron AUGUST VON BERLEPSCH. Er fügte 1852/53 zu dem Tragstäbchen noch Seitenteile und Unterteil. So war das Rähmchen fertig. Er baute auch noch eine Beute, die dazu paßte. Darin hingen quer drei Reihen Rähmchen übereinander. Sie konnten von rückwärts entnommen werden. Daher der Name Hinterbehandlungsbeute (Abb. 162). Gegenstück: Oberbehandlungsbeute (Abb. 162, 163).
Gleichzeitig war auch in Amerika das Rähmchen erfunden worden und eine dazu passende Beute. Aber hier für Oberbehandlung. L. L. LANGSTROHT hatte am 3 . Oktober 1851 die Blitzidee, ein Rähmchen mit Wabe so in einen Kasten zu hängen, daß ringsum zwischen Rahmen und Wand eine Biene durchschlüpfen kann. Dieser »Bienenabstand« hat der beweglichen Wabe ihre volle Brauchbarkeit gegeben. Ist nämlich der Abstand zu groß, wird er mit Wachs verbaut. Ist er zu gering, wird die Ritze mit

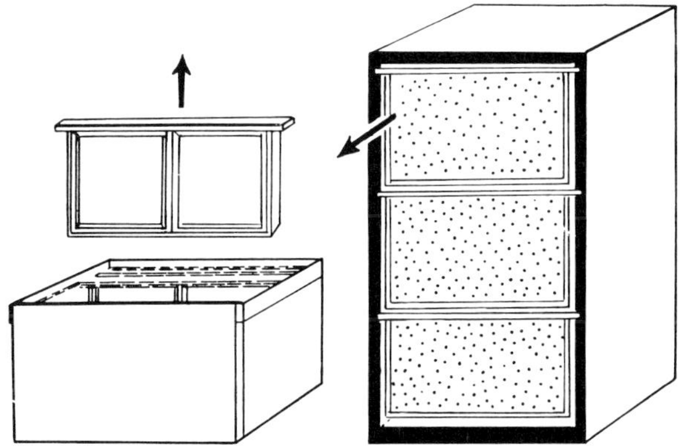

*Abb. 162: Schema des Dreietagers von BERLEPSCH als Prototyp einer Hinterbehandlungsbeute. Daneben das Prinzip der Oberbehandlung.*

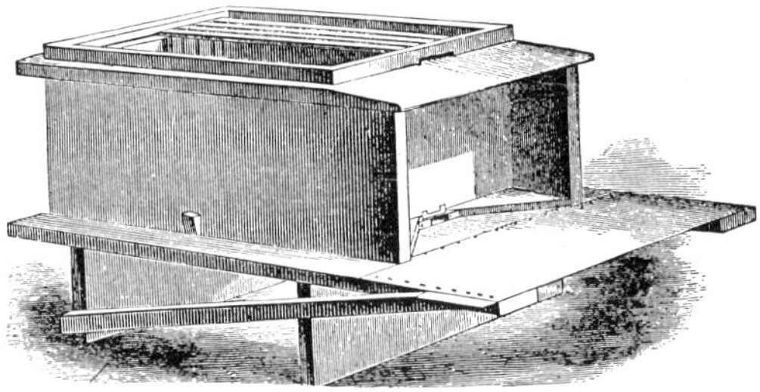

*Abb. 163: Oberbehandlungsbeute mit beweglichen Waben von* LANGSTROTH.

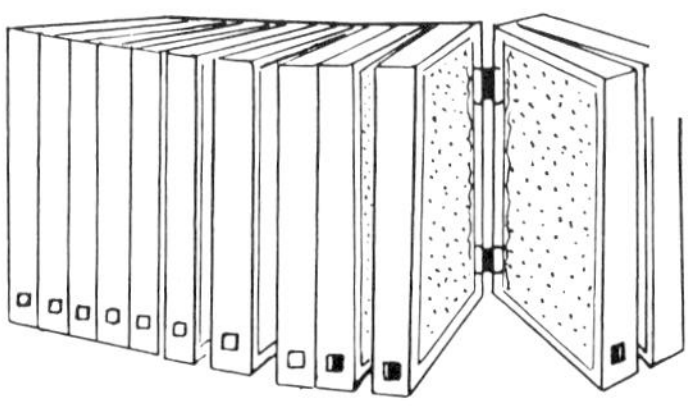

*Abb. 164:* HUBERS *Rahmenbude, bei der die Waben umgeblättert werden konnten wie die Seiten eines Buches.*

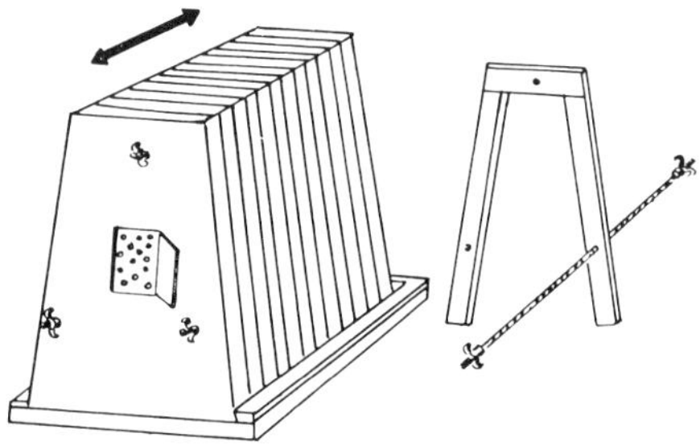

*Abb. 165: Schließrahmenbeute des Ungarn* ALEXANDER SZARKA *1842.*

Kittharz zugeklebt. Nur bei richtigem Bienenabstand (6–10 mm) bleibt die Wabe voll beweglich. — LANGSTROHTS Oberbehandlungsbeute war das Vorbild für die meisten heutigen Beuten in der ganzen Welt.

Genau gesehen waren weder DZIERZON noch BERLEPSCH und LANGSTROHT wirkliche Neuerfinder, sondern nur Nacherfinder. Das Tragstäbchen hatten schon die alten Griechen. Das bewegliche Rähmchen hatte schon FRANZ HUBER in seiner »Rahmenbude« 1792, in der er wie in einem Buch blättern konnte (Abb.164). Der Ungar ALEXANDER SZARKA setzte 1842 trapezförmige Holzrahmen hintereinander (Abb.165), die er mit einem langen durchgehenden Stab zusammenschraubte. Der Russe PROKOPOWITSCH hatte 1814 eine Hinterbehandlungsbeute mit Tragleisten im Brutraum und vollständigen Rähmchen im Honigraum (Abb. 166). ÖRÖSI-PÁL zeigt in seinem Buch eine nach oben erweiterte Kastenbeute von 1683, in die trapezförmige Rähmchen eingehängt wurden (Abb. 167).

Das waren die Anfänge der beweglichen Wabe. Mit ihr wurden in der Folgezeit unzählige Bienenkästen konstruiert und »erfunden«. Die Flut der Beutenerfindungen der letzten 100 Jahre zu beschreiben, würde ein ganzes Buch erfordern.

*Abb. 166: Beute des Russen* PROKOPOWITSCH *mit festem Bau im Brutraum und beweglichen Rähmchen im Honigraum 1814.*

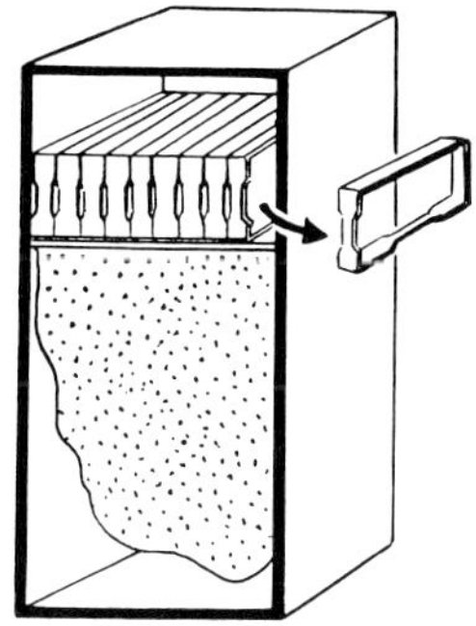

*Abb. 167: Beute aus dem Jahr 1683 mit trapezförmigen Rähmchen (nach einem Hinweis von* ÖRÖSI-PÁL*).*

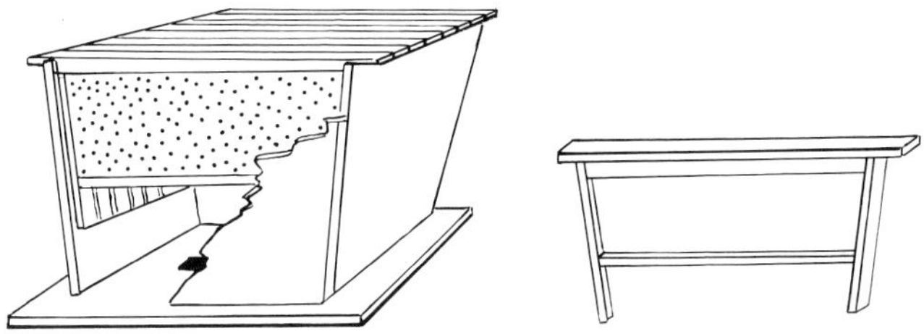

## 3. Bienenkundliche Jahreszahlen

Vor 25 Mill. Jahren: Tertiärzeit — Zeit der Entstehung der Alpen, Apenninen, Pyrenäen, Karpaten, Kordilleren, Anden, des Kaukasus, Taurus und Himalaja, der Rhönvulkane, des Rheintals, der mitteldeutschen Braunkohle, der Erdölfelder, der Entwicklung der Laubhölzer und Blütenpflanzen, der starken Vermehrung der Vögel, Säugetiere und Insekten. Erste Spuren versteinerter Bienen in Frankreich, Böhmen, Württemberg (Randecker Maar), Baden (Öhningen), Rheinland (Rott), im Bernstein der Ostseeküste.

12000 v. Chr.: Frühsteinzeit (Paläolithicum) — Höhlenzeichnung in Bicorp in Spanien, Ausnehmen eines Bienenvolkes in großer Höhe (wohl Fels!). In Deutschland damals rückgehende Eiszeit, noch keine Haustiere.

4000 v. Chr.: Ägypten, Bienenhaltung in Tonröhren, Bienenkönigin-Schriftzeichen für König.

2400 v. Chr.: Aufbewahrung von Scheibenhonig in Schalen, von flüssigem Honig in Krügen in Ägypten, Wandern mit Bienen auf dem Nil.

1500 v. Chr.: Bronzezeit, erste Metreste (mit Lindenpollen) in einem altgermanischen Mädchengrab in Egtved bei Hadersleben. Bronzeguß mit Hilfe von Bienenwachs?

1440 v. Chr.: Moses führt das Volk Israel »in das Land, wo Milch und Honig fließt«.

800 v. Chr.: Homer erwähnt den Bienenschwarm. Griechenland.

700 v. Chr.: Hesiod kennt Bienen in Eichen und Bienen in gewölbten Stöcken (Körben?). Griechenland.

620 v. Chr.: Solon erläßt Bienengesetze. Griechenland.

420 v. Chr.: Zeit des Perikles, 20 000 Bienenstöcke in Attika, Griechenland.

400 v. Chr.: Pytheas von Massilia berichtet von Honigmet an der deutschen Ems.

350 v. Chr.: Der große griechische Philosoph Aristoteles schreibt über Bienenleben und Bienenzucht. Jahrhundertelang hat man von ihm abgeschrieben.

116–27 v. Chr.: Der römische Schriftsteller Varro schreibt über Bienenzucht.

70–19 v. Chr.: Der edle Dichter Vergil, Rom, verherrlicht die Bienen.

50 n. Chr.: Der römische Bienenschriftsteller Columella.

23–79 n. Chr.: Auch der römische Schriftsteller und Naturbeobachter Plinius schreibt über Bienenzucht, kennt die Anpflanzung von Honigpflanzen an germanischen Bienenständen.

(Geht das Weihnachtsgebäck auf altgermanisches Opferhoniggebäck zurück?)
Wachsbedarf der Kirche bringt Förderung der Bienenzucht durch das sich ausbreitende Christentum.

3. Jh. n. Chr.: Inder bringen den Zuckerrohrsaft durch Eindicken und Schleudern in festen, transportfähigen Zustand.

333–397: St. Ambrosius, Bischof von Mailand, wird Schutzpatron der Imker. (Schwarm am Mund des schlafenden Kindes gilt als Vorzeichen künftiger Beredsamkeit.)

354–430: St. Augustinus, Bischof von Hippo, verfaßt das »Exultet«, in dem an jedem Karsamstag in feierlicher Weise das Lob der Bienen gesungen wird. Biene und Bienenstaat sind auch bei anderen Kirchenvätern beliebtes Thema.

510: Das Salische Gesetz bestimmt Buße für Bienendiebstahl.

634: Das Langobardenrecht trifft Bestimmungen über Fang und Nutzung der Waldbienen.

654: Die Westgotengesetze regeln Waldbienenfang, Erdbienenzucht, Haftpflicht für Schäden durch Bienen und Strafen für Bienendiebstahl.
Ähnliche Gesetze bei anderen Germanen.

748: Urkunde von Herzog Odilo bekundet erstmals Berufszeidlerei in Niederbayern bei Vilshofen.

800: Karl der Große erläßt Verordnungen über Bienenzucht, errichtet Korbimkereien auf seinen Krongütern. Schon vor ihm bestand die genossenschaftliche Zeidlerei im Wald um Nürnberg, Reichswald, Pingarten.

Mittelalter: Blüte der Bienenzucht unter Führung der Klöster. Viele Bienensegen und Schwarmbeschwörungsformeln. Immenzehnt von Schwärmen, Wachs und Honig.

1007: Kaiser Heinrich II. übergibt urkundlich dem Bischof von Speyer Wälder und Ländereien ausdrücklich »samt Bienenweide«! Ähnlich eine Reihe von Kaiserurkunden seit Otto I. Schwarmrecht, Nutzrecht an Waldbienen, Orte mit Zeidlernamen usw.

13. Jahrhundert: Arabischer Rohrzucker erscheint in Deutschland. Teuer, nur für medizinische Zwecke.

1350: Der Zeidler wird freier Mann.

15. Jahrhundert: Zuckerrohr wird in Sizilien und Madeira angebaut, um 1420 durch Heinrich den Seefahrer auch auf den Kanarischen Inseln eingeführt.

Bis 1427: Zeidlermeister im Nürnberger Reichswald.

1493: Christoph Columbus bringt auf seiner zweiten Reise das Zuckerrohr nach Amerika, wo es sich rasch verbreitet.

1515: Der erste amerikanische Zucker in Spanien eingeführt.

1550: Der Zuckerpreis ist von 1450 bis 1550 in England von 12 Mark auf 3,67 Mark gesunken.

16. Jahrhundert: Niedergang der Imkerei in Europa.
Ursachen: Zuckerverbilligung durch Handel mit Übersee, Rückgang des Metverbrauches durch Hopfenbau und Entwicklung der Bierbrauerei, besonders in Bayern, verringerter Wachsverbrauch durch Reformation.

Ende des 16. Jahrhunderts: In vielen europäischen Großstädten Zuckersiedereien, in denen amerikanischer Rohzucker raffiniert wird.

1568: Nikel Jakob aus Sprottau in Schlesien gibt das erste Lehrbuch über Bienenzucht in deutscher Sprache heraus. Zeidlerei, Waldbienenzucht.

1578: A. V. Eldingens Buch über die Lüneburger Heidebienenzucht.

1594: Picus, Pfarrer zu Beilstein bei Heilbronn, schreibt ein Traktätlein über die gewöhnliche »Feld-Wald-Wiesen-Imkerei« (also nicht Zeidlerei oder Heideimkerei).

1597: Das bis dahin umfangreichste Bienenbuch des Holländers Dirck Cluit. Also eifrige Bienenschriftstellerei in diesem halben Jahrhundert.

1604: Erster deutscher Bienenkalender von Johannes Colerus.

1628–1694: Der Italiener Malpighi erforscht und beschreibt den Körperbau der Biene.

1637–1680: Der Holländer Swammerdam erforscht die Fortpflanzungsverhältnisse bei den Bienen.

1638: Einführung der dunklen deutschen Bienen in Neu-England.

1652: Pfarrer Mew, England, baut eine achteckige Mehrraumbeute.

1668: Francesco Redi, Italien, beweist, daß Insekten nicht aus faulem Fleisch entstehen. Damit ist auch das Märchen von der Entstehung von Bienen aus Ochsenleichen widerlegt.

1683: In England Waben in Rähmchen.

1683–1757: Der Franzose René Ant. Ferchault de Réaumur schafft sich einen gläsernen Beobachtungsstock und erkennt, daß die Königin nicht Regentin, sondern Mutter des Volkes ist.

1696: Der Deutsche Grüwel erfindet das Abtrommeln.

1712: Der Italiener Maraldi benützt zur Beobachtung der Bienen zum erstenmal ein gläsernes Einwabenkästchen.

1721: Ein praktisches Bienenbüchlein des Engländers J. Gedde.

1735–1813: Pfarrer Christ schafft die grundlegende Form des Kastenmagazins mit Stäbchenrost.

1747: Dem Berliner Chemiker Markgraf gelingt die Herstellung von Zucker aus Runkelrüben.

1750–1831: Der blinde Schweizer Bienenforscher Franz Huber baut einen Bienenstock aus allseits geschlossenen beweglichen Rahmen und macht mit Hilfe seines Dieners Burnens eingehende Beobachtungen über das Bienenleben.

1753–1821: Der Berliner Franz Karl Achards setzt die von Markgraf erfundene Rübenzuckerherstellung in die Praxis um.

1761: Pfarrer Schirach in Kleinbautzen, Schlesien, vermehrt die Völker durch Brutableger, erkennt die Bedeutung des Stockgeruches.

1762: Der Schweizer Karl Bonnet entdeckt die Jungfernbrütigkeit (Parthenogenese) bei Blattläusen. Grundsätzlich wichtige Erkenntnis auch für die Bienen.

1763: Einführung der dunklen deutschen Biene in West-Florida und Cuba.

1767–1843: Freiherr von Ehrenfels. Er schreibt 1829 ein gutes Bienenbuch und bringt in Österreich die Strohkorbimkerei zu hoher Blüte.

1769: Thomas Wildmann berichtet über eine Art beweglicher Waben in Griechenland.

1770: Die Kaiserin Maria Theresia gründet eine Imkerschule mit dem tüchtigen Praktiker Janscha als Leiter. Er vermehrt viel durch Feglinge.

1771: Der kurfürstliche bayerische Landbienenmeister Anton Korsemka schreibt seinen »Unterricht von der Bienenzucht in Bayern«.

1775–1850: Der Ukrainer Prokopowitsch führt eine Imkerschule. Arbeitet als erster mit Absperrgitter und Pfundrähmchen.

1780: Einführung der (dunklen) Biene in Kentucky, Amerika.

1781: Einführung der (dunklen) Biene in San Domingo auf der Insel Haiti.

1792: Christian Konrad Sprengel entdeckt die Blütenbefruchtung durch Bienen.

1793: Einführung der (dunklen) Biene in New York.

Bis 1796: Eigene Zeidlergerichtsbarkeit in Deutschland.

1797: Einführung der (dunklen) Biene am Mississippi.

1806: Napoleons Kontinentalsperre zwingt zu vermehrtem Zuckerrübenbau.

1811–1906: Pfarrer Dr. Johann Dzierzon aus Lowkowitz in Oberschlesien, gerühmt als »größter Imker aller Zeiten«.

1813–1880: Dathe, Erfinder der Imkerpfeife, Normalmaßrähmchen.

1816–1899: Lehrer J. G. Kanitz lehrt in Ostpreußen die Magazinbienenzucht im Strohkorb.

1823–1898: Gravenhorst, tüchtiger Lüneburger Korbimker. Sein Bogenstülper verbindet Korbimkerei mit beweglicher Wabe und Oberbehandlung. Erfinder des Baurähmchens.

1830: Die ersten (dunklen) Bienen in Australien eingeführt.

1833: Dr. K. A. Ramdohr veröffentlicht die erste wissenschaftliche Imkereibetriebslehre und beweist, daß in seinen Trachtverhältnissen Muttervolk und Schwärme zusammen mehr bringen als ein am Schwärmen verhindertes Volk.

1835: Dzierzon, durch Ramdohr geschult, entdeckt durch eine flugunfähige Nachschwarmkönigin, daß aus unbefruchteten Eiern Drohnen entstehen (Parthenogenese).

1838: Der Lehrer Anton Vitzthum in Moosbruch (Oberbayern) gibt die erste deutsche Bienenzeitung heraus, das Monatsblatt für die gesamte Bienenzucht.

1843: Der Graubündener von Baldenstein bringt Italienerbienen in die Schweiz.

1844: Von Baldenstein macht die ersten Versuche zur Reinbegattung an bienenfernen Orten und wird so zum Begründer des Belegstellenbetriebes.

1845: Die Eichstätter Bienenzeitung erscheint unter Schmid und Kleine, Dzierzon veröffentlicht im ersten Jahrgang seine Entdeckung der Parthenogenese. Auch seine Arbeit mit an Stäbchen hängenden beweglichen Waben. Die (dunkle) Biene in Brasilien eingeführt.

1848: Dunkle Biene in Chile eingeführt.

1849: Dunkle Biene in Rio de Janeiro eingeführt.

1850: Erste deutsche Wanderversammlung in Arnstadt.

1851: L. L. Langstroth in Amerika entdeckt den richtigen Bienenabstand im Stock und läßt sich seinen Lagerstock mit hängenden Breitwaben patentieren, den ersten Oberbehandlungsstock mit voll beweglichen Rahmen, das Vorbild für die in der Welt am meisten verbreitete Beutenart.

1852: Kanitz, Lehrbuch »Honig- und Schwarmbienenzucht«.

1853: Baron v. Berlepsch (1815–1877) baut in Deutschland, angeregt durch Dzierzons Stäbchen und die Kenntnis der Honigraumrähmchen des Prokopowitsch und der Rahmenbude Hubers, einen Hinterbehandlungsstock mit hängenden Rähmchen.
Dzierzon bekommt Italienerbienen und befestigt durch sie seine Lehre von der Parthenogenese.

1855: Kanitz gründet die Preußische Bienenzeitung.
Die Professoren Siebold/München und Leuckart/Gießen bestätigen die Befruchtungslehre Dzierzons mikroskopisch.
Die Italienerbiene kommt nach Amerika, die dunkle Biene tritt bald mehr und mehr zurück.

1857: Der Pfälzer Schreiner Johannes Mehring (1816 bis 1876) aus Frankenthal erfindet die künstliche Mittelwand. J. S. Harbison in Kalifornien führt das Pfundrähmchen ein.

1859: Die Italienerbiene kommt nach Frankreich und England.

1860: v. Berlepsch gibt sein berühmtes Buch »Die Biene und ihre Zucht auf beweglichem Rahmen« heraus.

1860–1925: Der thüringische Pfarrer Gerstung erforscht die Brutnestordnung und bringt eine Oberbehandlungsbeute mit Hochwaben im Warmbau.

1861: Die Italienerbiene kommt nach Brasilien. American Bee Journal, erste Bienenzeitung in englischer Sprache.

1862: Die Italienerbiene kommt nach Australien, verdrängt im Lauf der Zeit die dunkle.

1863–1935: Heinrich Freudenstein. Er fordert ein kleines Rähmchen für kleine Tracht und lehrt die Überwinterung auf Zucker.

1865: Die Italienerbiene kommt nach Brasilien.
Der ungarische Baron Franz von Hruschka erfindet die Honigschleuder.

1880: Normalmaß 22,3 × 37 cm durch Dathe festgelegt.

1880: Pfarrer Weygand berichtet auf der 25. Wanderversammlung deutscher und österreichischer Bienenzüchter in Köln 1880 von ersten Umlarverfolgen bei der Zucht.

1880: Auf der 25. Wanderversammlung deutsch-österreichisch-ungarischer Imker in Köln wird der Bienenwirtschaftliche Zentralverein gegründet, dem die Landesverbände Baden, Brandenburg, Elsaß-Lothringen, Hannover, Mecklenburg, Ostpreußen, Pommern, Posen, Sachsen-Anhalt, Schlesien, Schleswig-Holstein, Rheinhessen, Rheinland-Westfalen, Thüringen und Westpreußen angehören, aber nicht Bayern, Württemberg u.a.

1882: Der Uhrmacher W. Wankler aus Wiersheim, Württemberg, gibt zum ersten Male seine Geräte und Verfahren der künstlichen Königinnenzucht bekannt, auf denen unsere ganze heutige Zucht beruht.

1884: Frank Benton und D. A. Jones bringen Krainerbienen nach den USA.

1885: Cheshire und Cheyne entdecken den Bacillus alvei, der bei der Gutartigen Faulbrut eine Rolle spielt.

1889: D. M. Doolittle macht in Amerika (unabhängig von Wankler) moderne Anzuchtverfahren publik (Scientific queen rearing). Bekennt, daß andere Landsleute Vorarbeit geleistet haben.

1893: Pfarrer Gerstung, Oßmannstedt, Thüringen, gründet seine Zeitschrift »Die deutsche Bienenzucht in Theorie und Praxis« und kämpft darin für seine Beute und seine Ideen, Futtersaftstrom, der Bien als Organismus usw.

1897: Hermann Rauchfuß bringt Kaukasier nach den USA. Auf der Wanderversammlung des Vereins Deutsch-Schweizerischer Imker in

Schaffhausen legt U. Kramer den Grundstein für die blühende Schweizerische Rassenzucht mit Belegstellenbetrieb und Leistungskontrolle.
1. Internationaler Bienenzüchterkongreß in Brüssel.

1899: Emil Preuß (1848–1911) veröffentlicht seine Betriebsweise und gewinnt viele Anhänger. Tränken, Treiben, Umhängen, Bruteinschränken zur Trachtzeit.

1903: Der amerikanische Forscher White entdeckt den Bacillus larvae, den Erreger der Amerikanischen (Bösartigen) Faulbrut.

1904: Auf der Insel Wight (England) tritt verheerend eine neue Bienenkrankheit auf.
Der Schweizer Burri studiert die Sauerbrut, eine durch den Streptococcus apis hervorgerufene Abart der Gutartigen Faulbrut.

1906: J. Klein, elsässischer Pfarrer, schafft in seinem hervorragenden Buch »Die moderne Königinnenzucht« bis heute gültige Grundlagen. Erhält durch Versuche erste tiefere Einblicke in den biologischen Vorgang der Königinnenentstehung.

1907: Dr. Zander, Erlangen, entdeckt den Nosemaerreger. Gründung des ganz Deutschland umfassenden Deutschen Imkerbundes auf der großen Imkertagung in Frankfurt a. M. Bayern erhält das erste deutsche Bieneninstitut.

1908: Der amerikanische Bakteriologe White entdeckt den Bacillus pluton, einen Erreger der Europäischen (Gutartigen) Faulbrut. White bearbeitet auch als erster die Sackbrut.

1912: Die in ihrem Wesen damals noch nicht erforschte Insel-Wight-Krankheit ruiniert 90% der Bienenvölker Englands.

1915: K. v. Frisch eröffnet die lange Reihe seiner Arbeiten über Sinnestätigkeit, Orientierungssinn und gegenseitige Verständigung der Bienen.

1919: Dr. Armbruster, Berlin, begründet das »Archiv für Bienenkunde«, ein Sammelorgan für wissenschaftliche Arbeiten aus der Bienenkunde.

1920: P. B. White und J. Rennie erkennen die Milbe Acarapis Woodi Rennie als Erreger der Insel-Wight-Krankheit. Im Anschluß daran erfindet der englische Imker Frow ein Mittel zur Bekämpfung.

1923: K. v. Frisch entdeckt die »Sprache« der Bienen in Form von Tänzen.

1925: Dr. G. A. Rösch entdeckt die Arbeitsteilung im Bienenvolk.

1926: Dem Amerikaner Watson gelingt die künstliche Besamung von Königinnen mit Hilfe einer Spritze. Armbruster begründet die biologisch-mikroskopische Honiguntersuchung, die dann von Zander weiter ausgebaut wird.

1933: Reichsfachgruppe Imker.

Um 1939: Entwicklung der Pollenfalle unabhängig voneinander in den USA von Schaefer und Farrar, in Deutschland von Böttcher.

1940: Dr. Goetze begründet in seinem Buch »Die beste Biene« eine straffere Rassenzucht durch Merkmalskörung.

1943–1946: Die Amerikaner H. Laidlaw, O. Mackensen und W. Roberts verbessern das Besamungsverfahren der Königin so, daß es in die Praxis Eingang finden kann.

1944: Ende aller deutschen Bienenzeitungen.

1944: Entdeckung der Brauchbarkeit von Sulfathiazol zur Bekämpfung der Bösartigen Faulbrut durch Haseman und Childers.

1945: Beweis für den mehrfachen erfolgreichen Paarungsflug der Bienenkönigin durch Roberts (USA), 1955 Bestätigung durch Alber, Jordan und F. und H. Ruttner in Europa.

1945: Ende der Reichsfachgruppe Imker.

1946: Bayern erhält als erstes Land nach dem Zusammenbruch im »Imkerfreund« wieder eine Bienenzeitung. Andere folgen bald nach.

1947: Dr. Büdel, München, errichtet eine Forschungsstelle für Bienenphysik.

1948: Zusammenschluß der westdeutschen Imkerverbände zu einer Arbeitsgemeinschaft unter Studiendirektor Birklein, Nürnberg.

1949: Gründung der »Apimondia« (Internationaler Verband der Bienenzüchtervereinigungen) während des XIII. Internationalen Bienenzüchterkongreßes in Amsterdam.

1952: Entdeckung der nosemaziden Wirkung des Fumagillins durch Katznelson und Jamieson (Kanada).

1963: J. Woyke, polnischer Wissenschaftler, erzielt diploide Drohnen durch besondere Aufzuchtkniffe. Untermauert neue Ansichten und Erkenntnisse in der Geschlechtsbestimmung der Biene.

Ab 1964: Schaffung besserer Landbelegstellen mit 7–10 km weiter drohnenreiner Umgebung in Deutschland nach dem Vorschlag von F. K. Böttcher.

1973: K. v. Frisch erhält Nobelpreis.

1977: Varroa in der Bundesrepublik.

Das Zahlenmaterial für diese Zusammenstellung, die keinen Anspruch auf Vollständigkeit erhebt, wurde zum größten Teil aus verschiedenen Arbeiten ARMBRUSTERS zusammengesucht; weitere Angaben stammen aus Veröffentlichungen von v. BUTTEL-REEPEN, BORCHERT, REHS, BÜDEL und aus dem Großen Herder. Der Imker mag daraus ersehen, daß alle Zeiten und Nationen sich für die Biene interessiert und zum Fortschritt der Bienenzucht ihren Beitrag geleistet haben. Sorge jeder, daß sein imkerliches Erbe durch würdige Hände weitergetragen werde.

## Herkunft der Abbildungen

# Namen- und Sachregister

Fett gedruckte Seitenzahlen geben die Hauptfundstelle an; Seitenzahlen mit * weisen auf sachbezogene Abbildungen hin.

# Zuchtpraxis des Imkers in Frage und Antwort.

Die richtige Züchtung verbessert die erhebliche Qualität der Biene und ist deshalb die unerläßliche Zukunftsarbeit des Imkers. In diesem Buch wird die gesamte imkerliche Zuchttechnik neu aufgearbeitet. Die Frage-und-Antwort-Form dient der besonders raschen Information und der problemlosen Umsetzung in die praktische Zuchtarbeit des Imkers. Nur wissenschaftlich Stichhaltiges und praktisch Erprobtes wird behandelt. 125 Fragen und die dazugehörigen Erläuterungen mit 155 teils farbigen Abbildungen vermitteln dem Imker alles erforderliche Wissen.

**Karl Weiß**

**Zuchtpraxis des Imkers in Frage und Antwort**

*232 Seiten mit 153 z.T. farb. Abbildungen*

*ISBN 3-431-02820-9*

Ehrenwirth

*in der Verlagsgruppe Lübbe*